1682

SAMMLUNG METZLER

REALIENBÜCHER FÜR GERMANISTEN

ABT. D:

LITERATURGESCHICHTE

LUDWIG DENECKE

Jacob Grimm
und sein Bruder Wilhelm

MCMLXXI
J. B. METZLERSCHE VERLAGSBUCHHANDLUNG
STUTTGART

Den Mitarbeitern
am Deutschen Wörterbuch der Brüder Grimm
seit 1930

ISBN 3 476 10100 2

M 100

 Satz und Druck: Georg Appl, Wemding
Printed in Germany

„Wir erkennen eine über alles leuchtende Gewalt der Gegenwart an, welcher die Vorzeit dienen soll."

Jacob Grimm in der Vorrede zu den ›Altdeutschen Wäldern‹ (1813), S. II.

„Ihre befürchtung, ich möge über der alten zeit die neue vergessen, war grundlos. ich verkenne die vortheile der gegenwart nicht über ihren nachtheilen."

Jacob Grimm an Jules Michelet (1. 12. 1837).

„Wir mögen noch so viele Liebe zur Wissenschaft haben, das Menschliche in unseren persönlichen Beziehungen ist und bleibt doch immer die Hauptsache."

F. K. v. Savigny an J. K. Bluntschli (19. 12. 1838).

Es ist an der Zeit, das Bild der Brüder Grimm von einigen Übermalungen zu befreien, durch die es im Laufe eines Jahrhunderts und erneut in unseren Tagen verfremdet worden ist. Jacob Grimm war ein Mann des Aufbruchs. Das Leben der Brüder verlief in der Auseinandersetzung mit einem Zeitgeschehen, das dem unseren in bestürzender Weise ähnlich ist, und die Dynamik ihres Wirkens ist bis heute in keiner Weise ausgeschöpft. Fehlurteile der Gegenwart beruhen weitgehend auf mangelnder Kenntnis der Sachverhalte; auch hier liegen noch ungelöste Aufgaben für die Forschung, auf die die vorliegende Darstellung hinführen möchte, ohne dabei einer neu zu schreibenden Geschichte der Deutschen Philologie vorzugreifen.

6. März 1971 *L. D.*

INHALT

ABKÜRZUNGEN

ADB	= Allgemeine Deutsche Biographie. (Wegen der versteckten Nachträge nur über den Reg.-Bd zu benutzen!)
AfdA	= Anzeiger für deutsches Altertum
Archiv	= Archiv für das Studium der neueren Sprachen
Aufriß	= Deutsche Philologie im Aufriß
BGG	Brüder Grimm Gedenken 1963, s. S. 31
Börsenbl.	= Börsenblatt für den deutschen Buchhandel, Frankfurter Ausgabe
BP	Bolte/Polívka, s. S. 70
Briefw.	(mit einem Namen) = s. die Ausgabe des Briefwechsels in Kap. I, 2 d
BSB	= (Berliner Sitzungsberichte) Sitzungsberichte der Preuß. Akademie der Wissenschaften
Daffis	s. S. 1
DGB	= Genealogisches Handbuch bürgerlicher Familien (später: Deutsches Geschlechterbuch)
DLZ	= Deutsche Literaturzeitung
dt.	= deutsch
DVjs.	= Deutsche Vierteljahresschrift für Literaturwissenschaft und Geistesgeschichte
DWb.	Deutsches Wörterbuch, s. S. 124
Euph.	= Euphorion. Zeitschrift für Literaturgeschichte
f.	(bei einer Seitenzahl) = *eine* folgende Seite
FAZ	= Frankfurter Allgemeine Zeitung
Feldmann	s. S. 144
Festschrift Berlin	s. S. 31
FFC	= Folklore Fellows Communications
Freundesbriefe	s. S. 6
Germ. Inst. 1965	s. S. 32
Germania	= Germania. Vierteljahresschrift für deutsche Altertumskunde.
GGA	= (Göttinger gelehrte Anzeigen) Göttingische Anzeigen von gelehrten Sachen
Ginschel	s. S. 34
Goedeke	s. S. 6
Grimmschrank	= Nachlaß Grimm in der Staatsbibliothek Preußischer Kulturbesitz, vgl. S. 1, Daffis
GRM	= Germanisch-Romanische Monatsschrift
Gürtler	s. S. 7

Hs., Hss.	= Handschrift, Handschriften
hs.	= handschriftlich
Hübner, R.	s. S. 6
Jahresber.	Jahresbericht über die Erscheinungen auf dem Gebiete der germanischen Philologie
Jb., Jbb.	= Jahrbuch, Jahrbücher
JbKipp.	= Jahrbuch der Sammlung Kippenberg
JEGPh.	= Journal of English and Germanic Philology
Jugendbr.	s. S. 7
KHM	= Kinder- und Hausmärchen, s. S. 69–71
Kl. Schr.	= Jacob Grimm: Kleinere Schriften, s. S. 3
Kunze	s. S. 7
LB	= Landesbibliothek
Lebensbilder	s. S. 9
Lüthi	s. S. 74
MA	= Mittelalter
Mh.	= Monatshefte
Mitt.	= Mitteilungen
Ms.	= Manuscriptum, Manuskript
MSB	= (Münchener Sitzungsberichte) Sitzungsberichte der Bayerischen Akademie der Wissenschaften
MuLB	= Murhardsche Bibliothek der Stadt Kassel und Landesbibliothek
NDB	= Neue Deutsche Biographie
N. F.	= Neue Folge
PBB	= (Paul und Braunes Beiträge) Beiträge zur Geschichte der deutschen Sprache und Literatur
PMLA	= Publications of the Modern Language Association
Rez.	= Rezension
Richert	s. S. 7
Richert Diss.	s. S. 7
RL	= Reallexikon der deutschen Literaturgeschichte
Röhrich	s. S. 86
Sauer	s. S. 7
SB	= Staatsbibliothek
Scherer	s. S. 32 (2. Aufl. 1921 v. d. Schulenburg)
Schmidt, E.	s. S. 7
Schoof Buchh.	s. S. 7
Schoof U. Br.	s. S. 7
s. d.	(bei Personennamen) = s. unter diesem Namen in Kap. I, 2 d
Stammler	s. S. 7
Stengel	s. S. 6
Stroh	s. S. 29
SuUB	= Staats- und Universitätsbibliothek
Tonnelat	s. S. 63, 72
u. d. T.	= unter dem Titel

Vasmer		s. S. 7
Verf.-Lex.	=	Die deutsche Literatur des Mittelalters. Verfasserlexikon
Wb.	=	Wörterbuch
W. Kl. Schr.	=	Wilhelm Grimm: Kleinere Schriften, s. S. 3
WSB	=	(Wiener Sitzungsberichte) Sitzungsberichte der Kaiserlichen Akademie der Wissenschaften
ZfB	=	Zentralblatt für Bibliothekswesen
ZfBB	=	Zeitschrift für Bibliothekswesen und Bibliographie
ZfdA	=	Zeitschrift für deutsches Altertum und deutsche Literatur
ZfdBildg	=	Zeitschrift für deutsche Bildung
ZfDk.	=	Zeitschrift für Deutschkunde
ZfdPh.	=	Zeitschrift für deutsche Philologie
ZfdW	=	Zeitschrift für deutsche Wortforschung
ZfrPh.	=	Zeitschrift für romanische Philologie
ZfSl.	=	Zeitschrift für Slavistik
ZfslPh.	=	Zeitschrift für slavische Philologie
ZfVkde	=	Zeitschrift für Volkskunde
ZHG	=	Zeitschrift des Vereins für hessische Geschichte und Landeskunde
Zs.	=	Zeitschrift

I. Allgemeine Bibliographie

1. Bibliographie der Werke

a) *Handschriften bzw. Ungedrucktes*

Der *schriftliche Nachlaß*, durch Herman Grimm an die damalige Kgl. Bibliothek Berlin geschenkt, ist heute in der Staatsbibliothek Preuß. Kulturbesitz, Berlin-Dahlem („Grimm-Schränke"; vgl. über die Schenkung Kl. Schr. 5, S. 503–506, u. Vorwort bei Daffis, S. 5–11): Daffis, Hans: Inventar der Grimmschränke in der Preuß. Staatsbibliothek. 1923. (Mitt. aus d. Preuß. Staatsbibl. 5.)

Weitere Teile des Nachlasses im Staatsarchiv und in der UB Marburg sowie in der MuLB Kassel (Brüder Grimm-Museum) und im Kreismuseum Haldensleben (DDR); dazu:

Verzeichnis der schriftlichen Nachlässe in dt. Archiven u. Bibliotheken. 1 (noch nicht erschienen) u. 2. 1969, S. 61.

Gelehrten- und Schriftstellernachlässe in den Bibliotheken der DDR. 1. 1959, S. 32; 2. 1968, S. 37. – Vgl. unten S. 38

Mündlich überliefert ist, daß Auguste Grimm aus dem ihr verbliebenen Teil des Nachlasses vieles vernichtet habe.

Von *Vorlesungen* liegen folgende Manuskripte oder Nachschriften vor (zu den Vorlesungen in Göttingen: Frensdorff [s. S. 48], S. 23 bis 27; in Berlin: Ad. v. Harnack: Gesch. d. Preuß. Akad. 2. 1900, S. 642):

1) Jacob Grimm:

SS 1834: »Deutsche Literaturgeschichte von den Anfängen bis zur Romantik.« Nachschrift A. v. Warnstedt: Göttingen SuUB Ms. hist. lit. 49. Nach diesem u. einem Ms. von Karl Goedeke (heute Privatbes.) behandelt v. Gustav Roethe: Jacob Grimms Vorlesungen über dt. Litteraturgeschichte. In: Nachr. d. Ges. d. Wiss. Göttingen, phil.-hist. Kl. 1899, S. 508–548 (mit hervorragend analysierender u. wertender Darstellung). – Dass. SS 1837. Nachschrift v. G. K. Frommann: Nürnberg Germ. Nat.-Museum. Hs. 120 009o (L. 137c).

WS 1834/35: »Deutsche Grammatik.« Nachschrift v. R. v. Raumer (?): Nürnberg Germ. Nat.-Museum. Hs. 120 009c (Sp. 319n) u. 120 009 (L. 1102bfz). – WS 1836/37. Nachschrift v. G. K. Frommann: Nürnberg Germ. Nat.-Museum. Hs. 120 009q (Sp. 318e). – WS 1842/43. Nachschrift v. R. Boeckh: Berlin SB (West). Ms. Germ. 4° 1411.

SS 1835: »Diplomatik.« Eigenes Ms.: Berlin SB (West). Ms. Germ. 4° 849. – SS 1836. Nachschrift v. K. Rudloff: Kassel MuLB Ms. hist. 4° 71. – SS 1836. Nachschrift v. G. K. Frommann: Nürnberg Germ. Nat.-Museum. Hs. 120 009p (W. 896c).

WS 1835/36: »Tacitus ‚Germania'.« Nachschrift A. v. Warnstedt: Göttingen SuUB Ms. philol. 148d. – vgl. Briefw. Lachmann 2, S. 646f.

2) Wilhelm Grimm:

SS 1836: »Gudrun.« Nachschrift v. G. K. Frommann: Nürnberg Germ. Nat.-Museum. Hs. 120 009r (L. 1008w); vgl. W. Kl. Schr. 4, S. 524 bis 576: Einleitung zur Vorlesung über Gudrun (SS 1843, 1844, 1845, 1846; WS 1847/48; SS 1849).

SS 1836 (nach Vorlesungsverz. 1837): »Nibelungen.« Nachschrift v. G. K. Frommann: Nürnberg Germ. Nat.-Museum. Hs. 120 009s (L. 915c); vgl. Grimmschrank 247 u. 1771 (Daffis S. 54b).

WS 1843/44: »Erek.« Einleitung zur Vorlesung über Hartmanns ‚Erek' (WS 1844/45, 1846/47, 1848/49; SS 1850) in: W. Kl. Schr. 4, S. 577 bis 617.

1852: »Winsbeke.« Grimmschrank 337 (Daffis S. 54b).

3) Pläne:

Aus der Frühzeit: Aufzählung in: Briefe an Savigny S. 97 f. u. mehreres im Reg. S. 523. – Geschichte der Poesie (Sage), in: ebda S. 67. – Über deutsche Sitte: Math. Hain in: ZfVkde 59 (1962), S. 184–186. – Sagenkonkordanz: Ginschel S. 282–295. – Dritter Bd der »Deutschen Sagen«: Jacob an Hoffmann von Fallersleben 1819 (Briefw. 11, 378), Wilhelm an Pfister 1828 (Gürtler S. 282 f.). – Über die Feme: Brief an Thiersch (s. d.), 5. 9. 1836. – Mehreres in: Briefw. Lachmann, Reg. S. 981b.

Aus der Spätzeit: Aufzählung von 11 Vorhaben: Jacob Grimm an Hirzel, 21. 2. 1857 (AfdA 16, 1890, S. 241); dazu Arthur Hübner: Kl. Schr. zur Dt. Philologie. 1940, S. 33 f. – Dritter Bd zur »Deutschen Mythologie« (1844): Kl. Schr. 7, S. 600. – Hirtenleben der Vorzeit (1850): Kl. Schr. 1, S. 122. – Eine Autobiographie: Jacob an Th. Colshorn (s. d.), 31. 12. 1854. – Umarbeitung von »Über den Ursprung der Sprache«: Jacob an Dümmler, 18. 8. 1858 u. 12. 2. 1862 (Schoof U. Br. S. 401). – Umarbeitung der »Deutschen Rechtsaltertümer« (1859): Kl. Schr. 8, S. 557.

Wilhelm: Sammlung altnord. Sagen, mit Übersetzung (1811, mit Jacob): W. Kl. Schr. 2, S. 493–495. – Neubearbeitung der »Deutschen Heldensage« u. der »Christusbilder« (1851): Briefw. Goedeke S. 63.

b) Druckschriften

Die Literatur zu den selbständig erschienenen Schriften siehe bei den entsprechenden Kapiteln.

Chronologisches Verzeichnis der Schriften Jacob Grimms in: Kl. Schr. 5, 1851, S. 483–502.

Chronologisches Verzeichnis der Schriften Wilhelm Grimms in: W. Kl. Schr. 4, 1887, S. 637–659. – Berichtigungen ebda, S. IV.

Teilverzeichnis (selbständ. erschienene Schriften) in: Wilpert/Gühring: Erstausgaben dt. Dichtung, 1967, S. 452–454.

Manuskripte und Handexemplare: Daffis, S. 48–54 u. 54–58.

Briefstellen zu den Werken in: Briefw. Arnim S. 627; Briefw. Brentano S. 285 f.; Briefw. Lachmann 2, S. 981–983; Briefe an Savigny S. 522 f.; Gürtler S. 302–304.

c) Kleinere Schriften und Vorträge. Teilsammlungen

GRIMM, Jacob: Kleinere Schriften. 1–5. Hrsg. v. Karl Müllenhoff. 1864–1871; 6–8. Hrsg. v. Eduard Ippel. 1882–1890. Fotomechan. Neudruck 1965.
1. Reden und Abhandlungen. 2. Abhandlungen zur Mythologie u. Sittenkunde. – 3. Abhandlungen zur Literatur u. Grammatik. – 4.–7. Recensionen u. vermischte Aufsätze 1–4. – 8. Vorreden, Zeitgeschichtliches u. Persönliches. – Wort- u. Sachreg. 5, S. 507–537, u. 8, S. 561–611 (für Bd 6–8). – Vorworte in Bd 1, 4, 6–8 beachten! – Dazu Wilh. Scherer in dessen Kl. Schr. 1, 1893, S. 15–19 (zu Bd 1) u. S. 32–34 (zu Bd 6).

GRIMM, Wilhelm: Kleinere Schriften. 1–4. Hrsg. v. Gustav Hinrichs. 1881–1887.
Wort- u. Sachreg. von Ferd. Wrede 4, S. 660–700. Vorwort beachten! – Dazu Konrad Burdach in: AfdA 8 (1882), S. 285–300, wiederholt in: K. B.: Die Wissenschaft von dt. Sprache ... 1934, S. 82–95. – Ein Neudruck fehlt.

Drei Stücke von W. Grimm in Jacobs Kl. Schr. 8, S. 429, 465, 468.

Von den 15 Rezensionen in der ›Leipziger Literaturztg‹ (W. Kl. Schr. 4, S. 647 f. u. Anm.; ebda 2. S. 52–80 u. 161–277) gehören 8 Jacob; vgl. ZfdPh. 29 (1897), S. 200 f., u. ebda 31 (1899), S. 165–167; s. a.: Der Bär. Jb. von Breitkopf & Härtel. 1926, S. 41, wo die Berücksichtigung in W. Kl. Schr. übersehen ist.

Altdeutsche Wälder. Hrsg. durch die Brüder Grimm. 1.–3. 1813–1816. Wichtig, da in den vorstehenden Sammlungen nicht enthalten; die Teilangaben Kl. Schr. 5, S. 487 f., u. W. Kl. Schr. 4, S. 648 f., ergänzen sich nicht vollständig! – Neudruck 1966 mit Einf. v. Wilhelm Schoof. – Die Vorrede: Kl. Schr. 8, S. 5–7.

Nachträge:

STEIG, Reinhold: Zu Wilhelm Grimms Kleineren Schriften, in: ZfdPh. 24 (1892), S. 562–567. (Zum Armen Heinrich u. Selbstanzeige der Edda.) – Ders.: Zu den Kl. Schr. der Brüder Grimm, in: ZfdPh. 29 (1897, S. 195–218 (6 Stücke zu Wilhelm Grimm), in: ZfdPh. 31 (1899), S. 165–177 (Rezensionen Wilhelms u. Jacobs), in: ZfdPh. 34 (1902), S. 550–560 (9 Stücke zu Wilhelm u. Jacob, darunter Reinhard Fuchs S. 554–556).

HOLSTEIN, Hugo: Ein poet. Kindermärchen von Wilhelm Grimm, in: Studien zur vergl. Litteraturgesch. 3 (1903), S. 481–485. – Aus dem Stammbuch von Henriette Hendel-Schütz, 1812.

KÖRNER, Josef: Zwei ungedruckte Aufsätze von Jacob Grimm. Aus der Hs. hrsg, in: ZfDkde 44 (1930), S. 23–26. – Über *Saxnot* und über das „bairische Armenien“, 1827. Von A. W. Schlegel (s. d.) für seine

›Indische Bibliothek‹ bestimmt, aber nicht mehr erschienen. – Hs.: LB Dresden, e 90 L 4.

Just, Leo: Wilhelm Grimms Übersetzung der Hervararsaga [1810]. Ein Ms. aus d. Nachlaß von Josef Görres, in: Histor. Jb. d. Görres-Ges. 72 (1953), S. 401–409. – Mit einer Probe. Rätsel daraus in Kleists ›Berliner Abendblättern‹, W. Kl. Schr. 1, S. 171 f.; Ergänzung bei Reinhold Steig: Heinrich von Kleist's Berliner Kämpfe. 1901, S. 446 f.

Beck, Hanno: Die Brüder Grimm über Naturschilderungen in der älteren dt. Literatur, in: Hess. Jb. f. Landesgesch. 5 (1955), S. 251–257. – Beiträge zu einem von Alex. v. Humboldt geplanten Sammelbd »Poesie und Landschaft« (20. 9. 1845). Von Humboldt stark redigierter Abdruck aus »Kosmos« 2 (1847) in: W. Kl. Schr. 1, S. 523 bis 525.

Sembdner, Helmut: Heinrich von Kleist im Urteil der Brüder Grimm. Unbekannte Rezensionen, in: Jb. d. Dt. Schiller-Ges. 9 (1965), S. 420 bis 446. – 5 Rez. von Wilhelm Grimm, Kleistzitate in den KHM u. im DWb.

Über die Wörter *blan* und *annen* in: Pamphilus Gengenbach, hrsg. v. K. Goedeke, 1856, S. 609 u. 670–673; vgl. Briefw. Goedeke, S. 72.

Übersetzung serbischer Volkslieder s. S. 172. Über die *meta* ... s. S. 111. Caedmon s. S. 60.

Amtliches:

Actenstücke über die Thätigkeit der Brüder Grimm im hessischen Staatsdienste. 1886. (= Stengel 2)

I. Acten über Wilhelm Grimm als Sekretär bei der Museumsbibliothek in Cassel. – II. Acten über Jacob Grimms Mission nach Paris im Herbst 1815. – III. Acten über Jacob Grimm als Bibliothekar in Cassel; Ergänzung: Stengel 3, S. 397–402. – IV. Acten über Jacob Grimm als Mitglied der Censur-Commission. Ergänzend: Edward Lohmeyer: Jacob Grimm in der kurhess. Zensurkommission 1815 bis 1820, in: Hessenland 33 (1919), S. 112–115, 129–133, 152–155, 174–178. – Kommentierend: Eckhart G. Franz: Jacob Grimm in der Kasseler Zensurkommission (1816–1829), in: ZHG 75/76 (1964/65), S. 455–475, anscheinend ohne Kenntnis der Veröffentlichung von Lohmeyer.

Einen Bericht (1833), ein Gutachten (1833) und ein „Separatvotum" (1837) Jacob Grimms aus seiner amtl. Tätigkeit in Göttingen s. S. 48.

Votum über Textherstellung und Orthographie in der Akademie-Ausgabe der Werke Friedrichs d. Gr. (1844), in: Briefe von und an August Wilhelm Schlegel. Ges. u. erl. durch Josef Körner. Bd 2, 1930, S. 257 f. u. 276–278.

Antrag in der Paulskirche (1848) s. S. 148.

Teilsammlungen:

Grimm, Jacob: Auswahl aus den Kleineren Schriften. 1871. – Gut ausgewählte, oft aufgelegte, kanonbildende Sammlung des Wichtigsten,

[2]1874 mit e. Einf. v. Ludwig Speidel; später etwas gekürzt u. verändert, z. B. 1904 (hrsg. v. Ernst Schulze), 1904 (hrsg. v. Max Koch, mit Buchschmuck v. Franz Stassen), 1911, 1917 (hrsg. v. Alex. Eggers). – Zur 1. Ausg. vgl. Wilh. Scherer in dessen Kl. Schr. 1, 1893, S. 19–21.

DIE BRÜDER GRIMM: Ewiges Deutschland. Ihr Werk im Grundriß. Hrsg. v. Will Erich Peuckert. 1935. (Kröners Taschenausgabe. 139.) (Reichhaltige u. anregende Auswahl mit z. T. zeitbedingten Zwischentexten.) – Dazu AfdA 57 (1938), S. 191–193 (U. Pretzel.)

RASSEM, Mohammed: Aus den Schriften von Jacob Grimm. 1948. (Reichhaltig. Mit Nachwort u. Quellenverzeichnis.)

SCHOOF, Wilhelm: Lebensweisheit. Aus dem geistigen Vermächtnis der Brüder Grimm. 1953. (Aphorismensammlung.) – Rez.: Fr. Neumann in: ZGH 67 (1956), S. 253–266 (Bedenken).

GRIMM, Jacob: Sprache, Wissenschaft, Leben. Hrsg. v. Herm. Gerstner. 1956. (Reclams Univ.-Bibl. Nr. 7832.)

GRIMM, Jacob: Reden und Aufsätze. Eine Auswahl. Hrsg. v. Wilh. Schoof. 1966. (Die Fundgrube. 21.)

HEUSCHELE, Otto: Jacob Grimm. Weisheit aus der Sprache. 1966.

[in Jugoslavien:] GRIMM, Jacob: Izbor iz kraćich spisa, prepiske i prevoda [Auswahl aus den Kleineren Schriften, dem Briefwechsel u. den Übersetzungen]. [Besorgt v.] Miljan Mojašević. Beograd 1965. (Als Lektüre für den Deutschunterricht. Mit Einleitung u. Kommentar. Vorbildlich.)

2. *Briefwechsel*

Eine vollständige Ausgabe des *Briefwechsels* ist eine seit Jahren ebenso dringend wie vergeblich vorgetragene Forderung. Als Vorarbeit ist ein Korpus aller gedruckten und ungedruckten sowie der verschollenen oder zu erschließenden Briefe zu erstellen. Schwer verständlich ist es (aus der zeitbedingten Zwangsvorstellung des 19. Jhs. zu erklären, daß eben *nur Grimm*-Briefe den Abdruck lohnten), daß die an die Brüder gerichteten Gegenbriefe noch ganz unzureichend berücksichtigt sind.

Brieftagebücher (bes. Wilhelms, 1831–1859): DAFFIS S. 46 f.

Autographen der Briefe sind in den Bibliotheken und Privatsammlungen in aller Welt verstreut, vieles noch unbeachtet oder unausgewertet, vieles seit der Drucklegung verschollen. Vgl. SCHOOF, Wilh.: 60 Jahre Grimmforschung, in: Börsenbl. (Frankf.) 21 (1965), S. 189–192. (Nachrichten über Autographen von Grimm-Briefen.)

a) Bibliographie

Briefe der Brüder (Originale, bes. die Familienbriefe) bei DAFFIS S. 21–24 u. 73–75 (diese Kriegsverlust).

Die an die Brüder gerichteten Briefe, soweit in deren Nachlaß erhalten oder später in den Besitz der Berliner Bibliothek gelangt, bei DAFFIS S. 13–46 u. 71–79 (diese Kriegsverlust), alphabet. nach Korrespondenten (etwa 1250) geordnet.

Verzeichnis der bis 1898 gedruckten Grimmbriefe und Briefwechsel von Reinh. STEIG (alphabet., nach Korrespondenten) in: Goedeke's Grundriß ... Bd 6. ²1898, S. 350–356, u. Nachträge S. 808.

Die neueren Briefveröffentlichungen bisher bei DEMANDT (S. 416 bis 420), GINSCHEL (S. 394–397), STROH (S. 133–138); s. u. S. 29. – Eine (nicht fehlerfreie) gedrängte Übersicht bei: STARCK, Taylor: Published Correspondence of the Brothers Grimm, in: Harvard Library Bulletin 2 (1948), S. 263–266. – Eine analytische Bibliographie von Sammelausgaben (nicht allen) in: SCHLAWE, Fritz: Die Briefsammlungen des 19. Jhs. Bibliographie der Briefausgaben u. Gesamtregister der Briefschreiber u. Briefempfänger 1815–1915. 1969, S. 70 bis 73 (Nr 417–433/1 u. Verweisungen) u. S. 740–746. Gibt Anzahl und Daten der Briefe bezw. Grenzjahre der Briefwechsel. Jacob u. Wilhelm sind getrennt aufgeführt. Insgesamt nur etwa 200 Namen.

b) Sammlungen

Die in den Sammlungen enthaltenen Briefe sind in dem Verzeichnis der einzelnen Korrespondenten (s. u.) nachgewiesen. Die jeweils verwandte Sigle steht hier in [] jeweils vor dem vollständigen Titel.

Zur Geschichte der deutschen Philologie. I. Briefe von Jacob Grimm a) an Franz Pfeiffer, in: Germania 11 (1866), S. 111–128 u. 239–256; b) an Hoffmann von Fallersleben, in: ebda, S. 375–388 u. 498–511; c) an L. Uhland, K. A. Hahn, K. Frommann, Th. Vernaleken, K. J. Schröer u. A. v. Ipolyi-Stummer, in: ebda 12 (1867), S. 115–128. – III. Briefe von Wilhelm Grimm, in: ebda 12 (1867), S. 370–383, an Frommann, Hahn, Uhland, Albert Schott, Pfeiffer.

[Freundesbriefe] Freundesbriefe von Wilhelm u. Jacob Grimm. 1878; s. u. Haxthausen.

[Stengel] Private und amtliche Beziehungen der Brüder Grimm zu Hessen. Eine Sammlung von Briefen u. Actenstücken als Festschrift zum 100. Geb. Wilhelm Grimms, ... Zusgest. u. erl. v. Edmund STENGEL. 1–3. 1886–1910. – 1. Briefe der Brüder Grimm an hess. Freunde. 1886. – 2. Actenstücke über die Thätigkeit der Brüder Grimm im hess. Staatsdienst. 1886. (Dazu W. SCHERER in dessen Kl. Schr. 1, 1893, S. 53–57; E. SCHRÖDER in: Histor. Zs. 61, 1889, S. 519–521.) – 3. Briefe der Brüder Grimm an Paul Wigand. 1910. – Die Anmerkungen (in Bd 2 u. 3) sehr reichhaltig, bes. in Personen- u. Sachkunde. Abdruck auch zahlreicher Briefe *an* die Brüder Grimm.

[R. Hübner] HÜBNER, Rudolf: Jacob Grimm und das dt. Recht. Mit e. Anhang ungedruckter Briefe [56] an Jacob Grimm. 1895.

[Steig] STEIG, Reinhold: Zeugnisse zur Pflege der dt. Litteratur in den Heidelb. Jbb., in: Neue Heidelb. Jbb. 11 (1902), S. 180–284. – Darin Briefwechsel mit Creuzer, Boeckh, Wilken.

[Stammler] STAMMLER, Wolfgang: Zur Geschichte der Dt. Philologie.

1. Briefe von Jacob Grimm. 2. Briefe von Wilhelm Grimm [alle im Kestner-Museum, Hannover]. In: Hundert Jahre Marcus & Webers Verlag 1818–1918. 1919, S. 140–149. – An Fr. Schlegel, Goedeke, Harrys, Schlemmer, Bernd.

[Gürtler] Briefe der Brüder Grimm. Ges. v. Hans GÜRTLER, hrsg. v. Albert Leitzmann. 1923. – Vorzügliche, gewichtige Auswahl. Unkommentiert. Nützliches Personenregister.

[Schoof Buchh.] Buchhändlerbriefe um die Brüder Grimm. Unter Benutzung des Grimmschen Nachlasses mitget. v. Wilh. SCHOOF, in: Börsenblatt (Frankf.) 13 (1957), S. 1344–1362; s. a. S. 181 f.

[Schoof U. Br.] Unbekannte Briefe der Brüder Grimm. Unter Benutzung des Grimmschen Nachlasses u. a. Quellen in Verb. mit Jörn GÖRES, hrsg. v. Wilh. SCHOOF. 1960. – Dazu Friedr. NEUMANN: Altes u. Neues in Briefen der Brüder Grimm, in: ZHG 72 (1961), S. 200 bis 213; Karl SCHULTE KEMMINGHAUSEN in: AfdA 73 (1961), S. 113 bis 116.

Briefwechsel nach anderen Ländern:

[E. Schmidt] Briefwechsel der Brüder Grimm mit nordischen Gelehrten. Hrsg. v. Ernst SCHMIDT. 1885. – Dazu Edw. SCHRÖDER in: Histor. Zs. 61 (1889), S. 522 f. – Ergänzungen s. bei: Árnason, Asbjørnsen, Cleasby, Keyser, Magnússon, P. E. Müller, Rask, Unger; auch Jacob Grimm an die Kgl. Bibliothek Berlin 1858: Empfehlung des Isländers Brynjesefsson, Daffis S. 74a (Kriegsverlust), sowie in:

[Kunze] KUNZE, Erich: Jacob Grimm und Finnland. Helsinki 1957. (FFC 165.) – S. 105–116: Anhang: [13] Briefe; Übersicht dazu S. 9.

[Sauer] SAUER, August: Aus Jacob Grimms Briefwechsel mit slavischen Gelehrten. Prag 1908. In: Prager dt. Studien 8, S. 585–629; auch selbständig.

[Vasmer] VASMER, Max: Bausteine zur Geschichte der dt.-slav. geistigen Beziehungen. I. 1939. (Abh. d. Preuß. Akad. d. Wiss. 1938, phil.-hist. Kl. 6.) – Tl 1. Jacob Grimms Beziehungen zu osteuropäischen Gelehrten; Tl 2. [59] Briefe an Jacob Grimm [von 20 Gelehrten] u. a.

[Richert] RICHERT, Gertrud: Aus dem Briefwechsel der Brüder Grimm mit Romanisten u. Schriftstellern, in: Archiv 134 (1916), S. 339–371; 135 (1916), S. 320–347; 138 (1919), S. 73–98.

[Richert Diss.] DIES.: Die Anfänge der Romanischen Philologie u. die dt. Romantik. Phil. Diss. Berlin 1913.

c) Familienbriefe

Trotz zahlreicher Einzelveröffentlichungen ist der Bestand bei weitem noch nicht ausgeschöpft. Briefe der Brüder an Ludwig Emil Grimm sind nach Mitteilung der Familie im zweiten Weltkrieg verloren gegangen.

[Jugendbriefe] Briefwechsel zwischen Jacob und Wilhelm Grimm aus der Jugendzeit [1805–1815]. [Ausgew. v. Rudolf GRIMM.] Hrsg. v. Herman GRIMM u. Gustav HINRICHS. 1881. (Der Wortlaut ist gelegentlich nach dem Ermessen der Hrsg. gekürzt!) – Dazu W. Scherer in dessen Kl. Schr. 1, 1893, S. 41–46. – 2., verm. u. verb. Aufl., bes. v. Wilh. Schoof. 1963. Enthält auch die in ZHG 59/60 (1934), S. 107 bis 140, mitgeteilten Briefe (ohne die 4 Briefe von Wilhelms Marburgbesuch 1823), und aus Schoof U. Br. die Nrn 1–3, dagegen nicht die weiteren 24 Jugendbriefe (Nr 4–6, 23–25, 27, 28, 30–45); fortgelassen sind 8 Briefe der Brüder an Mutter u. Tante. Es fehlt leider eine Konkordanz; keine neue Kollation mit den Originalen!

Pissin, Raimund: Aus ungedr. Briefen der Brüder Jacob, Wilhelm, Ferdinand und Ludwig Grimm, in: Preuß. Jbb. 234 (1933), S. 69–86. – Exzerpte aus Briefen an Ludwig Grimm.

Schoof, Wilhelm: Aus der Jugendzeit der Brüder Grimm (nach ungedr. Briefen), in: Hanauisches Magazin 13 (1934), S. 81–96, u. 14 (1935), S. 1–15. – Vornehmlich Briefw. mit der Mutter sowie mit der Tante u. dem Großvater Zimmer.

Ders.: Briefwechsel zwischen Jacob und Wilhelm Grimm aus der Jugendzeit, in: ZHG 59/60 (1934), S. 107–140. – Nachträge zur 1. Aufl. der Ausgabe von 1881, wieder abgedruckt in der 2. Aufl.: s. o. Jugendbriefe.

Gürtler, Hans: Ludwig Emil Grimm und die KHM seiner Brüder, in: Hochland 18/1 (1920/21), S. 294–307. – Mit Auszügen aus Briefen an L. E. Grimm.

Schoof, Wilhelm: Heidelberg und die Brüder Grimm, in: Neue Heidelb. Jbb. N. F. 1939, S. 105–120. – S. 111–120 Briefw. zwischen Jacob u. Wilhelm 1817.

Ders.: Briefe der Brüder Grimm beim Tode ihrer Schwester Lotte [1822], in: Neues Magazin für Hanauische Geschichte 2 (1954), S. 88–94.

Ders.: Jacob und Wilhelm Grimm nach der Göttinger Amtsentsetzung (nach ungedr. Briefen), in: ZHG 58 (1932), S. 211–234.

Ders.: Zur Entstehungsgeschichte des Grimmschen Wörterbuches (nach ungedr. Briefen), in: Wörter u. Sachen 19 (1938), S. 141–154. – Briefw. zwischen Jacob u. Wilhelm 1838.

Ders.: Jacob Grimms Reise nach Leipzig u. Jena im Sommer 1838 (nach ungedr. Briefen), in: ZfdPh. 60 (1935), S. 26–32.

Ders.: Wilhelm Grimms Reise nach dem Kinzigtal im Jahre 1841, in: Hanauisches Magazin 16 (1937), S. 81–96, u. 17 (1938), S. 40–44. – Nach Briefen von Dorothea u. Marie an Jacob Grimm.

Ders.: Briefe von Jacob u. Wilhelm Grimm an ihren Bruder Ferdinand, in: Neues Magazin für Hanauische Geschichte 3 (1955/59), S. 14–22.

Ders.: Der Verwandtenkreis der Brüder Grimm, in: Hess. Familienkde 4 (1957), Sp. 193–202. – Bes. Briefe von Dortchen Grimm.

Gürtler S. 210 f.: Wilhelm an Ferdinand Grimm 1817.

Denecke, Ludwig, u. Walter Ottendorff-Simrock: Blätter und Blüten aus Kassel, in: BGG, S. 95–102 u. 119–123. – Geschwisterbriefe.

Schoof U. Br. enthält zahlreiche Briefe zwischen Jacob u. Wilhelm, auch an Ferdinand Grimm sowie an Henriette Zimmer.

d) Einzelne Korrespondenten

Im folgenden ist zwischen Briefen *von* bezw. *an* Jacob oder Wilhelm Grimm nicht unterschieden.

Die bei GOEDEKE u. anderwärts nachgewiesenen sowie die in Sammlungen enthaltenen Briefe sind hier – häufig berichtigend und ergänzend – vollständig aufgeführt. Die dabei verwandten Siglen s. o. bei b.

Für die meist nicht oder nur unvollständig veröffentlichten Gegenbriefe ist in jedem Falle das Verzeichnis von DAFFIS (s. o. unter a) zu vergleichen. Es ergeben sich dabei jeweils auch Anhaltspunkte über Umfang und Dauer des Briefwechsels.

Zur Person der Korrespondenten s. die üblichen biographischen Nachschlagewerke: ADB, NDB, für die Hessen die »Lebensbilder aus Kurhessen und Waldeck 1830–1930« 1–6, 1939–1958. Zur ersten Information nützlich sind die Namenregister der größeren Briefausgaben: Gürtler, Dahlmann, Lachmann, Savigny.

ABEL, Otto: AfdA 33 (1909), S. 250 f. (Herm. Fischer), 1853; ein weiterer (auch 1853) in: ZfDk. 38 (1924), S. 21–23 (Fritz Ackermann). – AKIANDER, Matthias: Kunze S. 110 (verschollen), vgl. S. 38–40. – ALEXANDER, Kaiser von Rußland: Stengel 2, S. 27 f. – ALTENSTEIN, Karl Frhr von Stein zum: Stengel 2, S. 74–78. – AMPÈRE, Jean-Jacques: Richert 135, S. 324. – AMSTERDAM, Kgl. Institut: Kl. Schr. 7, S. 530 bis 533. – ÁRNASON, Jón: ZfdPh. 12 (1881), S. 353 (Carpenter). – ARNDT, Ernst Moritz: Bonner Geschichtsbll. 14 (1960), S. 97–115 (Schulte Kemminghausen); Materialbeiträge (1828–1854) zur »Dt. Gramm.«, »Dt. Mythologie«, »Gesch. d. dt. Sprache«, DWb. – ARNDT, Karl Friedr. Ludwig: Gürtler S. 273. – ARNIM, (Ludwig) Achim von: Steig Reinh.: A. v. A. und Jacob u. Wilhelm Grimm. 1904, dazu O. Walzel in: Das literar. Echo 8 (1905/06), Sp. 632–637. Das Werk ist ganz auf dem Briefw. aufgebaut. Vgl. auch: Steig, Reinh.: Goethe u. die Brüder Grimm. 1892 (mehrfach). – ARNIM, Bettina von: Goedeke S. 351; Briefw. Meusebach (s. d.) S. 284–290 u. 298–300; Gürtler S. 3; Schoof U. Br. S. 293–308; JbKipp. 1 (1963), S. 163–168 (Göres); BGG S. 107 bis 109 (Denecke); vgl. Wilh. Schoof: B. v. A. u. ihre Beziehungen zu Hessen-Kassel, in: Hessenland 45 (1934), S. 13–17. – ARNSWALDT, Anna von, geb. von Haxthausen: s. Haxthausen. – ARNSWALDT, August von: s. Haxthausen, Familie (Freundesbriefe, S. 220 f.); Arch. f. Landes- u. Volkskde von Niedersachsen 1 (1940), S. 87. – ARNSWALDT, Karl Friedr. Alex. von: s. ebda S. 242 f. resp. S. 85 f. – ARX, Ildefons von: Gürtler S. 273 f. – ASBJØRNSEN, Peter Christian: Krogvig, Anders: Jacob og Wilhelm Grimm's brev til P. Chr. A. og Jørgen Moe, in: Festskrift til Gerhard Gran. Kristiania 1916, S. 175–188 (aus der Samml. Moltke Moe); die Gegenbriefe bei E. Schmidt S. 259–269. – AUGUSTE, Kurfürstin von Hessen, u. ihre Tochter Marie Hzgin von Meiningen: Stengel 1, S. 403–413; 2, S. 393 f.

BACH, Nikolaus: Schoof, Wilh.: Beziehungen der Brüder Grimm zu Fulda, in: Fuldaer Gesch.-Bll. 31 (1955), S. 59–66; davon Brief J. Gr.'s schon in: AfdA 38 (1919), S. 182 f. (Edw. Schröder). – BAENSCH, Emil:

Gesch.-Bll. f. Stadt u. Land Magdeburg 15 (1880), S. 203–205 (H. Zurborg): J. Gr. an B. 1850), ein Brief W. Gr.'s (28. 7. 1848, „nur eine kurze geschäftl. Notiz") nur erwähnt. – BAIER, Rudolf: Schoof U. Br. S. 413; vgl. Schulte Kemminghausen in: AfdA 73 (1961), S. 115. – BALZsche Buchhdlg, Stuttgart: Schoof Buchh. S. 1355. – BANG, Joh. Heinr. Christoph: Stengel 1, S. 24–123; 2, S. 150–184 (Gegenbriefe). Steig, Reinh.: Goethe u. die Brüder Grimm. 1892, S. 221 u. 265; ein weiteres Stück aus demselben Brief (20. 12. 1824) in: Steig, Reinh.: Neue Kunde zu Heinrich von Kleist. 1902, S. 128; Gürtler S. 175 f.; vgl. Schoof, Wilh.: J. Chr. Bang u. die Brüder Grimm, in: Hess. Heimat N. F. 14 (1964), H. 3, S. 20–22. – BARTSCH, Karl: Gürtler S. 3–12 u. 176–179. – BASSE, Gottfried: Dammann, Oswald: Aus den Papieren der Basseschen Buchhdlg. 1924, S. 26 u. 62 (Nr 3, 4, 20, 20a); dazu Schoof Buchh. S. 1352–1355. – BAUER, Charlotte, geb. Ramus: Stengel 1, S. 9–11; 2, S. 144. – BEIGEL, Georg Wilh. Sigismund: Gürtler S. 254. – BENECKE GEORGE Friedr.: Briefe der Brüder Jacob u. Wilhelm Grimm an G. F. B. aus d. Jahren 1808–1829. Hrsg. v. Wilh. Müller. 1889 (Rez.: G. Roethe in: DLZ 12, 1891, Sp. 376–378). / Briefe aus der Frühzeit der dt. Philologie an G. F. B. Hrsg. v. Rudolf Baier. 1901. Sorgfältig kommentiert; vgl. Reg. S. X. u. 169 f. (Rez.: R. Steig in: DLZ 23, 1902, Sp. 1568–1574); Ergänzungen: Kl. Schr. 1, S. 111 f.; AfdA 22 (1896), S. 126–128 (Reifferscheid), auch bei Baier S. 59 f. u. 62 f.; Gürtler S. 179; AfdA 58 (1939), S. 197 (Edw. Schröder); Schoof U. Br. S. 112–118. / Die Gegenbriefe meist noch unveröffentlicht; vgl. Jb. d. Akad. d. Wiss. in Göttingen 1963 (1964), S. 31 Anm. 1, u. Schoof U. Br. S. 112 u. 436, Anm. 438. Einzelne Stücke: Kl. Schr. 1, S. 111 f.; R. Hübner S. 64 f.; Schoof U. Br. S. 113. / Briefe in Sachen der Berufung nach Göttingen in: Schoof, Wilh.: Göttingen u. die Brüder Grimm, in: Niedersächs. Jb. f. Landesgesch. 14 (1937), S. 237–258. / Vgl. ferner W. Schoof: G. F. B. u. die Brüder Grimm, in: Monatshefte (Madison) 56 (1964), S. 225–235. – BENFEY, Theodor: Beiträge zur Kunde der indogerm. Sprachen 8 (1884), S. 264–266. – BERGMANN, Friedr. Wilh.: AfdA 11 (1885), S. 92–94. – BERLIT, Salomo: Stengel 1, S. 13–15; 2, S. 144 f.; „Gegenbriefe fehlen" (S. 145) ist unrichtig, vgl. Daffis S. 14. – BERND, Theodor: Stammler S. 149. – BERNHARDI, Karl Christian Sigismund: ZHG N. F. Suppl. 10 (1884), S. 10; Schoof U. Br. S. 189; BGG S. 106 f. u. 110–112 (Denecke). Gegenbriefe: Stengel 2, S. 389 bis 391. Vgl. Schmidt, Max Georg: Ein hess. Stammbuch, in: Hessenland 16 (1902), S. 326; wiederholt v. W. Schoof in: ZfBB 10 (1963), S. 209; s. a. Kassel, Bibliothekare der Landesbibl. – BERTUCH, Karl: Hübner, Rolf: Unbekannte Briefe der Brüder Grimm an die Weimarer Buchhdler Friedr. Justin u. Karl Bertuch, in: Forschen u. Bilden, Okt. 1966, S. 33–40. – BEYER, Heinrich: ZfdPh. 29 (1896), S. 122 (Pick). – BICKELL, Wilhelm: Schoof U. Br. S. 404 f. – BIELENSTEIN, Aug.: Vasmer S. 1 f. – BILDERDIJK, Willem: Briefe von Jacob Grimm an H. W. Tydeman (s. d.), S. 88–91; vgl. Schokker, Roelof: Bilderdijk en Duitschland. Diss. Amsterdam 1933, bes. S. 91–96. Gegenbriefe: Brieven van Mr. Willem Bilderdijk. 3. Amsterdam 1837, S. 196–258. – BLANC, Ludwig Gottfried: Gürtler S. 180 f. – Blume, Friedrich: Gürtler S. 12–38 u. 181–207. – Blumenthal (Obertribunalrat in Berlin): Dt. Wochenblatt. 1896, Nr 23, S. 269 f. (Steig); wiederholt bei Schoof U. Br. S. 417 bis 419. – Bluntschli, Joh. Kaspar: Briefwechsel J. K. Bl.s mit Savigny, Niebuhr, Leopold Ranke, Jakob Grimm u. Ferdinand Meyer. Hrsg. v. Wilhelm Oechsli. 1915, S. 123–149; ergänzend: Gürtler S. 254 f.; vgl. Müller, Walter: Über den schweizerischen Beitrag zu Jacob Grimms Weistümersammlung, in: Schweizerische Zs. f. Geschichte 13 (1963), S. 377 f. – Boeckh, Philipp August: Briefwechsel zwischen Jacob und Wilhelm Grimm u. Boeckh. In: Neue Heidelb. Jbb. 11 (1902), S. 211 bis 266, Nr 23, 41, 46, 54, 55, 68, 69, 76, 79, 80, 82 (1809/10); drei davon wiederholt bei Schoof U. Br. S. 34–37. Jac. Gr. erwähnt in einem Schreiben vom 19. 6. 1810 an Zimmer in Heidelberg zwei Briefe an B. (Stengel 3, S. 352). Bei O. Dammann: Der Briefwechsel A. B.'s, in: ZfB 63 (1949), S. 122 nur Zahlenangabe. – Böhmer, Joh. Friedr.: Janssen, Johannes: J. F. B.'s Leben, Briefe und Kleinere Schriften. 1868. 1, S. 187, 259 f., 375, u. 3, S. 92 (Jac. Gr. an Böhmer, nicht an Marie Görres). – Boisserée, Sulpiz: Boisserée, Mathilde: Sulpiz Boisserée. 1862, Bd 1, S. 202, 244; Gürtler S. 38–48. Jac. Gr. an B., 28. 10. 1835, in: J. Noll: Helfrich Bernhard Hundeshagen u. s. Stellung zur Romantik. Schulprogr. Frankfurt a. M. 1891, S. 45. – Bopp, Franz: Lefmann, Salomon: Franz Bopp, sein Leben u. s. Wissenschaft. 1895. Anhang S. 178*–180*, vgl. Register! 1 Gegenbrief: Vasmer S. 3. – Boré, Léon: Richert 135, S. 323 f. – Bormans, Jan Hendrik: Tijdschr. voor Nederl. Taal- en Letterkunde 11 (1892), S. 78–81 (Beets). Jac. Gr. an B., 21. 7. 1851, in: De gulden Passer 28 (1950/51), S. 118–122 (Derolez). – Both, Karl Friedr. von: ZfdPh. 39 (1907), S. 227–229 (Golther). – Bouterwek, Karl Wilh.: Germania 19 (1874), S. 247–253 (Crecelius). – Boyneburg, Albert von: AfdA 23 (1897), S. 116–119 (Edw. Schröder). – Bratfisch, Joh. Heinr.: Hess. Familienkde 4 (1957), Sp. 196. – Braun, Emil: E. Br.s Briefwechsel mit den Brüdern Grimm und Joseph von Laßberg. Hrsg. v. Rudolf Ehwald. 1891; ergänzend: Gürtler S. 48 f. – Breitkopf & Härtel, Leipzig: Briefe von Jac. Grimm in: Der Bär. Jb. v. Br. & H. 1926, S. 39–42. 11 Briefe (1812–1818) vorhanden, 2 davon sind abgedruckt. Die an dieser Stelle für Jac. Gr. in Anspruch genommenen Rezensionen sind abgedruckt in W. Kl. Schr. 4, S. 647 f.; 2 Gegenbriefe: Schoof Buchh. S. 1352. – Brentano, Clemens: Steig, Reinhold: Cl. Br. und die Brüder Grimm. 1914; Goedeke und Stengel (s. u. bei Tieck) dadurch überholt. Rez.: ZHG 51 (1917), S. 169 f. (Schoof); ergänzend: Schewe, Harry: Jacob Grimms Wunderhornbriefe [an Brentano] nebst 3 Briefen Erich Schmidts, in: Festschr. Berlin 1963, S. 124–130. – Breslau, Philosoph. Fakultät: Dt. Wochenblatt 1895, Nr 21, S. 250 (Max Koch). – Brockhaus, Hermann: Kunze S. 106 f. – Brodhagensche Buchhdlg, Stuttgart: Schoof Buchh. S. 1352. – Bruguière, Antoine de Sorsum: Schoof U. Br. S. 37–40. – Brunnhofer, Hermann: Aarauer Neujahrsbll. 1950, S. 86–88 (Hans Kaeslin). – Bucholtz, Franz Bernhard Ritter von: Reiter, Siegfried: Jacob Grimm und die [Wiener] Zensur, in: Euph., Ergh. 13 (1921),

S. 57–61. Protest gegen die Zensur-Änderungen in Kl. Schr. 4, S. 296 bis 360. – Buderus von Carlshausen: s. Carlshausen – Büff, Ludwig: L. E. Grimm: Erinnerungen (s. u. S. 30), S. 586–592. – Bueching, Joh. Gustav: Germania 22 (1877), S. 382 (Symons); mit Gegenbriefen wiederholt bei Schoof: Wilhelm Grimm. 1960, S. 169–178 (Datum S. 170 recte 24. 12. 1824). – Bunsen, Christian Karl Josias: Gürtler S. 207 f. – Burchardi, Christian Heinrich u. Wilhelmine: Stengel, Edmund: Mitteilungen aus dem Briefwechsel der Brüder Grimm und Dorothea Grimms mit Oberappellationsrat Burchardi und dessen Tochter Wilhelmine in Kassel, in: Zu der 50jähr. Doctor-Jubelfeier des Herrn Heinrich Limpricht ... Greifswald, Phil. Fakultät 1900, S. 5–13.

Calenberg, Philippine von: Hess. Bll. f. Vkde 29 (1930), S. 71–73. – Candidus, Karl: AfdA 12 (1886), S. 117–120 (E. Martin); vgl. Kl. Schr. 8, S. 390–392. – Canitz und Dallwitz, Karl Ernst Wilh. Frhr von: Meißner, Otto: Wilhelm Grimm über die Zustände und den Geist der Universität Göttingen [1835], in: Hist. Zs. 60 (1888), S. 76–79. Weitere: Schoof U. Br. S. 240–245. – Carlshausen, Carl Friedr. Buderus von: Stengel 2, S. 19–96 u. 404–407; ergänzend: Gürtler S. 255 f. Chmel, Joseph: ZfdPh. 14 (1882), S. 237 f. Zwei Gegenbriefe bei R. Hübner S. 116–118. – Cleasby, Richard: An Icelandic-English Dictionary, based on the ms. collections of the late Richard Cleasby, enlarged and completed by Gudbrand Vigfusson. Oxford 1874, S. CII (vgl. ebda S. LXXXII f.); auch in: BGG S. 521 (Cath. Briggs). – Collin, Matthäus von: Gürtler S. 256. – Colshorn, Theodor: Neues Archiv für Niedersachsen. 1949, S. 833–855 (Rich. Mehlem). – Comité flamand de France s. Dünkirchen. – Cosquin, Emmanuel: Richert 135, S. 339 bis 342; auch in: BGG S. 553 f. (N. O. Stein-Moreau). Die Antwort J. Gr.'s in: Zs. d. Ver. f. Volkskde 21 (1911), S. 249–251 (Joh. Bolte). – Costa, Ethbin Heinr.: Sauer S. 44 f. (= 628 f.). Hinweis darauf bei Vasmer S. 3 (ebda Anm. 4 der Vater Heinrich Costa mit dem Sohn E. H. Costa verwechselt). – Cottasche Buchhdlg: Gürtler S. 256; Börsenbl. (Frankf.) 10 (1954), S. 234–237 (Schoof). – Coussemaker, Charles Edmond Henry: Richert 135, S. 332 f. – Crecelius, Wilhelm: Stengel 2, S. 358. – Creuzer, Friedrich: C. an J. u. W. Gr. (1808/09): Neue Heidelb. Jbb. 11 (1902), S. 192–210, Nr 6, 7, 12, 19, 21 (Steig); ergänzend: Schoof U. Br. S. 109 f.; BGG S. 104 f. (Denecke). – Croker, Thomas Crofton: W. Gr. an C. (1826) in: Th. Cr. Cr.: Fairy legends and traditions of the South of Ireland. A new and complete ed. [of the 1. & 2. parts], ed. T. Wright. With a memoir of the author by his son, T. F. Dillon Croker. London 1862. – Crüger, A.: AfdA 7 (1881), S. 327 (Hinrichs). – Cybulski, Wojciech (Adalbert): Vasmer S. 4 f.

Dacier, Bon-Joseph Baron: Richert 135, S. 320 f. – Dahlmann, Friedr. Christoph: Briefwechsel zwischen Jacob und Wilhelm Grimm, Dahlmann und Gervinus. Hrsg. v. Eduard Ippel. 1. 2. 185/86. Dazu W. Scherer in: Dt. Rundschau 48 (1886), .S 75–77, auch Kl. Schr. 1, S. 53 bis 57; Edw. Schröder in: Hist. Zs. 61 (1889), S. 519–523. – Dahlmann, Dorothea: Stengel 1, S. 22, u. 2, S. 149; ZfdPh. 85 (1966), S. 447–449 (Schoof). – Dahlmann, Hermann: Stengel 1, S. 22 f., u. 2, S. 149. –

DAHN, Felix: Dt. Revue 10 (1885), S. 317. – DEINHARDSTEIN, Joh. Ludwig: Regest in: BGG S. 326 (Leop. Schmidt). – DESSAUER, G. v.: Gürtler S. 257. – DEYCKS, Ferdinand: Westf. Zs. 113 (1963), S. 237–239 (Schulte Kemminghausen). – DIEFENBACH, Lorenz: Stengel 1, S. 388 bis 396; 6 Gegenbriefe [Daffis 9!] ebda 2, S. 376–388. – DIETERICHSCHE BUCHHDLG, Göttingen: Stengel 2, S. 306; Gürtler S. 257–259 u. 274 f.; Schoof U. Br. S. 310 f.; Börsenblatt (Frankf.) 11 (1955), S. 493 bis 497. – DIETRICH, Anton: Hexelschneider, Erh.: Fünf unveröff. Briefe von A. D. an Jac. Gr. aus den Jahren 1830/31, in: Festschr. Berlin 1963, S. 113–123. – DIEZ, Adolf: ZfdPh. 6 (1882), S. 501–505; Gegenbriefe ebda 7 (1883), S. 481–493 (A. Tobler). – DINGELSTEDT, Franz: Schoof, W.: F. D. u. die Brüder Grimm, in: Hessenland 42 (1931), S. 134–136; auch in: Buchblätter, Beil. z. Fuldaer Ztg 19 (1938), S. 10. – DOBROWSKY, Josef: Sauer S. 2–36 (= 588–620). Gegenbriefe in: Archiv f. slav. Philologie 1 (1876), S. 624–630, u. 2 (1877), S. 177–188 (V. Jagić). – DOCEN, Bernhard Joseph: AfdA 14 (1888), S. 150–152 (Ph. Strauch); Ders.: Zur Geschichte der Dt. Philologie. Briefe an B. J. Docen in: AfdA 28 (1902), S. 128–134; ergänzend: Schoof U. Br. S. 102 f. Die Bemerkung, daß „die Briefe J. Gr.'s an D. bis auf den abgedr. Entwurf verloren gegangen zu sein scheinen" ist nach dem Vorhergehenden zu berichtigen. – DRONKE, Ernst Friedr. Joh.: Gürtler S. 49–52 u. 259 f.; ergänzend: Schoof U. Br. S. 260–270. Ein Teil der Gegenbriefe bei: Schoof, W.: E. D. und Jacob Grimm. In: Fuldaer Geschichtsbll. 31 (1955), S. 65–77; auch in: Buchenblätter, Beil. d. Fuldaer Ztg 19 (1938), S. 17 f. u. 27 f. – DROSTE-HÜLSHOFF, Jenny von: Briefwechsel zwischen J. v. D.-H. und Wilhelm Grimm. Hrsg. v. Karl Schulte Kemminghausen. 1929. Mit Kommentar. Einiges vorweggenommen in der Festschr. f. Alois Bömer (s. u. bei v. Haxthausen). – DUBOC, Edouard: Norst, Marlene J.: An unknown Jacob Grimm letter in Australia, in: Journal of the Australasian Universities Language and Literature Association 20 (1963), S. 256–262. J. Gr. 1858 an E. D. (Pseud. Robert Waldmüller). Orig. in: The Public Library of South Wales; dort auch Abschr. eines 2. Briefes J. Gr.'s vom 17. 2. 58. – DÜMMLERSCHE VERLAGSBUCHHDLG, Berlin: Kl. Schr. 1, Vorwort (o. Seitenzahl); Gürtler S. 260 f.; Schoof U. Br. S. 395–402. – Brauer, Adalb.: Dümmler-Chronik. 1958, S. 90 f. (Faks.); Börsenbl. (Frankf.) 15 (1959), S. 1706–1708 (Schoof). – DÜNKIRCHEN. Comité flamand de France: Weimarisches Jb. für dt. Sprache, Litteratur u. Kunst 5 (1856), S. 192 f. (Hoffmann v. Fallersleben). – DUYSE, Prudens van: Nalatenschap van J. F. Willems. [Hrsg. v.] Pr. van Duyse. Gent 1856, S. LXI.

EBERT, Friedr. Adolf: Briefwechsel des Frhrn K. H. Gr. von Meusebach mit Jacob und Wilhelm Grimm. 1880, S. 311–316 (Wilh.) u. 378 bis 380 (Jac.); ergänzend: Gürtler S. 261. – EHRENTRAUT, Heinrich Georg: Archiv f. Landes- u. Volkskde von Niedersachsen 1 (1940), S. 64. – EICHHOLM, Karl von: Gürtler S. 262. – EICHHORN, Joh. Albrecht Friedr.: Briefwechsel Meusebach (s. o. Ebert) S. 296–298; Schoof U. Br. S. 308–310 u. 414 f. – EICHHORN, Karl Friedr.: R. Hübner S. 119 f. – ENDLICHER, Stephan: Gürtler S. 262 f.; vgl. Stan. Hafner in: Die Welt der Slaven 5 (1960), S. 293, Anm. 5 (ein weiterer Brief in der Österr. Nationalbibl. Wien). – ENGELHARD, Philippine: Briefw. Arnim S. 3 (Steig). – ENGELHARDT, Christian Moritz: DLZ 1896, Sp. 617 (Martin). – ERNST II., Herzog von Koburg und Gotha: Gürtler S. 52 f. – ESSEN. Wahlkommission, s. Kerstein (Wahlkommissar). – EULER, Ludwig Heinr.: Mitt. des Vereins f. Gesch. u. Altertumskde in Frankfurt a. M. 7 (1885), S. 146 f., zu S. 133 (Euler). – EUROPAEUS, David Emanuel Daniel: Kunze S. 116 (der Brief ist verschollen), vgl. S. 40–44. – EWALD, Georg Heinr. August: Briefe an Ewald. Aus seinem Nachlaß hrsg. v. Rudolf Fick u. Götze von Selle. 1932, S. 24 f.

FALCK, Nikolaus: R. Hübner S. 120–122 (Auszüge). – FALKENSTEIN, Konstantin Karl: Gürtler S. 275 (Regest). – FALLENSTEIN, Georg Friedrich: Schoof U. Br. S. 405 f. u. 408. – FALLMERAYER, Jakob Philipp: Krag, Wilh.: Aus F.'s Landshuter Zeit. In: Silvae Monacenses. Festschr. ... 1926, S. 34–37. – FAURIEL, Claude: Richert 135, S. 321; vgl. Richert Diss. S. 30. – FAYE, Andreas: E. Schmidt S. 308. – FEIFALIK, Julius: Vasmer S. 5–9. – FÖRSTEMANN, Ernst Günther: Beitr. zur Namenforschung. N. F. 5 (1970), S. 105–108 (R. Schützeichel). – FÖRSTEMANN, Ernst Wilh.: Gürtler S. 53–59. Gegenbriefe in: Beitr. z. Namenforschung. N. F. 5 (1970), S. 103–117 (R. Schützeichel). – FÖRSTER, K. G. J.: Gesetz der dt. Sprachentwicklung, oder: Die Philologie u. die Sprachentwicklung in ihren Beziehungen zueinander u. zum dt. Geiste. 1851, S. II. – FRANKFURT. Nationalversammlung: Schoof U. Br. S. 390 f. – FREYTAG, Gustav: Gürtler S. 209 f. – FROMMANN, Friedr. Joh.: Schoof Buchh. S. 1349 f. – FROMMANN, Georg Karl: Germania 12 (1867), S. 118–125 u. 370–374 (Pfeiffer); Nachtrag: AfdA 22 (1896), S. 398 f. (Steinmeyer). – FROMMANN, Johanna: Frommann, Friedr. Joh.: Das Frommann'sche Haus u. seine Freunde. [3]1889, S. 166. – FÜGLISTALLER, Leonz: Steinmeyer, Elias: Jacob Grimm und L. F., in: AfdA 10 (1884), S. 145–160. – FÜRTH, August Frhr von: AfdA 17 (1891), S. 179–181. Die gleichen Briefe im Regest: Gürtler S. 263.

GABELENTZ, Hans Conon von der: Gürtler S. 263. – GANS, Eduard, in: Briefw. Lachmann 2, S. 512. – GAUPP, Ernst Theodor: R. Hübner S. 123–140. – GERLING, Christian Ludwig: Stengel 1, S. 123–140; 4 Gegenbriefe: ebda 2, S. 186–189. – GERVINUS, Georg Gottfried: s. Dahlmann, Fr. Chr. u.: Kl. Schr. 8, S. 467 f. – GIES, Luise: Stengel 1, S. 16 bis 20; 2, S. 145–148. Gies, L.: Das Geburtshaus der Brüder Grimm, in: Gartenlaube 1896, Nr 41, S. 695 f. (wiederholt den Abdruck des Briefes vom 30. 12. 1858). Schoof, W.: Jacob Grimms Briefwechsel mit L. G., in: Hanauer Anzeiger vom 22. 1. 1932, S. 8, u. 26. 1. 1932, S. 8 (wiederholt Stengel). – GÍSLASON, Konrad: E. Schmidt, S. 309–311. – GLÖCKLE, Ferdinand: Schoof, U. Br. S. 104. – GLÜCK, Christian Wilhelm von: Gürtler S. 60 f. – GOEDEKE, Karl: Briefwechsel zwischen Jacob Grimm und K. G. Hrsg. v. Joh. Bolte. 1927. Enthält auch die früher abgedr. Briefe (Goedeke S. 352), mit Ausnahme des in: Koninc Ermenrîkes dôt. Hrsg. v. Karl Goedeke. 1851, S. 4–7. Zwei Beilagen zum Brief vom 31. 12. 1854 (Briefw. S. 72) in: Pamphilus Gengenbach. Hrsg. v. K. G. 1856, S. 609 u. 670–673; dazu Leitzmann: ZfdPh 55 (1930);

Vgl. Stammler S. 145–147 (2 der Briefe mit Kommentar). Originale jetzt im Brüder Grimm-Museum Kassel. Vgl. a.: Paul ALPERS: Carl Goedeke. Sein Leben u. sein Werk. 1948. – GÖRRES, Joseph von: Ges. Briefe. Hrsg. v. Franz Binder. Bd 2–3: Freundesbriefe. 1874. Dazu Bächtold in: Germania 20 (1875), S. 502–508, u. 21 (1876), S. 118 bis 121. Vgl. auch W. Schoof: J. G. und die Brüder Grimm, in: Jb. f. Gesch. u. Kunst des Mittelrheins u. seiner Nachbargebiete 5/6 (1956/57), S. 94–101. – GÖRRES, Marie: s. Böhmer, Joh. Friedr. (Berichtigung von Goedeke S. 352). – GOETHE: Steig, Reinhold: Goethe und die Brüder Grimm. 1892. Goethes Briefwechsel mit Jacob und Wilhelm Grimm, in: Schüddekopf, Carl, u. Oskar Walzel: Goethe und die Romantik. Briefe mit Erläuterungen. 2. 1899, S. 198–232 u. 360–366; Ergänzung: Archiv 161 (1932), S. 83 f. (Deetjen). – GÖTTINGEN. GESELLSCHAFT DER WISSENSCHAFTEN: Gürtler S. 60. – GÖTTINGEN. REDAKTION DER GELEHRTEN ANZEIGEN: Frensdorff, Ferdinand: Jacob Grimm in Göttingen, in: Nachr. von der Kgl. Ges. der Wiss. u. der Georg-August-Universität. 1885. Nr 1 (auch selbst. 1885), S. 37–41; vgl. R. Hübner S. 119 f.; Goedeke S. 352. – GÖTTINGEN. UNIVERSITÄTS-KURATORIUM: Frensdorff (wie vor) S. 18 u. 32; Schoof, Wilh.: Göttingen und die Brüder Grimm, in: Niedersächs. Jb. f. Landesgesch. 14 (1937), S. 254 f. u. 276–278; s. a. Hoppenstedt. – GOETTLING, Carl Wilh.: Lockemann, Theodor: Die Danzsche Sammlung von Briefen an C. W. G., in: Zs. des Ver. für thür. Gesch. u. Altertumskde N. F. Beih. 12 (1928), S. 220, 222 f., 249 f. – GÖTZINGER, Max Wilh.: Gürtler S. 61 f. – GOLDMANN, Georg August Friedr.: AfdA 14 (1888), S. 148–150 (Strauch); Archiv f. Landes- u. Volkskde von Niedersachsen 1 (1940), S. 71–76. – GOTTLUND, Carl Axel: Kunze S. 106 (der Brief ist verschollen), vgl. S. 13–17. – GRAESSE, Joh. Georg Theodor: Richert 138, S. 75–79. – GRAETER, Friedr. David: Briefwechsel zwischen Jacob Grimm und F. D. G. 1810–1813. Hrsg. v. Hermann Fischer. 1877. – GRAFF, Eberhard Gottlieb: Raven, Frithjof Andersen u. James Cecil King: Die Beziehungen E. G. G.'s zu Jacob Grimm, in: Germanic Studies in Honor of Edward Henry Sehrt. Miami 1968, S. 151–195; vgl. Briefw. Benecke S. 100, dazu 163 (Baier), u. Briefw. Laßberg S. 22 (Schulte Kemminghausen). – GRANDGAGNAGE, Charles: De gulden Passer 28 (1950/51), S. 119 f. (Derolez). – GRIES, Joh. Diedrich: Nord u. Süd 84 (1898), S. 112 f. – GRIESHABER, Karl: Gürtler S. 263 f. – GROOTE, Eberhard von: E v. Gr. Mitt. aus s. Briefwechsel mit G. F. Benecke ... J. Grimm ... [u. v. a.]. Hrsg. v. Alexander Reifferscheid. 1876. Frühere Veröff. sind enthalten; Goedeke S. 352. – GROTEFEND, Georg Friedr.: Gürtler S. 264; Schoof U. Br. S. 126–129. – GÜNTHER, Friedr. Joachim: BGG S. 109 f. (Denecke). – GUTZKOW, Karl s. Wienbarg, Ludolf.

HÄNDEL-SCHÜTZ, Henriette: s. Hendel-Schütz. – HAERING, Joh.: Stolz, Karl: Jacob Grimm und J. H., in: ZfdPh. 78 (1959), S. 94–97. – HAGEN, Friedr. Heinr. von der: AfdA 7 (1881), S. 457–461 (Hinrichs); Ergänzung ebda 30 (1906), S. 149 f. (E. Lohmeyer); AfdA 11 (1885), S. 95 bis 97 (Steinmeyer); ebda 12 (1886), S. 251–253 (ders.); Gürtler S. 62 f.; Schoof U. Br. S. 41–48. Schoof Nr 16 schon bei Steinmeyer 1885. Insgesamt 7 (nicht 6, Schoof S. 42) bekannt. Weitere bezeugt in: Briefe Fr. H. v. d. H.'s an Chr. G. Heyne (1805–1812) und an G. Fr. Benecke (1810–1820). Hrsg. v. Karl Dziatzko (Festgruß an ... Karl Weinhold z. 70. Geb.) 1893, S. 35: „Sehen Sie die Brüder, so grüßen Sie sie beßtens von mir und danken vorläufig für ihre Briefe ...“ (an Benecke, 17. 4. 1820). Die 10 Gegenbriefe (Daffis S. 24) unveröffentlicht! – HAHN, Karl August Germania 12 (1867), S. 116–118 (Pfeiffer); ebda 31 (1886), S. 368–374 (Jeitteles); Gürtler S. 64 u. 211 f. – HAHNSCHE BUCHHDLG, Hannover: Schoof Buchh. S. 1356. – HALBERTSMA, Joost Hiddes: Symons, Barend: Briefwechsel zwischen Jacob Grimm und J. H. H., in: ZfdPh. 17 (1885), S. 257–292. – HALTRICH, Josef: [Briefwechsel zwischen J. H. und Jacob und Wilhelm Grimm] in: Haltrich, J.: Dt. Volksmärchen aus dem Sachsenlande in Siebenbürgen. [6]1956, S. 250 bis 255. – HAMM, Wilhelm: Hess. Heimat 1 (1921), S. 282 (K. Esselborn). – HAMMERSTEIN, Hans Frhr von: AfdA 13 (1887), S. 189 (Franke); Schoof U. Br. S. 57 f. Gegenbriefe: Steig, Reinh.: Goethe und die Brüder Grimm. 1892, S. 144 u. 259 (Exzerpte); vgl. S. 77–79. R. Hübner S. 140 f. 28 Briefe u. 3 Billets bei Daffis S. 25! – HANKA, Václav: Sauer S. 41–43 (= 625–627). Gegenbriefe: Vasmer S. 10–12. – HANTSCHKE, C.: Muttersprache. 1957, S. 414 f. (W. Schoof). – HARDENBERG, Karl August Fürst von: Anerkennungsschreiben 1816, erwähnt bei R. Hübner, S. 12. – HARNIER, Richard Maria: Schoof, U. Br. S. 166; schon in: L. E. Grimm: Erinnerungen (s. u. S. 30), S. 592 (hier dem jüngeren H., Eduard, zugeschrieben; vgl. Stengel 2, S. 214). – HARRYS, Hermann: Wendland, Anna: Die Harrys'sche Autographen-Sammlung im Stadtarchive zu Hannover, in: Hannoversche Geschichtsbll. 1903, S. 484 f.; auch bei Stammler S. 147 f. (kommentiert) u. in: Briefw. zwischen Jacob Grimm und Karl Goedeke. 1927, S. 41 f. – HASSENPFLUG, Amalie und Friedr.: Schoof U. Br. S. 392–395. – HASSENPFLUG, Ludwig Daniel: Friderici, Robert: Harmonie und Dissonanz. L. H. und seine Schwäger Jacob, Wilhelm und Ludwig Emil Grimm, in: BGG S. 147 bis 201; neue erweiterte Ausgabe als Monographie in Vorbereitung. – HAUPT, Josef: Euph. 13. Erg.-H. (1921), S. 61. Früher in: Wiener Ztg vom 29. 3. 1860, Nr 78, S. 1341. – HAUPT, Moriz: W. Kl. Schr. 3, S. 335 f.; Gürtler S. 64 f.; Schoof U. Br. S. 250–257; Stan. Hafner in: Die Welt der Slaven 5 (1960), S. 293, Anm. 5 (ein ungedr. Brief an H. (?) in der Österr. Nationalbibl. Wien). Gegenbriefe (Daffis S. 25) unveröffentlicht! – HAVEMANN, Wilh.: Schoof, U. Br. S. 219–224. – HAXTHAUSEN, von (Familie): Freundesbriefe von Wilhelm und Jacob Grimm. Mit Anm. hrsg. v. Alex. Reifferscheid. 1878. Reichhaltiger Kommentar, einige Beigaben; die beteiligten Mitglieder der Familie im Reg. S. 255 f. (genauere Angaben bei Schulte Kemminghausen in BGG S. 144, Anm. 4), dazu W. Scherer, Kl. Schr. 1, S. 46–53; Schulte Kemminghausen, Karl: Aus dem westfälischen Freundeskreise der Brüder Grimm, in: Westfälische Studien ... Alois Bömer zum 60. Geb. 1928, S. 99 bis 118. Gegenbriefe zu Reifferscheid's Sammlung: Freundesbriefe der Familie von Haxthausen an die Brüder Grimm. Hrsg. v. Wilhelm Schoof, in: Westfälische Zs. 94 (1938), S. 57–142; vgl. auch Goedeke S. 353.

– HAXTHAUSEN, Anna von: Gürtler S. 275. – HAXTHAUSEN, August von: Schoof, U. Br. S. 119–123. – HAXTHAUSEN, Werner von: Westf. Zs. 113 (1963), S. 209–211 (Schulte Kemminghausen). – HAYWARD, Abraham: Festschrift zur Begrüßung des 5. allg. dt. Neuphilologentages zu Berlin, hrsg. v. Julius Zupitza. 1892, S. 91 (Erich Schmidt). – HEEREN, Arnold Hermann Ludwig: Frensdorff, Ferdinand: Jacob Grimm in Göttingen (s. o. Göttingen. Redaktion der GGA), S. 14 f.; Schoof, Wilh.: Göttingen und die Brüder Grimm, in: Niedersächs. Jb. für Landesgesch. 14 (1937), S. 240–259. – HEIDELBERG. Akademisches Direktorium: Schoof, U. Br. S. 161 f. – HEINE, Ernst Wilhelm: AfdA 20 (1894), S. 406 f. (Meißner). – HELFFERICH, Christian Adolf: Gürtler S. 65–68. – HELSINKI. Finnische Literaturges.: Kunze S. 108–110. – HENDEL-SCHÜTZ, Henriette: ZfdPh. 29 (1897), S. 202–205 (R. Steig); Schoof, U. Br. S. 121 f., s. a. Studien zur vergl. Litteraturgesch. (1903), S. 481–485 (Hugo Holstein). – HENSCHEL, (Joh.) Werner: Gürtler S. 68 f. u. 275 f.; vgl. Wilh. Hopf in: Die Landesbibliothek Kassel 1580–1930. 1930, S. 98. – HERTZ, Martin: Briefe an M. H. über Karl Lachmann [1851]. [v. Heinr. Meisner u. Erich Schmidt]. 1910, S. 16 f. Einer der beiden Briefe auch in: Briefwechsel Friedrich Lückes ... (s. d.) S. 123. – HETTLING, Joh. Heinr. August: Gürtler S. 69 f. – HILDEBRAND, Rudolf: Wocke, Helmut: Briefe R. H.'s I. Der Briefwechsel zwischen Jacob Grimm und R. H., in: JEGP 12 (1924), S. 1–27. Auch selbst. u. d. Titel: R. H.'s Briefe. 1925. – HILFERDING, Alex.: Vasmer S. 13–23. – HIRZEL, Salomon: Lexer, Matthias: Zur Geschichte des Dt. Wörterbuches. Mitt. aus dem Briefw. zwischen den Brüdern Grimm und Salomon Hirzel, in: AfdA 16 (1890), S. 220–264. Nachlese ebda 17 (1891), S. 237–254. / Auszüge aus Briefen der Brüder Grimm an Salomon Hirzel. Aus Hans Gürtlers Nachlaß hrsg. v. Albert Leitzmann, in: ZfdPh. 50 (1923), S. 58–79 u. 241 bis 274; ders. ebda 53 (1928), S. 457–482 (Ergänzungen zur Sammlung von Lexer). Einzelnachtrag bei W. Schoof, Jacob Grimm. 1961, S. 359 f.; vgl. auch Schoof: Jacob Grimm und Salomon Hirzel, in: Börsenblatt (Frankf.) 11 (1955), S. 653–657. – HOEFER, Albert: Jb. d. Ver. für niederdt. Sprachforschung 9 (1883), S. 146–148 (Reifferscheid). – HOFFMANN, Julius: in Briefw. Goedeke (s. d.) S. 31 f. – HOFFMANN VON FALLERSLEBEN, August Heinr.: Jacob Grimms Briefe an H. v. F. 1818 bis 1852, in: Germ. 11 (1866), S. 375–388; 498–511; 12 (1867), S. 383 f. Mit Einf. von Hoffmann, Ergänzung: Westf. Zs. 113 (1963), S. 212 (Schulte Kemminghausen). – HOLLAND, Hyazinth: Gürtler S. 70–72. – HOLLAND, Wilhelm Ludwig: Richert 138, S. 84–90 u. 96–98; W. Kl. Schr. 4, S. 340 f. – HOLLWEG, August: Schoof, U. Br. S. 416 f. – HOLTHAUS, Peter Heinr.: Westf. Zs. 113 (1963), S. 212–223. – HOLTZMANN, Adolf: Becker, Karl von: Versuch einer Lösung der Celtenfrage ... 1883, S. 105–107 (Jac. Gr. an H., 1855). – HOPPENSTEDT, Georg Friedr. Ernst: Niedersächs. Jb. für Landesgesch. 14 (1937), S. 281–285; s. a. Göttingen. Universitäts-Kuratorium. – HORNTHAL, Joh. Peter von: Schoof Buchh. S. 1350 f. – HUDTWALCKER, Martin Hieronymus: AfdA 46 (1927), S. 77–80 (A. Heskel). – HÜLSEMANN, Joh. Georg: BGG S. 326 (L. Schmidt; Regest). – HUGO, Gustav: Schoof U. Br. S. 271–292 u. 313

bis 341; vgl. Daffis S. 27! – HUMBOLDT, Alex. von: Briefe an Ludwig Tieck. Hrsg. v. Karl von Holtei. 2 (1864), S. 22 (A. v. H. an T., o. D.: „Grimms Brief geben Sie mir ... bei Tische wieder, um den teutschen König zu heilen".) Ostwald, Hans: Bettine, Humboldt und Jacob Grimm. In: Zs. des Ver. f. d. Geschichte Berlins 55 (1940), S. 70; Beck, Hanno: Die Brüder Grimm über Naturschilderungen in der älteren dt. Literatur. Zwei Briefe der Brüder Grimm an A. v. H., in: Hess. Jb. f. Landesgesch. 5 (1955), S. 251–257, Schoof U. Br. S. 402 f. – HUMBOLDT, Wilh. von: Nord u. Süd 105 (1903), S. 195 (Bruno Gebhardt); AfdA 30 (1905), S. 150–152 (Leitzmann). Fälschlich als unbekannt bezeichnet: Archiv f. vergl. Phonetik 5 (1941), S. 72; Euph. 30 (1929), S. 200–208 (Leitzmann). 4 Gegenbriefe (1824–1828), der erste fälschlich als unbekannt bezeichnet: Archiv ... (s. o.). – HUNDESHAGEN, Helfrich Bernhard: Noll, J.: H. u. seine Stellung zur Romantik. Schulprogr. Frankfurt a. M. 1891, S. 44. – HUPFELD, Hermann: Stengel 1, S. 280 bis 284; Gegenbriefe ebda 2, S. 232–288. – HYLTÉN-CAVALLIUS, Gunnar Olof: E. Schmidt S. 242–246.

JACOB, Joh. Friedr.: Gürtler S. 73–75. – JACOBS, Friedr.: Gürtler, S. 264. – JÄHNS, Friedr. Wilh.: Gürtler S. 75. – JAKOB, Therese Albertine Luise von (Talvj): Steig, Reinhold: Briefwechsel zwischen Jacob Grimm und Therese von Jacob, in: Preuß. Jbb. 76 (1894), S. 345–366. – JEAN PAUL s. Richter. – JOHANN, Prinz von Sachsen: Gürtler S. 276–278. – IPOLYI, Arnold: Germania 12 (1867), S. 128. – JUBINAL, Achille: Richert 135, S. 326 f. – JULIUS, Nicolaus Heinr.: Richert 138, S. 90. – JUSTI, Karl Wilh.: Die Selbstbiographien von Jacob und Wilhelm Grimm ... Hrsg. v. Ingeborg Schnack. 1958, S. 6–10; auch in: Jb. d. dt. Schillerges. 2 (1958), S. 164–169. – JUSTIN, Friedr.: s. bei Bertuch, Karl.

KAMPTZ, Karl Christoph Albert Heinrich von: Gürtler S. 264. – KAPPER, Siegfried: Vasmer S. 23 f. – KARADŽIĆ, Vuk Stefanowić: Briefwechsel in: Vukowa Prepiska, hrsg. v. L. Stojanović. Belgrad 1908. Bd 2, S. 1–68 u. 5, S. 717; Archiv f. slav. Philologie 2 (1877), S. 726–743. Die Briefe K.'s vermehrt und nach den Originalen: Vasmer S. 24–46. Brief W. Gr.'s an K. in: Mojašević, Milan: Srpska narodna pripovetka u nemačkim prevodima od Grima i Vuka do Leskina (1815–1915). Beograd 1950, S. 149. – KARAJAN, Theodor Georg Ritter von: 12 ungedr. Briefe Jac. Gr.'s an K. in der Österr. Nationalbibl. Wien; vgl. Stan. Hafner in: Die Welt der Slaven 5 (1960), S. 293, Anm. 5. Gegenbriefe: R. Hübner S. 140 f. (Auszug). – KASSEL. Bibliothekare der Landesbibliothek: Glückwunsch und Dankschreiben 1856 in: Alex. Duncker: Die Brüder Grimm. 1884, S. 111 f.; vgl. Stengel 2, S. 141. – KASSEL. Oberhofmarschallamt: Stengel 2, S. 101–121. – KASSEL. Zensur-Kommission: Stengel 2, S. 123–136 u. 407 f.; ZHG 75/76 (1964/65), S. 470–475 (E. G. Franz). – KAUSLER, Heinr. Eduard von: Germania 28 (1883), S. 121–124. – KELLER, Adalbert von: Strauch, Philipp: Briefe von Jacob und Wilhelm Grimm an A. v. K., in: AfdA 14 (1888), S. 97–120; ergänzend: Germania 19 (1874), S. 504 f. – KELLER, Ferdinand: Jacob Grimm an F. K., in: Festgabe Hans Lehmann. Aus dem Briefwechsel F. K.'s. Hrsg. v. A. Largiadèr. 1931, S. 12 f. –

KEMBLE, John Mitchell: Gürtler S. 76–102; Dilkey, Marvin C., and Heinrich Schneider: J. M. K. and the Brothers Grimm, in: JEGP 40 (1941), S. 461–473; darin S. 470–473 Jac. Gr. an K., 14. 7. 1840. Wiley, Raymond A.: The Correspondence between J. M. K. and Jacob Grimm 1832 till 1852. Diss. Syracuse University/USA 1966. Ders.: Four unpublished letters of Jakob Grimm to J. M. K., 1832–1840, in: JEGP 67 (1968), S. 475–484. – KERNER, Justinus: s. Weckherlin, Ferdinand (Goedeke S. 808 zu berichtigen). – KERSTEIN (Wahlkommissar in Essen 1848): Allg. Polit. Nachrichten (Essen) 1848, Nr 42 vom 25. 5. (u. ö.), Feldmann S. 237 u. 330, Anm. 10. – KEYSER, Rudolph: Peter Andreas Munch (s. d.) führte die Korrespondenz mit Grimm zugleich im Namen seines Lehrers und Mitarbeiters Keyser sowie auch C. R. Ungers (E. Schmidt S. 214). – KLEE, Julius Ludwig: Germania 26 (1881), S. 127. – KLENZE, Clemens August Karl: R. Hübner S. 142–144; Schoof U. Br. S. 195 f. – KLINGELHÖFFER, Otto: Gürtler S. 102. – KNATZ, Joh.: Stengel 2, S. 18 f. – KNATZ, Karl und Frau Amalie geb. Völkel: ZHG 9 (1882), S. 332 f. u. 346; vgl. Schotten, Ferdinand. – KNORRING, Frans Peter von: Kunze S. 105 f., vgl. S. 11–13. – KOBERSTEIN, August: ZfdPh. 39 (1907), S. 229 (Golther); Gürtler S. 103; Schoof U. Br. S. 407. – KÖNE, Joh. Rottger: Westf. Zs. 113 (1963), S. 226–236 (Schulte Kemminghausen). – KÖPPEN, Peter von: Jac. Gr. an v. K. in: Köppen, P. von: Sobranije slovenskich pamjatnikov ... St. Petersburg 1827, S. 12 ff. 6 Gegenbriefe: Vasmer S. 47–52. – KOPENHAGEN. Det Kongelige nordiske Oldskriftselskab: E. Schmidt S. 150–152. – KOPITAR, Bartholomäus: Vasmer, Max: K.s Briefwechsel mit Jakob Grimm. 1938. (Abhandl. d. Preuß. Akad. d. Wiss., phil.-hist. Kl. 1937, Nr 7.) Sauer und Gürtler einschließend, mit ausführl. Einleitung; vgl. auch Vasmer S. XXXIX–XLIV und 69–115. Dazu auch: Glonar, Joža: Korespondenca med Kopitarjem in J. Grimmon. In: Glasnik Muzejskega društva za Slovenije 19 (Ljubljana 1938), S. 133–141, u. Ders.: Kopitarjev „Briefjournal" 1816–1829. Ebda, S. 142–150. Nachtrag: Hafner, Stanislaus: Zwei Briefe der Brüder Grimm an B. Kopitar, in: Die Welt der Slaven 5 (1960), S. 292–298. – KOPLHUBER, Leopold: Ein Brief von Jacob Grimm an K., eingeklebt in dessen Abschrift mit Übersetzung, Glossen u. Anmerkungen von Otfrieds Evangelienbuch (19. Jh.), in: BSB, phil.-hist. Kl. 1923, S. LIV. – KOSEGARTEN, Joh. Gottfried Ludwig: Jb. des Ver. f. niederdt. Sprachforschung 23 (1968), S. 125–130 (Reifferscheid). Unrichtig bei Goedeke. – KRAUSE, Friedrich: Wilh. Schoof: Zur Entstehungsgeschichte der Grimmschen Märchen. 1959, S. 88–90. – KRAUT, Wilh. Theodor: Frensdorf, Ferdinand (s. o. Göttingen. Redaktion der GGA) S. 41–44. – KULENKAMP, Eduard Gottlieb: Gürtler S. 265 u. 279; vgl. Kulenkamp, E. G.: Lebenserinnerungen 1902, S. 80.

LABORDE, Le comte Léon de: Richert 135, S. 321–323. – LACHMANN, Karl: Briefwechsel der Brüder Jacob und Wilhelm Grimm mit K. L. Hrsg. v. Albert Leitzmann. Mit Einleitg. v. Konr. Burdach. 1. 2. 1927. Alles Frühere (Goedeke S. 353) dadurch überholt. Dazu: WOCKE, Helmut: Die Brüder Grimm und Carl L., in: Neue Jbb. f. Wissensch. u. Jugendbildung 4 (1928), S. 199–211 (Kommentierung überholt); NORMAN, in: JEGPh. 28 (1929), S. 276–282; KRAUS, in: AfdA 50 (1931), S. 1–8; in: Germanic Review 9 (1934), S. 196–209; vgl. auch u. S. 156. – LAGRANGE, Joseph Graf: Schoof U. Br. S. 132 f. – LAMMERS, August: Hildesheimer Sonntagsblatt vom 6. 8. 1854, Nr 32, S. 256. – LANDAU, Joh. Georg: Stengel 1, S. 397–403; Gegenbriefe ebda 2, S. 388–393. Der Plan einer vollst. Veröffentlichung des Briefwechsels (H. Niemeyer) wird nicht weiter verfolgt. – LANG, Karl Heinrich Ritter von: R. Hübner S. 144–153; Gürtler S. 265. – LANGEWIESCHE, Wilhelm: Schoof Buchh. S. 1358 f. – LAPPENBERG, Joh. Martin: Meyer, Elard Hugo: J. M. L. 1867, S. 78, 98 f., 123 f., 132, 133–135, 167, 172, 176; AfdA 53 (1934), S. 155–158 (Günther Franz). – LASSBERG, Jenny Frfr. v. s. Droste-Hülshoff, Jenny von. – LASSBERG, Joseph Frhr von: Briefe von Geo. Fr. Benecke, Jacob u. Wilhelm Grimm ... [u. a.] an J. Frhr v. L., 1818–1849. Nach Franz Pfeiffers Anordnung hrsg. v. J. M. Wagner. 1868, S. 10–37 (aus: Germania 13, 1868, S. 244–249, 365–384, 487 f.). Daraus auch der Völk. Frauenztg 4. 2. 1940 abgedr. Brief. Gegenbriefe: Briefe des Freiherrn J. v. L. an Jac. Grimm. Hrsg. v. Alb. Leitzmann, in: BSB, phil.-hist. Kl. 1931, S. 1026–1105 (darin auch die von R. Hübner S. 153 bis 168 gebrachten Briefe). Dazu: Stutz, Ulrich: Frhr J. v. L., Jacob Grimm und das deutsche Recht, in: Zs. d. Savigny-Stiftung, Germ. Abt. 52 (1932), S. 338 f.; Nachträge: Schulte Kemminghausen, Karl: Nachtrag zum Briefwechsel zwischen Jacob Grimm und J. v. L., in: BSB, phil.-hist. Kl. 1933, S. 754–787 (auch als Sonderausgabe). Mit Anhängen über Laßberg; vgl. Karl GLUNK: Lassberg als Helfer der führenden Germanisten seiner Zeit, in: J. v. L., Mittler und Sammler. Hrsg. v. S. Bader. 1955, S. 102–106 u. Reg. S. 417. – LEDEBUR, Leopold Karl Wilh.: JEGP 17 (1918), S. 81. – LEIPZIGER LITERATUR-ZEITUNG: s. Breitkopf & Härtel. – LEXER, Matthias: Kraus, Carl von: Briefe an M. v. L., in: Bayerisches Bildungswesen 4 (1930), S. 679–702. S. 680 f. Jacob Grimm, dabei auch der in Carinthia 85 (1895), S. 152 f. veröff. Brief; S. 681 ff. Karl Müllenhoff u. Wilhelm Wackernagel. – LIEBRECHT, Felix: Richert 138, S. 79–83; vgl. Kl. Schr. 8, S. 191–201. – LOBECK, Christian August: Ausgewählte Briefe von und an Chr. A. L. und K. Kehrs nebst Tagebuchnotizen. Hrsg. v. Arthur Ludwich. 1894, S. 459 f. – LÖNNROT, Elias: Kunze S. 108, deutsch S. 22. – LUDWIG I, König von Bayern: ZfdPh. 24 (1892), S. 284 (Eugen Wolf). – Fragment. Roland Feldmann: Jacob Grimm und die Politik. 1969, S. 218. – LÜBECK. Erinnerungsalbum (1847): Nationalztg. 10. 2. 1898, Abendausgabe. Jetzt: Kl. Schr. 8, S. 467. – LÜCKE, Friedr.: Briefwechsel F. L.s mit den Brüdern Jacob und Wilhelm Grimm. Mit erl. Zusätzen u. Zugaben aus dem gemeinsamen Freundeskreise besonders über die akademische Krisis des Jahres 1837. Hrsg. v. Ferdinand Sander. 1891. Reichhaltiger Kommentar. Dazu Gustav Roethe in: DLZ 13 (1892), Sp. 369–371. – LYRA, Friedr. Wilh.: Meyer, August: F. W. L. und seine „Plattdeutschen Briefe“, mit einem Anhang von Briefen ... (Diss. Greifswald 1930), in: Mitt. d. Ver. f. Gesch. u. Landeskunde von Osnabrück 51 (1929), S. 83 bis 160. Darin S. 159 f. Jac. Gr. an L., 4. 5. 1846.

MACIEJOWSKI, Wacław Aleksander: Sauer S. 43 f. (= 627 f.). Gegenbriefe: Vasmer S. 53–55. – MAERKER, Friedr. Adolf: Goethe-Jb. 2 (1881), S. 459; Sohr, Amelie: Jacob Grimm und das Goethedenkmal in Berlin, in: Die Grenzboten 41/3 (1882), S. 460–463. Frühere Abdrucke bei Goedeke S 354. – MAGNÚSSON, Finnur: Mitchel, P. M.: Wilhelm Grimm's Letters to F. M., in: JEGP 52 (1953), S. 71–75. Gegenbriefe: E. Schmidt S. 203–211. – MALSBURG, Ernst Otto von der: Schoof, W.: Briefwechsel d. Brüder Grimm mit E. O. v. d. M., in: ZfdPh. 36 (1904), S. 173–232. – MARBURG. Rektor der Universität: Stengel 2, S. 394 f. – MARIE, Herzogin von Meiningen: s. Auguste, Kurfürstin von Hessen. – MARKWART, Constant: Frankfurter Ztg Nr 144, Zweites Morgenblatt, vom 26. 5. 1899 (Dr. Otto Markwart). – MARMIER, Xavier: Richert 135, S. 325 f.; Gürtler S. 265 f.; Schoof U. Br. S. 124 f. – MARTIUS, von [Familie]: Beilage zur Augsburger Allg. Ztg Nr 281 vom 8. 10. 1881, S. 4134. Stammbuchblatt: München 5. 10. 1859. – MASSMANN, Hans Ferdinand: Gürtler S. 104. – MAX, Josef: Schoof Buchh. S. 1346 f. – MENZEL, Wolfgang: Briefe an W. M. [1827–1864], hrsg. von Heinrich Meisner u. Erich Schmidt. 1908, S. 68 f. – MERSEBURG, Domkapitel: Berger, Siegfried: Neue Lebenszeugnisse von Jakob Grimm und Leopold von Ranke. 1942. (Sonderdruck aus dem Amtsblatt „Die Provinz Sachsen“ vom 15. 2. 1942.) – MEUSEBACH, Hartwig Gregor von: Briefwechsel des Freiherrn H. G. v. M. mit Jacob u. Wilhelm Grimm. Nebst einl. Bem. ..., Anmerkungen u. einem Anhang von der Berufung der Brüder Grimm n. Berlin. Hrsg. v. Camillus Wendeler. 1880. Dazu Zarncke in: Lit. Zentralblatt 180, Sp. 1235–1238; auch in: Zarncke, Kl. Schr. 2, S. 189–193. Darin auch der im Briefwechsel von Haxthausen (s. d., Freundesbriefe) S. 232 gedr. Brief. – MEYER, Nikolaus: Gürtler S. 279 f.; Schoof U. Br. S. 107 f. – MICHAELIS, Gustav: Michaelis, Carl Theodor: G. M. Progr. 7. Realschule Berlin 1897, S. 22 f., vgl. S. 13. Der eine der hier abgedr. Briefe auch in Kl. Schr. 7, S. 360 f. (ohne eine Nachschrift über Großbuchstaben); der andere nur Begleitschreiben zu Kl. Schr. 7, S. 479–483. – MICHEL, Francisque: Richert 135, S. 333 bis 336. – MICHELANT, Henry: Richert 135, S. 337–339 u. 138, S. 90 bis 94. – MICHELET, Jules: Briefwechsel zwischen Michelet und Jakob Grimm, in: Kaegi, Werner: Michelet und Deutschland. 1936, S. 191 bis 221. Die von Goedeke S. 354 zitierten früheren Abdrucke zusammenfassend und ergänzend. – MILUTINOVIĆ, Sima: Vasmer S. 55 f. – MITTERMAIER, Karl Josef Anton: R. Hübner S. 174; Ekkhart 21 (1940), S. 62–71 (A. Becker); dies. Schoof U. Br. S. 368–372. – MITTLER, Franz Ludwig: Gürtler S. 280. – MOE, Jørgen: s. Asbjørnsen. Gegenbrief: E. Schmidt S. 269–271. – MOHR u. ZIMMER, Verlag in Heidelberg: s. Zimmer, Johann Georg. – MOLBECH, Christian: Euph. 14 (1907), S. 587 bis 595 (Julius Clausen). Gegenbriefe: E. Schmidt S. 185–202. – MOMMSEN, Theodor: Gürtler S. 266. – MONE, Franz Joseph: Briefe von Jacob und Wilhelm Grimm, Karl Lachmann, Creuzer und Joseph von Lassberg an Franz Joseph Mone. Zum Abdruck gebr. v. Max Frhr von Waldberg. In: Neue Heidelb. Jbb. 7 (1897), S. 68–94. Ergänzend: Gürtler S. 212 f. u. 281. – MÜLLENHOFF, Karl: AfdA 11 (1885), S. 235–246 (Steinmeyer). – MÜLLER, Johannes von: Schib, Karl: J. v. M. und Jacob

Grimm, in: Schweizerische Zs. f. Geschichte 14 (1964), S. 112–115. – MÜLLER, Julius: Stengel 1, S. 284–296. Gegenbriefe ebda 2, S. 231 u. 289–294. – MÜLLER, Karl Otfried: Kl. Schr. 1, S. 53–56 (Herm. Grimm); Gürtler S. 105–108. Aus dem amtl. u. wiss. Briefw. von C. O. M. 1936, S. 309 u. 332 f. (Otto Kern). – MÜLLER, Peter Erasmus: AfdA 41 (1922), S. 202 bis 204 (Herm. Brücker). Mitchel, Phillip Marshall: Wilhelm Grimm's [5] Letters to P. E. M., in: Studies in Honor of Albert Morey Sturtevant. Lawrence 1952, S. 119–137; ergänzend: Ders.: Two letters from Wilhelm Grimm, in: Modern Language Notes 77 (1962), S. 529–531. Gegenbriefe: E. Schmidt S. 135–144. – MUNCH, Peter Andreas: E. Schmidt S. 212–241. – MURHARD, Friedr.: Katalog der Ausstellung des Brüder Grimm-Museums 1 (1960). S. 20, Nr 64. Exzerpt. Original in d. MuLB Kassel.

NATHUSIUS, Heinr.: Arnim, Bettina von: Ilius Pamphilius und die Ambrosia. 1848, 2, S. 137. – NEUBER, Joh. Georg: Schoof, Wilh.: Wilhelm Grimm u. J. G. N. Das Ende einer Jugendfreundschaft, in: ZfdPh. 86 (1967), S. 430–434. – NICOLAISCHE BUCHHDLG, Berlin: Steig, Reinh.: Über Grimms »Deutsche Sagen«, in: Archiv 135 (1916), S. 57–68. Gürtler S. 266; Schoof Buchh. S. 1347. – NIETZSCHE, Friedrich August: Gürtler S. 108–109. – NODNAGEL, August: Quartalbll. f. d. Großherzogt. Hessen. N. F. 5 (1912), S. 80 f. (K. Esselborn.) – NYERUP, Rasmus: E. Schmidt S. 1–83. Nicht vollständig, vgl. Daffis S. 34.

O'DONOVAN, John: Revue Celtique 6 (1883/85), S. 416 (H. Gaidoz). – OETKER, Friedr.: Stengel 1, S. 21, u. 2, S. 148 f.; Daffis S. 34 wohl Druckfehler „1819" statt 1859.

PALM, Hermann: Gürtler S. 109 f. – PEIGNÉ-DELACOURT, Achille: Richert 135, S. 336 f. – PERTHES, Friedr. Christoph: Gürtler S. 266 f. u. 281. Gegenbriefe: Schoof Buchh. S. 1356–1358. – PERTZ, Georg Heinr.: Wissenschaftl. Beilage der Leipziger Ztg 1882, Nr 91–93 (12.–19. Nov.). Ergänzungen dieser Auswahl: ZfdPh. 16 (1884), S. 231–251 (H. Müller); Stengel 2, S. 144; Zs. f. vergl. Litteraturgesch. u. Renaissance-Lit. N. F. 1 (1887/88) S. 299 f. (Max Koch); Starck, Taylor: An unpublished letter of Wilhelm Grimm, in: Harvard Library Bulletin 2 (1948), S. 261–266 (dabei ein Brief von Jac. Gr. an P., 1. 3. 1842, ohne Abdruck genannt); Schoof U. Br. S. 408–410, vgl. ebda, S. 40 f. – PETERS, Ignatz: Brandstätter, Iwan: Briefe v. Jacob Grimm nach Böhmen, in: Mitt. des Nordböhm. Ver. f. Heimatforsch. u. Wanderpflege 59 (Böhm. Leipa 1936), S. 1–4 u. 41–48. – PFEIFFER, Franz: Jacob Grimms Briefe an F. P., in: Germania 11 (1866), S. 111–128 u. 239–256; ebda 12 (1867), S. 379–383; auch als Sonderausgabe. 40 Briefe (1844–1863), m. Einl. von Pfeiffer. Ein Gegenbrief: W. Kl. Schr. 4, S. 337–339. – PFEIFFER, Pauline: Gürtler S. 281 f. – PFISTER, Ferdinand: Gürtler S. 282 f. – PHILLIPS, George: R. Hübner S. 175–180. – PICTET, Adolphe: Kl. Schr. 2, S. 156–172. – PLATEN, August Graf von: Die Tagebücher des Grafen A. v. Pl. Hrsg. v. G. von Laubmann u. L. von Scheffler 2 (1900), S. 606 (Exzerpt, vgl. Register). Gegenbriefe in: Die Posaune 8 (1839), S. 528, u. 9 (1840), S. 27 (Goedeke). – POCCI, Franz Graf: Gürtler S. 110 f. u. 213 f. – POLSTORFF, Ludwig: Gürtler S. 111 f. – POTT,

August Friedr.: Briefe von Jacob Grimm an A. F. P. Mitget. v. Philipp Strauch, in: Vom Werden des deutschen Geistes. Festschr. f. G. Ehrismann. 1925, S. 232–243. Auch Gegenbriefe (nicht alle) enthalten. – Pozzo di Borgo, Charles-André Baron: Stengel 2, S. 58 f. u. 88 f. – Pradel, Comte de: Stengel 2, S. 59–62. – Preusker, Karl: Gürtler S. 283–285. – Pröhle, Heinr.: Gürtler S. 112–114 u. 214–220.

Quatremère de Quincy, Antoine-Chrysostome: Stengel 2, S. 78. – Quix, Christian: Gürtler S. 267.

Radlof, Joh. Gottlieb: Schoof, Wilh.: Jacob Grimm und J. G. R. Ein Beitrag zur dt. Sprachgeschichte, in: Archiv f. vergl. Phonetik 5 (1941), S. 49–76; vgl. Kl. Schr. 7, S. 596 f. – Radziwill, Josef Fürst: Vasmer S. 56 f. – Rafn, Carl Christian: E. Schmidt S. 145–184. – Ramus, Charlotte: s. Bauer, Charlotte geb. Ramus. – Ranke, (Karl) Ferdinand: Schoof U. Br. S. 129 f. u. 224–226. Die beiden ersten dieser drei Briefe schon ZfdPh. 11 (1880), S. 48 f. (Immelmann). – Rask, Rasmus Kristian: Breve fra og til Rasmus Rask. Udg. ... ved Louis Hjelmslev. 1. 2. København 1941. Enthält auch die bei E. Schmidt S. 84–126 gedr. Briefe. Ergänzend: AfdA 24 (1898), S. 221–223 (Steinmeyer). Hermansson, Halldór: Two letters from Jacob and Wilhelm Grimm, in: JEGP 17 (1918), S. 79–81. – Rassmann, August: Gürtler S. 114–116. 3 Gegenbriefe: Börsenblatt (Frankf.) 23 (1967), S. 799–802 (Schoof); vgl. dazu Stengel 2, S. 349 f. – Raumer, Karl Otto von: Schoof U. Br. S. 415 f. – Raumer, Rudolf von: Steinmeyer, Elias: Aus dem Nachlasse R. v. R., in: AfdA 15 (1889), S. 227–246. Ein Gegenbrief: W. Kl. Schr. 4, S. 337. – Raynouard, François Juste Marie: Richert 135, S. 324. – Recke, Joh. Friedr. von: Baltische Monatsschr. 48 (1899), S. 266–270 (H. Diederichs). – Régnier, Adolphe: Revue germanique et française 21 (1863), S. 344 f. Gegenbriefe: Richert 135, S. 328–331. – Reichardt, Joh. Friedr.: Steig, Reinhold: Die Familie Reichardt und die Brüder Grimm, in: Euph. Erg.-H. 15 (1923), S. 15–54. – Reiffenberg, Frédéric-Auguste baron de: Richert 135, S. 327. – Reimer, Georg Andreas: Stengel 3, S. 349 f.; Gürtler S. 285 f.; Wilh. an R., 16. 8. 1823 schon in: Kölnische Volksztg, 5. 10. 1922 (mit Schlußabsatz!); Schoof U. Br. S. 61 f.; Schoof, Wilh.: G. A. R. und die Brüder Grimm, in: Börsenblatt (Frankf.) 10 (1954), S. 498–503 u. in: ZfVkde 52 (1955), S. 112–143. – Reimer, Karl August: AfdA 20 (1894), S. 206 (Steinmeyer); Gürtler S. 116–118, zwei davon wiederholt bei Schoof Buchh. S. 1360. – Reinhard, Karl Friedr. Graf: Gürtler S. 116. – Reyscher, August Ludwig: Gürtler S. 118–122. Einschließlich des in A. L. R.s »Erinnerungen aus alter u. neuer Zeit«, 1884, S. 87, abgedr. Briefes. – Richelieu, duc de: Stengel 2, S. 76. – Richter, ‚Jean Paul' Friedr.: Schoof, W.: Jean Paul u. Jac. Grimm, in: Muttersprache 1951, S. 88 f. – Riedel, Gabriel: Gürtler S. 220–225. – Rietz, Johan Ernst: E. Schmidt S. 311. – Rinald, Jacob und Wolf: 65 Briefe Jacobs und bes. Wilhelms waren in Familienbesitz, vgl. Stoll in: L. E. Grimm, Erinnerungen. 1911, S. 568, Anm. 1; einige jetzt im Besitz des Brüder Grimm-Museums. – Ringseis, Johann Nepomuk v.: Erinnerungen d. Dr. J. N. v. R. Hrsg. v. Emilie Ringseis 1. 1886, S. 288 f.; vorher in: Hist.-polit. Blätter f. d. kath. Deutschland

76 (1875), S. 841 u. 913–915. – ROESSLER, Emil Frz.: Nicht durch Briefe belegte Beziehungen bei Brandstätter (s. o. Peters, Ignatz) S. 4. R.s Nachlaß war nach Wurzbach 26 (1874), S. 253–258, in Prag; vgl. Kl. Schr. 8, S. 187–191. Der 2. Bd von Rössler's »Dt. Rechtsdenkmäler aus Böhmen und Mähren« (1852) war Jacob Grimm gewidmet. – ROMMEL, Christoph von: Stengel 2, S. 155–158; Schoof U. Br. S. 188. – ROQUEFORT, Jean Baptiste de: Gürtler S. 267 Regest, vollst. in Richert Diss. S. 28 f.; Gegenbriefe: Richert 134, S. 343–371. – ROTH, Franz: Stengel, Edmund: Mitt. aus dem Briefw. der Brüder Grimm mit Frankfurter Freunden, in: Frankfurter Neuphilolog. Beiträge. Festschr. des Freien Deutschen Hochstifts ... 1887, S. 48–70. – ROTH, Karl: W. Kl. Schr. 3, S. 336. – RUDLOFF, Karl: Briefw. Meusebach (s. d.) S. 414 f. – RUDORFF, Adolf Friedr.: Rudorff, Hermann: Jac. Grimm über Savigny, in: Zs. d. Savigny-Stiftung. Germ. Abt. 36 (1915), S. 478–482. Vgl. auch Schoof U. Br. S. 444, Anm. 15. – RÜCKERT, Heinr.: Sohr, Amélie: H. R., in seinem Leben u. Wirken dargestellt. 1880, S. 144, vgl. S. 160; Germania 28 (1883), S. 124–126. – RÜMPLERSCHE BUCHHDLG, Hannover: Schoof, Wilh.: Jacob Grimm. 1961, S. 287. – RUHL, Ludw. Sigismund: Ruhl, L. S.: Erinnerungen an Jakob und Wilhelm Grimm. 1885, S. 18–22. Zuerst in: Hess. Blätter 17 (1885), Nr 1096. Außerdem: Beilage z. Münchener Allg. Ztg Nr 256 vom 14. 9. 1892 (Ludwig Schemann). Vgl. Wolfgang Schuchhardt: R. S. R.s Freundschaft mit Achim von Arnim u. Wilhelm Grimm, in: ZHG 71 (1960), S. 97–108. – RYDQUIST, Johan Erik: E. Schmidt S. 247–258.

SACK, Karl Wilh.: Gürtler S. 122 f. – ŠAFAŘÍK, Pavel Jozef: Sauer S. 41 (= 625). Dieser Brief vollständig in: Jireček, Josef u. Hermenegild: Die Echtheit der Königinhofer Handschrift. Prag 1862, S. 208. Gegenbriefe: Vasmer S. 62–67. – SANDER, Philipp: Im Briefw. Lücke (s. d.) S. 51–54. – SANDVOSS, Franz: Preuß. Jbb. 91 (1898), S. 69. – SAUERLÄNDERSCHE Verlagsbuchhdlg. Frankfurt: Schoof Buchh. S. 1355. – SAVIGNY, Friedr. Karl von: Briefe der Brüder Grimm an Savigny. Aus dem Savignyschen Nachlaß hrsg. in Verbindung mit Ingeborg Schnack v. Wilhelm Schoof. 1953. Dazu Fr. Neumann in: ZHG 65/66 (1954/55), S. 277–281, u. 71 (1960), S. 178 f.; Hans Fehr in ZfdPh. 74 (1955), S. 84–86.; Franz Wieacker in: Zs. der Savigny-Stiftung, Germ. Abt. 72 (1955), S. 232–244 (wiederholt in F. W.: Gründer und Bewahrer. 1959, S. 144–161); N. H. Smith in: Erasmus 8 (1955), S. 209–211. Ergänzungen: Kl. Schr. 1, S. 182 (Herm. Grimm); Briefw. Meusebach (s. d.), S. 358 f. (letzter Satz fehlt bei Schoof S. 364); R. Steig: Goethe und die Brüder Grimm. 1892, S. 222 u. 266. (Brief v. 14. 12. 1834, nicht bei Schoof); Die Welt der Slaven 5 (1960), S. 293, Anm. 5 (ungedr. Brief in der Österr. Nationalbibl. Wien). / Die Gegenbriefe: Stoll, Adolf: F. K. v. S. Ein Bild seines Lebens mit einer Sammlung seiner Briefe. 1–3. 1927–1939. Ergänzungen: Stengel, Edmund: Zwei Briefe Jacob Grimms ... und ein Zeugnis Savignys für Jacob Grimm, in: Festschr. für Wilh. Viëtor. 1910. (= Die neueren Sprachen. 1910. Erg.-Bd, S. 150 bis 156). Savigny an W. Gr., 5. 6. 1815, im: BGG S. 103 (Denecke). / vgl. a. S. 155. – SCHARFF, Friedr.: Nochmals ein ABC für die Jugend bearbeitet F. Sch. Als Manuskript gedruckt [Frankfurt 1854]. Mit einem Brief [von Jacob Grimm] statt der Vorrede. (Goedeke S. 355; der Druck war nicht zu ermitteln.) – SCHARFF, Gottfried: Stengel, Edmund (s. bei Roth, Franz) S. 52–58. Einer dieser Briefe (ohne den letzten Absatz) auch bei Schoof U. Br. S. 391. – SCHARFF, Gottfried jun.: Ebda S. 58. – SCHEDIUS, Ludwig: AfdA 24 (1898), S. 325–328 (G. Heinrich). Lateinisch. – SCHEIDLER, Karl Hermann: Gürtler S. 225–227 u. 267 f. – SCHELTEMA, Jacobus: 6 Briefe, 12 Gegenbriefe; Veröff. vorbehalten von R. van de Zijpe: Jacob Grimm u. die Niederlande. 1968, S. 11. – SCHIEFNER, Anton: Stand mit Jacob Grimm im Briefwechsel. Kunze S. 91 u. 95. – SCHLEGEL, August Wilh.: AfdA 29 (1904), S. 158 bis 165 (Ludwig Schmidt); Goedeke S. 355 dadurch überholt. Gegenbriefe in: Briefe von und an A. W. Schl. Ges. u. erl. durch Josef Körner. 1930. Bd 1, S. 447–451, 473 f., 501–515; vgl. Bd 2, S. 185 f., 195 f., 318, 385; s. a.: Josef Körner: A. W. Schl. und Jacob Grimm, in: Neue Jbb. f. d. Klass. Altertum, Gesch. u. dt. Literatur 16, Bd 31 (1931), S. 667 bis 673. – SCHLEGEL, Friedrich: 300 Briefe aus 2 Jahrhunderten. Hrsg. v. Karl v. Holtei 1. 1872, S. 156–158; AfdA 25 (1899), S. 106–108 (Erich Schmidt); Stammler S. 140–144 (m. Kommentar); Gürtler S. 123–125. – SCHLEICHER, August: Vasmer S. 57–60. Ein Brief Jac. Gr.s wiederholt bei Schoof U. Br. S. 412. – SCHLEMMER, Friedr.: Stammler S. 148 f.; s. a. Dieterichsche Buchhdlg. – SCHLYTER, Carl Johan: E. Schmidt S. 309. – SCHMIDT, Joh. Ernst Christian: AfdA 30 (1905), S. 152–154 (Karl Helm). – SCHÖNEMANN, Karl Philipp: Gürtler S. 268–286. – SCHÖNWERTH, Franz Xaver von: Verhandl. d. hist. Ver. von Oberpfalz u. Regensburg 28 (1872), S. 254 f.; vgl. Kl. Schr. 7, S. 483 f. – SCHOTT, Albert: Germania 12 (1867), S. 377–379. – SCHOTTEN, Ferdinand: ZHG 9 (182), S. 342–346; Stengel 2, S. 164; vgl. Knatz, Karl. – SCHRAG, Leonhard: Schoof U. Br. S. 51 f., auch Schoof Buchh. S. 1344 f. – SCHREIBER, Joh. Heinr.: Gürtler S. 125–127. – SCHRÖER, Karl Julius: Germania 12 (1867), S. 126 f. – SCHRÖTER, Hans Rudolph von: Daffis S. 40. Abdruck vorgesehen. – SCHUBART, Joh. Heinr. Christian: ZHG N. F. Suppl. 10 (1884), S. 9 f. – SCHUBERT, Wilh.: AfdA 42 (1923), S. 195 f. (Ulrich Stutz). – SCHULZE, Georg: Basler, Otto: Wilhelm Grimm – Georg Schulze. Ein Briefw. aus der Frühzeit des »Deutschen Wörterbuchs«, in: Annales academiae scientiarum Fennicae. Ser. B., 30. Helsinki 1934 (Festschr. Suolahti), S. 303–322. – SCHULZE, Johannes: Steig, Reinhold: Goethe und die Brüder Grimm. 1892, S. 70 f. u. 254; Gürtler S. 268 f. – SCHWAB, Gustav: Schoof U. Br. S. 149 bis 151 u. 178–180. – SCHWEIGER, Ludwig: Gürtler S. 127 f. u. 269. – SCHWEIZER-SIDLER, Heinr.: Neue Zürcher Z., 22. 9. 1963, Literatur u. Kunst, Bl. 5. – SCHWERTZELL, von (Familie): Schoof, Wilhelm: Beziehungen Wilhelm Grimms zur Familie v. Sch., in: ZHG 59 (1929), S. 225–280. An Karoline von Verschuer, geb. von Schwertzell. – SCHWERTZELL, Wilhelmine von: Briefe von W. v. Sch. an Wilhelm Grimm, in: Schoof, Wilh.: Wilhelm Grimm. Aus seinem Leben. 1960, S. 249–285 (nicht chronologisch!). Die Briefe Wilh. Gr.'s sind nicht erhalten. Vgl. auch Wilhelm Schoof in: Lebensbilder 5 (1955), S. 378

bis 386 mit weiterer Literatur. – SCOTT, Walter: Brill Edward V. K.: The Correspondence between Jacob Grimm and W. Sc., in: BGG S. 489–509. Einschließlich der von Goedeke S. 351 aufgeführten Briefe. Ein zugehöriger Brief von Scott an Edgar Taylor in: ZfB 15 (1898), S. 12–14. –SEEBODE, Joachim Dietrich Gottfried: Gürtler S. 269 u. 286 f.; AfdA 53 (1934), S. 151–155 (Leppla). – ŠEMBERA, Aloys: Vasmer S. 67. – SIMROCK (Familie): Ottendorff-Simrock, Walther: Die Grimms und die Simrocks in Briefen. 1966. Einschließlich der bei Gürtler S. 128–132 u. 227–240 abgedr. Briefe. – SIMSON, Eduard von: Zur Begründung des in der Sitzung am 7. 4. 1862 von Hotho, v. d. Hude und H. Grimm eingebrachten Antrages. Als Ms. gedr. Berlin 1862: Schade, S. 8–11; vgl. R. Steig: Goethe und die Brüder Grimm. 1892, S. 244. – SMIDT, Heinrich (filius): Gürtler S. 239 f. – SMIDT, Johann: Gürtler S. 132–151 u. 287, Gegenbriefe S. 269–271; Facsimilia zweier dieser Briefe in: Archiv f. Landes- u. Volkskde von Niedersachsen 1 (1940); S. 67 u. 69. Ein weiterer von S. an Jac. Gr. in: Niedersächs. Jb. f. Landesgesch. 14 (1937), S. 241 f. (Schoof). Vgl. Schoof, Wilh.: Senator Smidt u. Jacob Grimm, in: Niedersachsen 60 (1960), S. 165–168. – SNEGIREV, Ivan Michailović: Vasmer S. 60–62. – SOULANGE Bodin, Chevalier: Stengel 2, S. 45–47. – SPANGENBERG, Ernst: Gürtler S. 240–242. – STALDER, Franz Josef: BGG S. 437 f. (Hans Wanner). – STEIN, Karl Frhr vom und zum: Schoof, Wilh.: Briefwechsel zwischen Jacob Grimm und dem Freiherrn vom Stein (nach ungedr. Briefen), in: Preuß. Jbb. 238 (1934), S. 117–135. R. Hübner S. 181 bis 185 dadurch überholt. Vgl. aber Jac. Grimm an Benecke (s. d. S. 82) 24. 7. 1814 über eine Eingabe an Stein. / Freiherr vom Stein: Briefe und amtliche Schriften 6, 1965, S. 22: die Gramm. erwähnt (24. 2. 1820). Die Briefe Steins in Bd 6, Nr. 686; 7, Nr 547, 554, 584, 652. – STÖBER, August: AfdA 12 (1886), S. 107–117, u. DLZ 1896 Nr 20, Sp. 617 (E. Martin). – STÖCKLER, Hektor von: Gürtler S. 271 f. – SUABEDISSEN, David Theodor August: Stengel 1, S. 141–280. Gegenbriefe ebda 2, S. 189–232. – SUUR, Hemmo: Jb. der Ges. für bildende Kunst u. vaterländ. Altertümer zu Emden 10 (1892), S. 131–134 (Suur).

TALVJ s. Jakob, Therese Amalie Luise von – TAYLOR, Edgar: Hartwig, Otto: Zur ersten englischen Übersetzung der KHM der Brüder Grimm. Mit ungedr. Briefen von Edgar Taylor, J. u. W. Grimm, Walter Scott u. G. Benecke, in: ZfB 15 (1898), S. 1–16. – TAYLOR, John Edward: AfdA 44 (1925), S. 201–203 (Edw. Schröder). – THIERSCH, Bernhard: Westf. Zs. 113 (1963), S. 240–242 (Schulte Kemminghausen). – THOMAS, Gerhard und Rosette: Stengel 2, S. 168–170, 184–186, 214, 224, 404. Stengel (s. o. bei Roth, Franz) S. 48–52. Die Grimm-Briefe nicht erhalten. Daffis S. 42 verzeichnet 147 Gegenbriefe! Vgl. a. die Thomas-Biogr. von Böhmer in: Johannes Janssen: Joh. Friedr. Böhmers Briefe u. Kl. Schriften 3. 1868, S. 469–477. – THORLACIUS, Børge: E. Schmidt S. 127–134; Schoof U. Br. S. 63–65. – TIECK, Ludwig: Stengel, Edmund: Zwei Briefe J. Grimms an L. T. und Clemens Brentano sowie ein Briefchen von Cl. Brentano an und ein Zeugnis Savignys für Jacob Grimm, in: Festschr. f. Wilh. Viëtor. 1910 (= Die neueren Sprachen. 1910, Erg.-Bd S. 150–156). – TRSTENJAK, Davorin: Vasmer S. 68. – TYDEMAN, Hendrik Willem: Briefe von Jacob [und einer von Wilhelm] Grimm an H. W. T. Hrsg. v. Alex. Reifferscheid. 1883. Im Anhang Briefe von J. Grimm an Bilderdijk, Briefe von Hoffmann v. F. und von Villers an Tydeman. Rez. in: AfdA 9 (1883), S. 227 f. (Steinmeyer). Ergänzung: Schoof U. Br. S. 110 f. Die Gegenbriefe in: AfdA 10 (1884) S. 160–185 (E. Martin). Ein zweiter Brief von Wilhelm in: Vigfusson, Gudbrand: Corpus poeticum boreale 1 (Oxford 1883), S. XCIV (Hinweis darauf von Reinh. Steig in ZfdPh. 24, 1892, S. 563).

UHLAND, Ludwig: Germania 12 (1867), S. 115 f. u. 375–377; davon 2 Briefe wiederholt bei: Schoof U. Br. S. 258 f. Gegenbriefe in: Dt. Rundschau 51 (1887), S. 63 u. 66 (Herm. Grimm); National-Ztg. 18. 4. 1894 (Reinh. Steig); Schoof, Wilh.: Uhland und die Brüder Grimm, in: Schwaben 12 (1940), S. 496–499. – ULLMANN, Karl: Schoof, U. Br. S. 180. – UNGER, Carl Richard: s. o. bei Keyser, Rudolph. – UPPSTRÖM, Andreas: E. Schmidt S. 272–307.

VAUBLANC, Claude-Henri Belgrand comte de: Stengel 2, S. 89. – VERNALEKEN, Theodor: Germania 12 (1867), S. 125 f., wiederholt bei: Schoof U. Br. S. 410 f. – VERSCHUER, Karoline von, geb. von Schwertzell: s. Schwertzell. – VILLERS, Charles de: Briefe von Benj. Constant, Görres, Goethe, Jac. Grimm ... u. v. a. Auswahl aus dem hs. Nachlasse des Ch. de Villers. Hrsg. v. Meyer Isler. 1879, S. 100–121. 4 der 5 Briefe schon in: Germania 22 (1877), S. 248–256. Gegenbriefe bei: Richert 135, S. 342–347. – VILMAR, August Friedr. Christian: Stengel 1, S. 297–315. Gegenbriefe ebda 2, S. 294–302. – VULPIUS, Christian August: Steig, Reinhold: Die Brüder Grimm und die weimarische Bibliothek, in: Zs. f. Bücherfreunde 4 (1912), S. 26–28.

WACHLER, Ludwig: Chronik der Familie Wachler. Hrsg. v. Ernst u. Max Wachler. 1910, S. 81–84. – WACKERNAGEL, Wilh.: Briefe aus dem Nachlaß W. W.s. Hrsg. u. erl. v. Albert Leitzmann. 1916, in: Abh. d. phil.-hist. Kl. d. Sächs. Akad. d. Wiss. 34 (1921), Nr 1, S. 1 bis 50. Ein Gegenbrief in: W. Kl. Schr. 4, S. 339 f. – WAITZ, Georg: G. W.: Zum Gedächtnis an Jacob Grimm, in: Abh. der Ges. der Wiss. zu Göttingen 11 (1864, auch selbständig) S. 23 f. Bruchstück eines Briefes Kl. Schr. 7, S. 14. – WALDECK, Benedict: Chr. Bernh. Schlüter: Briefe und Gedichte von B. W. 1883, S. 7. Danach, vermehrt, in: Westf. Zs. 113 (1963), S. 236 f. (Schulte Kemminghausen). – WALDMÜLLER, Robert [Pseud.]: s. Duboc, Edouard. – WALLOT, Hedwig und Eleonore: AfdA 10 (1884), S. 280 f. (Socin). – WEBER, Henry: Schoof U. Br. S. 105–107; BGG S. 500–505 (Brill); vgl. Scott, Walter. – WEBER, Wilh.: Schoof U. Br. S. 233–236. – WEBER, Wilh. Ernst: Breslauer Ztg 14. 1. 1883, Nr 33 (Amélie Sohr); Gürtler S. 151 f. – WECKHERLIN, Ferdinand: Justinus Kerners Briefwechsel mit seinen Freunden. 1897. 1, S. 350, vgl. 354. W. zitiert einen an ihn gerichteten Brief von Jac. Grimm (Jan. 1813). – WEDEKIND, Anton Christian: Gürtler, S. 272. – WEIDMANNSCHE Buchhdlg., Leipzig: ZfdPh. 1 (1869),

S. 227–230, auch Kl. Schr. 7, S. 218–222; Gürtler S. 272. – WEIGAND, (Friedrich Ludwig) Karl: Stengel 1, S. 315–388. Gegenbriefe ebda 2, S. 302–306, 323–376; W. Kl. Schr. 3, S. 333–335. Vgl. Wilh. Schoof: K. W. und das Grimmsche Wörterbuch, in: GRM 26 (1938), S. 220 bis 232. – WEINHOLD, Karl: Briefe deutscher Philologen an Karl Weinhold, in: Mitt. aus dem Literaturarchive in Berlin 3 (1902), S. 59–74. – WELCKER, Friedr. Gottlieb: Gürtler S. 243–245. – WIENBARG, Ludolf: Exzerpt aus einem von Gutzkow mitunterzeichneten Brief in: Archiv 206 (1969/70), S. 104, Anm. 34 (Kolb). – WIGAND, Paul: Stengel 3. 1910. Eingehend kommentiert. Darin auch die Hessenland 10 (1896), S. 276 f., u. AfdA 24 (1898), S. 404–408, abgedr. Briefe. Vgl. a.: Paul Alpers: P. W., eine Lebensfreundschaft mit den Brüdern Grimm, in: Hess. Jb. f. Landesgesch. 14 (1964), S. 271–327; Jürgen Ehrhardt: P. W. als Jurist u. Rechtshistoriker. 1968. – WILDA, Wilh. Eduard: R. Hübner S. 185–187. – WILHELM I. UND II., Kurfürsten von Hessen: Stengel 1, S. 4–9, dazu 2, S. 140–144; 2, S. 1–8, 96–103, dazu ebda S. 394–397, 407. – WILKEN, Friedr.: Steig, Reinh.: Briefw. zwischen Jacob u. Wilhelm Grimm, in: Neue Heidelb. Jbb. 11 (1902), S. 271 bis 284, Nr 89, 92–94, 96, 99, 100. – WILLE, Philipp: Archiv f. die Geschichte dt. Sprache u. Dichtung. 1 (Wien 1874), S. 222 (Hoffmann v. Fall.). – WILLEMS, Jan Frans: Vreese, Willem de: Briefwisseling van J. F. W. en Jacob Grimm, in: Mittelalterliche Handschriften. Festgabe zum 60. Geb. von Hermann Degering. 1926. S. 264–295. Darin enthalten ein schon 1847, dann bei J. Bols: Brieven aan J. Fr. Willems, in: Verslagen en Mededelingen van de Kon. Vlaamsche Acad. Gent 1909, Nr 555, S. 499 f., gedruckter Brief Jac. Grimms. – WINTERSCHE VERLAGSBUCHHDLG, Heidelberg: Schoof Buchh. S. 1348. – WOESTE, Friedr.: ADB 43 (1898), S. 707 (Exzerpt); Archiv f. Landes- u. Volkskde von Niedersachsen 1 (1940), S. 96. Beides in: Westf. Zs. 113 (1963), S. 223–225, vgl. S. 209, Anm. 81 (Schulte Kemminghausen). – WOLF, Ferdinand Josef: Richert Diss. S. 86, 91 f., 99 f.; Gürtler S. 155 f. (= Richert S. 99 f.) u. 246 f.; BGG S. 309 (L. Schmidt; Exzerpt). Gegenbriefe: Richert 138, S. 73–75 u. 94–96. – WOLF, Joh. Wilh.: Stengel 2, S. 306–323. – WURM, Christian Friedr. Ludwig: Nord u. Süd 84 (1898), S. 113; AfdA 25 (1899), S. 111. – WIJN, Hendrik van: Briefw. von Jacob Grimm u. Hoffmann von Fallersleben mit H. v. W. nebst anderen Briefen zur dt. Literatur. Hrsg. u. erl. v. Karl Theodor Gaedertz. 1888, S. 3–16. – WYSS, Joh. Rudolf, d. J.: AfdA 3 (1877), S. 208–211. (Hirzel); Gürtler S. 156–158. – WYTTENBACH, Joh. Hugo: Gürtler S. 158–166.

ZACHER, Julius: Gürtler S. 166–172 u. 247–250; ZHG 72 (1961), S. 18 (Schoof).– ZARNCKE, Friedr.: Briefw. der Brüder Grimm mit F. Z. Hrsg. u. erl. v. Albert Leitzmann, in: BSB, phil.-hist. Kl. 1934, S. 931–982. Nachtrag: Jacob Grimm. Ein bisher unveröff. Brief an F. Z. Hrsg. u. erl. v. Werner Kilian. 1962. Aus: Festgabe zur Vollendung des 70. Lebensj. für Georg Mayer. – ZEISBERG, Karl: AfdA 36 (1913), S. 195–197 (Stammler). – ZELLWEGER, Joh. Caspar: Briefw. zwischen Joseph Freiherrn von Lassberg und J. C. Z. Hrsg. v. C. Ritter. 1889,

S. 149, 166 u. 188. Vgl. Paul Zinsli: Von Jacob Grimms Schweizer Freundeskreis. In: Neue Zürcher Ztg Nr 189/1 vom 18. 1. 1961; u. Schweizerische Zs. f. Geschichte 13 (1963), S. 377, Anm. 20. – ZETTERQUIST, Carl Gustaf: Kunze S. 106 u. 111–116, vgl. S. 45–53. – ZEUNE, Joh. August: Germania 22 (1877), S. 381 (Symons). – ZEUSS, Kaspar: Gürtler S. 172. Ein Gegenbrief: Kl. Schr. 5, S. 410 f. – ZIMMER, Joh. Georg: Stengel 3, S. 350 f.; Gürtler S. 287 f.; Schoof U. Br. S. 54 bis 57, 59 f., davon einer bereits ZfdPh. 29 (1897), S. 215–218 (Steig). Gegenbrief (24. 2. 1812) Schoof Buchh. S. 1345 f. – ZUYDTWICK, Amalie u. Ferdinandine von: s. Briefw. v. Haxthausen (s. d., Freundesbriefe), Reg. S. 255.

3. Allgemeine Literatur, Autobiographisches, Gedenkschriften u. ä.

Literatur zu den einzelnen Lebensabschnitten s. u. S. 46–50.

a) Allgemeines:

KÖRNER, Josef: Bibliogr. Handbuch des dt. Schrifttums. ^{3}1949, S. 338 bis 340.

STROH, Friedr.: Handbuch der German. Philologie. 1952, S. 59–138 u. weiter bis S. 153.

DEMANDT, Karl E.: Schrifttum zur Geschichte u. geschichtl. Landeskunde von Hessen. 2. 1965, S. 413–422.

GINSCHEL, s. S. 34. – Reichhaltiges Literaturverzeichnis: S. 394–417.

SCHOOF, Wilhelm. Die kaum übersehbar zahlreichen Arbeiten dieses fruchtbarsten Grimmforschers sind (für 1904–1954) zus.-gefaßt in: Neues Magazin f. Hanauische Gesch. 2 (1954), S. 83–88; Ergänzg u. Fortsetzg bis 1956 in: ZHG 67 (1956), S. 278–284; weitere Forts. fehlt noch.

GRIMM, Erich, Familienforscher in Hannover, veröffentlichte als Privatdrucke zahlreiche kleine Schriften mit Dokumenten aus dem Familienverband Grimm.

Grimm. Familiengeschichtl. Mitt. 1–24 (1924–1932); N. F. 1–24 (1933–1940) mit Nachtrags- u. Sonderheften u. Inventar des Archivs (Grimm, Erich: Übersicht über die Bestände der Abt. Grimm u. Genealogie meiner Bücherei).

Hefte für die Grimm-Familien [1–3.] 1942; davon [1.] Praesent, Wilh.: Grimmstätten [mit 5 Abb.].

Grimm-Archiv. Hefte für d. Grimm-Familien. 1–16 (1946–1952), nebst Sonderheften 1–3: Altes u. Neues von u. über Grimm.

Grimm, Erich: Katalog der Grimm-Biographien, Nekrologe u. ä. Schriften meiner Bücherei. 1946.

Laufende Bibliographie: a) Jahresbericht über ... german. Philologie. 1–42 (für 1879–1920), N. F. 1–19 (für 1921–1939). 1880–1954; b) Jahresbericht für dt. Sprache u. Literatur. 1 ff. (für 1940–1945 ff.) 1960 ff.; c) Germanistik. 1 ff. (für 1960 ff.) 1960 ff.; d) Bibliographie zur Gesch. von Kurhessen, in: ZHG 71 (1960) ff. »Grimmforschung.«

b) Autobiographisches und Verwandtes:

JUSTI, Karl Wilh.: Grundlage zu einer Hessischen Gelehrten-, Schriftsteller- u. Künstler-Geschichte von 1806 bis 1830. – Fortsetzg v.: STRIEDER's Hess. Gelehrten- u. Schriftsteller-Gesch. 1831, S. 148–164 u. 164–183. – Fortsetzung in: GERLAND, Otto: Grundlage ... von 1831 bis auf d. neueste Zeit. 1. 1863, S. 293–301 u. 301–305. – Wiederabdruck des Ganzen in: Kl. Schr. 1, S. 1–20 mit Beigaben S. 20–24; W. Kl. Schr. 1, S. 3–26 mit Nachträgen S. 26 f.

Die Selbstbiographien von JACOB und WILHELM GRIMM, Juli u. Sept. 1830. Hrsg. v. Ingeborg Schnack. 1958, in: Jb. d. Dt. Schillerges. 2 (1958), S. 162–217. Auch selbst. – Nach d. Hss. neu gedruckt. Die Hss. jetzt im Brüder-Grimm-Museum Kassel.

GRIMM, Jacob: Besinnungen aus meinem Leben. Langres u. Dijon März 1814, in: Daffis, H.: Inventar der Grimmschränke (s. o. S. 1), S. 98–110. (Hanau u. Steinau.)

WILHELM GRIMM an den Bruder Jacob, 1811–1813. (Als er, während einer längeren Krankheit, sein Ende herannahen glaubte.), in: ebda, S. 110–118.

Ein Lebensabriß JACOB GRIMMS, in: ZfdPh. 1 (1869), S. 489–491. – Für Sal. Hirzel [1851]; auch in: Kl. Schr. 8, S. 459–461.

GRIMM, Jacob: Rede auf Wilhelm Grimm u. Rede über das Alter. Hrsg. v. Herman Grimm. 1863, ²1864, ³1865; auch in: Kl. Schr. 1, S. 163–210. – Mit biograph. Nachw. v. Herm. Grimm; auch in: H. Gr.: Fünfzehn Essays. 3. Folge. 1882, S. 292–305. – Der bei der Rede auf Wilhelm in den anderen Ausgaben fehlende Schluß in der des ›Berliner Bibliophilen-Abends‹. 1965, S. 23–25.

GRIMM, Ludwig Emil: Erinnerungen aus meinem Leben. Hrsg. v. Adolf Stoll. 1911, ²1913. (Mit ungemein kenntnisreichen Erläuterungen, doch im Text nicht immer getreu.) – Dass., hrsg. v. Wilh. Praesent. 1950. – Neue Ausgabe nach d. Hs. (im Brüder-Grimm-Museum Kassel). Mit vielen Bildern v. L. E. Gr.

GRIMM, Herman: Die Brüder Grimm u. die KHM, in: H. Gr.: Beiträge zur Dt. Culturgeschichte. 1897, S. 214–247. (Persönliche Erinnerungen aus der Familie; in zweiter Linie zu den Märchen.)

DERS.: Wilhelm Grimm. Nekrolog, in: Voss. Ztg, 24. 12. 1859; auch selbständ. u. in: H. Gr.: Fünfzehn Essays. 3. Folge. 1882, S. 287–292.

Erinnerungen von Freunden und Zeitgenossen:

SCHOOF, Wilh.: Die Stammbücher von Jacob u. Wilhelm Grimm, in: Volk u. Scholle 8 (1930), S. 248–253, 282–286, 306–310, 343–346. – Teilweise auch in: W. Sch.: Jacob Grimm. 1961, S. 91–111; Ders.: Wilhelm Grimm. 1960, S. 50–64.

WIGAND, Paul: Jacob Grimm. Erinnerungen aus s. Jugendleben, in: Novellen-Ztg, 4. Folge, Jg 2 (1864), S. 200–202, 216–218, 232–234, 247–250; auch in: Sonntagsblatt z. Casseler Tagespost 1864, Nr 19 bis 22 (Mai). (Über Schul- u. Studentenzeit.)

RUHL, Ludw. Sigism.: Erinnerungen an Jacob Grimm, in: Hess. Blätter 17 (1885), Nr 1096; auch selbständig: Melsungen 1885.

Aus den Tagen eines erloschenen Regentenhauses ... in seiner ehemaligen Residenz. 1878, S. 114–116: Spohr u. Jacob Grimm. (Altdt. Kränzchen. Jacobs Besuch bei Spohrs ‚Jessonda'.)

Steffens, Henrich: Was ich erlebte. ^{6}1842, S. 116 f. (Über die gemeinsame Zeit mit Wilhelm Grimm in Halle 1809.)

Heidelbach, Paul: Jacob Grimm im Urteil seiner Zeitgenossen, in: Hessenland 45 (1934), S. 9–11 (aus Gutzkow's ›Telegraph‹.)

s. auch unten bei e) Goedeke (1872), f) Vigfusson, g) Auerbach, Euler.

c) in enzyklopädischen Werken:

Vilmar, August, in: Staats- u. Gesellschafts-Lexikon 8 (1861), S. 615 bis 619 (Jacob) u. 619 f. (Wilhelm); auch in: A. V.: Lebensbücher dt. Dichter. 1869, S. 158–165 u. 166 f.

Gervinus, Georg Gottfr.: Geschichte des 19. Jhs seit den Wiener Verträgen 8 (1866), S. 57–66. (Geistesgeschichtl. Einordnung aus persönlicher Kenntnis.)

Raumer, Rud. von: Geschichte der German. Philologie, vorzugsweise in Deutschland. 1870, S. 378–457, 495–539, 632–658 (darin Wilhelm: S. 411–422, 534–539, 645–647).

Rassmann, August, in: Ersch/Gruber: Allgem. Encyklopädie der Wiss. u. Künste. 1. Sekt., 91. Teil (1871), S. 176–275 (Jacob) u. S. 275–307 (Wilhelm). (Minutiöse Darstellung der Werke, kluge Beurteilung.)

Scherer, Wilh.: Grimm, Jacob, u. Grimm, Wilhelm, in: ADB 9, 1879, S. 678–688 u. 690–695. (Zur Information noch brauchbar. Wilhelm Grimm im Verhältnis zum Bruder zu wenig differenziert.)

Schulte Kemminghausen, Karl: Grimm, Jacob u. Wilhelm, in: Pädagog. Lexikon 2, 1929, Sp. 547–553.

Peuckert, Will-Erich: Wilhelm u. Jacob Grimm, in: Die großen Deutschen. Bd 3, 1936, S. 185–202; fast unverändert in der neuen Ausgabe: Bd 3, 1956, S. 117–133. (Das Menschliche warm hervorhebend, anschauliche Skizze, aber ohne die genügende Breite.)

Wolff, Ludwig: Jacob u. Wilhelm Grimm, in: Lebensbilder aus Kurhessen 2, 1940, S. 175–196.

Neumann, Friedrich: Die Brüder Grimm, Begründer der Germanistik, in: NDB 7, 1966, S. 76–79. – Daselbst auch das Neuste über den Bruder Ludwig Emil u. den Sohn u. Neffen Herman Grimm.

d) Sammelschriften (s. auch bei g) Gedenkreden, S. 34–37):

[BGG] Brüder Grimm Gedenken 1963. Gedenkschrift zur 100. Wiederkehr des Todestages v. Jacob Grimm. 1963. Gem. m. Gerh. Heilfurth hrsg. v. Ludwig Denecke u. Ina-Maria Greverus. (Zugleich Bd 54 d. ›Hess. Blätter f. Volkskde‹.)

[Festschr. Berlin 1963] Jacob Grimm zur 100. Wiederkehr s. Todestages. Festschrift d. Instituts f. dt. Volkskunde. 1963. Hrsg. v. Wilhelm Fraenger u. Wolfgang Steinitz. (Dt. Akad. d. Wiss. zu Berlin. Veröff. d. Instituts f. dt. Volkskde. 32.) – Dazu Herbert Peukert in: Dt. Jb. f. Volkskde 10 (1964), S. 366–368.

Beide Gedenkschriften besprochen von SCHULTE KEMMINGHAUSEN in: DLZ 86 (1965), Sp. 385–389; H. PEUKERT in: ZfSl. 9 (1964), S. 701 bis 703.

[Germ. Inst. Berlin] Wissenschaftl. Zs. d. Humboldt-Universität zu Berlin. Gesellschafts- u. sprachwiss. Reihe 14 (1965), H. 4 (= S. 443 bis 522): 12 Beiträge zum Werk der Brüder Grimm, mit Einführg v. Erwin ARNDT u. Wilh. BONDZIO. (Vorbildliche Gemeinschaftsarbeit.)

Jacob Grimm Gedenken † 1863. Jacob Grimm Schule, Kassel 1963. (Beachtliche Slg vornehmlich von Schülerarbeiten; in den Oberstufen sollte man allerdings auch schon ein genaues Zitieren lehren.)

e) Einzelschriften:

Die umfassende wissenschaftl. Biographie der Brüder fehlt bis heute. Auch die Voraussetzungen dafür fehlen noch.

Zur Persönlichkeit Jacob Grimms s. a. S. 49 f.

GOEDEKE, Karl: Die Schriften der Brüder Grimm, in: Hannov. Morgenztg 16 (1847), Jan.-April (in 13 Forts.). – Geschrieben 1838 für die Cottasche ›Dt. Vierteljahrsschr.‹; vgl. Briefw. Goedeke S. 24 u. 27. (Bemerkenswert als frühe Stellungnahme aus guter Kenntnis.)

RING, Max: Die Brüder Grimm, in: Die Gartenlaube 1858, S. 558 bis 563. (Floskelreiches Muster des Gartenlauben-Stils. In dieser Art von Denhard u. Duncker fortgesetzt.)

DENHARD, Bernh.: Die Gebrüder Jakob u. Wilhelm Grimm, ihr Leben u. Wirken. Ein Vortrag. 1860. (Ohne Quellenwert.)

SCHERER, Wilh.: Jacob Grimm, in: Preuß. Jbb. 14 (1864), S. 632–680; 15 (1864), S. 1–32; 16 (1865), S. 1–47 u. 99–139. Als 2. Aufl. in Buchform 1885. – Zweckmäßig zu benutzen die 2. Aufl. mit Beigaben aus der 1. Aufl. u. Scherers Rede auf Grimm [1885], besorgt v. Sigrid v. d. Schulenburg. 1921. (Der Domschatz. 9.) Darin bemerkenswertes Nachwort: S. 336–346.

DERS.: Kleine Schriften. Hrsg. v. Konrad Burdach u. Erich Schmidt. 1, 1893. – S. 3–14: Rede auf Jacob Grimm; S. 15–19: [Rez.] Jacob Grimms Kleinere Schriften, Bd. 1. 1865; S. 19–21: [Rez.] Zur Charakteristik Jacob Grimms. (Rez. v. Goedekes Vortrag u. der Auswahl aus d. Kl. Schr. 1871.) 1872; S. 21–30: Zum neuen Abdruck von Jacob Grimms Deutscher Grammatik. 1. Theil. (Selbstrez.) 1870; S. 30–31: Dass. zum 2. Theil. 1877; S. 32–34: [Rez.] Altes u. Neues von Jacob Grimm (Rez. d. Kl. Schr. 6). 1883; S. 34–41: Wilhelm Grimm. (ADB. 9.) 1879.

CURTIUS, Georg: Jacob Grimm. Vortrag. 1871; auch in: G. C.: Ausgew. Reden u. Vorträge. 1886, S. 24–46. (Bildungsvortrag. Schwerpunkt Grammatik.)

GOEDEKE, Karl: Jacob Grimm, in: Göttinger Professoren. Ein Beitrag zur dt. Cultur- u. Literatur-Geschichte. 1872. S. 167–203. (Mit persönlichen Erinnerungen).

SCHMIDT, Julian: Die Brüder Grimm, in: Dt. Rundschau 7 (1881),

S. 112–129. (Geistesgeschichtl. Expektorationen zu d. verschiedenen Briefausgaben. Von den Grimms selbst nur sehr wenig.)

DUNCKER, Albert: Die Brüder Grimm. 1884. (Buchausgabe volkstümlicher Vorträge. Nicht mehr verwendbar.)

DERS.: Aus den Jugendjahren der Brüder Grimm, in: Dt. Rundschau 11 (1885), S. 33–60. (Titel unzutreffend. Überholt.)

BERNDT, Moritz: Jakob Grimms Leben u. Werk. 1885. (Analyse der Grimmschen Schriften u. einige gute Bemerkungen aus abgelegener Literatur.)

ROEDIGER Max: Jacob Grimm, in: Westermanns illustr. dt. Mh. 58 (1885), S. 29–40. (Lebensübersicht anhand der Hauptwerke. Ohne bedeutende Gesichtspunkte.)

FRANKE, Carl: Die Brüder Grimm. Ihr Leben u. Wirken in gemeinfaßl. Weise dargest. 1899. (Durch Gerstner weit überholt. Noch nützlich der Abdruck der Bibliographie aus d. Kl. Schr. ..., S. 154 bis 173.)

HERING, Gerh. F.: Porträts u. Deutungen. 1948, S. 40–66.

ZUCKMAYER, Carl: Die Brüder Grimm. Ein dt. Beitrag zur Humanität. 1948. (Dichterisches Aufspüren des ethischen Gehalts in Leben u. Werk d. Brüder.) – Als Festvortrag beim Kapitel des Ordens Pour le mérite 1970, in: Das Parlament, 25. 7. 1970.

KLUCKHOHN, Paul: Charakteristiken. Die Romantiker in Selbstzeugnissen u. Äußerungen ihrer Zeitgnossen. 1950. (Dt. Lit. in Entwicklungsreihen. Reihe Romantik. 1.) – S. 279–286: Wenige, aber gut gewählte, sehr charakteristische Zeugnisse über die Persönlichkeit der Brüder in Nachbarschaft zu denen der Geistesverwandten.)

GERSTNER, Herm.: Die Brüder Grimm. Ihr Leben u. Werk in Selbstzeugnissen, Briefen u. Aufzeichnungen. 1952. (Quellenstücke mit verbindendem Text. Vorzüglich zur Einführung. Mit Literaturverzeichnis, aber ohne Quellenbelege.)

ZIEGLER, Klaus: Jacob Grimm u. die geschichtl. Welt, in: Alman Dil ve Edebiyati Dergisi [Studien zur dt. Sprache u. Lit.] 1 (Istanbul 1954), S. 1–32. – vgl. u. S. 50.

JENDREIECK, Helmut: Jacob Grimm u. Hegel. Studie zur Typologie der Geisteswissenschaften im 19. Jh. Phil. Diss. Bonn 1955. (Referat über die geistige Welt u. Umwelt der beiden Probanden in These und Antithese [„Volksgeist“, Geschichte, Sprache], doch ohne greifbares Ergebnis. Die Beziehungen waren geringfügig; vgl. S. 99.)

HEUSCHELE, Otto: Jacob Grimm, in: O. H.: Weg u. Ziel. 1958, S. 273 bis 280. (J. Grimms Menschentum u. Ethos, aus den Kl. Schr.)

SCHOOF, Wilhelm: Jacob Grimm. Aus seinem Leben. 1961. (Einzeldarstellungen. Mit eingehender Zeittafel: S. 430–448. Das Gegenstück über Wilhelm Grimm s. S. 188.)

LEMMER, Manfred: Die Brüder Grimm. Ihr Leben in Bildern. 1963. (Sachkundige kleine Darstellung, die politische, Wirtschafts- u. Kulturgeschichte einbeziehend.)

SCHULTE KEMMINGHAUSEN, Karl, u. Ludwig DENECKE: Die Brüder

Grimm in Bildern ihrer Zeit. 1963. (Kasseler Quellen u. Studien. 1.) – Rez. in: ZHG 74, 1963, S. 198–203 (Fr. Neumann).

GINSCHEL, Gunhild: Der junge Jacob Grimm 1805–1819. 1967. (Dt. Akad. d. Wiss. zu Berlin. Veröff. d. Sprachwiss. Komm. 7.). (Die bisher beste Arbeit über J. Gr.: ZfVkde 66 (1970), S. 205–208, Denecke).

f) Ausländische Darstellungen:

BAUDRY, Frédéric: Les frères Grimm, leur vie et leurs travaux, in: Revue german. et franç. 28 (1863), S. 307–345 (ersch. 1. 2. 1864). (Darstellung von Leben u. Werk aufgrund von Denhard u. Herm. Grimm.)

VIGFUSSON, Gudbrand, and York POWELL: Sigfred-Arminius and other Papers. Oxford 1886. – Darin von Vigf.: Prologue in Berlin (S. 1–5), u. von Powell: Epilogue in Oxford (S. 91–93). (Persönl. Erinnerungen in wohltuend reservierter Achtung dargestellt.)

KER, William Paton: Jacob Grimm. An adress delivered at the annual meeting of the Philological Society ... 1915. London 1915; auch in: W. P. K.: Collected Essays. London 1925, vol. 2, p. 222–233. (Kluge sachliche Beurteilung.)

TANAKA, Umekichi: Gurimu Kenkyu. Kyoto 1947. [Die Brüder Grimm, eine Studie. Teil: Sprachwissenschaft.]

RUSCHIONI, Ada: I fratelli Grimm. Firenze 1954.

APICELLA, Rosanna: I fratelli Grimm. Brescia 1955.

ARQUER, Florencia de [d. i. Mercedes Paluzie Borrell]: Biografias de grandes escritores juveniles. Barcelona 1964.

TAKAHASHI, Kenji: Gurimu Kyōdai. [Biogr. Studien über die Brüder Grimm.] Tokio 1968. – Prof. Takahashi erhielt für die Arbeit den Großen Staatspreis von Japan; vgl. Universitas 25 (1970), S. 1216.

HAMMOND, Muriel E.: Jacob and Wilhelm Grimm. The fairy-tale brothers. London 1968. (Anschaulich; für ein breiteres Publikum gut geeignet.)

MICHAELIS-JENA, Ruth [d. i. Mrs. A. J. J. Ratcliff]: The brothers Grimm. London u. New York 1970. (Zur Einführung, auch für Studenten, gedacht; gehaltreich, mit Quellenbelegen.)

Weitere Arbeiten werden vorbereitet in der DDR, in Jugoslavien, USA.

g) Gedenkreden und -schriften (s. a. oben bei d) u. f.)):

1863:

AUERBACH, Berthold: Jakob Grimm, in: Dt. Blätter, Okt. 1863; auch in: B. A.: Dt. Abende. N. F. 1867, S. 185–202. (Poetischer Panegyrikus. Persönliche Erinnerungen: S. 197–200.)

HAUPT, Moriz: Gedächtnisrede auf Jacob Grimm [in d. Preuß. Akad. d. Wiss., 7. 7. 1864], in: Mauricii Hauptii opuscula. vol. 3, 1876, S. 164–200. (Histor.-krit. Würdigung, auch Wilhelms, von hoher Warte; im Mittelpunkt die Grammatik.) – Bemerkenswert, daß die Rede erst nach fast einem Jahr gehalten u. nicht in den Akademieschriften gedruckt wurde.

[Keller, Adalbert von:] Jakob Grimm, in: Staatsanz. f. Württemb. [1863]. (Erstaunlich belanglose, biograph. Laudatio. Schwerpunkt Grammatik. Ein abgedr. Brief auch bei Strauch, s. S. 18.)

Ranke, Leop. von: Rede zur Eröffnung der V. Plenarversammlung der Histor. Commission bei der Kgl. Akad. d. Wiss. zu München am 3. Okt. 1863, in: L. v. R.: Sämtl. Werke Bd 51/52, 1888, S. 501 bis 506. (Ranke sieht die Einheit in dem zeitlich weitgespannten [vom Altertum zur Gegenwart] u. sachgebietlich vielfältigen Werk. Grundlinie ist für Ranke das Historische.)

Waitz, Georg: Zum Gedächtnis von Jacob Grimm, in: Abh. d. Kgl. Ges. d. Wiss. zu Göttingen 11 (1864) [getr. Pag.]. (Die beste, auch in offener Kritik ergiebigste der Denkreden. Stellungnahme für Savigny u. Lachmann.)

Weinhold, Karl: Rede auf Jacob Grimm. 1863, in: Schriften der Universität Kiel 10 (1864) [getr. Pag.]. (Docen u. von der Hagen als Vorgänger. Weinhold betont die Grammatik, danach das DWb. Die Vielfalt der Arbeiten ist dargestellt, die Einheit nicht sichtbar gemacht. Panegyrischer Schluß.)

Jacob Grimm, in: Die Grenzboten 22 (1863), Bd. 4, S. 281–300. (Aus guter persönl. Kenntnis akzentuiert erläuternde u. wertende Darstellung des Werkes. „Die Mythologie ist vielleicht das Hauptwerk", S. 294. Verf. vielleicht Gustav Freytag [Hinweis von Ulrich Pretzel].)

Weitere Gedenkartikel in Zeitungen u. Zeitschriften d. J. 1863 verzeichnet Karl Bartsch in: Germania 9 (1864), S. 80.

1885

Bartsch, Karl: Die Brüder Grimm. Festrede, geh. am 4. 1. 1885 zu Hanau. In erweit. Gestalt. 1885. (Vorwiegend biograph. erzählend. „Der Reinertrag ist für das Denkmal der Brüder Grimm bestimmt.")

Dahn, Felix: Jakob Grimm, in: Dt. Revue 10 (1885), Bd 4, S. 289 bis 319. Erweit. Festvortrag bei der ›Dt. Ges.‹ zu Königsberg, 4. 1. 1885. (Im Sachlichen nach Duncker, s. o. S. 33; oberflächlich u. eitel.)

Euler, Ludwig Heinr.: Zur Erinnerung an Jacob Grimm. Festrede ... in d. ›Jurist. Ges.‹ zu Frankfurt, in: Mitt. d. Vereins f. Gesch. u. Altertumskde in Frankfurt a. M. 7 (1885), S. 131–147. (Betrifft die rechtskundl. Arbeiten. Euler gehörte zu den Organisatoren des Frankf. Germanistentages. Persönliche Erinnerungen: S. 131–133.)

Haussleiter, Johs.: Die Brüder Grimm in ihrer Bedeutung für das dt. Volk. Ein Vortrag. 1885. (Phrasenhafte Volkspädagogik.)

Löschhorn, Hans: Rede auf Jacob Grimm ... in der Ges. f. Dt. Philologie zu Berlin. 1885. (Ciceronianisch pathetisch.)

Meyer, Leo: Über Jacob Grimm, in: Sitzungsber. d. Gelehrten Estnischen Ges. zu Dorpat f. d. J. 1885. Dorpat 1886, S. 1–24. (Schwerpunkt Grammatik, danach DWb.)

Scherer, Wilh.: Rede auf Jacob Grimm ... in der Kgl. Friedr.-Wilh.-Universität, Berlin, 4. 1. 1885. 1885; auch in: W. Sch.: Kl. Schr. 1,

1893, S. 3–14; W. Sch.: Dt. Bildnisse. Dichter- u. Gelehrtenporträts. 1919, S. 145–162; W. Sch.: Jacob Grimm. 1921, S. 316–335. (Glänzende Formulierungen in einer Art literar. Exegese.)

Schönbach, Anton E.: Die Brüder Grimm. Ein Gedenkbl. zum 4. 1. 1885. 1885. (Chronolog. Darstellung von Leben u. Werk der Brüder in reichhaltiger Kürze, die einzelnen Werke gut beleuchtend.)

Sintenis, Franz: Über Jacob Grimm, in: Baltische Monatsschr. 32 (1885), S. 181–199. (Aus gedruckten Quellen, politisch falsch urteilend.)

Sybel, Heinr. von: Zur Erinnerung an Jakob Grimm. Vortrag in d. Berliner Akad. am Geb. Friedrichs d. Gr. 1885, in: BSB 1885, S. 27 bis 36; auch in: H. v. S.: Vorträge u. Abhandlungen. 1897, S. 203 bis 215. (Auf den Göttinger Protest u. die Berufung nach Berlin bezogen.)

Zschech, Franz: Die Brüder Jacob u. Wilhelm Grimm. Vortrag im Auftrag d. Komitees für die Herstellung eines National-Denkmals der Brüder Grimm zu Hanau ... 1885. (Laudatio in schulmeisterl. Zeitstil; S. 23 f. über die Katalogisierung der Bibliothek der Brüder.)

1896–1939

Schröder, Edward: Die Brüder Grimm. Festvortrag, geh. zur Feier der Enthüllung des National-Denkmals zu Hanau am 18. Okt. 1896, in: Hessenland 45 (1934), S. 172–177.

Zu Jacob Grimms 70. Todestag: Das Echo der Ztgen in: Die Literatur 36 (1933), S. 96. (Verzeichnet 7 Gedenkartikel aus großen Tagesztgen.)

Hübner, Arthur: Jacob Grimm. Festvortrag zur Feier d. 150. Geb. v. Jacob Grimm ..., in: BSB, phil-hist. Kl. 1935, S. XXVIII bis XXXIX; auch Sonderausgabe u. in: ZfDk. 49 (1935), S. 153–164, sowie in: A. H.: Kl. Schr. zur dt. Philologie. 1940, S. 26–36. (Hervorragend in Sachlichkeit u. Urteil.)

Helm, Karl: Jakob Grimm. Ansprache z. Eröffnung der Ausstellung ›Die Brüder Grimm‹ in ... Marburg, in: Mitt. d. Universitätsbundes Marburg 1934, S. 10–15. (Knappe, sachlich u. gut charakterisierende Übersicht.)

Mackensen, Lutz: Gedenkrede auf Jacob Grimm, in: Baltische Monatsschr. 35 (1935), S. 211–226. (Gute Charakteristik des Werkes u. der Persönlichkeit. Abhebung von der Romantik.)

Götze, Alfred: Märchenforschung. Rede zur Grimmfeier der Universität Gießen, geh. am 16. 1. 1939, in: Nachr. d. Gießener Hochschulges. 14 (1940), S. 63–76.

1963

Boor, Helmut de: Gedenkrede auf Jacob Grimm, in: PBB 86 (Tüb. 1964), S. 1–24. (J. Grimm als wissenschaftl. Persönlichkeit, S. 8; Grammatik im Schwerpunkt.)

Ginschel, Gunhild: Altdt. Poesie u. german. Altertumskunde. Zum

100. Todestag Jacob Grimms ..., in: Forschungen u. Fortschritte 37 (1963), S. 275–280.

Gruenter, Rainer: Das Deutsche – was ist es? Über Jacob Grimm – z. 100. Todestag ..., in: FAZ 1963, Nr. 219 v. 21. 9. (Ein Wiederabdruck an anderer Stelle ist wünschenswert.)

Hain, Mathilde: Der ›nie stillstehende Fluß lebendiger Sitte u. Sage‹, in: ZfVkde 59 (1963), S. 177–191. (Zu den Begriffen Sitte u. Sage bei Grimm.)

Hammerich, Luis L.: Jacob Grimm u. sein Werk, in: BGG, S. 1–21.

Magon, Leop.: Jacob Grimm – Leistung u. Vermächtnis, in: BSB, Kl. f. Sprachen, Literatur u. Kunst 1963, Nr. 5.

Neumann, Hans: Jacob Grimm u. Göttingen. Gedenkvortrag z. 100. Todestage ..., in: Jb. d. Akad. d. Wiss. in Göttingen f. d. J. 1963. 1964, S. 30–53.

Neumann, Werner, u. Burkhard Löther: Gedanken zur bevorstehenden Ehrung Jacob Grimms 1963, in: Weimarer Beiträge 9 (1963), S. 469–484. (›Weltfriedensrat‹ empfahl die Würdigung des Andenkens an die Grimms, S. 470.)

Peukert, Herbert: Jacob Grimm u. die Slaven. Vortrag z. Grimm-Ehrung ... Jena, in: Wiss. Zs. d. Universität Jena, Ges.- u. sprachwiss. Reihe 13 (1964), S. 211–220.

Schreyer-Mühlpfort, Brigitta: Wesensdeutung des Mythos in Jacob Grimms »Deutscher Mythologie«, in: Wiss. Zs. d. Universität Halle 15 (1966), S. 533–539. Kurzfassung eines am 1. 11. 1963 geh. Vortrages. (Keine Überbewertung des Mythos bei Grimm; er findet das ‚reformatorische Prinzip' [optimistische Gemütswerte u. Vernunft] in der frühen mythischen Zeit.)

Schulte Kemminghausen, Karl: Die wissenschaftl. Beziehungen der Brüder Grimm zu Westfalen, in: Westfäl. Zs. 113 (1963), S. 179 bis 242.

Sonderegger, Stefan: Jacob Grimm, der Begründer der Germanistik, in: Neue Zürcher Ztg, 22. 9. 1963, Lit. u. Kunst, Bl. 4.

Stern, Leo Der geistige u. politische Standort von Jacob Grimm, in: BSB, Kl. f. Philosophie ... 1963, Nr. 4.

Trier, Jost: Jacob Grimm als Etymologe. Vortrag ... Universität Münster, am 10. 12. 1963. 1964.

Vordtriede, Werner: Jacob Grimm. Zum 100. Todestag, in: Merkur 17 (1963), S. 910–913.

Zu den Veröffentlichungen des Gedenkjahres 1963 äußerten sich Friedr. Neumann in: ZHG 77/78 (1966/67), S. 125–134, u. Ludo Simons in: Leuvense bijdragen 54 (1965), S. 1–6.

b) zu Einzelthemen:

Zur Familiengeschichte u. zu den einzelnen Lebensabschnitten s. u. S. 46.

Neumann, Friedr.: Die „Brüder Grimm" sind keine „Gebrüder"! Ein Aufruf, in ZHG 73 (1962), S. 109–113; auch in: Muttersprache 1957, S. 388 f.

Heimpel, Herm.: Jacob u. Wilhelm Grimm „Gebrüder", in: Neue

Sammlung 3 (1963), S. 574–576. (Eine Stimme für das „Gebrüder“, das nicht kommerziell, sondern gewohnt sei.)

Beziehungen zu einzelnen Orten (außer den Wohnorten; diese bei Kap. II, 1; S. 46–49):

SCHOOF, Wilh.: Beziehungen der Brüder Grimm zu *Fulda*, in: Fuldaer Geschichtsblätter 31 (1955), S. 49–79. – DERS.: *Hanau* s. u. S. 46. – DERS.: *Heidelberg* u. die Brüder Grimm, in: Neue Heidelb. Jbb. N. F. 1939, S. 105–120. – DERS.: *Hersfelder* Beziehungen der Brüder Grimm, in: Mein Heimatland 9 (1929/30), S. 138–140. (Die hier zitierten Briefe inzwischen anderweitig gedruckt.)

STEIG, Reinhold: Die Brüder Grimm u. die *weimar*ische Bibliothek, in: Zs. f. Bücherfreunde 4 (1912), S. 25–30. – S. 28–30: Plan, die Grimms 1838 anstelle von Riemer als Bibliothekare nach Weimar zu ziehen; noch 1845 wiederholt.

Beziehungen zu einzelnen Personen s. o. bei 2. Briefwechsel.

i) Pflege des Grimm-Gedenkens:

Museen:

Kassel: ›Brüder Grimm-Museum‹. Archiv u. Forschungsstätte in der MuLB, 35 Kassel, Brüder-Grimm-Platz 4A. – Katalog der Ausstellung des Brüder Grimm-Museums (von Ludwig DENECKE). 1. 1960, 2. 1965.

DENECKE, Ludwig: Das Brüder-Grimm-Museum in Kassel, in: Kulturarbeit 19 (1967), S. 178 f.

Hanau: Historisches Museum in Schloß Philippsruhe. – Katalog 1967, S. 46 f.: Grimm-Sammlungen (von Karl DIELMANN).

VOGEL, Hans: Ludwig Emil Grimm 1790–1863 [Ausstellungskatalog]. 1963. – Im Museum auch wertvolle Archivbestände.

Schlüchtern: Bergwinkel-Museum (mit Grimm-Zimmer).

Der Bergwinkel-Bote. Heimatkalender für den Kreis Schlüchtern. Ab 7 (1955) bearb. von Wilhelm PRAESENT. – Mit Beiträgen über die Familie Grimm.

Haldensleben (DDR): Kreismuseum.

KOCH, Willi: Haldensleben u. die Brüder Grimm, in: Jahresschr. des Kreismuseums Haldensleben 8 (1967), S. 11–28. – Grimm-Nachlaß-Schenkung von Frau Albertine Plock (Tochter von Rudolf Grimm).

Gesellschaften:

›Brüder Grimm-Gesellschaft.‹ 35 Kassel, Brüder-Grimm-Platz 4A.

Die Grimm-Gesellschaft 1896–1905. Erster Geschäftsbericht, erstattet von Edward LOHMEYER. 1906.

VÖTTERLE, Karl: Haus unterm Stern. 1963, S. 128–140: Die Gründung der [neuen] Brüder Grimm-Gesellschaft 1942.

›Heimatverein Dorothea Viehmann.‹ 35 Kassel-Niederzwehren, Frankfurter Straße 195. – Veröff.: Heimatbrief. Heimatverein Dorothea Viehmann. 1957 ff.

Preise:

›Brüder Grimm-Preis‹ der Philipps-Universität Marburg, „für hervorragende Leistungen auf dem Gebiet der Geisteswissenschaft mit besonderer Berücksichtigung des Arbeitsgebietes der Brüder Grimm" (zweijährig).
Die Preisträger: Karl Helm. Georg Baesecke. Erik Rooth (Lund). Hermann Teuchert. Gesinius G. Kloeke (Leiden). Luis L. Hammerich (Kopenhagen). Emil Öhmann (Helsinki). Friedrich Maurer. Friedrich Stroh. Edmund Stengel. Wolfgang Stammler. Friedrich Ohly. Jean Fourquet (Paris).

›Brüder Grimm-Medaille‹ der Akademie der Wissenschaften in Göttingen. Verliehen „an Persönlichkeiten ..., die sich auf dem Felde der philologischen Forschung besondere Verdienste erworben haben, aber nicht durch ihren bürgerlichen Beruf zur wissenschaftlichen Arbeit verpflichtet sind."
Über Verleihung in: Jb. der Akad. der Wiss. in Göttingen f. d. Jahr 1963 (1964), S. 54.

II. Jacob Grimm

1. Lebensgang und Persönlichkeit

(Zu den einzelnen Daten vgl. die Zeittafel S. 203–215)

Jacob Grimm ist einer von den besonderen Menschen, die nur sich selbst gleich sind. Er war weder ‚Romantiker' noch ‚Biedermeier', weder ‚Professor' noch ‚Bürger', weder ‚Nationalist' noch ‚Liberaler'. Jeder, der die Menschen nur als Angehörige einer bestimmten Gruppe zu sehen und entsprechend zu würdigen vermag, wird bei ihm zu falschen Vorstellungen und falschen Urteilen gelangen; das aber ist bereits und immer wieder geschehen.

Eine gültige Biographie Jacob Grimms gibt es – trotz Wilhelm Scherers ebenso fachkundiger wie dichterischer Leistung – bisher nicht. Zum einen deshalb, weil die Grundmaterialien noch nicht genügend aufbereitet sind: die Überfülle der Briefe, die ungemein wichtige Bibliothek und die geisteswissenschaftlichen Beziehungen persönlicher Art. Zum anderen deshalb, weil die Biographen immer wieder der faszinierenden Prägung von Jacob Grimms eigenen Aussagen verfallen sind, die sie zitierten oder paraphrasierten, fast immer aber als letztes Wort auch akzeptierten. Zu wenig berücksichtigt wurde die Bedeutung der Lebensereignisse dieses großen Einzelgängers, obwohl sie immer wieder erzählt wurden, – freilich so, als ob zwischen ihnen und dem inneren und äußeren Lebenswerk des Mannes nur ein äußerlich-zeitlicher, nicht aber ein organisch-ursächlicher Zusammenhang bestanden hätte.

Die Geschwister Grimm – fünf Brüder und eine Schwester – stammten väterlicherseits aus dem südhessischen Raum um Hanau, mütterlicherseits aus dem nordhessischen Kassel. Urgroßvater und Großvater Grimm sowie ein älterer Bruder des Vaters waren Pfarrer reformierten Bekenntnisses; der Vater, Philipp Wilhelm Grimm, wurde – wohl nach dem Vorgang der Familie seiner Mutter, Christine geb. Heilmann – Jurist und bekleidete die angesehene Stelle eines Amtmanns (etwa: Landrat und Richter) in dem alten hanauischen Residenzstädtchen Steinau, wo auch die Pfarrer Grimm jahrzehntelang amtiert hatten.

Das Wetterleuchten der Revolutionskriege drohte in die frühen Tage der Kinder, und der allzu frühe Tod des Vaters war die erste der Katastrophen, die das Leben der Brüder immer wieder heimsuchten und ihren Willen zum Bestehen auf das härteste herausforderten. Die Mutter ermöglichte den Söhnen den Besuch der höheren Schule in Kasssel und das Studium der Rechtswissenschaften in Marburg. Jacob verließ Schule und Universität nach vorzüglichen Leistungen, aber ohne eine Abschlußprüfung. Er arbeitete 1805 als „Assistent“ seines Lehrers Friedrich Karl von Savigny in Paris an mittelalterlichen Rechtshandschriften und wurde dann Verwaltungsbeamter beim Kriegsdepartement in Kassel. Der Einmarsch der Franzosen 1806 und die Errichtung des Westphälischen Königreichs gaben den äußeren Anlaß, diese Laufbahn zu verlassen. Seinem Wunsche entsprechend wurde Jacob Grimm aufgrund seiner schon gezeigten literarischen Leistungen Bibliothekar, – zunächst noch nicht an der Kurfürstlichen, später Landesbibliothek, sondern an der Privatbibliothek des Königs Jérôme, wenig später auch Beisitzer im Staatsrat (conseil d'état). Der Zusammenbruch der französischen Herrschaft beendete diese Zeit einer freimütigen „Kollaboration“. Nach der Wiederherstellung des Kurfürstentums Hessen wurde der inzwischen Dreißigjährige wieder Fachbeamter, diesmal – wohl wegen seiner in der westphälischen Zeit erworbenen Personen- und Sachkenntnisse – im auswärtigen Dienst. Aufträge in Paris zur Wiedergewinnung entführten Kulturgutes (aus Hessen und Preußen) und Teilnahme am Wiener Kongreß endeten jedoch mit der entschiedenen Aufgabe jeder vorteilhaften Laufbahn zugunsten einer zwar schlecht bezahlten, aber alle Möglichkeiten zu ersprießlicher Arbeit nach eigenem Konzept bietenden Stelle.

Dieses Konzept bewährte sich in einer vorher nicht zu ahnenden Weise. Der Bibliothekar Jacob Grimm, der Autodidakt, der Einzelgänger, wurde im Verlauf eines guten Jahrzehnts zu einem Mann von wissenschaftlicher Weltgeltung, um den sich Universitäten vergebens bemühten, dem die Akademien Europas ihre Mitgliedschaft antrugen, und der doch – ob bescheiden oder nicht – beharrlich seinen eigenen Weg weiter zu gehen trachtete.

Dieser Weg wurde jedoch im Äußeren unterbrochen, als sich das ohnehin ungute Verhältnis zum Kurfürsten Wilhelm zuspitzte. Die Brüder Grimm wurden nach dem Tode des Bibliotheksleiters Ludwig Völkel in der von ihnen erwarteten Beförderung übergangen. Jacob Grimm aber war niemals bereit, sich übergehen zu lassen. Er nahm die ihm aus Göttingen gebotene Stelle an der damals bedeutendsten, von ihm selbst schon viel benutzten Bibliothek an. Einbegriffen war dabei die Anwartschaft auf die Leitung dieses Instituts, dazu eine ordentliche Professur und – die seinerseits geforderte Mitberufung des Bruders Wilhelm an die Bibliothek und in eine zunächst außerordentliche Professur.

Ganz ohne Zweifel sind die Göttinger Jahre für beide Brüder förderlich gewesen, trotz mancher Enttäuschungen und im Gegensatz zu den berechtigten und weniger berechtigten Unmutsäußerungen Jacobs. Die Bedeutung der – im Grunde zu spät erfolgten – Eingliederung des Privatwissenschaftlers in Forschung und Lehre einer Universität ist aufgrund dieser Äußerungen bisher meist zu gering eingeschätzt worden. Jacob hatte alle Fähigkeiten zu einem vorzüglichen Bibliothekar. Er war zudem ein ausgezeichnet tüchtiges Mitglied des Lehrkörpers, wenn auch kein guter Kollegleser. Der nähere Umgang mit den Kollegen, die – leider nur geringe – Gewinnung von Schülern sowie die ansehnliche äußere Position haben ihre Wirkung nicht verfehlt. Aber auch diese Wachstumsperiode endete mit einer unerwarteten Katastrophe, – mit dem Protest der Göttinger Sieben, denen die beiden Brüder zugehörten.

Als „Flüchtling“ bei dem jüngeren Bruder, dem Maler-Professor Ludwig Emil Grimm in der alten Heimatstadt Kassel wieder einkehrend, setzte Jacob Grimm sein Privatgelehrtentum erneut und entschieden fort. Und er hat es im Grund auch fortgesetzt, als er drei Jahre später, wieder mit dem Bruder, der Berufung des preußischen Königs Friedrich Wilhelm IV. nach Berlin folgte. Noch über 20 Jahre hat er hier gelebt und gearbeitet, nicht unbehelligt von den politischen Zeitläufen und an ihnen Anteil nehmend. Im Grunde doch nicht anders als in den Kasseler Jahren, freilich auf der höheren Ebene des Alters. Der Begründer und Namengeber einer neuen Wissenschaft, der *Germanistik,* sah bei eigener ungeschwächter Arbeitskraft doch eine neue Generation neben sich, die ihn zwar achtete und ehrte, aber doch in dem gemeinsam eroberten Lande eigene – nicht immer bessere – Wege suchte.

Der Lebensgang Jacob Grimms ist durch Wilhelm Scherer in nicht glücklicher Weise von seiner Grammatik aus periodisiert worden. Bestimmend für den Ablauf, auch in der Wissenschaft, waren jedoch die Aufenthaltsorte. Die frühen Eindrücke der Steinauer Jahre (1791–1798) waren von bleibender Bedeutung und können darin nicht leicht überschätzt werden. Das Marburger Intermezzo (1802–1805) gab den Anstoß für die entscheidende Wende zur selbständigen wissenschaftlichen Tätigkeit. Der dynamische Schwerpunkt im Leben der Brüder liegt ohne Zweifel in den mehr als 30 Kasseler Jahren. Was hier begonnen wurde und heranwuchs, ist später fortgesetzt und entwickelt, aber in nichts mehr entscheidend verändert worden. Göttingen brachte die Autodidakten in eine engere Gemeinschaft mit anderen Wissenschaftlern und gab ihnen zugleich eine größere Freizügigkeit. Das Jahr 1837 mit der Vertreibung aus Göttingen bedeutet einen schweren Bruch, dessen Überwindung zu den großen menschlichen Leistungen der Brüder gehört. Die über 20 Berliner Jahre stehen arbeitsmäßig unter dem Schatten des »Deutschen Wörterbuchs«. Sie brachten manche Erfüllung, aber doch auch manche Enttäuschung und können nicht allen Glanz bewahren, den sie bisher in der Biographie der Brüder gehabt haben.

Von kleiner, hagerer Gestalt, mit scharfgeschnittenem Gesicht, durchdringenden blauen Augen und gewelltem, früh ergrautem Haar war Jacob Grimm im Äußeren kein ohne weiteres „repräsentativer" Mann. Doch eine natürliche Schlichtheit, geistige Beweglichkeit und die Fähigkeit, auf einen Partner einzugehen, vereinigten sich in ihm zu einem faszinierenden Persönlichkeitsbild. Seine Religiosität war calvinistisch nüchtern und praktisch. Rechtschaffenheit, Familiensinn, Vertrauen auf das Gute waren seine undogmatisch und unauffällig gehaltenen Gesetze.

Beschreibungen des Äußeren bei August Graf von Platen: Tagebücher 2. 1900, S. 489 (23. 9. 1821); Heinrich Laube: Das erste dt. Parlament 3, 1849, S. 229. Jacob Grimm selbst sprach von Blatternarben, „deren Spur lange nicht schwinden wollte" (Rede auf Wilhelm; Kl. Schr. 1, S. 165) und von seinen „beiden alten Übeln, Kopfwehe und Augenschwäche" (an Paul Wigand, 13. 12. 1813; Stengel 3, S. 219). Es ist sicher von Gewicht, daß Jacob Grimm stark kurzsichtig war (aber eine Brille zu tragen vermied); im Alter gesellte sich Schwerhörigkeit dazu.

Von körperlicher Zähigkeit spricht Jakob Grimms Wanderfreude, die er nicht nur auf weiten Spaziergängen in die Umgegend von Kassel betätigte, sondern z. B. auch in einer Fußreise von Kassel nach Göttingen oder einer großen Wanderung mit dem Bruder Ludwig (Zeittafel 1822, 1828). Während seiner Amtstätigkeit auf Schloß Wilhelmshöhe ging er regelmäßig von der Wohnung in der Altstadt zum Schloß 6 km zu Fuß.

Aber dieser Mann hat auch seit seinem 11. Lebensjahr, seit dem Tode des Vaters, niemanden mehr über oder vor sich gehabt oder geduldet, – es sei denn nach eigenem Ermessen und

Willen. Er war empfindlich gegen Widerspruch und Konkurrenz; völlig unerträglich war ihm jede soziale Ungerechtigkeit, und wo Rücksicht zu nehmen war, stand ihm fast immer die Sache über der Person. Es gehört zu diesem Bilde, daß Jacob Grimm niemals eine Zuneigung zu einer Frau gefaßt hat. Nur seine engsten Angehörigen erfuhren, daß er auch die Fähigkeit zu herzlicher Liebe besaß.

Frauen gegenüber war Jacob Grimm zu nüchtern und kritisch. „Die liebhaber der niederdeutschen sprache sind wie frauen, die wenn man sie längst widerlegt zu haben glaubt, immer mit den vorigen gründen und ansprüchen hervortreten" (1850; Kl. Schr. 5, S. 474). Ähnliche Äußerungen schon 1822 über die Schriftstellerinnen (Kl. Schr. 4, S. 172). Über eine wohl von der Familie gewünschte eheliche Verbindung mit Luise Bratfisch s. Fr. Neumann (u. S. 47). Der geradezu erheiternde Wunsch Eberhard Gottlieb Graffs, seine Tochter Tusnelda mit Jacob Grimm zu verheiraten (1825 und noch 1829), ist erst kürzlich bekanntgeworden (Briefw. Graff S. 171 f., 177 f. Raven).

Dagegen war die Gemeinschaft mit dem Bruder Wilhelm fast wie ein Sichanklammern, wenn es in jenem Brief aus Paris vom 12. 7. 1805 zwischen langen Erörterungen über Bücherkäufe plötzlich hervorbrach: „denn, lieber Wilhelm, wir wollen uns einmal nie trennen, und gesetzt, man wollte einen anderswohin thun, so müßte der andere gleich aufsagen. Wir sind nun diese Gemeinschaft so gewohnt, daß mich schon das Vereinzeln zum Tode betrüben könnte" (Jugendbr. S. 59, 2. Aufl. S. 67; vgl. ebda. S. 448 bzw. 432 [24. 4. 1815]). Die Nähe des Bruders als ein Schutz vor der Vereinsamung und vor der Gefahr der Verengung und Verkrampfung war ein sehr vital empfundenes Bedürfnis für beide. Nur die beständige Gegenwart niemals ausgeglichener Gegensätze in einer bewunderungswürdigen Achtung voreinander hat die Lebensleistung dieses Brüderpaares ermöglicht. Daneben war das oft geäußerte Bedürfnis nach Zurückgezogenheit und Stille (bes. an Lachmann, 13. 5. 1840; Briefw. 2, S. 710) eine Abschirmung, die Jacob Grimm im Kleinen und im Großen nicht selten durchbrach. In Wahrheit wirkte er nicht ungern nach außen, aber eben aus einer gesicherten Stellung heraus und nur da, wo er selbst es wünschte.

Seinen Arbeiten lag ein Sammel- und Ordnungstrieb zugrunde, der sich zu einem genialen Gespür für Zusammengehörigkeiten verfeinerte. Ein starker Intellekt, verbunden mit einem unglaublichen Sachgedächtnis und ähnlich immenser Konzentrationsfähigkeit und Ausdauer ermöglichten seine monumentalen Sammelwerke und die große Zahl der kleineren Schriften.

Dabei arbeitete er rasch und mit dem Mut zur Lücke. Seine zyklopische Bauweise hat leicht etwas Provisorisches, das einen Mangel an Methode auszudrücken scheint. Das mag damit zusammenhängen, daß Jacob Grimm auf seinem Felde eben ein Autodidakt war und lebenslang geblieben ist. Positiv daran war der ungehemmte Drang nach vorwärts, nachteilig das Hängen am Selbsterworbenen und die Empfindlichkeit gegen Kritik von anderer Seite.

„Ich wünsche mir vergebens das Geschick mit solchem Vorbedacht [d. h. Fähigkeit zum systematischen Denken, wie in Savignys »System des heutigen Römischen Rechts«], der alle Gewähr des Gelingens in sich trägt, Pläne zu fassen und langsam auszuführen. Was ich schreibe ist alles nur extemporiert und leidlich zusammengefügt, ich bin innerlich zu heftig und unruhig um es gehörig anzulegen und es nun eine Zeitlang in sich selbst fortwachsen zu lassen usf." An Savigny, 28. 1. 1837; Briefw. S. 385 f. Schoof.

„ich arbeite alle meine sachen eifrig, aber zu schnell aus, und an meinen fehlern ärgre ich mich gewöhnlich zuerst." An Lachmann, 13. 5. 1840; Briefw. 2, S. 711.

„willige forscher sollen also den verschlungenen pfaden folgen und bald leichteres bald schwereres geschühe anlegen, um sie betreten zu können. Wer nichts wagt gewinnt nichts und man darf mitten unter dem greifen nach der neuen frucht auch den mut des fehlens haben." 1848: »Gesch. d. dt. Sprache«, Vorrede S. VIII.

Herman Grimm im Nachwort zur »Rede auf Wilhelm«: Kl. Schr. 1, S. 185.

Die Fähigkeit zu nüchternem, sachgerechtem Urteil auch in außerwissenschaftlichen Dingen bewies Jacob Grimm in seiner dienstlichen Tätigkeit als Bibliothekar sowie als Mitglied des Senats in Göttingen in Sachen der Universitätsverwaltung (s. S. 48). Für sein Organisationstalent spricht die Bewältigung der Vorarbeiten zum Deutschen Wörterbuch mit 80 Mitarbeitern (vgl. BGG, S. 109 f. Denecke).

Jacob Grimm hat viele Anregungen aufgenommen, sei es von Herder oder Brentano, von Savigny oder Schlegel, von Rask, Kopitar oder Vuk Karadžić. Er hat sie als ein mächtiger Schaffer in überragenden eigenen Leistungen verwertet. Er selbst war ein Entdecker, nicht ein Erfinder. Seine Theorien waren Erfahrungen, seine Grundsätze Praxis. Noch nicht untersucht ist in diesem Zusammenhang sein Verhältnis zu den Naturwissenschaften seiner Zeit, das offensichtlich nicht ohne Einfluß auf sein Denken geblieben ist (vgl. u. S. 131 u. Kl. Schr. 1, S. 5).

In Jacob Grimms Lebensgang und Persönlichkeit ist eine Entwicklung erkennbar, die ihn im Menschlichen vom Kleinstädter zum Weltbürger wachsen ließ, in der Forschung vom Autodidakten zum Begründer einer Wissenschaft, im Politischen vom Untertan zu einem Verkünder der Freiheit und Einheit. Die vielfältigen, gelegentlich widersprüchlich erscheinenden Anlagen und Fähigkeiten vereinigten sich in zwei polaren Eigenschaften: einem elementaren Freiheitsbedürfnis und der Fähigkeit zur Hingabe an eine Sache, – Persönlichkeitswerte, die keine Zeit und keine Macht zerstückelt.

Literatur

Allgemeine Darstellungen s. o. S. 29–38.

Zur Genealogie

DGB Bd 8, 1901, S. 181–188. – Offenbar nach Angaben von Herman Grimm.

Knetsch, Carl: Ahnentafel des Kunsthistorikers Herman Grimm. 1932, in: Ahnentafeln berühmter Deutscher. 1. 1929/32, S. 303–323. – Nachtr. S. 330 u. N. F. (= Bd 2), 1933–35, S. 307.

Hassenpflug, Nora: Ahnenliste Hassenpflug, in: Hessische Familienkde 5 (1961), 2. Beih., Sp. 179–194. – Darin Grimm: Nr 9. 18/19. 36–39. 72–79. 144–159. 288–319. 576–639.

Handliche Familientafel in: Schulte Kemminghausen u. Denecke (s. o. S. 33 f.) S. 121 (berichtige: Dorothea Wild * 23. 5. 1793; Charlotte Amalie Grimm * 10. 3. 1793).

Schoof, Wilhelm: Der Verwandtenkreis der Brüder Grimm, in: Hessische Familienkde 4 (1957/58), Sp. 193–202.

Knodt, Hermann: Zur Familiengeschichte der Brüder Grimm, in: Hessische Heimat (Beilage d. Gießener Anzeigers). 1963, S. 61–64.

Bott, Heinrich: Die Vorfahren der Brüder Grimm im Hanauer Land, in: BGG, S. 23–47.

Gresky, Wolfgang: Ein Brief Dorothea Grimms über ihre Göttinger Vorfahren, in: Göttinger Jb. 1969, S. 75–91.

Bernges, Rudolf: Das Familienwappen der Brüder Grimm, in: Hanauer Anzeiger. 31. 1. 1941.

Hanau. Steinau. Vater u. Mutter

Schoof, Wilh.: Beziehungen Wilhelm Grimms zu seiner Vaterstadt Hanau, in: Hanauisches Magazin 15 (1936), S. 1–5, u. 17 (1938), S. 44 f.

Praesent, Wilhelm: Märchenhaus des deutschen Volkes. Aus der Kinderzeit der Brüder Grimm. 1957.

Praesent, Wilhelm: Im Hintergrund Steinau. Kleine Beiträge zur Familiengeschichte der Brüder Grimm, in: BGG, S. 49–66.

Heymann, Ernst: Über Jakob Grimms Heimat, in: BSB, phil.-hist. Kl. 1935, S. XXI–XXVIII. (Enthält nichts von der Heimat!)

HEILER, Carl: Ungedrucktes aus Papieren des Steinauer Pfarrers Friedrich Grimm († 1777), in: Hanauisches Magazin 4/5 (1923), S. 3 f.

MALDFELD, Georg: Geschichten aus dem Leben des Großvaters der Brüder Grimm, in: Hessenland 42 (1931), S. 303–306.

HÖCK, Alfred: Aus den Personalakten des Steinauer Amtmanns Philipp Wilhelm Grimm, in: Hanauer Geschichtsblätter 21 (1966), S. 165–172.

PRAESENT, Wilhelm: Amtmann Grimm besichtigt den Schlüchterner Markt (anno 1792). 1966.

STOLL, Adolf: Dorothea Grimm, die Mutter der Brüder Grimm. Zu ihrem Andenken an ihren 100jähr. Todestag. 1808 27. Mai 1908. 1908.

Marburg

HÖCK, Alfred: Die Brüder Grimm als Studenten in Marburg, in: BGG, S. 67–96. – Juristische Kolleghefte der Brüder s. u. S. 110; Wilhelms Examen s. u. S. 183.

STENGEL, Edmund: Verhandlungen der philosoph. Fakultät die Doctorpromotion der Brüder Grimm betreffend. Nebst einer Reproduction der beiden Doctordiplome aus den Acten mitgetheilt. Progr. zu der ... acad. Grimm-Feier ... der Univ. Marburg. 1885.

Kassel und die Bibliothek

Eine zusammenfassende Darstellung der Kasseler Jahre fehlt. Aus der Schulzeit wäre eine Aufarbeitung der Lehrpläne wichtig; aus der Bibliothekszeit eine Zusammenstellung der Buchanschaffungen.

STOLL, Adolf, im Anhang zu: Ludwig Emil GRIMM: Erinnerungen aus meinem Leben. 1911, S. 535–599. – 1. Zinckhan [Lehrer in Steinau]. 2. Ferdinand Grimm. 3. Carl Grimm. 4a. Lotte und Hassenpflug. 4b. Dortchen Grimm. 5. Casseler Schulverhältnisse. 6. Wilhelm Grimm. 9. Wohnungen und Grabstätten der Familie Grimm.

HOPF, Wilhelm: Die Kasseler Jahre der Brüder Grimm, in: Hessenland. 42 (1932), S. 254–256. (Genaue Sachangaben.)

DENECKE, Ludwig: In der Brüder Grimm-Stadt Kassel ..., in: Zs. f. Erzbergbau u. Metallhüttenwesen 14 (1961), S. 607–613.

DERS.: Blätter und Blüten aus Kassel. Mit Beiträgen von Wilh. SCHOOF u. Walther OTTENDORFF-SIMROCK, in: BGG, S. 97–123.

SCHULTE KEMMNGHAUSEN, Karl: Dokumente zu Besuchen des westf. Freundeskreises in Kassel. Ebda S. 125–146.

REIFFERSCHEID, Alexander, u. Reinhold STEIG: Lycealzeugnis Jacob Grimms, in: ZfdPh. 6 (1875), S. 103.

NEUMANN, Friedrich: Ein „Heiratsplan" Jakob Grimms?, in: ZHG 72 (1961), S. 143–159. (Kein persönl. Verhältnis zu Luise Bratfisch.)

TEUFEL, Eberhard: Jacob Grimm, der dt. Sprach- u. Geschichtsforscher, als kurhessischer Diplomat auf dem Wiener Kongress 1814/15, in: Hanauisches Magazin 18 (1939), S. 1–8.

Hopf, Wilhelm: Die amtliche Tätigkeit der Brüder Grimm an der LB Cassel, in: ZfB 39 (1922), S. 294-302. Ders. in: Die Landesbibliothek Kassel 1580–1930. 1930. Kap. 9 (S. 65–79): Die Brüder Grimm.

Zoepf, Ludwig: Die Brüder Grimm als Bibliothekare, in: ZfB 45 (1928), S. 123–137. (Im Ergebnis unrichtig.)

Schoof, Wilhelm: Die Brüder Grimm als Bibliothekare, in: ZfBB 10 (1963), S. 199–211.

Zur Kasseler Zensurkommission s. o. S. 4.

Göttingen und danach

Frensdorff, Ferdinand: Jacob Grimm in Göttingen, in: Nachr. den Ges. d. Wiss. in Göttingen. 1885, S. 1–44; auch selbständig.

Schoof, Wilhelm: Göttingen u. die Brüder Grimm, in: Niedersächs. Jb. f. Landesgesch. 14 (1937), S. 233–287.

Neumann, Hans: Jacob Grimm u. Göttingen. Gedenkvortrag z. 100. Todestag Jacob Grimms ..., in: Jb. d. Akad. d. Wiss. in Göttingen f. d. Jahr 1963. 1964, S. 30–53.

Selle, Götz von: Die Georg-August-Universität zu Göttingen 1737–1937. 1937, S. 255–281: Die Grimms u. die Göttinger Sieben im Rahmen der Universitätsgeschichte.

Geschichte der Göttinger UB. Verfaßt von Göttinger Bibliothekaren. Hrsg. Karl Julius Hartmann u. Hans Füchsel. 1937. – Reg. S. 316.

Vier Dokumente der UB Göttingen. Hrsg. v. Karl J. Hartmann. 1937. Darin: S. 19–24. Vorschlag der Hannoverschen Regierung an König Georg IV. zur Berufung der Brüder Grimm 1829; S. 25–31. Bericht Jacob Grimms an die Hannoversche Regierung [über den Zustand der Bibliothek, 15. Jan.] 1833.

Crome, Bruno: Ein Familienbrief als Federzeichnung. Jacob Grimm als Göttinger Professor. [Göttingen 1924.]

Loewenthal, Fritz: Ein Gutachten Jacob Grimms vom 27. Juni 1833 über das stud. Verbindungswesen, in: Beiträge zur Göttinger Bibl.- u. Gelehrtengesch. 1928, S. 135–142.

Meyer, Otto: Grimm, Dahlmann u. die Festkleidung der Göttinger Professoren, in: O. M.: Kulturgeschichtliche Bilder aus Göttingen. 1889, S. 171–194. (Mit einem höchst bemerkenswerten „Separatvotum" J. Gr.'s gegen die Talartracht der Professoren, 1837; S. 184 f.)

Zum Göttinger Protest s. u. S. 145–147.

Schoof, Wilhelm: Jacob u. Wilhelm Grimm nach der Göttinger Amtsentsetzung (nach ungedr. Briefen d. Grimmschen Nachlasses), in: ZHG 58 (1932), S. 211–234.

Schoof, Wilhelm: Jacob Grimms Reise nach Leipzig und Jena im Sommer 1838. (Nach ungedr. Br.), in: ZfdPh. 60 (1935), S. 26–32.

Berlin

WENDELER, Camillus: Zur Berufung der Brüder Grimm nach Berlin, in: Briefw. Meusebach. 1880, S. 255–300. – Darstellung mit 12 Briefen (bes. Bettine).

SYBEL, Heinrich von: Zur Erinnerung an Jacob Grimm. S. o. S. 36.

KOSER, Reinhold: Zur Geschichte der Berufung der Brüder Grimm nach Berlin, in: BSB, phil.-hist. Kl., 1905, Nr 48, S. 1004–1014. (Brief Friedrich Wilhelms IV. an Großherzog Georg von Mecklenburg-Strelitz u. Bericht des Gesandten v. Canitz.)

HEYMANN, Ernst: Hundert Jahre Berliner Juristenfakultät, in: Die Jurist. Fakultät der Universität Berlin ... Hrsg. v. Otto Liebmann. 1910. – Über Jacob Grimm S. 28 f.

LENZ, Max: Geschichte der Kgl. Friedrich-Wilhelm-Universität zu Berlin. 2,2. 1918, Reg. S. 424.

HAENCHEN, Karl: Die Berufung der Brüder Grimm nach Berlin, in: Forschungen zur Brandenburg. u. Preuß. Geschichte. 54 (1943), S. 11–42. (Mit Quellen u. Literatur.) Nicht genannt bei:

OBENAUS, Sibylle: Die Berufung der Brüder Grimm nach Berlin, in: Hess. Jb. f. Landesgesch. 19 (1969), S. 296–336. (Neue Quellen.)

RUDORFF, Ernst: Aus den Tagen der Romantik. Bildnis einer dt. Familie. 1938. (Erzählungen aus den Häusern Savigny, Pistor, Reichardt, Bettine (S. 223–227); S. 104–106 Auszüge aus Briefen Wilhelm Grimms.)

SCHOOF, Wilhelm: Berlin u. die Brüder Grimm. 1. Bettinas Wirken für die Berufung nach Berlin. 2. Das Zerwürfnis zwischen den Brüdern Grimm u. Hoffmann von Fallersleben. (Dargestellt nach den Pressestimmen der Zeit), in: Zs. d. Ver. für die Gesch. Berlins 51 (1934), S. 81–93, u. ebda 57 (1940), S. 49–62 u. 93–107.

PISSIN, Raimund: Aus dem Berliner Kreis der Grimm, Brentano-Arnim u. Savigny, in: Berliner Hefte für geistiges Leben 2 (1947), S. 678–684. (Durch Hansen überholt.)

HANSEN, Wilhelm: Die Brüder Grimm in Berlin, in: BGG, S. 227–307. (Ausgezeichnete Darstellung auf kulturgeschichtl. Hintergrund.)

SCHOOF, Wilhelm: Die Brüder Grimm in Berlin. 1964. (Verwertet die Aufsätze von 1934 u. 1940.)

Zur Persönlichkeit (s. a. unten S. 159)

ROETHE, Gustav: Vorr. zur »Dt. Gramm.« (s. S. 93) Bd 4, S. X–XXX.

ROTHACKER, Erich: Savigny, Grimm, Ranke. Ein Beitrag zur Frage nach dem Zusammenhang der historischen Schule, in: Histor. Zs. 128 (1923), S. 415–445 (bis. S. 428–431); s. a. desselben: Einleitung in die Geisteswissenschaften. 1919, ^{2}1930 (photomech. Neudr. mit bibliogr. Vorwort).

SIMON, Ernst: Zu Jacob Grimms Sprache, Stil u. Persönlichkeit, in: DVjs. 7 (1928), S. 515–559; auch in: E. S.: Brücken. Ges. Aufsätze. 1965, S. 93–134 u. 475.

MUSCHG, Walter: Das Dichterische im Werk Jacob Grimms, in: Dichtung u. Forschung. Festschr. f. Emil Ermatinger. 1933. (Die schönste und gehaltvollste Darstellung der Persönlichkeit Jacob Grimms; vgl. Jahresber. N. F. 13 (1936), S. 5, Nr 47.)

ZIEGLER, Klaus: Die weltanschaulichen Grundlagen der Wissenschaft Jacob Grimms, in: Euphorion 46 (1952), S. 241–260. (Philosophisch sublimiert. Mir scheint Jacob Grimm mehr aus der Praxis gelebt zu haben als aus der Idee. Nicht berücksichtigt ist der politische Aspekt.)

2. *Literarische Germanistik (mit Wilhelm)*

Jacob Grimm hat, Jahrzehnte nach dem Vorgang selbst, geschildert, wie er als junger Student im Hause Savignys die Bodmersche Ausgabe der Minnesinger zwischen anderen Büchern entdeckte und wie ihn damals „eine eigene Ahnung erfüllt" habe. Diese „Erweckung" des Germanisten Jacob Grimm, die dieser mit gutem Bedacht an den großen Namen SAVIGNY geknüpft hat, wird als eine Art Dichterlegende immer wieder gern erzählt. Nicht erzählt wird aber, wie weit durch frühere Einflüsse der Blick der Grimm-Brüder schon auf das deutsche Altertum gelenkt war. Sollten sie niemals auf Klopstock gestoßen sein, auf das Bardentum des Göttinger Hain, auf Schubart und Herder? 1793–98 wurde in Kassel die Löwenburg erbaut, ein eindrucksvolles Zeugnis der damals schon modischen Rückwendung zu alten Zeiten, lange vor dem, was wir heute Romantik nennen. Und welche Rolle können die literarhistorischen Kollegs von LUDWIG WACHLER (s. d.) in Marburg gespielt haben?

Die Begegnung mit den literarischen Originalzeugnissen jener alten Zeit fiel auf eine schon angestoßene Wagschale. Aber sie war es auch nicht allein, die auf den jungen Jacob Grimm gewirkt hat. Viel stärker war zunächst die lebendige Einwirkung des sieben Jahre älteren CLEMENS BRENTANO, der die ganze Fülle frühromantischer Ideen zu vermitteln vermochte. Für die jungen Grimms blieb die Beteiligung an diesen Gedanken und Vorhaben zunächst eine Liebhaberei. Aber im Laufe von zwei Jahren verselbständigten sich Ideen und Tätigkeit in einer immer intensiveren Begegnung mit den Denkmälern und drängten zur eigenen Aussage.

Jacob Grimm begann seine schriftstellerische Tätigkeit auf dem Gebiet der altdeutschen Literatur mit einer aggressiven Kritik gegen Adelung und Docen über die Heidelberger Handschriften im Vatikan und einer Auseinandersetzung mit von der Hagen, Büsching und Docen, die in sein erstes Buch, »Über den altdeutschen Meistergesang« (1811), mündete. Seine These war, daß Minne- und Meistersang in gleicher, weitervererbter Weise

Kunstdichtung seien, entgegen der im Detail richtigen Darstellung seiner Opponenten, wonach die beiden Kreise als etwas durchaus voneinander Verschiedenes angesehen werden müßten. Die beiden Parteien argumentierten aneinander vorbei.

Über den altdeutschen Meistergesang. Göttingen: Dieterich 1811. Meinen zwei lieben Brüdern Wilhelm u. Ferdinand Grimm zugeeignet aus Treue, Liebe u. Einigkeit. – Nicht in den Kl. Schr.

Voraus gehen:

Etwas über Meister- und Minne-Gesang. 1807: Kl. Schr. 4, S. 7–9. – Beweis daß der Minnesang Meistergesang ist. 1807: Kl. Schr. 4, S. 12–21.

DOCEN, Bernhard Joseph: Unterschied zwischen Minne- u. Meistersängern. (Auf Veranlassung des im vorigen Stücke befindlichen Aufsatzes des Hrn. Kriegs Secretärs Grimm in Cassel.), in: Neuer literar. Anzeiger 2 (1807), Sp. 369–374 u. 535–540.

VON DER HAGEN, Friedr. Heinr.: Minnelied u. Meistergesang, in: ebda 3 (1808), Sp. 81–88 u. 97–102.

BÜSCHING, Joh. Gustav: Beiträge zur Kenntnis des Meistergesanges, in: ebda 3 (1808), Sp. 183–189 u. 401–406.

DOCEN, Bernhard Joseph: Über den Unterschied u. die gegenseitigen Verhältnisse der Minne- u. Meistersänger, in: Museum f. altdt. Literatur u. Kunst 1 (1809), S. 73–126, 445–491.

Nachspiel:

MÜLLER, Wilhelm: Blumenlese aus den Minnesängern. 1817. Rez. 1817: Kl. Schr. 6, S. 233–240. (Darin über mhd. Dichtersprache u. über das Singen und Aufzeichnen der Minnelieder. Müller gehörte zu v. d. Hagens ›Berlinische Gesellschaft für dt. Sprache‹.)

OBERTHÜR, Franz: Die Minne- u. Meistersänger aus Franken, als Entwurf zu einem vaterländ. Geisterdrama mit Gesang u. Instrumentalmusik. 1818. Rez. 1818: Kl. Schr. 4, S. 98–100.

SOKOLOWSKY, Rudolf: Der altdt. Minnesang im Zeitalter der dt. Klassiker u. Romantiker. 1906, S. 45–55. (Nicht überholt.) – Ferner: GINSCHEL S. 34 f. u. S. 51, Anm. 1.

Jacob Grimm ging es dabei um mehr als das im Thema zugespitzte Problem. Ihm ging es um das, was üblicherweise als der Gegensatz zwischen Volks- und Kunstdichtung bezeichnet wird, bei Jacob Grimm aber „Vorrang der Volksdichtung vor der Kunstdichtung" (bei Wilhelm etwa „Kunstdichtung als eine Sonderform der Volksdichtung") heißen müßte. Was LUDWIG TIECK in der Vorrede seiner »Minnelieder aus dem schwäbischen Zeitalter« (1803) verkündet hatte, muß beide Brüder mächtig angerührt haben:

„Denn es giebt doch nur Eine Poesie, die in sich selbst von den frühesten Zeiten bis in die fernste Zukunft, mit den Werken die wir besitzen, und mit den verlohrnen, die unsre Phantasie ergänzen möchte, so wie mit den künftigen, welche sie ahnden will, nur ein unzertrennliches Ganze ausmacht. Sie ist nichts weiter, als das menschliche Gemüth selbst in allen seinen Tiefen, jenes unbekannte Wesen, welches immer ein Geheimniß bleiben wird, das sich aber auf unendliche Weise zu gestalten sucht, ein Verständniß, welches sich immer offenbaren will, immer von neuem versiegt, und nach bestimmten Zeiträumen verjüngt und in neuer Verwandelung wieder hervortritt. Je mehr der Mensch von seinem Gemüthe weiß, je mehr weiß er von der Poesie, ihre Geschichte kann keine andre sein, als die des Gemüths von den ersten Offenbarungen und dem Wunderglauben der Kindheit, der schönen Ahndungen des jugendlichen Lebens zur Reifheit der Phantasie, bis in alle ihre Verwirrungen, die sich wieder zur frühen kindlichen Klarheit selber zurückführen, dazwischen wechselnd mit prophetischen Träumen, mit Anschauungen, welche verloren gehn und sich wieder suchen. So ist die wahre Geschichte der Poesie die Geschichte eines Geistes, sie wird in diesem Sinne immer ein unerreichbares Ideal bleiben ..." (S. II). – „So erklärt und ergänzt die alte Zeit die neue, und umgekehrt" (S. III).

Im Banne dieser (und weiter nachfolgender) Sätze steht die Anschauung der Brüder von der „Poesie" und ihrer Geschichte. Dichtungsgeschichte war ihnen eine Folge von Spiegelungen eines allgemeinen „Volksgeistes", in die jede spekulative Kunstdichtung nur Blendlichter werfen konnte. Was Tieck in Andeutungen umrissen hatte, wollten sie im einzelnen nachweisen, und nur diesem Ziel diente ihre gesamte Tätigkeit auf allen Gebieten der Kunde vom „Altertum". Zunächst aber ging es ihnen, den Brentano-Freunden, um die Poesie. Sie wollten in ihrer jugendlichen Begeisterung und ihrem schrankenlosen Selbstvertrauen jene Geschichte schreiben, von der Tieck gesagt hatte, daß sie „unerreichbar" sei. Alles was sie produzierten, war zunächst Vor- oder Teilarbeit zu diesem Vorhaben.

Am Anfang steht bei Jacob Grimm eine Äußerung *»Über das Nibelungen liet«* (1807). Er forderte eine brauchbare neue Ausgabe, wollte aber zugleich das Werk mit seinen verschiedenen Modifikationen in die Geschichte der Poesie eingliedern. Schon hier betont Jacob Grimm die Unübersetzbarkeit des mhd. Textes, während er zugleich gegen Bodmers Äußerung polemisiert, man müsse das Mhd. studieren wie eine tote Sprache. „Im Ganzen ist es unsere jetzt noch lebende Sprache ..., nur noch in der Kindheit, im Gegensatz zu der Ausgebildetheit der heutigen." Eine „ästhetische Bearbeitung des Gedichtes" (d. h. eine

Betrachtung vom Standpunkt literarischer Ästhetik) hält Jacob Grimm für uninteressant. In diesen wenigen Punkten sind die literarischen Anschauungen der Brüder Grimm, auch die späteren, in nuce bereits enthalten.

Über das Nibelungen liet. 1807: Kl. Schr. 4, S. 1–7. – Zu den Nibelungen, in: Altdt. Wälder 2 (1815), S. 145–180. – Weitere Äußerungen: zu Göttling, 1814: Kl. Schr. 4, S. 85–91; zu Lachmann, 1816: ebda, S. 92–98; zu Hinsberg, 1816: ebda 6, S. 200–202; zu Besselt, 1816: ebda, S. 202 f.; zu v. d. Hagen, 1817: ebda, S. 285 f.; zu Lachmann u. Hahn, 1851: Kl. Schr. 5, S. 476–479; in der Rede auf Lachmann, 1851: Kl. Schr. 1, S. 156 f.

Körner, Josef: Nibelungenforschungen der dt. Romantik. 1911. (Über das Nibelungenthema erheblich hinausgehend.)

In einer Besprechung des »Buch der Liebe« (1809) wird eine Stoffgeschichte des Tristan versucht, wobei Eilhard von Oberge den Preis vor Gottfried von Straßburg erhält, weil er „die Sage doch unstreitig älter, einfacher und poetischer" zeige.

Buch der Liebe. Hrsg. v. Joh. Gustav Büsching u. Friedr. Heinr. von der Hagen. 1. 1809. Rez. 1812: Kl. Schr. 6, S. 84–100. – Die für die ›Heidelb. Jbb.‹ verfaßte Rez. erschien verspätet, weil man dort eine Bespr. von A. W. Schlegel (Sämtl. Werke 12. 1847, S. 225–243) vorzog. – Replik auf eine Antikritik. 1813: Kl. Schr. 7, S. 591 f.

Weitere kleine Veröffentlichungen in gleicher Richtung: Karl u. Elegast. 1811: Kl. Schr. 6, S. 34–40; Hornkind u. Maid Rimenild. 1811: ebda, S. 41–64; König Fruote. 1820: ebda, 4, S. 135–137.

Die erste selbständig veröffentlichte Textedition der Brüder war zugleich wieder eine Auseinandersetzung. Es ist die Ausgabe des *Hildebrandliedes* und des *Wessobrunner Gebetes*, die den Arbeiten von Eccard (1729) und von Reinwald (1808) auf die Schultern stieg. Die Erkenntnis, daß es sich um stabreimende Dichtung handelt, der eindringliche Versuch einer textlichen Wiederherstellung und eine überlegene Wiedergabe in nhd. Fassung haben gemeinsam das Ziel, am Beispiel des Hildebrandliedes den Charakter und den Wert der alten Volksdichtung aufzuzeigen (Ausgabe S. 58–79: „Zusammenhang mit dem ganzen Fabelkreis. Über die Fabel"), während gleichzeitig die Märchen als rezente Zeugen der als gleichartig angesehenen „Sage" (d. h. der gesprochenen Literatur) zur Ausgabe vorbereitet wurden. Die Ausgabe des Hildebrandliedes von 1812 war ein Appell und hat als solcher gewirkt. Für die spätere Zeit grundlegend wurde erst die Ausgabe von Lachman (1833), der mit dem inzwischen verbesserten Rüstzeug die Leistung der Brüder überbot.

Ein Gleiches wie für das Hildebrandlied gilt für das Wessobrunner Gebet. Reinwald war vorausgegangen, die Brüder Grimm taten den entscheidenden Schritt nach vorn, die gültige Ausgabe schuf Wilhelm Wackernagel 1827.

Die beiden ältesten deutschen Gedichte aus dem achten Jahrhundert: Das Lied von Hildebrand und Hadubrand und das Weißenbrunner Gebet zum erstenmal in ihrem Metrum dargestellt und herausgegeben durch die Brüder Grimm. Cassel: Thurneißen 1812. Dem Herrn Professor Benecke in Göttingen aus Freundschaft und Hochachtung gewidmet. – Die Stabreime sind im Druck von Hand rubriziert.

Vorrede: Kl. Schr. 8, S. 3–5. – *Nachträge* in: Altdt. Wälder 1, S. 123–125 u. 324–330; 2, S. 97–115 (Jacob); 1, S. 182–192 (Wilhelm). – *Rez.* von Benecke: GGA 1813 (16. 1.), S. 81–87, mit Anzeige der ›Altdt. Wälder‹, S. 87 f. – *Vorläufer*: Joh. Georg von Eckhart (Eccard): Commentarii de rebus Franciae orientalis. 1. 1729, S. 864 bis 903; [Wilh. Friedr. Herm. Reinwald:] Neuer Übersetzungs-Versuch der romantischen Erzählung aus dem achten Jh. in altsächs. Dialect, aus einem Casseler Codex, Eccard, Francia Orientalis Tom. I, p. 864, in: Neuer literar. Anzeiger 3 (1808), Sp. 33–47.

Nachfolge: LACHMANN, Karl: Über das Hildebrandslied. 1833: Kl. Schr. 1 (1876), S. 407–448. – Mit e. Nachtrag (S. 443–448), der auf Briefen der Brüder Grimm beruht; vgl. Briefw. 2, S. 633–635 (Jacob) u. 873–875 (Wilhelm). – WACKERNAGEL, Wilhelm: Das Wessobrunner Gebet u. die Wessobrunner Glossen. 1827. – *Die jüngste Veröffentlichung:* GIUFFRIDA, Robert T.: Hildebrandslied: Evidence external and internal, in: Germanic Studies in Honor of Edward Henry Sehrt. Coral Gables/Florida 1968, S. 91–100. – S. 99 f.: „Vorstufe zu einem kritischen Text"; in der Auffassung durchaus ‚grimmisch'.

Diese Veröffentlichung war übrigens die erste, in deren Titel das so berühmt gewordene „*durch die Brüder Grimm*" erschien, nachdem 5 Jahre lang die Arbeiten der beiden unter ihren einzelnen Namen gedruckt worden waren. Die häusliche Gemeinsamkeit wurde damit zum wissenschaftlichen Begriff. Die Paarung war damals – vielleicht nach dem Vorbild Goethe-Schiller? – zu einer Art Mode geworden: Schlegel und Tieck, Arnim und Brentano, von der Hagen und Büsching. Die Brüder Schlegel, die Brüder Humboldt waren in Deutschland so bekannt wie die Brüder Murhard in Kassel; aber niemand hatte noch eine so ganz unfeierliche, familiäre und deshalb so einprägsame Formulierung gewagt. Sie setzte voraus, daß man diese Brüder schon kannte, während andere gerade damals viele Vornamen und Titel ihrem Namen beizufügen liebten, um sich bekannt zu machen. Die Wendung „Brüder Grimm" macht nicht bekannt, sondern sie macht vertraut. Sie hat zugleich den Reiz des Besonderen. Und sie ist zum Begriff einer Gemeinschaftsarbeit geworden, obwohl sie bei nur verhältnismäßig wenigen Arbeiten Verwendung gefunden hat: »Lied von Hildebrand« 1812, »Kinder- u. Hausmärchen« 1812, ›Altdeutsche Wälder‹ 1813, »Der arme Heinrich« 1815, »Edda« 1815, »Deutsche Sagen« 1816, »Irische Elfenmärchen« 1826.

Mit einem geradezu fieberhaften Eifer hatten die Brüder sich seit ihrer Rückkehr aus Marburg bzw. Paris auf die altdt. Studien geworfen und über das Publizierte hinaus eine Menge von Material zusammengebracht. Das alles ermutigte sie zur Gründung einer eigenen Zeitschrift. Der Titel *›Altdeutsche Wälder‹* knüpft deutlich an Herders ›Kritische Wälder‹ an und steht in sichtbarem Gegensatz zu den klassizistischen ›Athenaeum‹ und ›Museum‹ bei den Schlegels und von der Hagen. Diesen gegenüber, die sich (ebenso wie Gräter) schon länger als die Grimms mit eigenen Zeitschriften der altdt. Literatur angenommen hatten, war das Erscheinen der ›Altdt. Wälder‹ ein Affront. Und ganz folgerichtig nahm sich AUGUST WILHELM SCHLEGEL des ersten Jahrgangs in einer Rezension an, die einem der berühmt gewordenen Verrisse gleichkam. Mit der Überlegenheit perfekten Besserwissens und einer höhnischen Wohlgemeintheit zerpflückte er ausführlich, eigenes Material ausbreitend, jeden Beitrag der Brüder. Zu einem Teil zu Recht. Aber im Grundtenor zeigt sich der entscheidende und nicht zu überbrückende Gegensatz, wenn Schlegel sagte: „Wenn man die ganze Rumpelkammer wohlmeinender Albernheit ausräumt und für jeden Trödel im Namen der „uralten Sage“ Ehrerbietung begehrt, so wird in der Tat gescheiten Leuten allzuviel zugemutet“ (Sämtl. Werke 12, S. 391). Es ist der Gegensatz zwischen den „gescheiten Leuten“ und der hohen Kunst auf der einen, und auf der anderen Seite den Verkündern der Volkskunst, der einfachen Formen und der alles Leben spürbar erfüllenden Ideen, einer Art von Pantheismus, die auch im Geringsten das Große, Bleibende erkennt. Dieser Gegensatz ist geblieben, auch wenn Jacob Grimm sich in der Folge mit so großem Erfolg der Sprachwissenschaft zuwandte und Schlegel ihn auf diesem Felde anerkannte. Jacob Grimm hat seinen „volkskundlichen“ Standpunkt von einer „Geschichte der Poesie, die (gleich der Naturgeschichte) ihre Resultate nur in sich selber trägt, nicht außenher einträgt“ (Vorrede der ›Altdt. Wälder‹; Kl. Schr. 8, S. 7) nicht verlassen und Schlegel sein Urteil darüber nicht widerrufen.

Altdeutsche Wälder s. o. S. 3. – A. W. Schlegels Rez. (1815): Sämtl. Werke 12. 1847, S. 383–426; Wilhelm Grimms Antikritik (1816). W. Kl. Schr. 2, S. 156–161.

Der Inhalt der ›Altdt. Wälder‹ zeigt in vielfacher Brechung das totale Anliegen der Brüder. Daß er bei der Zusammenstellung der »Kleineren Schriften« unterdrückt wurde, hängt mit dem Fehlurteil zusammen, daß Jacob Grimm erst mit seiner Grammatik zum anerkennungswerten Germanisten (im Sinne der Germanistik von 1885) geworden sei. Die ›Altdt. Wälder‹ verdienen eine neue Interpretation als Pflanzgarten einer Germanistik, wie sie hätte werden können.

Als Einzelveröffentlichung folgte der des Hildebrandliedes die des „*Armen Heinrich*" (1815). Für die Brüder Grimm handelte es sich um die Gestaltung einer „Sage", eines Motivs der Volkspoesie, die nach ihrem Wunsch wieder in die lebendige Überlieferung eintreten sollte wie die Kinder- und Hausmärchen. Der Text war schon in Chr. H. Myllers Sammlung 1784 und in Auszügen von Franz Hegi in der ›Iris‹ 1810 abgedruckt. Der Wiederbelebungsversuch von Büsching (1810) hatte Jacob Grimms heftigen Widerspruch gefunden. Die Ausgabe der Brüder, an der Wilhelm in der Abwesenheit des Bruders wohl den größten Anteil hatte, ist zwar in der Kritik des mhd. Textes, nicht aber in Wilhelms Neufassung übertroffen worden. Jacob Grimm empfahl später in seinem Göttinger Literaturkolleg den Text in Wilhelm Wackernagels »Altdt. Lesebuch«.

Lit. s. u. S. 196 f.

Mit der Arbeit an einer Ausgabe der *Edda* gingen die Brüder wiederum schon von anderen begangene Pfade. Durch häufige Voranzeigen ihrer Absicht hofften sie sich vergeblich einen Vorrang zu sichern. Der schneller und sorgloser arbeitende von der Hagen kam ihnen zuvor, eine schwedische und eine dänische Ausgabe wurden mit besserem Rüstzeug erstellt; die Grimmsche Ausgabe blieb – wie beinahe vorauszusehen war – Fragment. Bedeutsam bleiben die dem altnord. Text beigegebenen Übersetzungen: Eine textnahe, dem Originaltext gegenübergestellt und damit Jacob Grimms Vorstellung von der Übersetzung zu wissenschaftlichen Zwecken erfüllend; am Ende des Textes dann (wie beim Hildebrandlied) eine Übertragung in freier Prosa, die wieder Wilhelm zuzuschreiben ist.

Die erworbene Sachkenntnis der Brüder schlug sich später in einer Fülle von Rezensionen nieder; besonders charakteristisch ist Wilhelms Kampf um die neue Anschauung von der intereuropäischen Sage in der Auseinandersetzung mit Christian Friedrich Rühs in Berlin.

Lit. s. u. S. 195.

Trautvetter, Ernst Christian: Der Schlüssel zur Edda. 1816: Kl. Schr. 6, S. 199 f.; Mejer, Friedrich: Mythologische Dichtungen u. Lieder der Scandinavier. 1819: ebda 4, S. 123 f. – Fóstbraedra-saga. 1823: ebda, S. 196 f. – Jómsvikinga-saga. 1825: S. 274–281.

Aus dem Rahmen des Bisherigen herauszutreten scheint Jacob Grimms Ausgabe spanischer „Romanzen" (d. h. Heldenballaden) von 1815. Sie ist jedoch – schon 1809 begonnen – das rechte Gegenstück zu Wilhelms »Altdänischen Heldenliedern«. Es ging den Brüdern in beiden Fällen um die Bekanntmachung alter Volksdichtung, wobei sich Wilhelm der *Übersetzung*, Jacob der *Originalsprache* bediente. Diese Entscheidung war eine grundsätzliche. Sie hängt zusammen mit dem langen „*Übersetzungsstreit*", den Jacob und Wilhelm unter Beihilfe von Arnim und Savigny (die beide auf Wilhelms Seite traten) geführt haben. Wilhelm hielt die Bekanntmachung fremd- oder altsprachiger Literaturdenkmäler durch Übertragung in das Neuhochdeutsche (in Übereinstimmung mit den Romantikern) für geboten. Jacob beharrte darauf, daß in einem sprachlichen Kunstwerk Sprache und Inhalt untrennbar seien, und daß man sich eben die Mühe machen müsse, fremde Sprachen zu lernen, wenn man dem Geist des entsprechenden Volkes und seiner Literatur nahe kommen wolle. Als Ausnahme ließ er die kultische (Bibel) und die wissenschaftliche (Wort-) Übersetzung gelten sowie die dichterische Neugestaltung in anderer Sprache (insofern nicht mehr „Übersetzung") und schließlich die Übertragung aus nahe verwandten neueren Sprachen (engl. z. B. eher als französ. oder ital.). Grundsätzlich aber sollte bei literarischen Denkmälern die Übersetzung nur der Hinführung zur Originalsprache dienen. Jacobs Konsequenz ist wohldurchdacht und sachgerecht; sie verdient immer wieder neu berücksichtigt zu werden. Gerade im Hinblick auf die altdt. Texte läßt sich leicht zeigen, daß die Schönheiten der mhd. Dichtung nicht rein und voll erleben kann, wer sie in nhd. Sprache liest.

Lit.:

Ginschel S. 71–170.

Das unscheinbare Bändchen der »Silva de romances viejos« hatte eine erstaunliche Nachwirkung. Friedrich Diez rezensierte es mit höchster Anerkennung und gab – ausgesprochen nach dem Vorbild von Wilhelm Grimms »Altdän. Heldenliedern« – einige Übersetzungen in seinen »Altspanischen Romanzen« (1818). Böhl von Faber sowie Ferd. Wolf und Conrad Hofmann wurden zu eigenen Sammlungen angeregt (1821–1825 und 1856), Karl Marx benutzte noch 1868 die Originalausgabe.

Silva de romances viejos publicada por Jacobo Grimm. Wien: Mayer 1815. al señor Jacobo [!] Görres ... dedica este libro el editor para le testificar su buena voluntad. – Goedeke (s. o. S. 32) zitiert eine 2. Aufl. von 1831 (Titelaufl. ?), die nicht ermittelt werden konnte.

Vorrede: Kl. Schr. 8, S. 7–9; s. Briefw. mit Arnim: Ginschel, S. 383 f. – *Ankündigung* (1811): ebda. 7, S. 590 f. – *Voranzeige* (1815): ebda 4, S. 422–427 (mit Übers. des Liedes von Roland und Frau Alda). – *Antikritik* (1822): ebda 7, S. 597 f. – *Verlegergeschichte:* W. Schoof in: Börsenbl. (Frankf.) 16 (1960), S. 2374–2376, u. in: Schoof U. Br. S. 48–52.

RICHERT, Diss. S. 31–33; GINSCHEL S. 36 (auch zur Verlegergeschichte).

In der Folge der »Silva« erschien erst nach 15 Jahren wieder eine Veröffentlichung Jacob Grimms zur Literatur. Es war die Zeit der Grammatik und der Rechtsaltertümer, und die Erstveröffentlichung der Interlinearversion der *Murbacher Hymnen* in der Einladungsschrift zur Habilitation in Göttingen 1830 hatte zwar eine literargeschichtliche Einleitung, war aber dem Herausgeber selbst mehr von grammatischem als von literischem Interesse.

Hymnorum veteris ecclesiae XXVI interpretatio Theodisca nunc primum edita. 1830. – Textabdruck nach einer Abschrift von Franciscus Iunius. Lat. Vorrede: Kl. Schr. 8, S. 129–144. – Eine zweite, kritische Ausgabe folgte erst 1874 (Ed. Sievers).

Das Jahr 1834 brachte eine Veröffentlichung, die den Verfasser schon fast 25 Jahre aufs intensivste beschäftigt hatte; er selbst hat sie auch später zu seinen liebsten Büchern gezählt, und noch seine letzte gedruckt erschienene Schrift 1863 dem gleichen Thema gewidmet. Es ist der *»Reinhart Fuchs«*. Mehrfach war das Werk, noch bis 1817, als eine Gemeinschaftsarbeit der Brüder angekündigt worden. Das Material war liegengeblieben. Erst 1832 entschloß sich Jacob, durch das Erscheinen von Mones »Reinardus« veranlaßt, die Arbeit wieder anzugreifen, wozu ihm Lachmann eine eigene Abschrift des »Isengrimus« beisteuerte. Das Ergebnis war eine umfangreiche Abhandlung über die Tiersage mit Abdruck der lat., mhd. und nländ. Fassung sowie einer Anzahl verwandter kleinerer Dichtungen. Ihnen folgten 1838 (in den »Lat. Gedichten«) die »ecbasis captivi« und 1840 der Abdruck der Melsunger Fragmente der alten mhd. Fassung.

Das Thema des Reinecke Fuchs war damals in der Philologie so beliebt wie jahrhundertelang die Geschichte selbst. Gräter,

Docen, Majlath und Köffinger, Mone, später Hoffmann von Fallersleben, in den Niederlanden Scheltema, Willems und Jonckbloet, in Frankreich Paulin Paris haben Abdrucke, kritische Ausgaben und Erörterungen dazu beigebracht. Jacob Grimm aber ging es um ein besonderes Anliegen, um den Nachweis, daß es eine vorgeschichtliche Tiersage gegeben habe, von denen alle erhaltenen Fassungen nur Ausstrahlungen seien. Diese Ansicht ist für den »Reinhart Fuchs« in dieser Form nicht zu halten. Gleichwohl ist das von Jacob Grimm zusammengetragene Material, ist sein Gespür für den Verlauf versteckter Fäden immer noch von wissenschaftlicher Bedeutung. Auch Wilhelm Grimm hat sich mit der Reinhart-Fabel mehrfach und ausgiebig befaßt.

Für Jacob Grimm beweist dieses Buch mit den ihm nachfolgenden Arbeiten besonders augenfällig, daß es unrichtig ist, von einer „grammatischen Periode" (und dann von einer „nachgrammatischen") zu sprechen. Vielmehr blieb die *Weltliteratur* – in seinem, nicht in Goethes Sinne – und ihre Geschichte das Hauptanliegen Jacob Grimms durch alle Zeiten seines Wirkens.

Reinhart Fuchs. Berlin: Reimer 1834. Karl Lachmann gewidmet. – Neudruck für 1971 in Vorbereitung. Vorrede nicht in den Kl. Schr. – *Ankündigungen*: W. Kl. Schr. 2, S. 496 (1811); Kl. Schr. 4, S. 52–64 (1812); ZfdPh. 34 (1902), S. 554–556 (1812 u. 1817, dazu Briefw. Tydeman S. 64).

Notice d'un poème latin du douzième siècle traitant la fable de Renard et d' Isengrim. 1817: Kl. Schr. 7, S. 530–533. (An das kgl. Niederländische Institut gerichtet.)

Wiederaufnahme der Arbeit: Briefw. Lachmann 2, S. 591 (1. 8. 1832). – *Selbstanzeige*: Kl. Schr. 5, S. 172–176 (1834). – Berichtigung einer Stelle im Reinhart. 1836: ebda 7, S. 12–14. – Sendschreiben an Karl Lachmann über Reinhart Fuchs. Leipzig: Weidmann 1840. (Ausgabe der Melsunger Fragmente; jetzt MuLB Kassel: Ms. poet 8° 1). Nicht in den Kl. Schr. – Rez. v. Jonckbloet. 1863: Kl. Schr. 5, S. 455–466.

Grimm, Wilhelm: Thierfabeln bei den Meistersängern. 1855: W. Kl. Schr. 4, S. 366–394; weitere Beiträge: ebda S. 395–427 u. 553–557.

Übersicht über die Textgeschichte des Reinhart mit Lit. bei Ehrismann: Gesch. d. dt. Lit. ..., Schlußbd 1935, S. 347–352. – Die jüngste Veröff. (mit Lösung der Verfassernamen-Frage): Schwab, Ute, u. Klaus Düwel: Zur Datierung und Deutung des Reinhart Fuchs, in: Quaderni della sezione linguistica degli annali V. Istituto universitario orientale di Napoli. 1967.

Auch als Universitätslehrer war Jacob Grimm durchaus nicht nur der Grammatiker oder ‚Altgermanist'. Auf ausdrücklichen Wunsch des Herzogs von Cambridge (des damaligen Landesregenten im Königreich Hannover) las er seit 1834 in vier Sommersemestern Deutsche Literaturgeschichte. Bemerkenswerterweise war das nicht etwa eine Geschichte der „schönen Literatur“, sondern eine Literärgeschichte unter Einschluß der wissenschaftlichen (z. B. naturwissenschaftlichen) Literatur. Das Kolleg ist von Gustav ROETHE 1899 kommentiert worden; es bringt eine Vielzahl überraschender und aufschlußreicher Bemerkungen und verdient eine eigene Edition.

Zwei Nachschriften und Nachweis einer dritten s. o. S. 1.

Deutsche Altertumskunde anhand von Tacitus' ›Germania‹ las Jacob Grimm im WS 1835/36. Als Grundtext diente dazu eine von ihm gefertigte Ausgabe:

Taciti Germania. Edidit et quae ad res Germanorum pertinere videntur e reliquo Tacitino opere excerpsit Jacobus Grimm. Gottingae 1835. – Vorrede: Kl. Schr. 8, S. 172. – Kolleg: Nachschr. s. o. S. 2. – Emendation einer Stelle des Tacitus. 1840: Kl. Schr. 5, S. 311 f.

Ebenfalls noch in Göttingen vorbereitet ist die Ausgabe:

Lateinische Gedichte des X. und XI. Jhs. Hrsg. v. Jac. Grimm u. Andr. Schmeller. Göttingen: Dieterich 1838. Freiherrn Jos. von Lassberg zu Mersburg [!] am Bodensee. (Waltharius (auch deutsch), Ruodlieb, Ecbasis captivi sowie kleinere Stücke aus der Cambridger und zwei Brüsseler Handschriften.) – Neudr. Amsterdam 1967.

Selbstrez. (1838): Kl. Schr. 5, S. 286–288. – *Berichtigungen,* 1840: ebda 7, S. 25 f.

Weiterführung: Die Heldensage von Alphere und Walthere. 1845: ebda 7, S. 166–169. – Weiteres Mittellatein. in: Gedichte des Mittelalters auf König Friedrich I. 1843, s. u. S. 118.

Die Übersetzung des Waltharius (nicht in den Kl. Schr.) wieder abgedruckt in: Walthari-Lied. Nacherzählt v. Jacob Grimm. Der arme Heinrich. Nacherzählt von Wilhelm Grimm. Einleitung von Reinhold Steig. 1904 u. ö.

Selbst in der Flüchtlingszeit in Kassel, die mit der Planung für das »Deutsche Wörterbuch« erfüllt war, wurde die Beschäftigung mit der alten Dichtung fortgesetzt. In der Edition zweier angelsächs. Legenden wurden dichterische Formen und Formeln der vorchristlichen Poesie aufgewiesen. Das kleine Buch kann als ein Gegenstück zu den altspanischen Balladen von 1815 gelten.

Andreas und Elene. Hrsg. von Jacob Grimm. Cassel: Fischer 1840. Widmungsvorrede: Lieber Blume . . . (s. u. S. 157). – Vorrede nicht in den Kl. Schr.

Auf frühere Beschäftigung mit ags. Quellen weist die Arbeit: Merrel D. CLUBB: Grimm's Transcript of Caedmon, in: Philological Quarterly 44 (1965), S. 152–172. – Abschrift aus dem Göttinger Exemplar der Caedmon-Ausgabe von Franciscus Junius, Amsterdam 1655. – Die Hs. (1817) jetzt Berlin: Germ. 4° 931; vgl. DAFFIS S. 97 a.

In die Berliner Jahre fällt die Herausgabe der *Merseburger Zaubersprüche,* die GEORG WAITZ in der Bibliothek des Domstiftes entdeckt und Jacob Grimm zur Veröffentlichung überlassen hatte. Im gleichen Jahr brachte eine Glückwunschschrift an den alten Freund und Lehrer Benecke eine weitausgreifende Interpretation des Wortes *aventiure,* die wieder bei Märchen und Sage und dem „höheren deutschen Altertum" endet, dagegen die Frau Aventiure von der klassischen Muse absetzt. Ein umfangreicher Akademievortrag beschäftigte sich mit (vorwiegend lateinischen) Gedichten des 12. Jhs, die die Aufnahme geschichtlicher Vorgänge in die Dichtung (also Sagenbildung) demonstrieren.

Über zwei entdeckte Gedichte aus der Zeit des deutschen Heidenthums. 1842: Kl. Schr. 2, S. 1–29. – Zu den Merseburger Gedichten. 1842: ebda 7, S. 96–98.

Frau Aventiure klopft an Benecke's thür. 1842: Kl. Schr. 1, S. 83–112.

Gedichte des Mittelalters auf König Friedrich I. 1843, s. u. S. 118.

Ein in Kopenhagen ihm vorgekommenes Fragment hielt Jacob Grimm der Veröffentlichung für wert, weil es eine ganze Anzahl märchenhafter Motive enthält, – vom Herausgeber »Abor und das Meerweib« genannt. Ich halte dieses „Bruchstück" für eine Fälschung (wie das ahd. Schlummerlied [s. u. S. 114], Wackernagels »Waltram« und manches andere der Zeit); die spätere Beschäftigung angesehener Germanisten mit diesem Text (Karl Bartsch, Edward Schröder) hätte das wohl nachweisen können.

Abor und das Meerweib. 1845: Kl. Schr. 7, S. 169–173; vgl. Verf. Lex. 1, Sp. 1–3.

[WACKERNAGEL, Wilhelm:] Zwei Bruchstücke eines unbekannten mhd. Gedichtes. Herrn H. Hoffmann von Fallersleben. 1827.

Daß Jacob Grimm, der angeblich nur dem Altertum zugewandte, auch die Dichtung seiner Zeit kannte und zu deuten verstand, zeigte seine *Schiller-Gedenkrede* aus dem Jahre 1859. Die Schiller-Feiern waren damals in allen deutschen Ländern ein überwältigendes Bekenntnis zu Einheit und Gedankenfreiheit, das sich – in der Zeit härtester Reaktion – nur so dokumentieren konnte. Jacob Grimm sprach nicht für die Öffentlichkeit, sondern für das Gremium der Berliner Akademie. Er stellte Schiller und Goethe einander gegenüber, machte so ihre Eigenheiten anschaulich, ihre Schöpfungen durchsichtig, und umgab die beiden ungleichen Freunde mit den Gestalten des Jahrhunderts zu einem ebenso realistischen wie bedeutenden Bilde, –

nicht ohne politische Akzente. Die Rede gehört, wie die Ortega y Gassets über Goethe (1932) und die Thomas Manns über Schiller (1955) zu den Äußerungen von bleibender Gültigkeit.

Jacob Grimm hat zwar das frühe Vorhaben einer Geschichte der deutschen Nationalliteratur, die nicht so sehr eine Geschichte der Denkmäler und Autoren, sondern eine Motiv- und Gedankengeschichte sein sollte, bald aufgegeben. Und wenn er – trotz Grammatik und Wörterbuch, trotz der Rechtsaltertümer, der Mythologie und der Geschichte – der Literatur, der „Poesie" zugewandt blieb, so waren es nicht die Helden der Kunstdichtung, die ihn anzogen, – nicht Tristan, Gawan und die anderen Helden der Tafelrunde, obwohl er sie, ebenso wie den Minnesang, genau kannte. Sein Anliegen war und blieb die alle Zeiten und alle Kunstexperimente überdauernde „*Urpoesie*", die Dichtung der Menschheit und der Menschlichkeit, wie er sie verstand. Unter den unausgeführten Alterspläne (Brief an Hirzel, 21. 2. 1857, s. o. S. 2) erscheinen: „das buch über Ossian, über Nibelungen und heldensage, eine abhandlung über die märchen" neben anderen Vorhaben. Symbolisch für Jacob Grimms Auffassung von der Dichtung dürfen zwei Namen nebeneinanderstehen: GOETHE und DOROTHEA VIEHMANN.

Über die Sammlung dt. Minnelieder zu Paris. 1845: Kl. Schr. 5, S. 359–362. (Zur Geschichte der Manessischen Hs., mit persönlichen Erinnerungen aus Paris.)

Der Soester Daniel ... Hrsg. ... v. L. F. von Schmitz. 1848; Claws Bur, ein niederdeutsches Fastnachtspiel. Hrsg. von Albert Höfer. 1850. – Rez. 1850: Kl. Schr. 5, S. 467–475. Mit einem Exkurs über das Niederdeutsche als Literatursprache.

Koninc Ermenrikes dôt. Ein niederdt. Lied zur Dietrichssage. Aufgefunden u. mit e. Brief von Jacob Grimm hrsg. v. Karl Gödeke. 1851. (Zur mündlichen Sagenüberlieferung.)

König Heinrichs Lieder. 1857: Kl. Schr. 7, S. 437–441. – Gegen Haupt's Zweifel an der Verfasserschaft Heinrichs VI.; vgl. Verf.-Lex. 2, 1936, Sp. 284–287 (A. Wallner).

Albrecht von Halberstadt. 1851: Kl. Schr. 7, S. 303–324.

Albertus scolasticus. 1851: ebda, S. 324–326. (Feststellung der Person u. Präliminarien zu einer Ausgabe des ersten Eindeutschers des Ovid; die Ausgabe lieferte 1861 Karl Bartsch mit Unterstützung Jacob Grimms.)

CANDIDUS, Carl: Der dt. Christus. 15 Canzonen. 1854. – Vorrede von Jacob Grimm: Kl. Schr. 8, S. 390–392.

Rede auf Schiller. 1859, in: Abh. d. Akad. d. Wiss. zu Berlin. 1859; auch einzeln. – ^{2}, ^{3}1860, später oft in Sammlungen: Kl. Schr. 1, S. 374–398. Neudr. 1958. – Französ. in: Revue German. 8 (1859), S.

691–714. – Dazu Wilh. Scherer (s. o. S. 32), S. 272–275 (v. d. Schulenburg).

Über Ossian. 1863: Kl. Schr. 7, S. 537–543. (Hinterlassenes Ms. zu dem geplanten Buch.)

Literatur:

TONNELAT, Ernest: Les frères Grimm. Leur oeuvre de jeunesse. Paris 1912. (Überholt, aber nicht überflüssig.)

LICHTENSTEIN, Ernst: Die Idee der Naturpoesie bei den Brüdern Grimm u. ihr Verhältnis zu Herder, in: DVjs. 6 (1928), S. 513–547.

GASS, Karl Eugen: Die Idee der Volksdichtung u. die Geschichtsphilosophie der Romantik. Zur Interpretation des Briefwechsels zwischen den Brüdern Grimm u. Arnim. Wien 1940.

MOSER, Hugo: Volks- u. Kunstdichtung in der Auffassung der Romantiker, in: Rhein. Jb. f. Volkskde 4 (1953), S. 69–89. (Gute Übersicht.)

STOLPE, Heinz: Die Auffassung des jungen Herder vom Mittelalter. Weimar 1955. (Beiträge zur dt. Klassik. 1.) (In sozialist. Sicht.)

METTKE, Heinz: Zur Erforschung der älteren dt. Literatur durch Jacob Grimm, in: Wiss. Zs. d. Humboldt-Univ. Berlin 14 (1965), S. 495–505.

SANTOLI, Vittorio: An den Anfängen der „nationalen Literaturgeschichte", in: Festschr. z. 80. Geb. v. Georg Lukács. 1965, S. 357–373.

GINSCHEL, Gunhild: Jacob Grimm u. die Dichtung des Mittelalters, in: Forschungen u. Fortschritte 41 (1967), S. 174–181.

FRÜNDT (u. S. 198); GINSCHEL (o. S. 34 u. 36, grundlegend).

3. *Volkskundliche Germanistik (mit Wilhelm)*

Es wird leicht übersehen oder vergessen, daß die Brüder Grimm nicht „Germanisten", nicht „Gelehrte" waren, als sie begannen, Volkslieder, Märchen und Sagen zu sammeln, sondern jugendlich begeisterte Zwanzigjährige. Das Idealbild des von der Zivilisation nicht angekränkelten, starken und freien „ganzen Menschen", das Generationen von Jugendlichen seit dem „Sturm und Drang" im Räuber und Seeräuber, im Indianer, Landsknecht, Cowboy oder Weltwanderer sahen – in jedem Falle außerhalb ihrer eigenen organisierten Gesellschaft –, das war für die jungen Grimms der Mensch der eigenen Vergangenheit. Mit dreierlei Besonderheiten: sie kostümierten sich nicht danach; die gebärdeten sich nicht „altteutsch" wie manche ihrer Zeitgenossen; sie wußten zwischen Vergangenheit und Gegenwart wohl zu unterscheiden. Sie hielten gleichwohl diese Wunschwelt nicht für fern und abgeschieden, sondern sahen sie fortbestehen in den einfachen Menschen ihrer Tage, denen sie sich zugehörig fühlten. Und schließlich: Sie gaben ihre Jugendgedanken nicht auf, um später im „Eigensinn bürgerlicher Konvention“ aufzugehen, sondern blieben bei ihren Anschauungen, auch gegen Unverständnis und Widerspruch.

Die *Vorläufer* – in Italien Francesco STRAPAROLA (1550) und Giambattista BASILE (1634), in Frankreich Charles PERRAULT (1697) und Mme Marie Cathérine D'AULNOY (1697) – standen auf einem anderen Boden. In Deutschland hat der Weimaraner Joh. Karl August MUSÄUS in 5 Bdchen »Volksmährchen der Deutschen« (1782–1787) einige Volkserzählungen in rokokohaftem Gewande dargeboten. Entscheidend für eine neue Sicht und Wertung auch bei der Volkserzählung wurde erst HERDER, dessen Sätze (in der ›Adrastea‹) über das Kindermärchen wie ein Programm für die Brüder Grimm anmuten:

„Welche reiche Ernte von Weisheit und Lehre in den Dichtungen voriger Zeiten, in den geglaubten Märchen der verschiedensten Völker zu einer beßern Anwendung für unsre und die Nachzeit in Keimen schlummre, weiß der, der die Felder der menschlichen Einbildungskraft mit forschendem Blick bereiset hat. Es ist, als ob die Vernunft alle Völker und Zeiten der Erde habe durchwandern müssen, um nach Zeit und Ort jede mögliche Form ihrer Einkleidung und Darstellung zu finden ...“ (s. u.)

In seinem »Deutschen Volkstum« (1810) verlangte Friedrich Ludwig JAHN für ein „volksthümliches Bücherwesen“ auch Bücher, „die noch müßten in deutscher Sprache geschrieben werden“, darunter „Die deutschen Volksmährchen und Sagen geordnet als eine deutsche Tausend und eine Nacht. Wer sie erzählen will, darf nicht mit Fremdheiten überladen, wie Musäus; muß einfältig vortragen wie Stilling, und hochgebildet sein wie Goethe“. – Doch da waren die Brüder Grimm nach gleichem Rezept schon an der Arbeit.

LÜTHI, S. 42–46.
BERGER, Dorothea [New York]: Die Volksmärchen von Musäus, in: PMLA 69 (1954), S. 1200–1212. (Die Charakterisierung der KHM als „romantisches“ Gegenstück nicht glücklich.)
Adrastea. Hrsg. von J. G. HERDER. 2 (1801), 3. Stück, in: H.: Sämtl. Werke, hrsg. v. Suphan. 23. 1885, S. 287–289 u. S. XII f., Anm. 3.
JAHN, Friedr. Ludwig: Das Deutsche Volksthum. Nach der Originalausg. von 1810. [1928], S. 370.

Volkskundliche Sammeltätigkeit

Clemens BRENTANO und später Achim von ARNIM sind es gewesen, die Jacob und Wilhelm Grimm zuerst an die Volkspoesie aus alter und neuer Zeit herangeführt haben, doch gingen die Brüder nach einiger Zeit ihren eigenen Weg. Der Unterschied liegt primär nicht in der Frage, ob die Texte nach poetischen Gesichtspunkten „verbessert", oder ob sie unverändert wiedergegeben werden sollten. Auch die Grimms haben an ihren Texten, z. T. nicht unerheblich, geändert. Der Unterschied gegenüber allen ihren Vorgängern und vielen ihrer Nachfolger liegt im Grunde darin, daß sie die Beschäftigung mit der Volksdichtung nicht als eine Art höfischen, rokokohaften Schäferspiels, nicht als Stoffgewinung für eigene Schöpfungen oder zur Vermittlung von systematischen Belehrungen zu betreiben gedachten. Sie wollten sich vielmehr selbst in der Überlieferungskette auf die Stufe der Märchen und Sagen stellen.

Es ging ihnen zunächst um das Sammeln und Erhalten. Dabei wurden mündliche und schriftliche Quellen gesucht und ausgewertet. Über die persönliche „Feldarbeit" hinaus aber wurde Jahre hindurch immer wieder der Weg einer öffentlichen Umfrage gesucht, der sich im Wiener Circularbrief von 1815 (ungut auch „Märchenbrief" genannt) dokumentiert und als fruchtbar erwiesen hat.

Frühere Aufrufe von Bürger, Schubart, Herder s. WEBER-KELLERMANN, Ingeborg: Dt. Volkskunde (Slg Metzler. 79), S. 15. – Rundschreiben des Agramer Bischofs M. Verhovac an seine Geistlichkeit in Kroatien und Slavonien zur Sammlung von Volksliedern, auf Veranlassung von Kopitar, 1813: Euph. 11 (1904), S. 111 (Murko). – Arnims Aufruf im ›Reichsanzeiger‹ (17.12.1805), Brentanos Formular (1806) und ihrer beider Ersuchen um weitere Beiträge in der Ankündigung des »Wunderhorns« (1807) s. Reinh. STEIG: Achim v. Arnim u. Clemens Brentano. 1894, S. 150 f., 177 f., 225. – Ders.: Jacob Grimms Plan zu einem Altdt. Sammler [1811], in: ZfVkde 12 (1902), S. 129–138; dann auch in Briefw. Brentano, S. 154–184. – Jacob Grimms Anzeige im ›Algemeene Konst- en Letterbode‹, 1811: Kl. Schr. 7, S. 584–590. – In der Voranzeige des Reinhart Fuchs, 1812: Kl. Schr. 4, S. 56. – Wilhelm Grimms Plan für Goethe, 1816: Reinh. STEIG: Goethe u. die Brüder Grimm. 1892, S. 129–159. – Ausführlicher Plan Jacobs für Werner von Haxthausen, 1822: ZfVkde 12 (1902), S. 96–98. – Zu allem: GINSCHEL S. 37, Anm. 9; ebda S. 216, 231, 233, 273–278 mit Anm. – Zur Wirkung gekommen ist nur:

Circular wegen Aufsammlung der Volkspoesie. Wien 1815. Facsimile. Mit Nachw. v. Kurt RANKE. 1968. – Abdruck auch: Kl. Schr. 7, S. 593–595 m. Anm. d. Hrsg. E. Ippel. – Vgl.: A. v. MAILLY: Die Wiener Märchengesellschaft, in: Der Wiener Augarten. 6 (1941), S. 66–74. Weber-Kellermann (s. o.) S. 20.

Der von Jacob Grimm während des Wiener Kongresses entworfene Circularbrief erfaßt das Anliegen der volkskundlichen Forschung in einer so gedrängten Fülle, daß er mit Recht als die Geburtsurkunde dieser Wissenschaft bezeichnet worden ist. Er ging damals in alle Lande (vgl. Briefw. Brentano S. 207 Steig; van de Zijpe [u. S. 166] S. 347; an Walter Scott, s. BGG S. 500; an Kopitar u. Karadžić ebda S. 339 u. Briefw. Kopitar S. X (Vasmer); Rumjanzov: Forsch. u. Fortschr. 14 (1938) S. 79 (Vasmer); Sacharov u. Snegirev: Leitinger [u. S. 170] u. a.). Es muß ihm eine programmatische Bedeutung zugebilligt werden. Für Jacob Grimm selbst zeigt er, in welch weitem Felde die Sammlung der KHM damals schon gestanden hat. Die Brüder haben auch ihre Sammlungen durchaus nicht auf Märchen und Sagen beschränkt; ein Buch „über deutsche Sitte“ nannte Jacob Grimm jahrzehntelang unter seinen Plänen. Was an Materialien zusammenkam, ist bis heute nur unvollkommen veröffentlicht.

Schulte Kemminghausen, Karl: Volksüberlieferung aus dem Nachlaß der Brüder Grimm, in: Westdt. ZfVkde 33 (1936), S. 41–50.

Ders.: Westphälische Kinderspiele aus dem Nachlaß der Brüder Grimm, in: ZfVkde N. F. 2 (1930), S. 143–152.

Ders.: Die Brüder Grimm als Sammler von Volksliedern, in: Wissenschaftl. Annalen 4 (1955), S. 636–645.

Schnack, Ingeborg: Zur Volksliedersammlung der Brüder Grimm. Hss.-erwerbung durch die UB Marburg, in: ZfBB 6 (1959), S. 344–346. (Die von Schulte Kemminghausen † vorbereitete Veröffentlichung der über 600 Bl. umfassenden Sammlung steht immer noch aus!)

Hain, Mathilde: Der nie stillstehende Fluß lebendiger Sitte und Sage, in: ZfVkde 59 (1963), S. 177–191, darin S. 184–186: Das Buch »Über deutsche Sitte«. – Nachzutragen Jacobs Hinweis: Kl. Schr. 1, S. 121 f. (1850).

Jacobeit, Wolfgang: Anregungen zu einer allseitigen Betrachtung der Volkskultur bei Jacob Grimm, in: Lĕtopis. Jahresschr. d. Inst. f. sorb. Volksforschung. Reihe C. 6/7 (1964), S. 250–255. (Jacob Grimm stellte 1860 bei der Münchener Akademie als Thema einer (nicht erfüllten) Preisaufgabe ein „Handbuch der deutschen Altertümer“.)

Entstehungsgeschichte der KHM

Die Sammlung von Märchen war zunächst nur ein Teil der Beschäftigung der Brüder mit der Volkspoesie und stand im Gefolge der Volksliedersammlung der Freunde Arnim und Brentano. Es sollte eine Art Thesaurus der Volkspoesie entstehen, sogar über die deutschen Grenzen hinweg; denn auch Wilhelm Grimms »Altdänische Heldenlieder« waren ja als Fortsetzung von »Des Knaben Wunderhorn« gedacht. Volkslieder und Volksmärchen, die sie selbst gesammelt hatten, gaben die Brüder an Brentano weiter, doch hat dieser die letzteren nicht verwertet. Das Märchen-Ms. der Brüder ist erst nach einem Jahrhundert im Kloster Ölenberg im Elsaß – aus dem Nachlaß Brentanos – wieder aufgetaucht; eine zurückbehaltene (nicht erhaltene) Abschrift aber wurde der Grundstock zu der eigenen Veröffentlichung, zu der Arnim bei einem Besuch in Kassel den Anstoß gab.

Die Sammlung enthält alle Typen der Volkserzählung: Kinderstuben-, Spinnstuben- und Gaststubengeschichten, Scherz-, Lügen-, Warn- und Gruselgeschichten, Liebesmärchen und Tiererzählungen, Schwänke und Legenden, Geschichten für kleine und für große Leute, aus allen Zeitstufen der Überlieferung, aus allen deutschen Landen und in deren Mundarten. Die Bezeichnung ‚Märchen' war damals in ihrer Bedeutung noch nicht so festgelegt, wie sie uns heute erscheint. Goethe konnte das Wort noch in der Bedeutung „weitererzählte erfreuende Neuigkeit, fama" gebrauchen (s. DWb. 6, Sp. 1618). Erst durch die Grimmsche Sammlung hat es seine uns geläufige, engere Bedeutung bekommen, für die die anderen Völker keinen entsprechenden Ausdruck haben. Die Wissenschaft hat inzwischen die einzelnen „Einfachen Formen" differenziert (zuerst André Jolles 1930, später Kurt Ranke), so daß man heute von „eigentlichen Märchen" und anderen Formen spricht.

Lit.: Lüthi S. 14 f. mit Literatur.

Die Brüder schöpften aus mündlichen und schriftlichen Quellen. Sie selbst hatten als Kinder Märchen erzählen gehört; die meisten Gewährsleute für ihre Sammlung fanden sie in Kassel und der weiteren hessischen Umgebung, danach durch den v. Haxthausenschen Kreis im Westfälischen; persönliche Beziehungen, Briefe und Bücher taten ein übriges. Die Volkserzählung lebte schon damals in sozialen Rückzugsgebieten, bei armen Leuten, Tagelöhnern, Schäfern, Soldaten, Kinderfrauen und den Großmüttern, – vorzugsweise jedenfalls älteren oder in der Arbeit behinderten Personen, denen in Gesellschaften, die auf die Erhaltung des Lebensnotwendigen konzentriert sind, vorzugsweise die kulturelle Tätigkeit zufällt. Die jüngeren Gewährsleute der Brüder wie Dortchen Wild, Jeannette Hassenpflug oder die Fräulein von Haxthausen erscheinen deshalb eher als Weitererzähler, nicht als eigentliche Träger der Überlieferung. Zum Urbild des Erzählers wurde den Brüdern Grimm Frau Dorothea Viehmann, Schneidersfrau aus Niederzwehren vor Kassel, der Wilhelm in der Vorrede zu Bd. 2 (1815) ein ebenso freundlich anerkenendes wie für das ganze Anliegen bedeutsames Denkmal gesetzt hat. Es ging dabei um die Bedeutung der mündlichen Überlieferung, die die Brüder durchaus und mit Recht im inneren Zusammenhang mit den Überlieferungsformen der nordischen Sagas, des Hildebrandliedes oder des Nibelungenliedes sahen. Um so mehr war ihnen daran gelegen, das, was an Volkserzählung noch lebendig war, aus seinen Rückzugsgebieten herauszuführen. Und deshalb brachte auch die zweite Ausgabe das Porträt der Zwehrener Märchenfrau als Titelbild, – provozierend an der gleichen Stelle, an der sonst das Bild literarischer Autoren zu stehen pflegt.

Literatur

Die Quellen zu jedem einzelnen der Märchen bei BP, kurz auch in den Ausgaben von v. d. Leyen und Spiekerkötter (s. u. S. 70 f.).

STEIG, Reinhold: Zur Entstehungsgeschichte der Märchen u. Sagen, in: Archiv 107 (1901), S. 277–310.

SCHMIDT, Erich: Zur Jahrhundertfeier der Grimmschen Märchen, in: Dt. Rundschau 153 (1912/13,1), S. 432–443; auch in: Jb. d. Freien Dt. Hochstifts 12 (1913), S. 136–152. (Kenntnisreiche Übersicht.)

SCHOOF, Wilhelm: Zur Entstehungsgeschichte der Grimmschen Märchen. 1959. – Dazu Fr. Neumann in: ZHG 71 (1960), S. 175–178. – Ist zweite, nicht durchaus verbess. Aufl. des Aufsatzes: Hess. Bll. f. Vkde 29 (1930), S. 1–118 (dazu Kurt Schmidt in: ZfDkde 46 (1932), S. 543–545). Vermehrt u. a. durch Neuaufl. einiger anderer Aufsätze. Bei den hessischen Gewährsleuten hinzuzufügen: Lulu Brentano; vgl. Briefw. Brentano S. 268 f., 272–279 Steig.

TEXTOR, Georg: Die Märchenfrau von Niederzwehren, in: Heimatbrief Heimatverein Dorothea Viehmann. 9 (1965) Folge 5, S. 4–19.

FRIDERICI, Robert: Wer entdeckte die Märchenfrau?, in: Hess. Bll. f. Vkde 60 (1969), S. 166 f.

Zu bedauern ist die häufige Wiedergabe des Bildes von Louis Katzenstein „Die Brüder Grimm bei der Frau Viehmann“ (um 1890), das gelegentlich sogar als zeitgenössisch bezeichnet wird! Die Brüder erscheinen als alte Männer, die Viehmännin hat sie auch nicht bei sich empfangen, sondern kam zu ihnen und bekam „jedesmal ihren Kaffee, ein Glas Wein und Geld obendrein, sie weiß es aber auch nicht genug zu rühmen und erzählt dann bei Ramus, was ihr all für Ehre widerfahren sey, und sie habe ihr silbern Löffelchen beim Cafee gehabt so gut wie einer ...“ (Wilhelm an Ferdinand Grimm, FRIDERICI S. 166 f.)

GRIMMELL, Eduard: Die Ahnen der „alten Marie“, einer zweiten Märchenfrau der Brüder Grimm, in: Hess. Familienkde 4 (1957), Sp. 237-240. (Marie Müller, geb. Clar, 24. 9. 1747 – 19. 1. 1826, aus Rauschenberg).

SCHULTE KEMMINGHAUSEN, Karl: Die niederdt. Märchen der Brüder Grimm. 1932

DERS.: Beiträge des Droste-Kreises zu den Märchen u. Sagen der Brüder

Grimm. 1957. (39 der 200 KHM sind westf. Ursprungs.) – Photomech. Neudr. u. d. T.: Westfälische Märchen u. Sagen aus dem Nachlaß der Brüder Grimm. Beiträge des Droste-Kreises. 1963. Nur in den Nachweisen vermehrt. Vgl. a. unten S. 160.

SCHOOF, Wilhelm, Westfalens Anteil an der Entstehung der Grimmschen Märchen, in: Rhein.-Westf. Zs. f. Vkde 2 (1955), S. 107–111, u. in: Westfalen 38 (1960), S. 72–75.

MEHLEM, Richard: Niederdt. Quellen der Grimm'schen KHM, in: Archiv f. Landes- u. Vkde von Niedersachsen 1 (1940), S. 49–99.

HAMANN, Hermann: Die literarischen Vorlagen der KHM u. ihre Bearbeitung durch die Brüder Grimm. 1906. (Mit Beispielen der stilistischen Bearbeitung.)

Die Ausgaben

Die Arbeit wurde nach dem Erscheinen von Bd. 2 (Weihnachten 1814) noch lebhaft fortgesetzt, doch zog sich Jacob von der Mitarbeit zurück; schon von der stark veränderten zweiten Ausgabe (1819) an betreute Wilhelm die Märchen allein. Der dafür von Jacob geäußerte Grund, daß er sich inzwischen der Grammatik zugewandt habe, scheint mir nicht allein seinen dauernden Verzicht zu erklären. Es lagen zwischen der ersten und zweiten Ausgabe immerhin 7 Jahre, zwischen der zweiten und dritten weitere 18. Währenddessen war die Kleine Ausgabe erschienen (1825), die das Buch aus einer wissenschaftlichen Sammlung zu einem modernen Kinderbuch werden ließ; da aber lag für Jacob Grimm keine weitere Aufgabe. Die 3. und 5. Große Ausgabe wurden wieder erheblich verändert und vermehrt, die anderen in geringerem Maße. Die 7. ist als „Ausgabe letzter Hand" die Grundlage für alle weiteren geworden. Die Kleine Ausgabe, eine Auswahl von 50 Märchen für Kinder, hat ihren Bestand nur geringfügig verändert.

Ausgaben

Bibliographie: Kl. Schr. 5, S. 483 f.; W. Kl. Schr. 4, S. 637–639; BP 4, S. 473–476.

Handexemplare Jacobs und Wilhelms von der 1. u. 2. Ausg. in der MuLB Kassel (Brüder Grimm-Museum).

Die Lesarten der 4. Kleinen Ausgabe, die sonst nicht nachweisbar ist, gibt Kurt SCHMIDT (u. S. 72) S. 381 f. nach einem Exemplar in Privatbesitz.

Vorreden zur *1. Ausgabe* in: W. Kl. Schr. 1, S. 320–332.

Neuausg.: Die KHM der Brüder Grimm. In ihrer Urgestalt hrsg. [später:] Vollständige Ausgabe in der Urfassung, mit Vorrede von Fr. PANZER 1948 u. ö.

Taschenausg. mit Nachw. von Walther KILLY 1962. (Die Fischer Bibliothek der 100 Bücher. 60.)

SCHROERS, Paul: Die erste Ausgabe der Grimmschen Märchen, in: Philobiblon 9 (1965), S. 263–269.

Wilhelms Einleitungen *zur 2. Ausgabe:* Über das Wesen der Märchen. Kinderwesen und Kindersitten. Kinderglauben, in: W. Kl. Schr. 1, S. 333–404.

Widmungen der *3.–5. Ausgabe* an Bettina von Arnim: W. Kl. Schr. 1, S. 317–319.

Selbstanzeige der *3. Ausgabe* 1837: W. Kl. Schr. 2, S. 471 f.

CRANE, Thomas Frederick: The external history of the KHM of the Brothers Grimm, in: Modern Philology 14 (1917), S. 577–610, u. 15 (1917/18), S. 65–77, 355–383. (Mit tabellarischer Übersicht des Inhalts der ersten sieben Großen Ausgaben.)

Die *Anmerkungen* sind in der 1. Ausg. den beiden Bänden beigegeben, in der zweiten in einem 3. Band vereinigt (1822, Vorrede datiert von Jacobs Geburtstag); von diesem eine Neuausg. 1856 (als 3. Aufl. bezeichnet), Neudr. davon in Reclams Univ.Bibl. Nr. 3446–50 (1895).

Anmerkungen zu den Kinder- und Hausmärchen der Brüder Grimm. Neu bearb. von Johannes BOLTE u. Georg POLÍVKA. 1–5. 1913–1932; Photomech. Neudr. 1963. (Unter Verwendung von W. Grimms Ausg. von 1856 in Bd 1–3. Bd 4 u. 5 enthalten umfangreiches Material „Zur Geschichte der Märchen“ (nicht nur der KHM) in allen Erdteilen.)

Zur *Gestaltung der ersten Ausgaben:* GÜRTLER, Hans: Ludwig Emil Grimm u. die KHM seiner Brüder, in: Hochland 18,1 (1920/21), S. 294–307. (Sorgfältig und ausführlich, mit Briefen.)

DERS.: Zur Geschichte der Kleinen Ausgabe der KHM der Brüder Grimm, in: Kölnische Volksztg v. 5. 10. 1922.

Die *Urhandschrift:* Märchen der Brüder Grimm. Urfassung nach der Originalhandschrift der Abtei Ölenberg im Elsaß. Hrsg. v. Joseph LEFFTZ. 1927. – Dazu Fr. Ranke in: AfdA 48 (1929), S. 51 f. – Mit Nachw. von Manfred LEMMER. 1964. (Insel-Bücherei. 837.) – Das Ms. jetzt in der Slg Bodmer, Cologny b. Genf. Die bibliophile Ausgabe von Franz SCHULTZ (1924) ist nicht brauchbar.

Weitere Texte: Johannes BOLTE: Deutsche Märchen aus dem Nachlasse der Brüder Grimm, in: ZfVkde 25 (1915), S. 31–51 u. 372–380; 26 (1916), S. 19–42; 27 (1917), S. 49–55.

55 vergessene Grimmsche Märchen. Hrsg. v. Wilhelm STAPEL. 1922. (Varianten aus den Anmerkungen.)

Neue Urfassungen u. ungedruckte Märchen aus dem Grimmschen Nachlaß bei W. SCHOOF, Entstehungsgesch. (S. 68) S. 136–169 u. 197–223.

Neuere Ausgaben

Hrsg. von Friedrich VON DER LEYEN 1912 („Jubiläumsausgabe“) u. ö., zuletzt 1968/69 (Die Märchen der Weltliteratur). In einer eigenen

„historischen“ Reihenfolge, leider ohne Konkordanz nach den Nummern der KHM und ohne alphabet. Register.

Erläuterungsband dazu u. d. T.: Fr. v. d. L.: Das deutsche Märchen u. die Brüder Grimm. 1964. – In gleicher Anordnung wie die Ausgabe, deshalb ohne Konkordanz u. Reg. schwer benutzbar.

Als Ergänzung in der gleichen Sammlung: Paul ZAUNERT: Deutsche Märchen seit Grimm. 1912 u. ö. (meist nach gedr. Quellen), u.: Albert WESSELSKI: Deutsche Märchen vor Grimm. 1938 u. ö.

Historische Ausgabe. Hrsg. von Wolfgang KEIPER. 1 [mehr nicht ersch.]. 1948. (Urfassung, 1. u. 2. Ausg.). – Mit reichhaltigen Beigaben die Ausg. von Gisela SPIEKERKÖTTER. 1. 2. 1963. (Bongs Goldene Klassiker Bibliothek.) – Handlich die Ausgaben des Winkler-Verlages. – Die hier genannten Ausgaben folgen textlich der von 1857, soweit nicht anders vermerkt.

Fremdspr. Ausgaben s. u. S. 79 f.

Es fehlt sehr an einer zusammenfassenden Ausgabe der nicht in der letzten Großen Ausgabe enthaltenen Märchen sowie an einer hist.-krit. Gesamtausgabe.

Stilentwicklung der KHM

Die sprachliche Fassung der Grimmschen Märchen hat ihre eigene Stilgeschichte. Die Brüder haben immer wieder betont, daß die Aufzeichnung der von den Gewährsleuten erzählten Geschichten völlig „getreu“ sein solle. Aber sie haben ihre Aufzeichnungen nur selten wortgetreu wiedergegeben, sondern haben sie von der ersten Ausgabe an – seit der zweiten nur noch Wilhelm – nach eigenem Ermessen gestaltet. Jacob hat sich des öfteren sehr nachhaltig gegen jede „untreue“ Wiedergabe, gegen jedes „Hineinmischen“ ausgesprochen. Man hat das zur Feststellung eines Gegensatzes zwischen den Brüdern ausgebaut und sogar Jacobs Zurücktreten von dem gemeinsamen Werke damit begründen wollen. Erst Gunhild Ginschel hat festgestellt, daß Jacob genau in gleicher Weise wie Wilhelm die vorliegenden Uraufzeichnungen ausgestaltet hat. Seine Angriffe müssen also auf andere – Musäus, Albert Ludwig Grimm, Büsching, vielleicht auch Tieck und besonders Brentano – gemünzt sein. Die Brüder selbst haben – so müssen wir ihr Verfahren deuten – sich als Glied in der Kette der Erzähler verstanden, denen ein gewisses Maß an eigener Formulierung der „Sage“ (hier im alten, allgemeinen Sinne verstanden) immer zusteht. Wilhelms Arbeit an jeder neuen Auflage bestand darin, unvollständige Fassungen aus anderer Überlieferung zu ergänzen, die Darstellung selbst im Märchen-Erzählstil, besonders durch direkte Reden, Floskeln und Verse, lebendig zu machen und sie – was bedenklicher scheinen kann – zu motivieren, für Kinder zu „reinigen" und schließlich bildhaft auszuschmücken. Der Erfolg der Sammlung (nicht nur in Deutschland!) hat seinem Verfahren recht gegeben. Und dennoch beginnt die Kanonisierung von Wilhelms später Textgestaltung dem Weiterleben der Märchen im Wege zu stehen, während die außerdeutschen Länder ihre Übersetzungen leichter erneuern können. Es bedürfte einer ähnlichen – im Hören und Sprechen von Märchen gleich geschulten – Begabung wie der Jacob und Wilhelm Grimms, um die Überlieferung in der von ihnen selbst geübten Weise fortzuführen.

Literatur

BP 4. 1930, S. 419–473.

Steig, Reinhold: Zu Grimms Märchen, in: Archiv 118 (1907), S. 17 bis 37. (Erläuterungen zur sprachlichen Gestalt, bezogen auf die von St. besorgte 32. Ausg. (1906); Lesarten aus den frühen (1.–7.) Ausgaben.)

Tonnelat, Ernest: Les contes des frères Grimm. Paris 1912.

Berendsohn, Walter A.: Grundformen volkstümlicher Erzählerkunst in den KHM der Brüder Grimm. 1921; Photomech. Neudr. mit 2 ergänzenden Beigaben 1968. (Unverändert wichtig.)

Freitag, Elisabeth: Die KHM der Brüder Grimm im ersten Stadium ihrer stilgeschichtlichen Entwicklung. Phil. Diss. Frankfurt 1929. (Vergleich aller in der Ölenberger Hs. enth. Stücke mit der 1. Ausg.)

Schmidt, Kurt: Die Entwicklung der Grimmschen KHM seit der Ur-Hs. Nebst e. kritischen Texte der in die Drucke übergegangenen Stücke. 1932. (Durchgeführter Vergleich (mit „Partiturdruck") nur der in allen weiteren Ausg. enthaltenen Stücke der Ölenberger Hs.)

Ders.: Wilhelm Grimm u. die KHM, in: ZfDkde 50 (1936), S. 124 bis 134; Jacob Grimm u. die KHM, in: ebda 53 (1939), S. 27 –36.

Schoof, Wilhelm: Schneewittchen. Ein Beitrag zur dt. Stilkunde, in: GRM 29 (1941), S. 190–201. – Ders.: [Zum Fundevogel], in: ZfdPh. 74 (1955), S. 424–433. – Ders.: Der Froschkönig oder der eiserne Heinrich, in: Wirk. Wort 7 (1956/57), S. 45–49.

Winter, Elisabeth: Ur- u. Endfassung des Grimmschen Märchens »Hänsel und Gretel«, in: Pädagog. Rundschau 16 (1962), S. 808–819.

Karlinger, Felix: Les contes des frères Grimm. Contribution à l'étude de la langue et du style. Paris-Fribourg 1963.

Ginschel, Gunhild: Der Märchenstil Jacob Grimms, in: Dt. Jb. f. Vkde 9 (1963), S. 131–168.

Die entscheidende Darstellung: Ginschel S. 212–278.

Märchenforschung

Die erste Ausgabe der Märchen entsprach jener eigentümlichen publizistischen Wissenschaft, die die Arbeit der Brüder Grimm bis zum »Deutschen Wörterbuch« hin kennzeichnete. Die beiden Bände der ersten Ausgabe enthielten sachliche Anmerkungen (formuliert in Jacobs dem Leser wenig entgegenkommender Weise). Sie wurden bei der zweiten Ausgabe in einem besonderen dritten Band zusammengefaßt, der 1856 in einer „dritten" Auflage erschien. Die Erneuerung dieses Bandes in 5 Quartbänden durch Johannes Bolte unter Mitarbeit von Georg Polívka (1913–1932) kennzeichnet die bis dahin erreichte, inzwischen vervielfachte Breite und Tiefe der Forschung.

Bei Jacob Grimm begann die wissenschaftliche Methodik gewissermaßen juristisch mit einem genauen Nachweis der Zeugen, d. h. der Erzähler (oft mit Ort und Zeit der Aufnahme) bzw. der literarischen Quelle. Es wurden sodann die verschiedenen Fassungen notiert, in- und ausländische Parallelen und Zeugnisse sowie volkskundliche Zusammenhänge (mit Brauch, Recht, Glauben und Aberglauben) nachgewiesen. Zeitliche Fixierungen der Überlieferung erschienen weniger wesentlich, weil überall mit einem hohen Alter und einer weithin unfaßbaren mündlichen Tradition gerechnet wurde.

Die erste wissenschaftliche These der Brüder war die vom *Ursprung der Märchen*: „Das Märchen dichtet sich selbst". Das ist eine Formulierung, die an die Paradoxa des japanischen Zen erinnert (man möchte sagen, eine „Verfremdung"). Ihre Bedeutung wird durch den modernen Terminus „Gemeinschaftserlebnis" rational aufgehellt. Der Erzähler spricht eben nicht Dinge aus, die seine persönliche Anschauung in einer ihm eigenen Formulierung wiedergeben, sondern er ist ein besonders befähigter Sprecher der Gemeinschaft, die einen Sachverhalt in gleicher Weise empfand und in den gleichen Symbolen sich vorstellte, noch ehe es zur „Verdichtung" in Worten kam.

Die dabei verwandten *Formeln und Motive* haben zuerst die Brüder Grimm beachtet und erkannt. Sie haben sie im internationalen Vergleich belegt und damit wiederum eine Grundlage für die moderne Volkserzählungsforschung geschaffen.

Ihr „getreuer" (d. h. nicht wortgetreuer, sondern formgetreuer) *Erzählstil* beherrschte aus unmittelbarer Einfühlung die Gesetze der „einfachen Formen", die so viele neben und nach ihnen nicht erkannt haben und deshalb die Echtheit des Märchens wirklich verfälschten.

Der Bedeutung der *mündlichen Überlieferung* haben die Brüder Grimm in richtiger Erkenntnis der Geschichte der „Sage" erstmalig mit wissenschaftlichen Konsequenzen das Wort geredet ohne freilich bei der nachfolgenden Wissenschaft, die gelegentlich allzugern am sezierbar Schriftlichen hängt, überall das notwendige Gehör zu finden.

Als berichtigungsbedürftig erwiesen hat sich die Vorstellung der Brüder vom *Alter der Märchen.* Hier wie anderenorts hat eine echte Historik zu differenzieren. Nicht alles Überlieferte ist „uralt"; aber auch dann, ja gerade dann, wenn bei Volksüberlieferungen eine jüngere Datierung deutlich wird, bleiben sie ja Zeugnisse der schöpferischen Kraft einer noch bestehenden Gemeinschaftskultur.

Zu berichtigen war auch der Versuch der Brüder, in den Volksmärchen Züge alter *mythologischer* Symbolik nachzuweisen. Besonders Jacob ist – im Zusammenhang mit seinen Studien zur »Deutschen Mythologie« – hier auf Irrwege geraten. Es bleibt jedoch nicht auszuschließen, daß gewisse Märchenmotive und solche der Mythologie aus gleichen Vorstellungen erwachsen sind.

Richtig war dagegen die Beobachtung von Elementen der *Rechtsgeschichte* in der Volkserzählung (in den »Deutschen Rechtsaltertümern«), die allerdings manchen harten Zug daraus erhalten hat, jedoch ohne daß das irgendwo tragend oder bestimmend geworden wäre.

Umstritten war die Vorstellung der Brüder, daß es sich bei ihrer Sammlung um ausgesprochen *deutsche* Märchen handele (der in der 1. Ausg. noch enthaltene »Gestiefelte Kater« blieb darum als Perraultsches Märchen später fort). Auch bei der Annahme starker Motivwanderung bleibt jedoch das von ihnen gesammelte Märchengut in seiner Ausprägung heimisch, – wenn auch in der schönsten Weise verwandt mit den Versionen anderer Länder.

Insgesamt ist die Sammlung der Brüder Grimm die früheste, für diese Zeit reichhaltigste und zugleich vielseitigste Sammlung in der (im ganzen schwachen) Überlieferung echter Volkserzählungen. Sie ist nicht nur selbst lebendig geblieben, sondern auch für die Forschung noch immer das Fundament ihrer Bemühungen.

Literatur

LÜTHI, Max: Märchen. [3]1968. (Slg Metzler. 16.)

DERS.: So leben sie noch heute. Betrachtungen zum Volksmärchen. 1969. (Kl. Vandenhoeck-Reihe. 294/96.) (Grimmsche Märchenfassungen sind anderen Versionen aufschlußreich gegenübergestellt.)

BP Bd 4 u. 5, 1930, 1932. – RL 2. [2]1965, S. 262–271 (Kurt WAGNER).

AUFRISS 3. [2]1962, Sp. 2677–2726 (W. E. PEUCKERT).

Handwörterbuch des dt. Märchens. Hrsg. v. Lutz MACKENSEN.

1. 2. 1930–1940. (A – Gyges). Neubearbeitung durch Kurt RANKE s. Lüthi S. VII; ausführlicher K. Ranke in: Fabula 1 (1958), S. 164, u. Fritz HARKORT in: Volksüberlieferung. Festschr. f. Kurt Ranke. 1968, S. 565 f.

RANKE, Friedrich: Märchenforschung, in: DVjs. 14 (1936), S. 246–304.

GÖTZE, Alfred: Märchenforschung. Rede zur Grimmfeier der Universität Gießen, in: Nachr. d. Gießener Hochschulges. 14 (1940), S. 63 bis 76. (Gute Übersicht über die Auswirkung der KHM.)

TÖNGES, Konrad: Lebenserscheinungen u. Verbreitung des deutschen Märchens. 1937. (Wertvoll.)

WOELLER, Waltraud: Die Bedeutung der Brüder Grimm für die Märchen- u. Sagenforschung. Germ. Inst. Berlin 1965, S. 507–514.

DIES.: Der soziale Gehalt und die soziale Funktion der dt. Volksmärchen, in: Wissensch. Zs.... Berlin. Ges.- u. sprachwiss. R. 10 (1961), S. 395–459 u. 11 (1962), S. 281–307. – Mit Lit., S. 300–305.

Einzelnes

DORSON, Richard M.: The Debate over the Trustworthiness of Oral Traditional History, in: Volksüberlieferung. Festschr. f. Kurt Ranke. 1968, S. 19–35.

CUMINGS, Edgar C.: Chronological List of Grimm's KHM, in: Journal of American Folklore 48 (1935), S. 362–373. (Verzeichnet die jeweils erste Aufzeichnung einer Fassung der KHM nach BP.)

HAGEN, Rolf: Der Einfluß der Perraultschen Contes auf das volkstümliche dt. Erzählgut u. bes. auf die KHM der Brüder Grimm. Phil. Diss. Göttingen 1954; DERS.: Perraults Märchen u. die Brüder Grimm, in: ZfdPh. 74 (1955), S. 392–410 (Hauptergebnisse der Diss.). – Sorgfältige Aufarbeitung mit klaren Ergebnissen für KHM 13. 15. 21. 26. 33a. 50. 62a. 65. Der Einfluß Perraults ist gering. Bei den KHM geht er über die Familie Hassenpflug.

SPIES, Otto: Orientalische Stoffe in den KHM der Brüder Grimm. 1952. (Über Vermittlungswege u. Erzählungsstoffe.)

WESSELSKI, Albert, Ein amerikan. Motiv in einem Grimmschen Märchen, in: Euph. 30 (1929), S. 545–551.

LAUDIEN: Antikes im dt. Märchen, in: GRM 7 (1915/19), S. 158 f. (Wenig überzeugende Feststellung von Parallelen.)

FUNKE, Ulrich: Enthalten die dt. Märchen Reste der germanischen Götterlehre? Eine kritische Darstellung der von der Schule Grimms vertretenen Anschauung. Phil. Diss. Bonn 1932. (Materialarbeit. Es gibt keine „Schule Grimms"!)

LUDWIG, Otto: Richter u. Gericht im dt. Märchen. 1935; zugl. Phil. Diss. Heidelberg 1933.

Die *Literatur zu einzelnen Märchen* der KHM kann hier nur in wenigen, methodisch wichtigen Beispielen gegeben werden:

MACKENSEN, Lutz: Der singende Knochen. 1923. (FFC 49.)

Wisser, Wilhelm: Das Märchen von einem der auszog das Fürchten zu lernen, in: Nordelbingen 3 (1924), S. 43–76.

Romain, Alfred: Zur Gestalt des Grimmschen Dornröschenmärchens, in: ZfVkde 42 (1933), S. 84–116.

Ranke, Kurt: Die zwei Brüder. Eine Studie zur vergleich. Märchenforschung. 1934. (FFC 114.)

Schmidt, Kurt: Grimms Märchen »Von der Hochzeit der Frau Füchsin« nebst bisher unveröff. Hss. aus dem Grimmschen Nachlaß, in: ZfVkde N. F. 9 (1938), S. 177–190.

Bausinger, Hermann: Aschenputtel. Zum Problem der Märchensymbolik, in: ZfVkde 52 (1955), S. 144–155.

Lüthi, Max: Die Herkunft des Grimmschen Rapunzelmärchens (1959), erw. in: M. L.: Volksmärchen u. Volkssage (^{2}1966), S. 62–96.

Ders.: Rumpelstilzchen. Thematik, Struktur- u. Stiltendenzen innerh. eines Märchentypus, in: Antaios 12 (1971), S. 419–436.

Ausbreitung und Nachwirkung

Die erste Ausgabe der KHM fand freundliche Zustimmung sowohl wie herbe Ablehnung; auf jeden Fall nur einen sehr zögernden Absatz. Erst nach sieben Jahren (1819) konnte die zweite, stark umgearbeitete Auflage erscheinen, nach weiteren achtzehn Jahren (1837) die dritte. Inzwischen aber hatte sich gezeigt, daß die zu einem guten Teil doch wissenschaftlich gemeinte und gestaltete Sammlung in den Kindern ihr bestes Publikum hatte; die für sie ausgewählte und bebilderte „Kleine Ausgabe“ (zuerst 1825) überholte bald die Auflagen der „Großen“ und wurde die Grundlage für das Heimischwerden der Grimmschen Märchen in der deutschen Familie. Die Aufklärung hatte es nicht vermocht (und wie könnte sie es je?), dem neuen Jahrhundert eine dem Kind gemäße Jugendliteratur zu schaffen. Diese Lücke füllte auf die glücklichste Weise die volkstümliche Sammlung. Für Generationen wurden „Grimms Märchen“ das erste literarische Erlebnis, ein bleibender Schatz von liebgewordenen Vorstellungen und ein nicht abreißendes Band zwischen Jugend und Alter.

Bacherler, Michael: Deutsche Familienerziehung in der Zeit der Aufklärung u. Romantik. Phil. Diss. Erlangen 1914, S. 176 f. u. Quellenverz.

Daß diese Ausbreitung des Lesemärchens den Raum des Erzählens fortschreitend eingeengt, ja ganz überflutet habe, ist beklagt worden; doch wohl zu unrecht. Die Veränderungen der gesellschaftlichen Struktur im 19. Jh. haben schon zu Zeiten der Grimms das heimische und öffentliche Erzählen bedroht, und ausgestorben ist es trotz aller Massenkommunikationsmittel bis heute nicht. Die Grimmsche Sammlung hat sogar auf das volkstümliche Erzählgut zurückgewirkt, doch ist dieser Einfluß bemerkenswert gering. Volkserzähler und Buchleser sind eben verschiedene Kreise, die sich nicht überschneiden.

RANKE, Kurt: Der Einfluß der Grimmschen KHM auf das volkstümliche dt. Erzählgut, in: Papers of the Internat. Congress of European an Western Ethology. Stockholm 1951, S. 126–135.

Dagegen blieb die einmal gegebene Anregung zur Sammeltätigkeit fruchtbar bis heute. Schon im 19. Jh. erschienen in deutschen und außerdeutschen Ländern zahlreiche regionale Märchensammlungen (zum großen Teil leider von fraglichem Wert), danach auch allgemeine, von denen die Ludwig Bechsteins dem Zeitstil am meisten entgegenkam.

Sammlungen aus dem deutschen Sprachgebiet

107 Titel (nach BP 5. 1932, S. 7–21) mit stufenweiser Beurteilung des Inhalts bei K. Tönges (o. S. 75) S. 35–45. Einige mehr bei:

LUCKE, Hans: Der Einfluß der Brüder Grimm auf die Märchensammler des 19. Jhs. Phil. Diss. Greifswald 1933. – Erläuterungen zu 45 Sammlungen.

Weiter zu ergänzen: LUDLOFF für Thüringen. 1822; BECHSTEIN für Thüringen. 1823; VIEHBECK für Franken. 1827; BECHSTEIN für Österreich. 1840; HARRYS für Niedersachsen. 1840; BINDER für Oberrhein. 1842/43; WALDAU für Böhmen. 1860.

Außerhalb Deutschlands: LÜTHI S. 53 f.

In allen Ländern, durchaus nicht nur in Deutschland, fanden die Märchen auf ganz natürliche Weise auch Eingang in der *Schule* und gerieten da in die Reflexionen der Psychologie und der pädagogischen Theorie, die zum Teil von Zeitströmungen, zum Teil aber auch von wirklicher Sachkunde und wirksamen Erkenntnissen bestimmt sind. Sicher ist, daß die Frage „ob Märchen oder nicht Märchen“ durch die Tatsache beantwortet wird, daß die Märchen trotz allem, was an Sachlichem und Unsachlichem gegen sie vorgebracht wurde, sich in der ganzen Welt einer immer noch wachsenden Beliebtheit erfreuen. Ebenso gewiß ist, daß über die Auswahl der wirklichen Kindermärchen und über die Art ihrer Darbietung sorgfältige Erwägungen nötig sind, die nicht einem diktatorischen Lehrwillen, sondern der behutsamen Erkenntnis zeitloser Menschlichkeit entsprechen sollten. (Bedenklich, und wissenschaftlich nicht zu behandeln sind die Versuche einer weltanschaulichen Ausdeutung der Märchen. Versuche einer politischen Umstilisierung wurden bald wieder aufgegeben.)

SCHMIDT, Kurt: Die Texte der Grimmschen Märchen in den Lesebüchern, in: ZfdBildg 11 (1935), S. 367–387.

Sielaff, Erich: Bemerkungen zur kritischen Aneignung der dt. Volksmärchen, in: Wiss. Zs. d. Univ. Rostock. Gesellschafts- u. sprachwiss. Reihe. 2 (1952/53), S. 241–301. (Wohlerwogene Vorschläge.)

Langfeldt, Johannes: Kinderausgaben der Grimmschen Märchen. Eine bibliothekar. Besinnung auf deren Grundsätze, in: Ausfahrt u. Landung. Festgabe f. Wolfgang van der Briele. 1960, S. 49–59.

Das Märchen im Unterricht, in: Der Deutschunterricht 8 (1956), H. 6. Mit Beiträgen von Wissenschaftlern (Lüthi, Bausinger, Röhrich) und Pädagogen aus Deutschland und der Schweiz.

Obenauer, Karl Justus: Das Märchen. Dichtung u. Deutung. 1959.

Gerstl, Quirin: Der erzieherische Gehalt der Grimmschen KHM. Phil. Diss. München 1963; als Buch u. d. T.: Die Brüder Grimm als Erzieher. Pädagogische Analyse des Märchens. 1964.

Federspiel, Christa: Vom Volksmärchen zum Kindermärchen. (Diss.) Wien 1968.

Gutter, Agnes: Märchen u. Märe. Psychologische Deutung u. pädagog. Wertung. 1968.

Brandt, Sabine: Rotkäppchen u. der Klassenkampf, in: Der Monat. 12 (1960), S. 65–74. (Über Ausgaben der KHM in der DDR.)

Ein besonderer Teil der Märchen-Pädagogik ist das *Erzählen*, das auch heute wie je gewissermaßen „gildenmäßig" geübt wird. Neben den Grimmschen kommen dabei auch andere deutsche sowie fremdländische Märchen in das Programm. Die Technik und die Erfahrungen der Erzählerinnen sind für die Literatursoziologen von nicht zu unterschätzender Bedeutung, zumal hier auch das im Buch tradierte Märchen in seiner lebendigen Funktion erscheint.

Märchenerzählerinnen, in: Die Freundesgabe. 1961, S. 5–10.

Scherf, Walter: Wie erzählt man Märchen?, in: ebda 1962, S. 37–46.

Rougemont, Charlotte: ... dann leben sie noch heute. Erlebnisse u. Erfahrungen beim Märchenerzählen. 1962 u. ö.

Graeger, Rose-Marie: Als das Wünschen noch half, in: Börsenbl. (Frankf.) 24 (1968), S. 1917–1920.

Mönckeberg-Kollmar, Vilma: Eine Darstellung ist in Vorbereitung.

In den Vorlesewettbewerben für Schüler, die der deutsche Buchhandel alljährlich veranstaltet, stehen die Märchen an der Spitze der von den Teilnehmern gewählten Lesestoffe. Desgleichen in dem bemerkenswerten „Vorlese-Wettbewerb für Großmütter" des Bayer. Verleger- u. Buchhändlerverbandes. Vgl. Börsenbl. (Frankf.) 24 (1968), S. 649–655.

Die *Verbreitung* der Grimmschen Märchen im nicht-deutschsprachigen Ausland begann 1816 mit der Übersetzung einiger Märchen in das Dänische. 1820 folgte eine erste selbständige Ausgabe mit 20 Märchen in niederländischer Sprache, von denen eins nicht aus den KHM, sondern aus der kleinen Sammlung von Albert Ludwig Grimm stammt. Den ersten großen Erfolg hatte die englische Übersetzung von Edgar Taylor, deren 1. Band (1823) schon dreimal aufgelegt wurde, ehe der 2. (1826 und 1827) erschien. Weitere Übersetzungen erschienen zu Lebzeiten der Brüder in Schweden (1824), Frankreich (1830), Ungarn (1861), Rußland (1862), später in kaum übersehbarer Fülle, die nach dem 2. Weltkrieg noch angewachsen ist. Übrigens sind nicht alle Übersetzungen nach deutschen, sondern nach englischen (Japan, Südamerika) und französischen (Armenien, Rußland) Vorlagen hergestellt worden. Es ist eine umfangreiche Aufgabe, die Ausbreitung und Auswirkung der Grimmschen Märchen in anderen Ländern zu untersuchen und darzustellen. Die Zahl der Ausgaben, die Auswahl der Märchen, die Art der Übersetzung und Illustration, Verwendung in der Schule, Übergang in Spiel, Film und Schallplatten, auch in die triviale Kunst wären dabei zu beachten.

Bibliographie der Übersetzungen nach dem damaligen Stande bei BP 4. 1930, S. 476–480.

Neuere Übersetzungen in: Index translationum. N. S. 1 ff. 1948 ff. Paris 1949 ff. – Bibliographie der Übersetzungen deutschsprachiger Werke. 1 ff. 1954 ff. – Mönnig, Richard: Translations from the German. Englisch 1948–1964. [2]1968, S. 222–224.

Bibliographisch zu ermitteln sind Übersetzungen in annähernd 70 Sprachen:

Afrikaans, Albanisch, Altaisch, Armenisch, Aserbeidschanisch, Bengali, Bessarabisch, Bulgarisch, Chinesisch, Dänisch, Englisch, Estnisch, Ewe (Togo), Finnisch, Französisch, Georgisch, Griechisch, Hebräisch, Hindi, Ibo (Niger), Irisch, Isländisch, Italienisch, Japanisch, Jiddisch, Kasachisch, Katalan, Koreanisch, Kroatisch, Lettisch, Litauisch, Luxemburgisch, Madagassisch, Malaiisch, Mari, Mazedonisch, Moldauisch, Mongolisch, Niederländisch, Norwegisch, Ossetisch, Persisch, Polnisch, Portugiesisch, Rumänisch, Russisch, Schwedisch, Schweizerdeutsch, Serbisch, Sikololo (Bantu), Singhalesisch, Slowakisch, Slowenisch, Spanisch, Tadschikisch, Tagal, Thailändisch, Tschechisch, Tschuwaschisch, Türkisch, Turkmenisch, Udmurtisch, Ukrainisch, Ungarisch, Vietnamesisch, Walisisch. Dazu auch Esperanto, Volapük und Blindenschrift.

Vgl. S. 214 f. Die stärkste Ausbreitung in Japan u. UdSSR.

Verzeichnung ansehnlicher Bestände in:

Catalogue général des livres imprimés de la Bibliothèque nationale. Auteurs. 64. Paris 1916, Sp. 732–738.

British Museum. General Catalogue of printed Books. 92. 1961, Sp. 612-627. Ten-Year-Suppl. 18. 1968, Sp. 957–964.

A Catalog of Books represented by Library of Congress printed Cards. 60. 1943, S. 531–537.

Library of Congress and National Union Catalog. Author Lists, 1942 bis 1962. 58. 1969, S. 290–296.

Die wohl reichhaltigste Sammlung in Deutschland besitzt zur Zeit das Brüder Grimm-Museum in Kassel; osteuropäische und russ.-asiatische Ausgaben die Deutsche Bücherei in Leipzig (1912–1962 fast 1200 deutsch- und fremdsprachige Ausgaben Grimmscher Märchen; Börsenbl. (Leipzig) 1962, S. 774.).

Moderne vollständige Ausgaben im Ausland:

(sonst vorzugsweise Auswahl- und Einzelausgaben für Kinder).

Englisch: Grimm's Fairy Tales. Compl. ed. (Transl. by Margeret Hunt [1884]. Ed. by James Stern). London: Routledge & Kegan Paul 1948 u. ö.; New York: Pantheon Books 1944 u. ö. – The Grimm's German Folk Tales. Transl. by Francis P. Magoun, jr. and Alexander H. Krappe. Carbondale: Southern Illinois Univ. Pr. 1960. (Studienausgabe.)

Französisch: Jacob et Wilhelm Grimm: Les contes. Kinder- und Hausmärchen. Texte français et présentation par Armel Guerne. 1. 2. Paris 1967. (Collection „l'Age d'or".)

Italienisch: Grimm. Le fiabe del focolare. Trad. di Clara Bovero. Torino: Einaudi 1951. (I millenni. 16.)

Spanisch: Cuentos completos de los hermanos Grimm. Trad. por Francisco Payarols. Barcelona u. a. 1955 u. ö.

Niederländisch: De Sprookjes van Grimm. Volledige Uitgave, vertaald door M. M. de Vries-Vogel. Utrecht u. a. 1940. u. ö.

Finnisch: Jacob ja Wilhelm Grimm. Lasten-ja kotisatuja. 1. 2. Hämeenlinna 1952 u. ö.

Tschechisch: Bratři Grimmové Německé Pohádky. Praha 1961 u. ö.

Rumänisch: Fratii Grimm Povestialese. In Romineste de Dan Faur. Bucuresti 1960. u. ö.

Russisch: Bratja Grimm: Skazki. Perevod s nemckogo Grigorija Petnikova. Moskva 1949.

Japanisch: Gurimu dōwashū. [Übers. v.] Kiichi Kaneda. Bd. 1–7. Tokyo? Iwanami shoten 1967/68. (Studienausg. m. jap. Varianten.) – Gurimu dōwa zenskū. [Übers. v.] Kenji Takahashi. Bd 1–10. Tokyo 1963.

Illustrationen

Schon die erste Ausgabe der Märchen sollte, um etwas eingängiger zu werden, wenigstens mit einem Titelbild geschmückt werden, das Ludwig Emil Grimm, der Malerbruder, der auch schon den Titel der »Altdänischen Heldenlieder« radiert hatte, liefern sollte. Es kam erst bei der zweiten Ausgabe dazu.

Für die „Kleine Ausgabe" lieferte Ludwig Emil 1824 sieben Radierungen, die in späteren Ausgaben zuerst teilweise, dann ganz durch andere Darstellungen (von L. Pietsch, später Paul Meyerheim) ersetzt wurden.

DIELMANN, Karl: Märchenillustrationen von Ludwig Emil Grimm, in: Hanauer Geschichtsbll. 18 (1962), S. 281–306 m. 30 Abb.
GÜRTLER, Hans: L. E. Grimm und die KHM s. o. S. 70.
SCHOOF, Wilhelm: Das angebliche Bild der „alten Marie". Eine Richtigstellung, in: W. S.: Zur Entstehungsgeschichte der KHM (s. S. 68), S. 227–230. – Die dargestellte alte Frau mit Buch ist Marianne Muxel (nicht Muyel!), Ludwig Grimms Quartierwirtin in München. Auf der Radierung ist nachträglich das Buch mit den Worten „Märchen von Brüder Grimm. 1812. Heid. Mohr u." beschriftet worden (als Titelbild); Abb. bei Lefftz (s. S. 70) S. 130; nicht bei Dielmann.

Als nächster schuf Franz Graf Pocci (s. d.) lebendige Lithographien zu einigen Märchen. Die Zeichnungen von Ludwig Richter sind nicht für die Grimmsche Sammlung, sondern für die von Ludwig Bechstein geschaffen. Ebenso reizvoll wie wertvoll sind die Zeichnungen auf den Münchener (Pocci, Schwind, Speckter u. a.), Deutschen (Hosemann u. a.) und den Neuruppiner Bilderbogen.

Die theatralischen Illustrationen der Ausgaben aus der wilhelminischen Epoche wurden erst durch die von Otto Ubbelohde (in hessischen Landschaften und Trachten) überwunden. Im 20. Jh. wurden die Märchen auch Gegenstand zahlreicher bibliophiler Ausgaben mit Illustrationen bedeutender Künstler (Slevogt, Harwerth, Hegenbarth, Behmer); die Kinderausgaben haben z. T. die einprägsame Anschaulichkeit von Ludwig Richter in moderner Form erfreulich erreicht (A. Zacharias, Hans Fischer, Felix Hoffmann, Gerhard Oberländer, Fritz Kredel, Werner Klemke).

Wichtiger als nur der künstlerische ist dabei der pädagogische Gesichtspunkt, der bei weitem nicht überall gebührend berücksichtigt wird.

PROBST, Erich: Die dt. Illustration der Grimmschen Märchen im 19. Jh. Phil. Diss. Würzburg 1935. (Reichhaltig, mit Werkverzeichnis.)
Zahlreiche Wiedergaben von Illustrationen aus d. 19. Jh. in den Ausgaben der KHM von Karl Martin SCHILLER, bei Hendel, Leipzig 1930, und der bei Winkler, München 1963 (184 Ill.).
BANG, Ilse: Die Entwicklung der dt. Märchenillustration. 1944.
MAHONY, Bertha E. (u. a.): Illustrators of children's books 1744 bis 1945. Boston 1961, Reg. S. 524 d.
GERSTNER, Hermann: Dt. Künstler illustrieren Märchenbücher, in: Imprimatur. N. F. 4 (1965), S. 26–60.
GRUNDIG, Lea: Zu meinen Illustrationen der Grimmschen Volksmärchen, in: Bildende Kunst 2 (Dresden 1954), H. 5/6, S. 23–26.
SUDMARTH, Eduard: Sollen Grimms Märchen illustriert werden?, in: Freundliches Begegnen 6 (1956), S. 1–5.
Vom Zaubergarten der Volksmärchen. Einf. von Walter SCHERF u. 17 Arbeiten von Kindern aus dem Malstudio F. Steidle der Internat. Jugendbibliothek München. 1960.
LANGHORST, Erich: Märchenbilder im Urteil von Kindern der Vorkriegszeit und Gegenwart. Ein Beitrag zur Psychologie des Bilderlebens der Sechs- bis Vierzehnjährigen. 1967.

Illustrationen zu Grimms Märchen. [Ausstellung,] Ladengalerie, Berlin 1968. – Mit Reg. der Illustratoren. Reichhaltig.

Sehr aufschlußreich sind die Illustrationen in den Ausgaben anderer Länder, auf die hier nicht im einzelnen eingegangen werden kann.

Im ganzen ermöglicht die Geschichte der Illustrationen der KHM eine Fülle von Ein- und Ausblicken, weil hier das überall gleiche Thema in einem Zeitraum von über 100 Jahren in allen Abwandlungen der Stile, der Landesgebundenheit und der künstlerischen Eigenleistung immer neu behandelt wurde, – gerade für den Germanisten ein fast einzigartiges Beispiel des Zusammenhanges zwischen Literatur und bildender Kunst.

Dichtung und Kunst

Nicht ausreichend untersucht ist die Einwirkung des Volksmärchens, insbesondere der KHM und des Grimmschen Märchenstils, auf das *Kunstmärchen.* Das Kunstmärchen der Romantik knüpfte eher an Goethes »Märchen« an, während die Schöpfungen Andersens, Hauffs, Storms und Volkmann-Leanders nicht möglich gewesen wären, ohne daß die Sammlung der Brüder Grimm ihnen den Weg bereitet hätte.

Bieringer-Eyssen, Jürgen: Das romantische Kunstmärchen in seinem Verhältnis zum Volksmärchen. Phil. Diss. Tübingen 1953.

Thalmann, Marianne: Das Märchen u. die Moderne. Zum Begriff der Surrealität im Märchen der Romantik. 1961 (ohne Goethes »Märchen«).

Lüthi S. 6. – BP 4. 1930, S. 480–487 (eine Fortführung ist an dieser Stelle nicht möglich).

Musik, Theater, Schallplatte

Ebenso wichtig für die Verbreitungs- und Textwandlungsgeschichte ist die Verfolgung der Märchen in dramatischen und musikalischen Formen.

Schmidt, Leopold: Zur Geschichte der Märchenoper. Phil. Diss. Rostock 1895.

Kober, Margarete: Das dt. Märchendrama. 1925, S. 112–131: Der Einfluß des Grimmschen Märchens. Mit Lit.

Stier-Somlo, Helene: Das Grimmsche Märchen als Text für Opern u. Spiele. 1926. (Untersuchung, nicht Bibliographie.)

Hübsch-Pfleger, Lini: Die Grimmschen Märchen u. Sagen in der Musik. Eine bibliogr. Zusammenstellung, in: Musikhandel 14 (1963), S. 163–165, 208–211, 255–297, u. 15 (1964), S. 2–3. (Alphabetisch nach den Titeln der Märchen.) – Ergänzend: 150 Jahre ... (u. S. 83), S. 41–46.

Über die Schallplatten-Aufnahmen Grimmscher Märchen (meist mit musikalischer Begleitung) unterrichten:

Das gesprochene Wort. Jahresverzeichnis d. dt. literar. Schallplatten. Leipzig 1959 ff.

Sprechplattenkatalog. Verzeichnis der Literatur- u. Spezialschallplatten. Bearb. v. Helm HARTMANN. Jährlich neu.

WESTPHAL, Fritz: Märchen auf Platten, in: Jugendliteratur 6 (1960), S. 68–77. (Gute Kritik.)

Eine anschauliche Übersicht über das Fortleben der KHM vermittelt der Katalog:

150 Jahre KHM der Brüder Grimm. Bibliographie u. Materialien zu einer Ausstellung der Dt. Staatsbibl. Bearb. v. Hans WEGEHAUPT u. Renate RIEPERT. Berlin (Ost) 1964.

Wertung

„Wilhelm Grimm hat das einzige Kunstwerk von dauernder Fortwirkung geschaffen, das aus den Bestrebungen der Romantiker, die volkstümlichen Überlieferungen zu neuem Leben zu wecken, hervorging. Was Arnim und Brentano ... versuchten, das hat Wilhelm Grimm für die Märchen geleistet. Er hat dadurch dem ganzen Volke wiedergegeben, was auf den engen Kreis der unteren Stände eingeschränkt war." Diese Wertung Wilhelm SCHERERS (Dt. Rundschau 48 (1886), S. 77) ist durch nichts entkräftet worden. Jacob Grimm und sein Bruder haben durch ihre gemeinsame Initiative der Weltliteratur eine neue Gattung geschenkt; denn das Märchen galt bis dahin als unliterarisch und dem Untergang geweiht.

Widerspruch gegen die Volkserzählung hat es immer gegeben. Er kam von seiten der Kirche (die die Moral vermißte), von seiten literarischer Ästhetiker (die die Märchen „langweilig" fanden, wie Clemens Brentano) und von seiten derer, die dem Kind lieber eine nach ihrem Ermessen ideologisch zubereitete geistige Kost verabreichen wollten. Diese Kritik an den Märchen (diese als Kindermärchen verstanden) wurde nach dem 2. Weltkrieg mit einem Angriff auf die Brüder Grimm verbunden. Von den Argumenten ist am bekanntesten der Vorwurf der „Grausamkeit" der Märchen, der einer ernsthaften Diskussion wert ist und sie gefunden hat. Man muß dabei freilich die Kindermärchen von den Nicht-Kindermärchen trennen. Im übrigen haben hier die Praktiker (nicht die Theoretiker) der Kinder- und der Literaturpsychologie das entscheidende Wort; und deren Urteil ist durchaus positiv. Aber dieselben Gegner, die die Märchen als „grausam" bezeichnen, bekämpfen gleichzeitig die Darstellung einer „heilen Welt" in ihnen, während die realistischen Grausamkeiten in Comics und Film unbeanstandet bleiben.

Man hat einzelne Märchen sogar nach Art einer Illustrierten-Reportage realistisch parodiert und sich nicht gescheut, sie pornographisch zu mißbrauchen.

SCHOOF, Wilhelm: 150 Jahre KHM. Die Grimmschen Märchen im Urteil der Zeitgenossen, in: Wirk. Wort 12 (1962), S. 331–335.

WEBER-KELLERMANN, Ingeborg: Interethnische Gedanken beim Lesen der Grimmschen Märchen, in: Acta Ethnographica Acad. Scient. Hungaricae 19 (1970), S. 425–434.

KLOTZ, Volker: Alles Gold, was glänzt. Weltordnung in Grimms Märchen. Sender Freies Berlin, 3. Progr., 23. 11. 1969.

SCHERF, Walter: Was bedeutet dem Kind die Grausamkeit der Volksmärchen?, in: Jugendliteratur. 1960, S. 496–510.

DIE »DEUTSCHEN SAGEN«

Die Bemühungen der Brüder Grimm um die deutschen Märchen und Sagen werden stets nebeneinander genannt. Aber so unerwartet erfolgreich diese Bemühungen bei den Märchen waren, so unerwartet wenig erfolgreich waren sie bei der Sagensammlung. Das Material dazu wurde zugleich mit dem Märchenmaterial gesammelt. Es scheint, daß der Wiener Circularbrief (s. o. S. 65) den Sagen noch mehr zugutegekommen ist als den Märchen; der überwiegende Teil der Sagen aber stammt aus schriftlichen Quellen und entbehrt deshalb der Frische der mündlichen Darbietung. Der erste Band enthält die lokalen, der zweite historische Sagen. Ein dritter Band mit zahlreichen Nachträgen sowie ein Anmerkungsband wie bei den Märchen (1822) waren geplant, blieben aber wegen des mangelnden Absatzes der Sammlung (es erschien zu Lebzeiten der Brüder nur eine Auflage) unausgeführt. Unausgeführt blieb auch die Veröffentlichung der weitläufig angelegten, methodisch großartigen „Sagenkonkordanz".

Aufforderungen zur Suche nach lokalen und historischen Sagen stehen in zahlreichen Briefen der Brüder, besonders bei Jacob Grimm. Über den geplanten Kommentar an Savigny (6. 9. 1818, Briefw. S. 270 Schoof), an Görres (13. 3. 1819, dessen Ges. Schr. 8, S. 578). Von einem geplanten 3. Bd. schreibt Wilhelm noch am 26. 9. 1828 (an Ferd. Pfister; Gürtler S. 283). Über die Sagenkonkondanz ausführlich: GINSCHEL S. 282–295. – Vgl. a. unten S. 131: »Der Traum ...«

Die von Jacob verfaßten Vorreden zu den beiden Bänden brachten u. a. die erste Definition dieses Zweiges der Volkserzählung. Sie ist inzwischen durch Verfeinerung überholt (RÖH-

RICH, S. 1–4), aber als erste Faustregel immer noch brauchbar, nämlich daß die Sage im Gegensatz zum Märchen „an etwas Bekanntem und Bewußtem hafte, an einem Ort oder einem durch die Geschichte gesicherten Namen". Allerdings sahen die Brüder noch ganz die Einheit alles „Sagen"-Gutes unter Einbeziehung der Heldensage und der Legende, und man wird gut tun, diese Einheit nicht zu vergessen. Da die Brüder – anders als bei den Märchen – weniger an der Entwicklung der Sagenforschung beteiligt sind, muß sich die Darstellung hier auf die Geschichte ihrer Sammlung beschränken.

Deren Übersetzung in andere Sprachen hat kaum eine große Wirkung gezeitigt. Dagegen muß ihre anregende Wirkung in Deutschland als bedeutend bezeichnet werden. Wie bei den Märchen folgte ihr eine Fülle von regionalen Sammlungen, in der Literatur und Kunst eine ebenso große Fülle künstlerischer Gestaltungen von Sagen, die dadurch neue Lebendigkeit gewannen.

Ausgaben

Deutsche Sagen. Hrsg. von den BRÜDERN GRIMM. 1. 2. Berlin: Nicolai 1816/18. Unserm Bruder Ludwig Emil Grimm in herzlicher Liebe zugeeignet. – 2. Aufl., besorgt von Herman GRIMM. 1865/66. 3. Aufl. (desgl.) 1891. (Mit Zusätzen aus den hs. Aufzeichnungen der Brüder.) – 4. Aufl., besorgt von Reinhold STEIG. 1905.

Die Vorreden (von Jacob Grimm): Kl. Schr. 8, S. 10–25. – Die Vorreden sind an den Geburtstagen Ludwig und Wilhelm Grimms unterzeichnet.

Deutsche Sagen, hrsg. von den Brüdern Grimm. Vollst. Ausg. nach der 3. Aufl. von 1891, mit den Vorreden der Brüder Grimm zur 1. Aufl. von 1816 u. 1818 und einer Vorbem. von H. Grimm. Nachw. von Lutz RÖHRICH. 1965.

Taschenausgaben: Reclams Univ-Bibl. Nr 6806/06a; Goldmanns Gelbe Taschenbücher Nr. 1792/93 u. 1914/15 (nach der 1. Aufl., m. Nachw. von Ludwig DENECKE).

Übersetzungen: dänisch 1824, französ. 1838 (zweimal in je 2 Bden), rumän. 1901, japan. 1959 (ein 1. Bd; 3 Bde geplant).

Spätere Sagensammlungen anderer: s. RÖHRICH S. 62–70.

Literatur:

STEIG, Reinhold: Zur Entstehungsgeschichte der Märchen u. Sagen der Brüder Grimm, in: Archiv 107 (1901), S. 277–310.

DERS.: Über Grimms »Deutsche Sagen«, in: ebda 135 (1916), S. 47–68 u. 225–259. (Materialien aus der Bearbeitung der 4. Aufl.)

ASCHNER, Siegfried: Die dt. Sagen der Brüder Grimm. Phil. Diss. Berlin 1909. (Über die gedruckten Quellen.)

BÖCKMANN, Paul: Die Welt der Sage bei den Brüdern Grimm, in: GRM 23 (1935), S. 81–104.

ERFURTH, Fritz: Die Dt. Sagen der Brüder Grimm. Ein Beitrag zu ihrer Entstehungsgeschichte unter bes. Berücksichtigung des westfälischen Anteils. Phil. Diss. Münster 1938. (Unentbehrlich.)

ROSENFELD, Hans-Friedrich: Zur Arbeitsweise der Brüder Grimm in ihren Dt. Sagen, in: Dt. Jb. f. Vkde 4 (1958), S. 82–90.

HAIN, Mathilde: Zum Begriff der Sage, in: Der nie stillstehende Fluß ... 1963 (o. S. 37), S. 186–191.

Zum Gesamtthema der Sage: RÖHRICH, Lutz: Sage. 1966. (Samml. Metzler. 55.); PEUCKERT, Will-Erich, in: Aufriß 3. ²1962, Sp. 2641 bis 2676.

Es fehlt leider ein „Bolte/Polívka" zu den Sagen.

Andere Arbeiten JACOB GRIMMS *zu Märchen und Sage*

Den Brüdern gemeinsam gehörte die Veröffentlichung der »Irischen Elfenmärchen«, einer Übersetzung der Sammlung von Thomas Crofton CROKER (s. d.) mit einer umfangreichen Vorrede von Wilhelm »Über die Elfen«, die ihrerseits ins Englische übersetzt einer neuen Auflage des Originalwerks (1828) beigefügt wurde. Den Hauptanteil an dieser Ausgabe hatte Wilhelm, so wie schon seit 1818 an den KHM. Aber Jacob Grimm verlor die Märchen niemals aus den Augen, was sich u. a. in einigen Vorreden zeigte. Die Arbeit Wilhelms an der Ausgabe der Märchen-Anmerkungen (1856) hat er kräftig kritisiert, und es war Jacob, nicht Wilhelm, der (am 28. 11. 1859) in der Berliner Akademie den Antrag stellte, Theodor Benfey zum korrespondierenden Mitgliede zu wählen, mit der Begründung: „die oft verschmähte erforschung der märchenwelt ... wird nun durch Benfeys umfassende und tiefgreifende erörterungen [in der Ausgabe des Pantschatantra] gerechtfertigt ..." (Kl. Schr. 8, S. 560).

Irische Elfenmärchen. Übersetzt von den Brüdern Grimm. Leipzig: Fleischer 1826.

Wilhelms Vorrede: W. Kl., Schr. 1, S. 405–490 (vgl. Briefe an Benecke S. 186 Müller). – Wilhelms Rez. von Crokers Ausgabe (1825). 1826: W. Kl. Schr. 2, S. 370–373.

Neuere Ausgaben u. a.: Hrsg. von Will Erich PEUCKERT. 1948; mit Nachw. von Konrad SANDKÜHLER. 1962.

BOŠKOVIĆ-STULLI, Maja: Jacob Grimms Aufzeichnung des »Aschenputtels« (Pepeljuga) von Vuk Karadžić, in: Dt. Jb. f. Vkde 12 (1966), S. 79–84 m. Faksimile.

Vorreden Jacob Grimms zu Märchenübersetzungen: Kl. Schr. 8, S. 145–147 (Russ. Volksmärchen), S. 191–201 (Pentamerone), S. 386 bis 390 (Volksmärchen der Serben).

Im Katalog seiner Pläne (an Hirzel, 21. 2. 1857) erscheint an 8. Stelle: „eine abhandlung über die märchen, zu der ich lange schon hübsches material gesammelt habe". – AfdA 16 (1890), S. 241. – Seinen Anteil an der Sammlung der KHM beschrieb Jacob in einem Brief an Franz Pfeiffer von 19. 2. 1860 (Germania 11 [1866], S. 249); vgl. auch den Schlußabsatz der Gedenkrede auf Wilhelm (1860).

4. Sprachwissenschaftliche Germanistik

Es galt und gilt weithin die besonders von Wilhelm Scherer befestigte Meinung, daß Jacob Grimms Arbeit an der »Deutschen Grammatik« den Vorrang gegenüber allen anderen habe. Das ist jedoch vom Ergebnis, nicht vom Ursprung her gesehen. Jacob Grimm hat sich schon sehr früh den Problemen der Sprache zugewandt. Die Sprachforschung war damals überhaupt stärker beliebt und geübt als die deutsche Altertumskunde; Jacob Grimm aber sah auch die grammatischen Studien als einen Teil seines allseitigen Forschungsprogramms, ohne sich zunächst ausführlicher damit zu befassen; Märchen und Sagen, mhd. Texte, Sitte und Brauch standen noch im Vordergrund.

Rask, Rasmus Kristian: Vejledning til det islandske eller gamle nordiske sprog. Kopenhagen 1811. – Rez. 1812: Kl. Schr. 4, S. 65–73 u. ebda 7, S. 515–530 (Ergänzung). – Schon diese frühe Rez. beweist Jacob Grimms ausgedehnte Kenntnis und sein Urteilsvermögen auf dem Gebiet der Grammatik.

Grimm, Jacob: Grammatische Ansichten, in: Altdt. Wälder 1 (1813), S. 179–187. – Ausgehend von einer Kritik an Johann Gottlieb Radlof (s. u. S. 95). Darin S. 180: „Eine solche große historische Grammatik wird zugleich ein Licht der Geschichte der Poesie werden und sie überall begleiten ..."

Es mag sein, daß August Wilhelm Schlegels scharfe Rezension des ersten Bdes der ›Altdt. Wälder‹ (s. o. S. 56) Jacob Grimm den – m. E. überschätzten – Anlaß gegeben hat, sich den sprachlichen Fragen energischer zu widmen, obwohl er sich das natürlich nicht hat anmerken lassen. Aber es konnte doch nur geschehen auf dem Grunde eigener, bereits vorausgehender Überlegungen. Und diese konnten nur dahin zielen, nicht von der „Geschichte der Sage" auf „Grammatik" gewissermaßen umzusatteln, sondern die Grammatik als eine Hilfswissenschaft für die Altertumskunde auszubauen. Daß sie ihm dabei unter den Händen zu einem eigenen Werk von ungeahnter Größe heranwuchs, konnte wohl die Gewichte in Arbeit und Auswirkung verschieben, konnte ihm ein neues, anderes Publikum gewinnen; es hat aber Jacob Grimms Gedankenrichtung und das Grundziel seiner Forschungen nicht verändert.

Das Besondere bei seinen intensiven Sprachstudien war, daß er sich nicht allein auf die deutsche Sprache konzentrierte – wie die ›Berlinische Gesellschaft für deutsche Sprache und Altertumskunde‹ (1815) und der Frankfurter ›Gelehrtenverein für deutsche Sprache‹ (1817), die beide in einer anderen Tradition standen und andere Wege gingen als er.

Pischon, Friedrich August: Über den Zweck einer dt. Ges. u. Übersicht der Gesch. der unsrigen, in: Germania. Neues Jb. d. Berlinischen Ges. f. Dt. Sprache u. Altertumskde 1 (1836), S. 1–12.

Jacob Grimm zog von vornherein alle erreichbaren Sprachen in seinen Blickkreis. Zur Methode der Betrachtung war es seine geistige Leistung, das von Savigny überkommene historische Prinzip vom Recht auf die Sprache zu übertragen. Der Leitgedanke, bei der Betrachtung der „Sage" (d. h. der mündlich tradierten Literatur: Märchen, Sage, Tiersage, Heldenlieder) bereits angewandt, war der der pränationalen Kulturgenese, der ihn, konsequent und fruchtbar angewandt, zu der Verwandtschaft der Sprachen (und, wie er meinte, der Völker) zurückführte.

Beschäftigung mit sprachlichen Fragen war schon im 18. Jh. über den engen Kreis der Gelehrten hinaus beliebt geworden; die Wirksamkeit Joh. Christoph Adelungs ist dafür das herausragende Beispiel. Aber auch das hohe Maß von sprachlichen Erörterungen bei Klopstock ist kennzeichnend für ein allgemeineres Interesse. Neue Aspekte gab Herder, und die Brüder Schlegel taten das Ihre, besonders durch ihre Hinweise auf das Sanskrit.

Bemerkenswert sind Äußerungen aus dem engeren Umkreis der Brüder – Villers in Göttingen und Reinwald in Meiningen –, die erkennen lassen, aus was für Bächen der mächtige Strom der »Deutschen Grammatik« gespeist wurde.

Kroes, Hendrik Willem Jan: Franciscus Junius. Een voorloper van Jacob Grimm, in: De Gids. 115,2 (Amsterdam 1952), S. 20–27.

Adelung, Johann Christoph: Grammatisch-kritisches Wörterbuch der hochdt. Mundart. 1774–1786, ²1793–1801.

Ders.: Umständliches Lehrgebäude [d. h. Grammatik] der dt. Sprache. 1781/82. – Dazu J. Grimm in der Vorrede zur »Deutschen Grammatik« 1. 1819, S. 22, Anm. (Kl. Schr. 8, S. 42, Anm. 1).

Ders.: Mithridates oder allgemeine Sprachenkunde. 1. 1806; 2–4 hrsg. v. J. S. Vater. 1809–1817. (Behandelt die Sprachen der Welt.)

Klopstock, Friedrich Gottlieb: Die dt. Gelehrtenrepublik. 1. 1774 [mehr nicht ersch.]. – Darin S. 39: Die Gesetze. Von unsrer Sprache. S. 43: Weil von der Sprache großentheils die Denkungsart eines Volkes abhängt... S. 255–261 und 377–384: Der Abend. Aus einer neuen deutschen Grammatik. – Dazu Jacob Grimm an Savigny (27. 4.

1819; Briefw. S. 278 Schoof, vgl. ebda S. 403): „Klopstocks Gelehrtenrepublik ist mir diese Tage erst in die Hände gekommen".

DERS.: Grammatische Gespräche. 1794. – Auf ein frühes Interesse Jacob Grimms für Klopstock kann man daraus schließen, daß er ein Buch »Klopstock und seine Freunde...«, hrsg. v. Klamer Schmidt, 1810, für die Kasseler Bibliothek erwarb (terminus a quo 1816; Eintragung von J. Grimms Hand im erhaltenen Katalog der Bibliothek).

HERDER, Johann Gottlieb: Briefe zur Beförderung der Humanität. In: Sämtl. Werke 18, S. 336 f. Suphan: „Gewöhnlich denken wir nur in der Sprache, in der wir erzogen wurden, in der wir zuerst die innigsten Gefühle empfingen... Und doch hindert sie nicht, daß wir nachher nicht zehn andere, alte und neue Sprachen lernen, ihre Schönheit lieben und Früchte des Geistes aus ihnen allen sammeln können ..."

SCHLEGEL, Friedrich: Über die Sprache und Weisheit der Inder. Ein Beitrag zur Begründung der Alterthumskunde. Nebst metrischen Übersetzungen indischer Gedichte. 1808. (Geistreich über Sprache, Philosophie und „historische Ideen".)

[VILLERS, Charles de:] Lettre a mademoiselle D. [orothea] S. [chlözer]. Sur l'abus des grammaires dans l'étude du Français, et sur la meilleure méthode d'apprendre cette langue. Göttingue: Dieterich 1797. – Von J. Grimm zitiert in der Vorrede zur »Deutschen Grammatik« 1. 1819, S. 11 (Kl. Schr. 8, S. 31). (Gegen die Sprachregelung durch Grammatiken!)

REINWALD, Wilhelm Friedrich Hermann, Brief an Jacob Grimm vom 24. 2. 1813 in einer Korrespondenz über das Hildebrandlied (bisher ungedruckt): „Noch beschäftigt mich die Redaction der altsächsischen Grammatik. Zwar meinte vor einigen Jaren ein Rezensent, es sey schwerlich der Mühe werth von einer so alten Sprache eine Grammatik zu versuchen!! Aber wie? kann man denn einen einzigen Satz Altdeutsch richtig dolmetschen one Kunde einer sich abgezogenen Grammatik? Oder glaubt man unsre Väter vor 1000 u. mer Jaren hätten one alle Regel die Worte zusammengeworfen wie die Kinder? – (So las vor einigen Jaren in der Berliner Akademie der Wissenschaften ein Literator Proben einsylbiger Worte ab, wie der alte deutsche Held Herrmann würde geredet haben, Worte ohne Vor- u. Nachsylben (praefixa u. Suffixa) weil er nicht wußte, daß alle Wörter der alten Schriftsprache viel länger sind als die neuen, ihre Abstämmlinge)." – Vgl. dazu Vorrede zur »Deutschen Grammatik« 1. 1819, S. 28–30 (Kl. Schr. 8, S. 47/48)!

Jacob Grimms intensivere Beschäftigung mit dem Bau der Sprache war von vornherein gezielt – und blieb es immer – auf die Erhellung der „Sachen" (wie er es nannte) durch die Wörter. Er suchte nach Erkenntnis des historischen Werdens der sprachlichen Formen und ihrer Zusammenhänge und damit nach einer festen methodischen Grundlage für die Etymologie, die er noch in seiner »Irmenstraße und Irmensäule« (1815) (s. u. S. 112, 114) bitter mißbraucht hatte.

Die Arbeit, die zur Veröffentlichung der »Deutschen Grammatik« führte, begann im Herbst 1816 (etwa ein Jahr nach A. W. Schlegels Rezension der ›Altdt. Wälder‹); die Vorrede ist vom 29. Sept. 1818 datiert. Diese Vorrede ist zugleich ein Arbeits- und Ergebnisbericht, insbesondere der »Einige Hauptsätze, die ich aus der Geschichte der deutschen Sprache gelernt habe« überschriebene Abschnitt, der der eigentlichen Vorrede folgt. Schon im Wortlaut dieser Überschrift ist deutlich gesagt, daß Jacob Grimm zu *lernen*, nicht – wie Adelungs „*Lehrgebäude*" – zu lehren gedachte (so noch 1860 in der »Rede auf Wilhelm Grimm«: mein Spruch lautet „besser gelernt als gelehrt"; Kl. Schr. 1, S. 175). Seine Entdeckungen, mit einem kaum vorstellbaren Maß von Fleiß, Gedächtnis, Kombination und Urteil vorgetrieben, gingen weit über das vorher zu Erwartende hinaus. Was Vorgänger – seit Junius – beobachtet und dargestellt hatten, wurde neu durchdacht, in einen Zusammenhang gestellt und ausgewertet, im ganzen aber doch ein Neubau geschaffen, der – man kann es nicht anders sagen – „Epoche gemacht" hat.

Sachlich stand zunächst die Beobachtung der Flexion (s. o. Reinwald!) im Vordergrund. Die Ergebnisse füllen den 1819 erschienen Bd 1, der jedoch alsbald umgearbeitet wurde und 1822 mit einer Lautlehre (»Von den Buchstaben«; es wird jedoch deutlich, daß Jacob Grimm das bereits als „Laute" verstand) neu herauskam. Diese Lautlehre von 1822 enthält zum erstenmal das, was später „*Grimm's law*" genannt wurde: Die Darstellung der als Gesetz erkannten und mit einer Fülle von Beispielen bis ins einzelne bestätigten germaninischen und hochdeutschen „*Lautverschiebung*".

Vgl. Jacob Grimm an Lachmann, 1. 4. 1821 (Briefw. 1, S. 293 f.). Dieser Konsonantenwandel ist schon früher, am vollständigsten von dem Dänen Rasmus Kristian RASK in seiner 1814 verfaßten, 1818 gegedruckten Preisschrift »Undersøgelse om det gamle Nordiske eller Islandske Sprogs Oprindelse«; Teildruck u. d. T. »Über die thrakische Sprachclasse«, dt. v. J. S. Vater 1822; vgl. V. THOMSEN (u. S. 105) S. 45–51; v. RAUMER (s. S. 31) S. 507–515, u. Elmer H. ANTONSEN: Rasmus Rask and Jacob Grimm. Their relationship in the investigation of Germanic vocalism, in: Scandinavian Studies 34 (1962), S. 183–194.

Die Bezeichnung „*Das Grimmsche Gesetz*" finde ich zuerst 1837 bei R. v. RAUMER: Die Aspiration ... (s. u. S. 96), S. 1. Grimms Aufstellungen wurden später von anderen im einzelnen bereinigt und vervollständigt.

Bd 2 und 3 der »Deutschen Grammatik« (1826 und 1831) sind der Wortbildung (der Jacob Grimms stärkste Neigung galt) gewidmet. Bd 2 enthält die Darstellung des Ablauts, die für den Vokalismus ebenso grundlegend ist wie die der Lautverschiebung für den Konsonantismus. Bd 3 beschäftigt sich überwiegend mit dem Problem des grammatischen Geschlechts, das etwa zur gleichen Zeit auch Wilhelm von Humboldt in allen Sprachen untersuchte. Bd 4 schließlich behandelt die Syntax des einfachen Satzes; Bd 5, für die Syntax des zusammengesetzten Satzes gedacht, ist nicht geschrieben worden; er erscheint noch 1857 in dem Verzeichnis von Arbeitsvorhaben, das Jacob Grimm an Hirzel sandte (s. o. S. 2, Pläne).

Analyse des Inhalts bei BENFEY (s. S. 105), S. 432–451; v. RAUMER s. S. 31), S. 501–522; SCHERER (s. S. 32), S. 158–185.

Einige Besonderheiten: Die Wahl der Bezeichnung *„deutsch"* für „germanisch" (im heutigen Sinne) im Titel des Werkes wird erläutert in der Rask-Rezension 1812 (Kl. Schr. 4, S. 67–69), in der Vorrede von 1819 (ebda 8, S. 55 f., Anm. 1), noch 1857 ebda 7, S. 441 f.; vgl. u. S. 100. – Dazu Gunther IPSEN: Jacob Grimms Begriff des Deutschen, in: ZfdBildg 14 (1938), S. 301–310 (mit eigenwilliger und zeitgebundener Analyse).

Sehr deutlich wird Jacob Grimms Arbeitsweise an der Behandlung des *grammatischen Geschlechts.* Anders als Wilhelm von Humboldt geht er von menschlicher Anschauung (Mann, Frau, Kind) aus, wie überhaupt seine Sprachbetrachtung sich durch Gegenständlichkeit (keineswegs durch „romantischen Mystizismus"), auch in den Ordnungs-Kategorien und Sachbeziehungen auszeichnet. Das Problem haben außer Humboldt besonders A. F. Pott (1856), J. Lohmann (1932), C. Meinhof (1937) behandelt. – Brigit BENEŠ (s. u. S. 96) S. 41–56 u. Lit. – Eine neue Darstellung von Friedrich NEUMANN ist zu erwarten.

Die zeitgenössische Kritik fand naturgemäß an diesem ersten und sehr persönlich gestalteten Entwurf mancherlei auszusetzen oder zu bessern; im ganzen aber war sie in überschwänglichem Maße zustimmend. Gegenüber dem, was man bis dahin unter Grammatik (insbesondere der klassischen Sprachen) verstand, hatte Jacob Grimm die Sprache nicht auf dem Seziertisch, sondern gleichsam im Recorder mit Bildschirm untersucht. Er sah nicht nur Worte, sondern die Sprechenden samt ihrer Umwelt, ihren Intentionen, lebendig und farbig. Was er trieb, war – vergleichbar der „géographie humaine" – eine „Human-Sprachwissenschaft", die eine Art von Röntgen-Blick in die Geschichte eröffnete. Fürsten-, Staaten- und Schlachtengeschichte wurden unsichtbar in diesen Strahlen, während man mit Erstaunen die

Gesellschafts- und Geistesgeschichte als tragende und bleibende Struktur des Geschehens erkannte.

„Der einzige Jacob Grimm hat für Sprachwissenschaft mehr geleistet als eure ganze französische Akademie seit Richelieu. Seine deutsche Grammatik ist ein kolossales Werk, ein gotischer Dom, worin alle germanischen Völker ihre Stimme erheben, wie Riesenchöre, jedes in seinem Dialekte. Jacob Grimm hat vielleicht dem Teufel seine Seele verschrieben, damit er ihm die Materialien lieferte und ihm als Handlanger diente bei diesem ungeheuren Sprachbauwerk. In der Tat, um diese Quadern von Gelehrsamkeit herbeizuschleppen, um aus diesen hunderttausend Zitaten einen Mörtel zu stampfen, dazu gehört mehr als ein Menschenleben und mehr als Menschengeduld." Heinrich Heine in: Elementargeister. 1837. (Sämtl. Werke 8. 1921, S. 336 f.) – Ganz ähnlich schon früher Jean Paul (s. d.).

Schon 1824 sprach Hoffmann von Fallersleben vom „Jacobus caesar grammaticorum" (in seinem »Poema vetustum theotiscum ...«, Titelblatt). A. W. von Schlegel nannte sein Werk 1831 „das große unübertreffliche Muster" (Jos. Körner: Briefw. Schlegel, S. 673), das es dann auch besonders für das Ausland geworden ist. In Deutschland erhob sich jedoch schon bald der verständliche Wunsch nach einer überschaubaren, handlichen Kurzausgabe, für deren Ausarbeitung Jacob Grimm in Göttingen sogar vom Dienst befreit wurde. Er benutzte die gewonnene Zeit jedoch für die Niederschrift der »Deutschen Mythologie«. Die mit seinem Einverständnis von J. Eiselein vorgelegte kleine Grammatik hatte jedoch keinen nachhaltigen Erfolg. Jacob Grimm führte eine Grammatik der Gegenwartssprache noch 1857 unter seinen Arbeitsplänen auf: „Eine nhd. ausführliche grammatik möchte ich sehr gern schreiben, liegt mir aber fast unnahbar" (s. o. S. 2, Pläne).

Der von Scherer, Roethe und Edward Schröder überarbeitete Neudruck des großen Werkes hat dieses wiederum für 100 Jahre belebt und das darin enthaltene riesige Material neu zugänglich gemacht. Daß es in seiner Dynamik keineswegs ausgeschöpft ist, sondern – nicht nur bei Leo Weisgerber – weiterhin wirksam war, ja in der sich neu orientierenden Sprachwissenschaft der Gegenwart wieder an Aktualität gewonnen hat, scheint bisher im Ausland noch mehr als im Inland erkannt zu werden. Das auf über 4000 Seiten angesammelte Material ist auch heute noch eine Fundgrube. Ihre nun 150jährige Wirksamkeit blieb allerdings – auch an der Stätte ihrer Entstehung – in der Öffentlichkeit unbeachtet.

Ausgaben und Rezensionen:

Deutsche Grammatik. Erster Theil. Göttingen: Dieterich 1819. – S. III–VIII: An Herrn Geh. Justizrath und Professor von Savigny zu Berlin; S. IX–LXXIX Vorrede; Beides in: Kl. Schr. 8, S. 25–96. – Handex. in der MuLB Kassel.

1. Theil, Zweite Ausgabe. 1822. – S. V–XIX Neue Vorrede, diese nicht in den Kl. Schr. – Unveränd. Abdruck [1852].

1. Theil, Dritte Ausgabe. 1840. – S. III–X: Widmung an Savigny wie 1819; S. XI–XVI Neue Vorrede, nicht in den Kl. Schr. – Enthält nur den Vokalismus; nicht fortgesetzt.

2. Theil. 1826. Herrn Hofrath und Bibliothecar Benecke in Göttingen gewidmet. – Vorrede nicht in den Kl. Schr. – Unveränd. Abdruck [1852].

3. Theil. 1831. [Wilhelm Grimm gewidmet]. – Selbstanzeige. 1831. – Kl. Schr. 5, S. 120 f.; Vorrede nicht in den Kl. Schr.

4. Theil. 1837. Den mitforschenden Freunden Haupt Hoffmann Massmann Schmeller und Wackernagel gewidmet. – Vorrede nicht in den Kl. Schr. – Nicht fortgesetzt.

Neuer Abdruck, bearb. von Wilhelm Scherer (Bd 1.2), Gustav Roethe und Edward Schröder (Bd 3. 4). 1 (nach der 2. Ausgabe, 1822) 1870. 2. 1878. 3. 1889. 4. 1898. – Mit ausführlichen Inhaltsverzeichnissen. Wichtig die Vorreden von Scherer und Roethe. – Photomech. Neudr. 1967.

Jacob Grimms *Kollektaneen:* Daffis S. 49–51.

Grimm, Jacob: Vorreden zur Deutschen Grammatik von 1819 und 1821. Mit Vorwort von Hugo Steger. Reprogr. Neudr. 1968.

Wöber, Franz Xaver: Wort- u. Sachverzeichnis zu Jacob Grimm's Deutscher Grammatik u. Geschichte der dt. Sprache. 1. Wortverzeichnis [mehr nicht ersch.]. 1860. (Führt schematisch alle vorkommenden Wortformen an, deshalb unübersichtlich.)

Andresen, Karl Gustav: Register zu J. Grimms Deutscher Grammatik. 1865; Photomech. Neudr. 1970. – Faßt die Wortformen übersichtlich zusammen; die Anlage dieses Registers wurde noch mit J. Grimm besprochen (s. die Vorrede). Für die Grammatik stets zuerst zu benutzen. Zusätzlich sind die Wort- und Sachregister in Bd 5 u. 8 der Kl. Schr. zu vergleichen.

[Meusebach, Karl Hartwig Gregor von:] Zur Recension der Deutschen Grammatik. Unwiderlegt hrsg. von Jacob Grimm. Cassel: Bohné 1826. – Kl. Schr. 8, S. 508–540. (Bringt eine Fülle neuer Belege zu Bd 2.)

Bopp, Franz: Vocalismus oder sprachvergleichende Kritiken über J. Grimm's deutsche Grammatik und Graff's althochdeutschen Sprachschatz mit Begründung einer neuen Theorie des Ablauts. 1836. – Ergänzter Abdr. der Rez. in den Jbb. f. wiss. Kritik. 1827, S. 251–256 (Febr.) u. 725–759 (Mai). – Dazu J. Grimm an Lachmann 20. 4. 27 (Briefw. 2, S. 510): „Bopps abhandlung, wiewohl keine recension meines buchs, ist ehrenwerth und mir ganz recht, sie führt meine, natürlich sehr schwache vergleichung mit dem sanskrit weiter aus und berichtigt. Über manches wird sich streiten lassen. Allein was er mir zugesteht ist schon viel und genug, wenn ich bedenke wie naturalistisch und auf gut glück ich aus dem deutschen in das sanskrit hinein gehauen habe".

EISELEIN, Josua: Jacob Grimms Grammatik der hochdt. Sprache unserer Zeit. Für Schulen u. Privatunterricht bearbeitet. 1843.

Literatur:

SCHOOF, Wilhelm: Jacob Grimms deutsche Grammatik in zeitgenöss. Beurteilung, in: ZfdPh. 72 (1963), S. 363–377. (Bopps Kritik nicht behandelt.)

DERS.: Jacob Grimms kleine Grammatik, in: Muttersprache 1957, S. 412–419. (Über Pläne für eine handliche Ausgabe der Grammatik; Eiselein nicht erwähnt; vgl. auch o. S. 7: Schoof, Buchh. S. 1348.)

LÖTHER, Burkhard: Philolog der Nation. Zum Zusammenhang von Sprachgeschichte u. Volksgeschichte bei Jacob Grimm, in: Germ. Inst. Berlin 1965, S. 463–469. (Die Bezeichnung im Titel nach Herder. Über »Deutsche Grammatik« und »Geschichte der deutschen Sprache«.)

BONDZIO, Wilhelm: Jacob Grimm u. die neuhochdt. Schriftsprache, in: ebda, S. 471–478. („Er [J. Gr.] erkennt ..., daß die Schriftsprache nicht nur eine Normierungsfrage ist, sondern daß sich in ihr eine höhere Qualität der sprachlichen Kommunikation zeigt"; S. 474.)

ARNDT, Erwin: Diachronie u. Synchronie in Jacob Grimms »Deutscher Grammatik«. Ausnahme u. Regel in neuer Sicht, in: ebda S. 479 bis 488. („Offenbar wird, daß die nachmalige Forschung nicht alle Ansätze weitergeführt hat, ja teilweise sogar ... das zur romantischen Spekulation erklärt hat, was sich bei näherem Hinsehen als großartige Antizipation moderner Sprachbetrachtung erweist"; S. 486.)

SPREU, Arwed: Eine Anmerkung zum Aufbau der »Deutschen Grammatik«, in: ebda S. 489 f. („Daß Grimm durchaus auch allgemeinen Begriffen beim Aufbau der Grammatik folgte und oft mehr an theoretischen Begründungen brachte, als heute noch angenommen wird, wollte der Beitrag andeuten", S. 490.)

FOWKES, Robert A. [New York University]: The linguistic modernity of Jacob Grimm, in: Lingustics. 2 (s'Gravenhage 1964), S. 56–61.

TELEGDI, Zsoltan: Zur Geschichte der Sprachwissenschaft („Historische Grammatik"), in: Acta Linguistica Academiae Scientiarum Hungaricae 16 (1966), S. 225–237.

Daß Jacob Grimm in seinen grammatischen Ansichten nicht einseitig „Romantiker" war, sondern Vorstellungen der französ. Aufklärung weiterführte, ist mit Recht betont worden. Seine Auseinandersetzungen mit J. G. RADLOF, der viel eher eine „romantische" Richtung der „Teutschgesinnten" vertrat, zeigen einen Gegensatz der Prinzipien, der von Radlof vergeblich auf Plagiatvorwürfe hingespielt wurde.

Freundschaftlich war zunächst die Zusammenarbeit mit E. G. GRAFF (s. d.), der sich jedoch, immer skurriler werdend, allmählich ganz auf die

Arbeit an seinem »Althochdt. Sprachschatz« zurückzog. Das Verhältnis erlosch, wohl nicht ohne Einfluß von Seiten Lachmanns, schon 1837 und fand in Berlin keine Fortsetzung.

Ernsthafter war die Verbindung zu R. K. Rask (s. d. u. o. S. 90), dem Schöpfer der Nordischen, und Franz Bopp (s. d. u. o. S. 93 f.), dem Schöpfer der Vergleichenden Sprachwissenschaft, die jedoch beide als reine Sprachforscher der Gedankenrichtung Jacob Grimms fernblieben. Näher stand ihm Wilhelm von Humboldt, dessen sprachphilosophische Schriften mit Grimms Grammatik zeitlich und inhaltlich korrespondierten.

Eine Weiterführung Grimmscher Gedanken findet man vornehmlich bei Rudolf von Raumer, während A. F. Pott eher an Franz Bopp, Heymann Steinthal an Humboldt anknüpfte.

Zur Sprachwissenschaft der Zeit:

Hermann, Liselotte: Jacob Grimm u. die sprachtheoret. Konzeption der frz. Aufklärung, in: Germ. Inst. Berlin 1965, S. 447–453.

Radlof, Johann Gottlieb: Trefflichkeiten der südteutschen Mundarten zur Verschönerung u. Bereicherung der Schrift Sprache. 1811. – Von Grimm kritisiert in den »Grammatischen Ansichten« (s. o. S. 87).

Ders.: Ausführliche Schreibungslehre der teutschen Sprache für Denkende, vornehmlich für Schriftsteller, Lehrer u. Beamte. 1820. – In der „Nachschrift" (S. XVII–XX) ein ungemein heftiger Angriff auf die Grammatik. J. Grimms Antwort: Kl. Schr. 7, S. 596 f.

Ders.: Teutschkundliche Forschungen u. Erheiterungen für Gebildete. 1–3. 1825–1827. – Darin Bd 2, S. 219–308: „Vernunftgesätzgebung der Sprachen ..." Auf die von Radlof geübte Methode, den Wegfall älterer Laute historisierend durch Apostrophe anzudeuten (z. B. „de'r Entscheidungsgründe" usf.) spielte Grimm noch später an.

Schoof, Wilhelm: Jacob Grimm u. J. G. Radlof. Ein Beitrag zur dt. Sprachgeschichte, in: Archiv f. vergleich. Phonetik 5 (1941), S. 49 bis 76.

Graff, Eberhard Gottlieb: Die althochdt. Präpositionen. 1824. – Dazu J. Grimm an Hoffmann von Fallersleben (Germania 11, S. 386) u. seine umfangreiche Rez.: Kl. Schr. 4, S. 229–270.

Bopp, Franz: Vergleichende Grammatik des Sanskrit, Send, Armenischen, Griechischen, Lateinischen, Litauischen, Altslavischen, Gothischen u. Deutschen. 1833/52, ²1857/61, ³1868/70.

Humboldt, Wilhelm von: Ankündigung einer Schrift über die Vaskische Sprache u. Nation, nebst Angabe des Gesichtspuncts u. Inhalts derselben. 1812. (Ges. Schr. 3. 1904, S. 288–299.) – Dazu Scherer S. 136–138. Ders.: Über das vergleichende Sprachstudium in Beziehung auf die verschiedenen Epochen der Sprachentwicklung. 1820. (Ges. Schr. 4, S. 1–34.) – Dazu J. Grimm an Lachmann: Briefw. 1, 389 (12. 5. 23). – Ders.: Weitere im Thema ähnliche Arbeiten (1821–1829) in: Ges. Schr. 4–6.

Ders.: Lettre à M. Abel Rémusat sur la nature des formes grammaticales en général et sur le génie de la langue chinoise en particulier. Paris 1827. (Ges. Schr. 5, S. 254–308.) – Über das gramm. Geschlecht.

Pott, August Friedrich: Wilhelm von Humboldt u. die Sprachwissenschaft, in: W. v. H.: Über die Verschiedenheit des menschlichen Sprachbaues ... [1827–29], hrsg. von A. F. Pott. 1. 1876.

Beneš, Brigit: Wilhelm von Humboldt, Jacob Grimm, August Schleicher. Ein Vergleich ihrer Sprachauffassungen. 1958; zugl. phil.-hist. Diss. Basel 1957. (Anschauliche Darstellung, doch gibt es bei Grimm keine „magische" Sprachauffassung.)

Schankweiler, Ewald: Zum Wesen u. Ursprung der Sprache bei Jacob Grimm u. Wilhelm von Humboldt, in: Germ. Inst. Berlin 1965, S. 455–462. (Korrigiert z. T. die Arbeit von B. Beneš.)

Raumer, Rudolf von: Die Aspiration u. die Lautverschiebung. Eine sprachgesch. Untersuchung. 1837; auch in seinen Ges. sprachwiss. Schriften. 1863, S. 8. (S. 1: „Unter allen Entdeckungen der vergleichenden Grammatik hat kaum eine so nachhaltige Folgen gehabt wie das durch Jacob Grimm gefundene Gesetz der Lautverschiebung ...")

Die Arbeit an der Grammatik fand ihr Ende mit der Göttinger Amtsenthebung und der Inangriffnahme der Wörterbucharbeit. In der Tendenz fand sie jedoch eine Fortsetzung in der zweibändigen »Geschichte der deutschen Sprache« (1848), die während der Vorbereitungsarbeiten zum Wörterbuch – wie bei Jacob Grimm üblich in einem Zuge – niedergeschrieben wurde. Der Titel trifft, wie bei der Grammatik, nicht den Inhalt des Buches. Es wird darin keine Geschichte der deutschen Sprache gegeben, sondern ein seltsam anmutendes Quodlibet, ein Alterswerk (Jacob Grimm war bei seinem Erscheinen 63 Jahre alt), das eine Fülle von Wissen, von Urteilen und Anregungen enthält, aber im ganzen eine Sammlung von Parerga zur „angewandten Grammatik" darstellt, dessen Hauptanliegen, die behauptete Idendität von Geten und Goten, schon damals als widerlegt galt. Jacob Grimm nannte das Buch „durch und durch politisch" (Widmung, S. IV). Es ist das im Sinne von Šafaříks »Slavischen Rechtsaltertümern«, die eine Volksgeschichte auf sprachlicher Grundlage darstellten und auf das Konzept des Buches eingewirkt haben dürften wie Karadžićs serbisches (und vielleicht Jungmanns tschechisches) Wörterbuch auf das des DWb. Von einer anderen Seite wirkte die Betrachtungsweise Humboldts, dessen Baskenbuch durch Jacob Grimm eine Sprach-Volks-Geschichte der Deutschen an die Seite zu stellen war. Wenn später u. a. Konrad Burdach Jacob Grimms Verfahren in diesem Buch als „romantisch", als einen Rückfall zu Görres und Kanne bezeichnet hat (Briefw. Lachmann 1, S. LXXX), so ist das eine Fehlinterpretation. Es liegt hier einfach ein wissenschaftlicher Irrtum bei Jacob Grimm vor, der Irrtum nämlich, daß Geschichte *allein* aus der Sprache ablesbar sei; ja mehr: daß die historische Einheit „Volk" allein durch ihre Sprache bestimmt sei. Jacob Grimm übersah, daß Wirtschaft, Verkehr, geopolitische Elemente, leider auch politische Machtverhältnisse und Traditionen geschichtsbildende Faktoren sind, denen die Sprache häufiger folgt als vorausgeht. Die Leidenschaft, mit der er die Wichtigkeit dessen betonte, was er selbst betrieb, ließ ihn übertreiben. Und doch bleibt sein Leitgedanke von brennender Aktualität, etwa in den Worten der Widmung (S. V):

„aber auch die innern glieder eines volks müssen ... zusammentreten ...; in unserm widernatürlich gespaltnen vaterland kann dies kein fernes, nur ein nahes, keinen zwist, sondern ruhe und frieden bringendes ereignis sein, das unsere zeit, wenn irgend eine andre mit leichter hand heranzuführen berufen ist. Dann mag was unbefugte theilung der fürsten, die ihre leute gleich fahrender habe zu vererben wähnten, zersplitterte, wieder verwachsen ..."

Und eindrucksvoll bleibt sein Glaube an die Macht der Sprache, der anderen Völkern viel selbstverständlicher ist als dem unseren (ebda S. IV):

„Göthe ..., in dessen jugend und blüte kein deutscher aufschwung fiel, dessen alter die politik müde sein muste, und der doch so gesungen hat, daß ohne ihn wir uns nicht einmal recht als Deutsche fühlen könnten. so stark ist diese heimliche gewalt vaterländischer sprache und dichtung."

Geschichte der deutschen Sprache. 1. 2. [durchpaginiert] Leipzig: Weidmann 1848. An Gervinus. – Widmungsanschreiben u. Vorrede nicht in: Kl. Schr. – 2. [unveränd.] Aufl. 1853. Vorrede beachten. 3. Aufl. 1868 besorgt von Karl MÜLLENHOFF. (Mit Zusätzen aus Grimms Nachlaß.) – 4. Aufl. 1880. – Photomech. Neudr. 1970.
Manuskript: Grimmschrank 335 (DAFFIS S. 51b).
Jacob Grimm sagte selbst darüber: „für sein bestes hält er (vielleicht mit widerspruch mancher leser) die geschichte der sprache, obgleich sie, zu schnell niedergeschrieben, an mehreren stellen der nachhülfe bedarf." (Im Lebensabriß 1851: Kl. Schr. 8, S. 461).
Zu benutzen über das Register von WÖBER (s. o. S. 93); Inhaltsanalyse bei BENFEY (u. S. 105), S. 455–466.

Vorausgehend:

Über Jornandes und die Geten 1846: Kl. Schr. 3, S. 171–235. – Identifizierung von Geten und Goten schon in VULCANIUS, Bonaventura: De Literis et Lingua Getarum sive Gothorum. Lugd. Batav. 1597, das Jacob Grimm schon früh in der Göttinger Bibliothek zugänglich war. Vulcanius gab 1597 auch einen »Jornandes de Getarum ... origine et rebus gestis« heraus (von J. Grimm S. 171 nicht genannt).

Das *„Gegenstück"*: Paul Joseph SCHAFAŘIKS Slavische Alterthümer. Dt. v. Mosig von Aehrenfeld, hrsg. v. Heinrich Wuttke. 1. 2. 1843 bis 1844. – Originalausgabe 1837 (von Jacob Grimm benutzt und in der Vorrede S. XII zitiert).

Kritik

Weit über das Ziel hinausschießend die grantige Äußerung des kranken Lachmann, dessen philologisch starrer Blick diesem freien Spiel der Kräfte nicht folgen mochte: „Grimms Buch habe ich mit der größten Mühe hinunter gewürgt. Neben den schönsten Sachen soviel willkürliches und auf plumpe Böcke gegründetes ist mir so zuwider wie eine unwahre und ungrade Politik" [von der er vorher geschrieben hatte]; 23. 12. 1848. (Karl LACHMANNS Briefe an Moriz Haupt. 1892, S. 202.)

MÜLLENHOFF, Karl: Geten. In: ERSCH/GRUBER: Allg. Encyclopädie I. 64 (1857), S. 448–464, bes. S. 463 f.

Vgl. GINSCHEL, S. 61, Anm. 1, u. S. 62 f.

Zwei Jahre nach dem Erscheinen der »Geschichte der deutschen Sprache« wählte Jacob Grimm ein von Schelling angeregtes Thema für einen Akademie-Vortrag: *»Über den Ursprung der Sprache«*. Grimm knüpfte an Herders Berliner Preisschrift von 1770 an und blieb ihm auch inhaltlich verpflichtet. Naturwissenschaftliche Beobachtungen, grammatische Überlegungen, eine Psychologie der Lautsymbolik verflechten sich mit heute seltsam abmutenden, behutsamen Auseinandersetzungen mit der kirchlichen Lehre. Was Jacob Grimms Überlegungen charakterisiert, ist die schon von Herder geforderte Loslösung von göttlicher Offenbarung, ist die Verbindung von Denken und Mitteilen, also von *ratio* und *socius* bei der Schöpfung der Sprache durch den Menschen, bei der er dem männlichen und dem weiblichen Teil besondere Rollen zuweisen möchte. Der Physiologe Johannes Müller wird zitiert, Humboldt, und bei der Frage des Verhältnisses von Sprache und Gesang sogar Hegel. Die Rede hat zu ihrer Zeit offenbar starke, lange wirkende Beachtung gefunden. Obwohl sie sich – ausnahmsweise – aller politischen Anspielungen enthielt, löste sie einen offenbar politisch zu verstehenden Angriff von orthodox-kirchlicher Seite gegen die darin enthaltenen Äußerungen über die ‚göttliche Offenbarung' der Sprache aus, der an Schärfe wie an unbegreiflicher Beschränktheit nichts zu wünschen übrig ließ: »Der Sprachforscher und das Wort Gottes. Ein Zeichen der Zeit« in: Evang.

Kirchen-Ztg. Red.: Prof. Dr. [Ernst Wilhelm] HENGSTENBERG [luth. Theologe in Berlin]. Berlin 1852, Nr 66 vom 18. 8., Sp. 611–616).

Über den Ursprung der Sprache. In: Abh. d. Akad. d. Wiss. zu Berlin, phil.-hist. Kl. 1851, S. 103–140; auch einzeln, 1851. Oktavausgabe: 1852, ³1852, ⁴1858, ⁵1862, ⁶1867. – Kl. Schr. 1, S. 255–298 und oft in anderen Sammlungen.

Französ.: 1859. – *Ital.:* Alois LUN, 1962, mit literarhist. Einleitung (vgl. Germanistik 4, 1963, S. 477 f.)

Vorgänger: Rousseau, Herder, Hamann, Humboldt, Schelling.

Nachfolger: K. Weinhold 1854, C. Göttling 1863, B. Bleck 1868.

STEINTHAL, Heyman: Der Ursprung der Sprache im Zusammenhange mit den letzten Fragen alles Wissens. Eine Darstellung, Kritik und Fortentwicklung der vorzüglichsten Ansichten. 1858 u. ö.

WACKERNAGEL, Wilhelm: Über den Ursprung und die Entwicklung der Sprache. Basel 1872. (Erwähnt Grimm nicht, sondern endet mit einer Huldigung an Franz Bopp.)

Literatur:

NEUMANN, Friedrich: Vom Ursprung dt. Sprechens. Eine Erinnerung an Herder u. Jacob Grimm, in: ZfdBildg 17 (1941), S. 129–145.

HERMANN, Liselotte, s. o. S. 95. (Bezieht sich vorwiegend auf diese Schrift u. »Über das Pedantische . . .«.)

JENDREIECK, Helmut, s. o. S. 33. (Findet S. 246–254 einen Einfluß Hegels, doch liegt eher ein Einfluß naturwissenschaftlichen Denkens vor. Einen anderen Hegel-Einfluß (nicht bei Jendreieck) findet Ernst SIMON (s. o. 49) S. 554 f. bzw. 130.)

Aus der großen Zahl kleinerer Schriften Jacob Grimms zur Sprachwissenschaft kann hier nur noch eine enge Auswahl genannt werden:

Zur Geschichte des deutschen Reims. 1817: Kl. Schr. 6, S. 276–279. (Aus der Zeit der Arbeit am 1. Bd der Grammatik. Ausgehend von Grammatik und Orthographie.)

Jean Pauls neuliche Vorschläge, die Zusammensetzung der deutschen Substantive betreffend. 1819: ebda. 1, S. 403–410. – Vgl. Wilh. SCHOOF: Jean Paul und Jacob Grimm, in: Muttersprache 1951, S. 88 f., mit Jean Pauls überschwänglich anerkennender Antwort nach Erscheinen der Grammatik.

Vom hochdeutschen Adjektivum. [Königsberger Preisschrift.] 1823: Kl. Schr. 6, S. 307–345. – Die Ausschreibung der Kgl. deutschen Gesellschaft zu Königsberg. (März 1821) ebda S. 346, der Briefwechsel mit Lachmann S. 346–352 (vgl. Briefw. Lachmann 2, Reg. S. 982a). (Unvollendet.)

De desiderio patriae. 1830: Kl. Schr. 6, S. 411–418; dt. Ausgabe s. S. 130 (Über den Zusammenhang von Volk und Sprache.)

Diphthongen nach weggefallenen Consonanten. 1845: ebda 3, S. 103 bis 170. (Etymologisch.)

Über das Pedantische in der deutschen Sprache. 1847: ebda 1, S. 327 bis 373. (Gegen unnatürliche Rede- und Schreibweise.) – Antwort auf Gegenangriffe: Die Sprachpedanten. 1848: ebda 7, S. 215–218. – Neubearbeitung vorgesehen 1853 (Gürtler S. 260). – Angriffe auf die „Pedanterei" schon in der Vorrede zur Grammatik 1819 (Kl. Schr. 8, S. 30); der Schluß der Rede geht ins Politische (S. 353 f.). Reinhold Steig (Heinrich von Kleists Berliner Kämpfe. 1901, S. 441) hat darauf hingewiesen, daß Adam Müller in seinen »Vorlesungen über das Schöne« (Märzheft des ›Phöbus‹. 1808, S. 5–13) sich schon in ähnlicher Weise gegen die Sprachregler und „Pedanten" ausgesprochen hat. Eine Anregung von daher ist durchaus möglich.

Vorrede zu: »Gothisches Glossar von Ernst Schulze«. 1847: Kl. Schr. 8, S. 201–228. (Über einzelne Wörter und über das Verhältnis des Gotischen zu anderen Sprachen.)

Das Wort des Besitzes. Eine linguistische Abhandlung. 1850: ebda 1, S. 113–144. (Mit der berühmten biographischen Vorrede; vgl. u. S. 155).

Über den Personenwechsel in der Rede. 1855: ebda 3, S. 236–311. (Mit Beispielen auch aus der neuen Literatur, der Umgangssprache und Fremdsprachen.)

Über einige Fälle der Attraction. 1857: ebda 3, S. 312–348. – Über einen Fall der Attraction. 1857: ebda 7, S. 429–437 (wenig veränderter Auszug aus dem Akademievortrag).

Über Hochdeutsch, mittelhochdeutsch, mitteldeutsch. Jacob Grimm an Franz Pfeiffer. (nach 30. 4.) 1857: ebda 7, S. 441–454. (Seinerzeit weder abgesandt noch gedruckt.)

Jacob Grimm trieb nicht – wie u. a. später die Junggrammatiker – Sprachforschung um ihrer selbst willen. Sein praktisches Anliegen war von früh an die *Etymologie* als Erforschung der Wortgeschichte in ihren sprachlichen und sachlichen Zusammenhängen. Die Sprachformen werden gleichsam zu archäologischen Leitfossilien und sollten, auch für die historischen Zeiträume, mehr als solche benutzt werden, als es vielfach geschieht.

Seine Ansichten über Etymologie hat Jacob Grimm u. a. in einer Akademierede ausgesprochen, in der er Grund- und Lieblingsgedanken aus der Rede über den Ursprung der Sprache fortführte. Seine Ansätze sowohl wie seine Einzelerörterungen haben ihre inzwischen abgeernteten Früchte getragen; doch lohnt es immer noch, wie Jost Trier gezeigt hat, seinen gegenstandsnahen Überlegungen nachzugehen. Wie bei der Grammatik können überdies seine Materialzusammenstellungen (zugänglich über die Register, s. o. S. 93) immer noch nützlich sein.

Die Wörter des Leuchtens und Brennens. 1849: Kl. Schr. 7, S. 263–274 – Wortforschung. 1852 in der Vorrede zum DWb. (1, Sp. 47–51) ebda 8, S. 354–360. – Über Etymologie und Sprachvergleichung. 1854: ebda 1, S. 299–326. (Geschichte, Grundsätze, Beispiele.)

TRIER, Jost: Jacob Grimm als Etymologe. 1964. (U. a. wird die Fruchtbarkeit des Grundsatzes, daß gleichlautende Wurzeln auf eine gemeinsame Grundbedeutung zurückgeführt werden müssen, am Beispiel erläutert.)

Ein besonderer Zweig der historischen Sprachforschung war immer die *Namenforschung*, die Jacob Grimm nach seiner ganzen Arbeitsrichtung auf das Gegenständliche naturgemäß stark betrieben und gefördert hat. Auf seine Anregung geht das »Altdt. Namenbuch« von Ernst FÖRSTEMANN (1. 1856, ²1900; 2. 1859, ²1872; beide fotomech. nachgedr. 1969) zurück. Schon einige Jahre vorher, im Kasseler Exil (1838) gab er in einem Vortrag beim ›Verein für hessische Geschichte und Landeskunde‹ (gegr. 1834) anhand von Beispielen die Anregung, durch „einen kundigen und fleißigen Mann ... aus den in unserm Lande glücklich vorräthigen Materialien eine so genaue *Flurbeschreibung* zusammenzutragen, wie sie nicht in Deutschland vorhanden ist, vielleicht nirgend so ausführbar wäre" (Kl. Schr. 5, S. 310, mit weiteren praktischen Hinweisen). Trotzdem die Namenforschung sich längst zu einem besonderen Zweig der Deutschen Philologie entwickelt hat, ist die Flurnamenverzeichnung noch heute in einem besonders bedenklichen Rückstand. Für die Deutung der Namen hat Jacob Grimm eindringlich vor Scheinlösungen gewarnt, da hier die „Volksetymologie" sowohl wie die wissenschaftliche Entdeckerfreude besonderen Gefahren ausgesetzt sind. Echte Lösungen dagegen können nicht genug geschätzt und gesucht werden.

Über hessische Ortsnamen. 1840. Kl. Schr. 5, S. 297–311. – Om oldnorske egennavne ... 1844: S. 130. – Über eine Urkunde des XII. Jh. 1851: 1. S. 118 (Über Orts- u. Personennamen). – Über Frauennamen aus Blumen. 1852: Kl. Schr. 2, S. 366–401. – Frauennamen auf niwi. 1852: ebda 7, S. 347–351. – Von Vertretung männlicher durch weibliche Namensformen. 1858: ebda 3, S. 349–413. – s. a. ebda 8, S. 572, Register s. v. Eigennamen.

SCHOOF, Wilhelm: Jacob Grimm als Vorläufer der heutigen Flurnamenforschung, in: Beiträge zur Namenforschung 14 (1963), S. 148 bis 162 u. 252–273.

Auch den *Mundarten* war Jacob Grimm naturgemäß von früh an zugewandt. „Meine Grammatik zeigt an verschiedenen Orten, wie viel Aufklärung für die Geschichte der Sprache aus unscheinbaren, mundartischen Flexionen zu gewinnen sei" heißt es schon in der Vorrede zur »Deutschen Grammatik« 1819 (Kl.

Schr. 8, S. 88). Deshalb verlangte er auch hier eine Bestandsaufnahme, beteiligte sich schon 1816 an Radlofs Sammelwerk »Die Sprache der Germanen« (s. u., Schoof) mit hessischen Mundartbeiträgen und ermunterte bei jeder Gelegenheit zur Schaffung von Dialekt-Wörterbüchern, von denen er das bayrische von Schmeller als Muster betrachtete und empfahl; auch Stalders »Versuch eines schweizerischen Idioticons« 1806 hat er sehr geschätzt (vgl. u. S. 129 Wanner).

In der »Geschichte der deutschen Sprache« (1848, 2, S. 827 bis 841) unterschied er „Dialecte" und „Mundarten", jene als Teilsprachen, diese als Volkssprachen unterhalb der Hochsprache verstanden. Über das Verhältnis der Hochsprache zu den Mundarten urteilte er – bei aller Vorliebe für das Volksgemäße – sachgerecht im Sinne der hochdeutschen Gesamtsprache (ebda, S. 834 f.), gab aber gleichzeitig Ratschläge für die inzwischen erfolgte Kartierung der deutschen „Volksmundarten" (ebda, S. 838).

Schoof, Wilhelm: Jacob Grimm u. die Anfänge der dt. Dialektgeographie, in: Zs. f. Mundartforschung 30 (1963), S. 97–103.
Niemeyer, Wilhelm: Georg Landau u. die Anfänge dt. Mundartforschung, in: ebda 29 (1962), S. 56–62. (Mit Bezug auf Jacob Grimm.)

Von Anfang an großzügig war Jacob Grimms Stellungnahme zum *Fremdwort*. Er gebrauchte die gängigen Fremdwörter, verteidigte sie gegen die „pedantischen" Sprachreiniger, die er wie zum Spott mit dem Fremdwort „Puristen" benannte (z. B. bei den grammatischen Termini; Vorrede zur Grammatik: Kl. Schr. 8, S. 41–43), erkannte die Bedeutung der Fremdwörter für eine internationale Verständigung sowohl wie für sprachgeschichtliche Erkenntnisse und nahm sie in einer (Vorrede, Sp. 26–29) wohlerwogenen Auswahl in das »Deutsche Wörterbuch« auf. Es ist aber deutlich, daß er je länger je mehr zur Bevorzugung eines deutschen Ausdrucks vor einem fremden, ja sogar zum Ersatz entbehrlich scheinender Fremdwörter neigte (z. B. „Weltweiser" für Philosoph. 1851: Kl. Schr. 1, S. 255; nicht bei Diewerge. „Auslauf" für Excurs. 1847: Kl. Schr. 1, S. 343 noch: „Excurs oder Auslauf"; 1855: Kl. Schr. 2, 236 u. 299 „Auslauf"), worüber er sich zuerst 1846 bei der Frankfurter Germanistenversammlung öffentlich aussprach mit dem Tenor: „unsere Sprache muß viel mehr reingehalten . . . als willkürlich gereinigt und unbefugt erweitert werden" (Kl. Schr. 7, S. 559).

Diewerge, Heinz: Jacob Grimm u. das Fremdwort. 1935. – Zurechtrückende Bespr. von Arthur Hübner in: AfdA 54 (1935), S. 79 f.

„Das ist der eigentliche Mangel der Arbeit: die Fremdwörter werden nicht gewogen" (S. 80). – Ein verzwicktes Doppelregister gibt die Jahre des Vorkommens eines Fremdwortes, aber nur selten die Fundstelle an. Übergang zu deutschem Ausdruck z. B. bei: dialog (S. 108), dediciren, dedication (S. 110/112), edition (S. 118), existieren, existenz (S. 119), emendation (S. 120), elision (S. 121), excurs (S. 122), journal (S. 148), tradition (S. 214).

Es ist bemängelt worden, daß die deutsche Germanistik, befangen in der Rückwärtsgewandtheit Jacob Grimms, den Studenten kein Kolleg über *Rechtschreibung* böte. Es mag dahingestellt sein, ob ein solches Kolleg nützlich wäre. Auf jeden Fall aber gehört Jacob Grimm an den Anfang einer Geschichte der modernen deutschen Rechtschreibungsreform. Seine Bemühungen in diesem Punkte gingen über Jahre, und ihr weitgehender Mißerfolg gegenüber einem zähen Traditionalismus hat ihn geradezu erbittert. Schon 1817 protestierte er gegen barocke Schreibweise und gegen die „ursprünglich höchst philistrische Erfindung der großen Buchstaben" (Kl. Schr. 6, S. 276 f.). Ausführlich und grundsätzlich äußerte er seine progressiven Ansichten in der Vorrede zum DWb. (1, Sp. 54–62; Kl. Schr. 8, S. 364–374), persönlich z. B. in einem Brief an Johann Haering (s. d.) in Vodňan, Südmähren (3. 2. 1855).

Progressiv war Jacob Grimm auch in der Benutzung der Antiqua anstelle der Fraktur, die er 1820 für den Druck der 2. Auflage des ersten Bandes der Grammatik (1822) durchsetzte, worin ihm Rask schon 1817 vorausgegangen war. Gleichzeitig wurde auch die Kleinschreibung der Substantiva eingeführt (vgl. die Briefe an Lachmann vom 24. 10. und 25. 11. 1820; Briefw. 1, S. 208 u. 234).

„Von nun an ging GRIMM auch *in seinem Schriftwechsel* zu lateinischen und kleinen Anfangsbuchstaben der Substantiva über. Ab 1. 4. 1821 in seinen Briefen an LACHMANN, ab 24. 11. 1821 an HOFFMANN VON FALLERSLEBEN, ab 18. 6. 1824 an MEUSEBACH [vgl. auch Briefw. Meusebach, S. 105 f.], ab 4. 1. 1825 an ARNIM und Fernerstehende" HIEHLE, s. u., S. 305. – Gegebenenfalls für Datierungen wichtig. Lachmann bevorzugte aus praktischen Gründen die Kleinschreibung seit 1843/44 (Lachmanns Briefe an Moriz Haupt. 1892, S. V).

Scharf genug war dann die Äußerung in der 3. Aufl. des 1. Bdes der »Deutschen Grammatik« (1840, S. 26): „Wer die sogenannte deutsche schrift braucht, schreibt barbarisch, wer grosze buchstaben für den anlaut der substantive schreibt, pedantisch" („barbarisch-pedantisch" hatte GOETHE in seiner Rez. von »Des Knaben Wunderhorn« ein Gedicht genannt); und ähnlich geht es in der Rede »Über das Pedantische« (1847). Wiederum in der Vorrede zum DWb. (1. 1852. Sp. 52–54;

Kl. Schr. 8, S. 361–364; vgl. auch ebda 7, S. 218–222 [1847]) hat er seine Verfahrensweise ausführlich begründet. Während die Germanistik seine Grundsätze z. B. im Druck ihrer Zeitschriften übernahm, war die „deutsche“ Schrift doch noch bis zum Jahre 1936 die allgemein gültige.

ANDRESEN, Karl Gustaf: Über Jacob Grimms Orthographie. 1867. (Darstellung der Tatbestände.)

MICHAELIS, Gustav: Über die Anordnung des Alphabets, besonders in wissenschaftlichen Wörterbüchern. Mit einer Abhandlung über die für ch, sch, sz vorgeschlagenen Zeichen von JACOB GRIMM [1857: Kl. Schr. 7, S. 479–483]. 1858. – DERS.: Über Jacob Grimms Rechtschreibung. 1868. (Mit eigenen, weitergehenden Forderungen.)

SCHIROKAUER, Arno: Jacob Grimms romantische Schriftauffassung, in: Imprimatur 1 (1930), S. 88–100. (Abwegig. Grimms Gründe waren durchaus unromantisch, gegenständlich, praktisch.)

HIEHLE, Kurt: Jacob Grimm als Wegbereiter einer lautrichtigen Rechtschreibung, in: Zs. f. Phonetik 3 (1949), S. 303–316.

So umfangreich die Kenntnis und Verwertung *fremder Sprachen* bei Jacob Grimm war, so hat er sich doch nur selten in besonderen Veröffentlichungen mit ihnen beschäftigt. Zur Klassischen Philologie stand er bei aller Hochachtung und trotz der engen Freundschaft mit Lachmann im Gegensatz. Zur Romanischen Philologie hatte er, besonders durch Friedrich Diez, bessere Beziehungen (Richert, Diss. S. 87–93, über Wilhelm S. 82–87). Für sich allein steht die deutsche Ausgabe der Serbischen Grammatik von Vuk Karadžić mit ihrer ausführlichen Vorrede, die nicht nur der Sachkenntnis, sondern auch der Neigung Jacob Grimms für diesen Bereich ein schönes Zeugnis ausstellt. Im übrigen s. die Bibliographie o. S. 7 und Kap. II, 12.

Vuk's Stephanovitsch kleine serbische Grammatik ... 1824: s. S. 173.

Über Marcellus Burdigalensis. 1847: s. S. 131. – Über die romanischen Genitive Pluralis. 1849: Kl. Schr. 5, S. 376–381.

KABILINSKI, Fritz: Jakob Grimm als Romanist. Ein Beitrag zur Geschichte der romanischen Philologie in Deutschland. Phil. Diss. Greifswald 1914. – Dazu GINSCHEL, S. 64, Anm. 2.

Jacob Grimms eigene Sprache verlangt eine neue Untersuchung. Sein Wortschatz und dessen Ursprünge, seine eigenwilligen Wortformen, seine Syntax und sein Bilderschatz ergeben zusammen das Ganze eines persönlichen Sprachstils, dessen Entwicklung aus expressionistischen Anfängen (z. B. in den ›Altdt. Wäldern‹) zu einem großartigen Altersstil bisher nicht ausreichend dargestellt ist. Besonders zu berücksichtigen wären u. a. sein beliebtes Zurückgehen auf ahd. oder mhd. Formen, die gern geübte Verwendung Goethescher Vokabeln, auch die Frage des Einflusses lateinischer Konstruktionen. Prägnanz, Dynamik und Anschaulichkeit des Ausdrucks sind kennzeichnend für eine souveräne Darstellungsweise, die vielfältige Mittel sicher einzusetzen wußte.

ANDRESEN, Karl Gustav: Über die Sprache Jacob Grimms. 1869. photomech. Neudr. 1968. (Umfangreiche Materialsammlung, die in dieser Form für eine Darstellung kaum benutzbar ist.)

BOUCKE, Ewald A.: Der Prosastil, in: Grundzüge der Deutschkunde, hrsg. von Walter Hofstaetter u. Friedrich Panzer. 1. 1925, S. 126 über Jacob Grimm. Darin: „Er vereinigt wissenschaftliche Strenge mit dem Streben nach sinnlicher Anschauung ... Charakteristische Züge sind das Streben nach Gedrungenheit und Verdichtung (daher viele Partizipien, Voranstellung des Genitivs), die Vorliebe für Wurzelwörter, die sich auch in der Vermeidung der Suffixe -heit, -keit äußert, möglichst Einschränkung im Gebrauch der Hilfswörter und der Kopula sowie der verneinenden Partikeln (stattdessen un- Formen) ...“

SIMON, Ernst: Zu Jacob Grimms Sprache, Stil u. Persönlichkeit, in: DVjs. 7 (1929), S. 515–559; auch in: E. S.: Brücken. Ges. Aufsätze. 1965, S. 93–134 u. 475 (Anm.). Behandelt nur den Altersstil. (Mehrere Interpretationen bedürfen der Korrektur.)

SCHOOF, Wilhelm: Die hessische Redeweise der Brüder Grimm, in: Muttersprache 1956, S. 394–398. (In den Jugendbriefen.)

Allgemeine Literatur

BENFEY, Theodor: Geschichte der Sprachwissenschaft u. oriental. Philologie in Deutschland seit dem Anfange des 19. Jhs mit einem Rückblick auf die früheren Zeiten. 1869, S. 427–470.

RAUMER, Rudolf von, s. S. 31.

THOMSEN, Vilhelm: Die Geschichte der Sprachwissenschaft bis zum Ausgang des 19. Jhs. Übers. von Hans Pollak. 1927. (Vorzügliche knappe Darstellung.)

ARENS, Hans: Sprachwissenschaft. Der Gang ihrer Entwicklung von der Antike bis zur Gegenwart. 1955, S. 172–181. (Kommentierte Zitate aus Grimms Schriften. Im Urteil leider nicht eindringend.)

REICHMANN, Oskar: Deutsche Wortforschung. 1959. (Slg Metzler. 82.)

5. Rechtskundliche Germanistik

Jacob Grimm begann ein juristisches Studium im SS 1802 und verließ ohne eine Prüfung die Universität nach dem SS 1804. Dennoch war er „von Haus aus Jurist“ und hat sich auch als solcher im Assistentendienst bei SAVIGNY in Paris 1804 sowie einige Jahre lang praktisch im kurhessischen Verwaltungsdienst betätigt. Sein Ausscheiden aus der Juristerei ist letztlich in seiner Abneigung begründet, seine Gedanken oder sich selbst irgendeiner von außen gesetzten Regel oder Anordnung fügen zu müssen, jedenfalls da, wo sie ihm nicht angemessen erschienen. Ihm ging es um die Möglichkeit zur freien Forschung, nicht um die Ausbildung für einen Brotberuf.

Savignys Dank in der Vorrede zur »Geschichte des Römischen Rechts im Mittelalter«. 1815: „Endlich muß auch die treue Hilfe dankbar erwähnt werden, die dem Verfasser sein Freund Jacob Grimm auf mehreren Bibliotheken, besonders in Paris, geleistet hat, und wodurch vorzüglich den folgenden Bänden dieses Werks großer Vorschub geschehen ist" (Bd 1, S. XIV).

„Herzensergießung" über den Entschluß, ‚das Studium der Jurisprudenz aufzugeben': Briefe an Savigny vom 9. 3. und 11. 8. 1807 (Ausg. S. 28–32 Schoof). Savignys verspätete und verständnislose Antwort vom 30. 7. 1807 (Ausg. 1, S. 305 Stoll; der zweite Brief blieb unbeantwortet).

Zwei Dinge aber sind ihm aus seinem Studium geblieben: die an den juristischen Stoffen geübte Fähigkeit, kritisch und folgerichtig zu denken, klar zu definieren, sauber zu koordinieren und logisch zu deduzieren, das Wesentliche an einem Sachverhalt zu erkennen und diesen klar zu erläutern, – mit einem Wort: eine „formale Bildung" von achtbarer Bedeutung, die bisher fast unbeachtet geblieben ist und eine eigene Untersuchung anhand des juristischen Lehrstoffes der damaligen Zeit verdiente. Zum anderen haben ihn die einfache Sachkenntnis und das Interesse an juristischen Gegenständen vom Studium her lebenslang begleitet. Die bei ihm herrschende Vorstellung, daß Glaube, Recht, Sitte, Sprache und Dichtung eines Volkes aus der gleichen Wurzel kämen, könnte allein das starke, produktive Interesse an den Gegenständen der Rechtsgeschichte oder besser: an der Volkskunde des Rechts nicht voll erklären. Freilich beruhte dieses Interesse mehr auf dem Widerspruch gegen das, was man damals Rechtsgelehrsamkeit nannte. Er ging aus von der Vorstellung, daß das Recht aus der Sitte, d. h. aus dem Gewohnheitsrecht hervorgegangen sei, und die Überlieferung dieser bis in die Gegenwart reichenden Rechtsformen (in Sprache, Symbol, Handlung) wollte er, genau wie bei der ‚Sage', dem Märchen, aus ihren Zeugnissen belegen und im Zusammenhang mit den anderen ‚Altertümern', d. h. Zeugnissen des Wachstums der Kultur, seiner Zeit vor Augen stellen.

Der frühe Aufsatz *»Von der Poesie im Recht«* ist ein echt

jugendlich-arroganter Versuch, das Recht „einmal von einer anderen Seite zu zeigen", wie man heute gern sagt, nämlich von der Seite, die Herder eröffnet und die auch Savigny vertreten hat. Aber es blieb nicht bei einer solchen Demonstration. Jacob Grimm hat in seinen großen Sammlungen und in zahlreichen Einzeldarstellungen eine Fülle von Rechtsvorstellungen an das Licht gebracht und ihren Sinn erläuterte, das gleiche auch in den europäischen Nachbarländern teils unmittelbar, teils mittelbar veranlaßt. Eine bedeutsame Belebung des Rechtsdenkens – über die historische Konstatierung von Tatsachen hinaus – war die Folge. Dabei war das Deutsche Recht naturgemäß sein Forschungsgegenstand, doch war es ihm dabei kein Problem, die Bedeutung und den Gebrauch des Römischen Rechts voll anzuerkennen, – eben weil es ihm nicht um Rechtsproblematik, sondern um Erkenntnis des Gewordenen ging. Lediglich das „gesetzte" Recht des Code Napoléon war ihm und seinem genetischen Denken zuwider.

Ohne Zweifel ist Friedrich Karl von Savigny auf Jacob Grimms Vorstellungen vom Recht von grundlegendem Einfluß gewesen, wenn auch später ihre Auffassungen naturgemäße eigene Wege gingen. Zahlreich waren die anderen Juristen, mit denen Jacob Grimm einen nicht abreißenden Gedankenaustausch unterhielt, von Hugo und Eichhorn in Göttingen bis zu Reyscher und Wilda, den Herausgebern der ›Zeitschrift für deutsches Recht‹ und Inauguratoren der „Germanisten"-Versammlungen. Aber Jacob Grimm blieb ein Eigener, und es ist müßig, die Frage seiner Verknüpfung mit der „Historischen Schule" überhaupt zu stellen.

Nach dem Erscheinen des zweiten Bandes der »Deutschen Grammatik« wurde 1827 – bemerkenswerterweise ganz ohne Verbindung mit Savigny! – unter Wiederaufnahme angesammelter Materialien aus der Zeit der ersten rechtskundlichen Veröffentlichungen die Arbeit an den *»Deutschen Rechtsaltertümern«* begonnen. Das Werk erschien im August 1828. An ihm bewies Grimm zum erstenmal seine Fähigkeit, in kleinsten Dingen sinnvolle Zusammengehörigkeiten zu erspüren und diese sichtbar zu machen. Vorbildlich sind dabei – von den KHM bis zum DWb. immer wieder geübt – der unerhörte Sammelfleiß, die vorurteilslose Sachtreue im Material, die praktikable Anordnung, die eindringliche Anschaulichkeit der Darstellung. Das alles hat den Rechtsaltertümern zu einem weitausgebreiteten Erfolg (Ehrendoktorat von Berlin und Breslau, – also aus dem „Ausland"), unmittelbarer Nachahmung (Frankreich: Michelet;

Niederlande: Noordewier, u. a.) und anhaltender Wertschätzung verholfen. Fast unglaublich erscheint es, daß dies Werk in nur $1^{1}/_{2}$ Jahren zusammengestellt und ausgedruckt wurde; die vom Verfasser selbst sehr gewünschte Neubearbeitung ist mit anderem dem »Deutschen Wörterbuch« zum Opfer gefallen.

Was die »Deutschen Rechtsaltertümer« enthalten, ist juristische Volkskunde. Es erhellt daraus vieles, was garnicht unmittelbar zum Recht, sondern einfach zur Lebens- und Denkweise in den alten Gemeinschaften gehörte. „Unhistorisch" kann und soll man es getrost nennen, daß die Details nicht auf ihre zeitliche Zugehörigkeit geprüft, auch daß (wie bei den Märchen) ausländische Altertümer mit herangezogen wurden, wo sie sich boten. Es kam darauf an, aus der Fülle gehaltreicher Rechtsformen so vieles zusammenzutragen und vor dem Vergessenwerden zu bewahren, wie nur irgend möglich. Nicht, weil in dem Alten das alleinige Heil läge, sondern weil es gesund gewachsene, keimkräftige Saat enthält, die einer neuen Verwendung wert ist, – einer Aufzüchtung degenerierter Formen mit Wildpflanzen vergleichbar. Bemerkenswert, daß der inzwischen als Grammatiker berühmte Jacob Grimm seine Antrittsvorlesung in Berlin *»Über die Altertümer des deutschen Rechts«* gehalten hat. Hier werden ‚ideale und reale Forschung', Römisches und einheimisches Recht, Recht in Verbindung mit Sitte und Sprache an ihren Ort gerückt, wobei der Sprecher sich ausdrücklich von ‚philosophischer und historischer Schule' absetzte. Für ihn galt eben ein anderer, der gesamt-germanistische Aspekt. Es liegt allerdings eine gewisse Tragik des Buches darin, daß die Germanisten es wohl meist für ein juristisches gehalten haben.

Bei der Materialsammlung für die »Deutschen Rechtsaltertümer« entstand ein neuer Plan: die *»Weisthümer«* als eine Hauptquelle der Rechtsüberlieferung systematisch zu sammeln und geschlossen zu veröffentlichen. Eine Studienreise nach Süddeutschland im Herbst 1831 und ein ausgedehnter Briefverkehr erbrachten in kurzer Zeit ein reiches Material, durch Joseph von Laßberg's Vermittlung besonders aus der Schweiz; von da sandte Bluntschli so viele Beiträge, daß Jacob Grimm erwog, ihn als Mitherausgeber zu nennen, was dann freilich unterblieb, – zu Bluntschli's begreiflichem Mißfallen. Als Mitarbeiter hat dann Ernst Dronke lange und ergiebig geholfen, später auch Rudolf Schröder, der nach Grimms Tode das noch vorhandene Material herausgab.

Wir wissen heute, daß die „Weistümer" in der großen Mehrzahl nicht, wie Jacob Grimm meinte, altes, womöglich noch germanisches

Bauernrecht sind, sondern weithin kodifiziertes Herrenrecht (vgl. »Hwb. d. Rechtswiss.« 6, 1929, S. 846 f.). Ihr Quellenwert ist dadurch für uns freilich nicht gemindert. Jacob Grimms Sammlung, von Mitarbeitern und Schülern fortgesetzt, ist bis heute gültig und hat, wiederum wie die Märchen- und Sagensammlung, eine reiche Nachfolge hervorgerufen.

Groß ist die Zahl von Akademievorträgen und Aufsätzen, die Jacob Grimms fortgesetztes Interesse an der Volkskunde des Rechtes, auch über die Arbeit an den Weistümern hinaus, erkennen lassen. Sie zeigen die Fortsetzung der in jenem Aufsatz von 1815 erstmalig und exemplarisch angewandten Methode, ein völlig spezialisiertes Sachgebiet in seine ursprünglichen und lebendigen Zusammenhänge zu stellen und von da aus neue Perspektiven darin auszuleuchten, – was später mit den verfeinerten Mitteln der von Grimm ausgebildeten Sprachwissenschaft geschah. Die Rechtswissenschaft wurde damit aus der beruflichen Handwerkslehre, die sie bis dahin war, zu einem Gebiet echter Forschung gemacht und zugleich der Rechtsphilosophie ein neuer fruchtbarer Boden bereitet, während die Rechtsgeschichte, der das Buch bisher meist zugeordnet wird, zwar den Impuls übernehmen, aber doch eigene Wege suchen mußte.

Literatur:

Deutsche Rechtsaltertümer. Göttingen: Dieterich 1828. [Widmung:] Carl Gregor Hartwig Freiherrn von Meusebach. – ²1854; ³1881. – ⁴1899, bearb. v. Andreas Heusler u. Rudolf Hübner, Bd 1.2. Eingearbeitet sind die Nachträge aus dem Handexemplar u. dem „Quartband“ (Kladde, Grimmschrank Nr 34); Quellenverzeichnis, Sach- u. Wortregister; Inhaltsverzeichnis v. Homeyer. Die Vorrede leider nicht in den Kl. Schr. – Neudruck 1955. – Eine Umarbeitung war von Jacob Grimm lange geplant, vgl. o. S. 2.

Urteile u. Besprechungen: von Eichhorn u. Benecke in den GGA 1829, S. 129–139, von Arnim (unveröff.) im Briefw. S. 596–603 (Steig), andere bei R. Hübner (s. u.) S. 53–63.

Karajan, Theodor Georg von: Index zu Jacob Grimms Deutschen Rechtsaltertümern. Hrsg. v. Alois Pogatscher. Salzburg 1877.

Nachwirkung in anderen Ländern:

Michelet, Jules: Origines du droit français. 1837. (Mehr als die Hälfte von Grimm übernommen; vgl. Jacob Grimm an Goedeke, 9. 4. 1839.)

Chassan, Joseph Pierre: Essai sur la symbolique du droit. Précedé d'une introduction sur la poésie du droit primitif. Paris 1847.

Noordewier, Michael Jan: Nederduitsche Regtsoudheden. 1853. (Ergänzung zu Grimm aus eigenem Material.)

Kotljarevskij, Aleksandr Aleks.: Drevnosti juridičeskago byta Baltijskich Slavjan [Rechtsaltertümer d. Ostseeslaven]. 1. Prag 1874.

Bogišić, Valtazar: O važnosti sakupljanja narodnijch pravnih običaja kod Slovena [Über die Bedeutung des Sammelns volkstümlicher Rechtsbräuche bei den Slaven], in: Književnik 1866. Mit e. Fragebogen mit 347 Fragen u. e. Anleitung zum Sammeln von Rechtsbräuchen.

Ders.: Pravni običaji u Slovena. Privatno pravo. [Rechtsbräuche bei den Slaven. Privatrecht]. 1867. – Bogišić hat das Volksrecht zur Grundlage einer modernen Rechtskodifikation gemacht. „Das große Vorbild ist Jacob Grimm"; vgl. Werner G. Zimmermann: Valtazar Bogišić 1834–1908. 1962, bes. S. 56 u. 61. (Veröff. d. Inst. f. europ. Geschichte Mainz. 22.)

Fortführung

Amira, Karl von: Recht, in: Pauls Grundriß der German. Philologie, Bd 3. ^{2}1900, S. 51–222. (Historisch.)

Reiffenstein, Ingo: Rechtsfragen in der dt. Dichtung des Mittelalters. 1966. (Salzburger Univ.-Reden. 12.) – Mit weiterer Literatur.

Weisthümer. Bd 1. Göttingen: Dieterich 1840; Bd 2. Mithrsg. Ernst Dronke u. Heinrich Beyer. 1840; Bd 3. 1842; Bd 4. Hrsg. durch d. Bayer. Histor. Komm. 1863; Selbstanzeige: Kl. Schr. 5, S. 452–455; Bd 5. Hrsg. v. Richard Schröder. 1866; Bd 6.7 (Register). Bearb. v. Richard Schröder. 1869/70. – Ein von J. G. geplanter Einleitungsbd ist nicht erschienen; vgl. a. Kl. Schr. 8, S. 557 f.

Müller, Walter: Über den schweizer. Beitrag zu Jacob Grimms Weistümersammlung, in: Schweizer. Zs. f. Geschichte 13 (1963), S. 372 bis 379.

Juristische Kolleghefte der Brüder aus Marburg: SB Berlin (West) Ms. Germ. 4° 963–965a. (Herm. Degering: Kurzes Verzeichnis der german. Hss. der Preuß. Staatsbibl. 2, 1926, S. 161 f.) – Gedruckt ist (nach Ms. Germ. 4° 964 u. 964a): Savigny, Friedr. Carl von: Juristische Methodenlehre. Nach der Ausarbeitung des Jakob Grimm hrsg. v. Gerhard Wesenberg. 1951. (WS 1802/03.)

Zu Wilhelm Grimms jurist. Examen s. u. S. 183.

Jacob Grimms eigene jurist. Vorlesungen s. R. Hübner S. 69, Anm. 1.

Jacob Grimms kleinere Schriften zur Rechtskunde:

Über eine eigene altgerm. Weise der Mordsühne. 1815: Kl. Schr. 6, S. 144–152. – Von der Poesie im Recht. 1815: ebda 6, S. 152–191; Neudruck 1963 (Libelli 36). – Literatur der altnord. Gesetze. 1817: ebda 6, S. 243–272. – Etwas über den Überfall der Früchte ... 1817. Ebda S. 272–276. – Über das Wort Fehme. 1825, Nachtrag 1826: ebda 6, S. 362–364. – Über die Altertümer des dt. Rechts. 1841. Antrittsvorlesung in Berlin: ebda 8, S. 545–551. – Über die

Notnunft an Frauen. 1841: ebda 7, S. 27–50. – Bemerkungen zu Schaumanns Aufsatz über das Wergeld der Freien nach der Lex Saxonum. 1842: ebda 7, S. 123–130 (vgl. zu Schaumann: Grimmschrank 682, DAFFIS, S. 49 b). – Deutsche Grenzaltertümer (Namen, Zeichen, Arten der Landteilung, Götter, Begang, Grenzstreit). 1843: Kl. Schr. 2, S. 30–74. – Über Schenken und Geben. 1848: ebda 2, S. 173–210. – Glaube, Recht, Sitte. In: Geschichte d. dt. Sprache. [4]1880 Bd 1, S. 91–98. – Das Wort des Besitzes. Eine linguist. Abhandlung. Berlin: Akademie 1850. Zu Savignys 50. Doktorjubiläum, mit persönl. Vorwort: Kl. Schr. 1, 113–144. – Almeinde. 1851: ebda 7, S. 296–300. – Drei weitere: ebda S. 301–303 u. 454–467. – Über die meta des Langobardischen Edikts, in: Zs. d. Savigny-Stiftung, German. Abt. 44 (1924), S. 262 f. (U. Stutz). – Ferner sind in Kl. Schr. 4, 5, 6 u. 8 Vorworte (s. u. S. 132) und gehaltvolle Rez. abgedruckt.

Zu Jacob Grimms frühen juridischen Schriften: GINSCHEL, S. 58–60.

Zur ‚Historischen Rechtsschule':

SAVIGNY, Friedr. Carl von: Vom Beruf unserer Zeit für Gesetzgebung u. Rechtswissenschaft. 1815; Neudruck in: Thibaut u. Savigny. Hrsg. v. Jacques Stern. 1959.

EICHHORN, Karl Friedr.: Über das geschichtl. Studium des dt. Rechts, in: Zs. f. geschichtl. Rechtswiss. 1 (1815), S. 124–146.

EHRENBERG, Victor: Herders Bedeutung für die Rechtswissenschaften. Göttinger Festrede ... 1903; vgl. a. Joh. Friedr. von SCHULTE: Karl Friedr. von Eichhorn. 1884, S. 111, Anm. 22.

GIERKE, Otto von: Die histor. Rechtsschule u. die Germanisten. Berliner Gedächtnisrede 1903.

KANTOROWICZ, Herm. Ulrich: Volksgeist u. histor. Rechtsschule, in: Histor. Zs. 108 (1912), S. 295–325. (Über Savigny u. Grimm bes. S. 310–313.)

ROTHACKER, Erich: Savigny, Grimm, Ranke. Ein Beitrag zur Frage nach d. Zusammenhang der Histor. Schule, in: ebda 128 (1923), S. 415–445; später in: E. R.: Mensch u. Geschichte. 1950, S. 20–48.

CONRAD, Herm.: Aus d. Entstehungszeit der histor. Rechtsschule: F. C. von Savigny u. J. Grimm, in: Zs. d. Savigny-Stiftung, German. Abt. 65 (1947), S. 261–283.

Zu Jacob Grimm:

SCHUSTER, Heinrich M.: Jacob Grimm in seiner Bedeutung für die Rechtswissenschaft, in: Jurist. Blätter 14 (Wien 1885), S. 25–27 u. 37 f.

HÜBNER, Rudolf: Jacob Grimm u. das dt. Recht. Mit e. Anhang ungedr. Briefe an Jacob Grimm. 1895. (Ausführliche Sachdarstellung aus den Schriften u. Briefen.)

DAHN, Felix: Jakob Grimms Dt. Rechtsaltertümer, in: Beil. zur ›Allgem. Ztg.‹ (München) 1900, Nr 60 v. 13. 3. (Zur Neuausgabe von 1899.)

Landsberg, Ernst: Geschichte der dt. Rechtswissenschaft. 3. Abt., 2 Halbbd, Text. 1910, S. 277–286, u. Noten S. 114–116. (Jacob Grimm als Jurist, aufgrund von R. Hübner. Ohne persongerechten Gesichtspunkt.)

Heymann, Ernst: Hundert Jahre Berliner Juristen-Fakultät, in: Die juristische Fakultät der Universität Berlin ... Hrsg. v. Otto Liebmann. 1910. (Über Jacob Grimm S. 28 f.)

Wieacker, Franz: Savigny u. die Gebrüder Grimm. Zum Erscheinen der Grimmbriefe, in: Zs. d. Savigny-Stiftung, German. Abt. 72 (1955), S. 232–244; auch in: F. W.: Gründer u. Bewahrer. 1959, S. 144–161. (Gewichtig: Mehr als eine Besprechung.)

Vonessen, Hedwig: Friedr. Karl von Savigny u. Jacob Grimm. Diss. München 1958. (Analyse des Briefwechsels, ohne neue Gesichtspunkte.)

Schuler, Theo: Jacob Grimm u. Savigny. Studien über Gemeinsamkeit u. Abstand, in: Zs. d. Savigny-Stiftung, German. Abt. 80 (1963), S. 197–305. (Feinsinnige, über das Verhältnis der beiden weit hinausgehende Darstellung. Über dieses selbst vielleicht noch nicht das letzte Wort.)

Ebel, Wilhelm: Jacob Grimm u. die dt. Rechtswissenschaft. 1963. (Göttinger Univ.-Reden. 41.) (Mit e. Exkurs über den Göttinger Protest.)

Schoof, Wilhelm: Jacob Grimms Abkehr von der Rechtswissenschaft, in: Zs. f. Schweizer. Recht 104 (1963), S. 269–282. (Bedenkliche Kommentierung.)

Grosse, Rudolf: Jacob Grimm. Recht u. Rechtlichkeit, in: Germ. Inst. Berlin (1965), S. 491–494.

6. Religionskundliche Germanistik

Die Beschäftigung mit der Mythologie ist in der Wissenschaft des 19. Jhs. und ihrem Publikum zu einer Art Epidemie ausgeartet, – in ähnlicher Weise wie es im 20. Jh. bei der Rassenlehre und später bei der Psychologie und Psychotherapie geschehen ist. Auch Jacob Grimm ist dem – im Nachgang zu Friedrich Creuzer und Joh. Arnold Kanne – nicht entgangen; seine Schrift »Irmenstraße und Irmensäule« (1815 erschienen, aber vermutlich schon 1811/12 konzipiert) ist dafür ein abschreckendes Beispiel. Aber wie bei der Etymologie so ist es ihm auch bei der Mythologie gegangen: Ein kritisches Sachinteresse hat die spekulative Schwärmerei abgelöst. Aus dem Grundgedanken von der inneren Einheit des menschlichen Kulturdaseins ergab sich geradezu zwangsläufig die Aufgabe, nach der Volkspoesie, der Sprache und dem Recht auch die religiöse Seite des deutschen Altertums durch Sammlung der erhaltenen Zeugnisse aufzuklären, – oder wenigstens die Grundlagen für die richtige Erkenntnis dieser Dinge zu schaffen.

Schon das Grundkonzept der 1832 begonnenen Arbeit enthielt eine kennzeichnende kluge Beschränkung: Die nordische Mythologie wurde – anders als bei den früheren Werken anderer Verfasser – von der Behandlung ausgeschlossen. Was dann entstand, ist unter dem Gesichtspunkt religiöser Volkskunde zu betrachten. Was sich aus Fetzen der Überlieferung und Zeugnissen der Sprache zusammensetzen ließ, wurde ergänzt aus alledem, was im alten und neuen Aberglauben noch an alten Vorstellungen durchschimmert. Das alles geschah ohne den Enthusiasmus, der die Zeitgenossen wie eine Art intellektueller Ersatzreligion bewegte. Der Erfolg bei diesem Publikum war dementsprechend größer als bei den Rechtsaltertümern. Der ungenannte Verfasser des Nachrufs in den ›Grenzboten‹ 1863 bezeichnete die *»Deutsche Mythologie«* sogar als „vielleicht das Hauptwerk" Jacob Grimms, während wir heute ihre Wertung auf ein schlichteres Maß zurücklenken. Zu dem geplanten 3. Bd. (vgl. Kl. Schr. 7, S. 600) ist es, wie bei den »Deutschen Sagen«, nicht gekommen.

Jacob Grimms Interesse an den mythologischen Dingen blieb gleichwohl rege und produktiv. Eine Anzahl gehaltreicher größerer sowie kleiner Veröffentlichungen zeugt davon.

Es gehört hierher auch eine höchst bedauerliche Auseinandersetzung mit seinem Schüler Wilhelm Müller in Göttingen sowie die gutgläubige Anerkennung einer Wiener Fälschung, des „ahd. Schlummerliedes ‚*slafês tocha sliumo*'" – wesentlich dem Namen der Göttin Tanfana zuliebe. Die Lektüre der ersten Veröffentlichung dieses „Kunstwerkes" und seiner Entlarvung durch Th. Jaffé gibt dem ernsten Anliegen der Forschung auch einmal eine erheiternde Note.

Jacob Grimms Nachfolge auf diesem Gebiet haben in Deutschland Johann Wilhelm Wolf, Wilhelm Mannhardt und Karl Müllenhoff angetreten. Die mythologischen Spekulanten sind gleichwohl bis heute nicht ausgestorben.

Überraschend ist die Auswirkung der »Deutschen Mythologie« in den anderen europäischen Ländern. In deutlicher, ja ausgesprochener Anlehnung entstanden eine französische, niederländische, slavische, ungarische Mythologie, – noch unkritische Materialsammlungen wie diese selbst, aber doch Kristallisationskerne für eine Forschung, die es bis dahin noch nicht gegeben hatte.

Deutsche Mythologie. Göttingen: Dieterich 1835. Die Vorrede beginnt: Lieber Dahlmann ... (Kl. Schr. 8, S. 148–171). – Selbstanzeige: Kl. Schr. 5, S. 198–202. – 2. Ausg. Bd 1.2. 1844. Überarb. u. verm., aber ohne den Anhang der 1. Ausg. – 3. [unveränd.] Ausg. 1854. – 4. Ausg. v. Elard Hugo Meyer. Bd 1–3. 1875–1878; Neudruck 1953. – Andere, gekürzte Ausgaben: 1934 (E. Redslob), 1939 (erl. u. eingel. v. Karl Hans Strobl), 1942 (Reclams Univ.-Bibl. Nr 7501/03).

Englisch: Grimm, Jacob: Teutonic Mythology. Transl. by James Steven Stallybrass. Vol. 1–4. London 1880–1888; Nachdruck: New York 1882–1889; Neudruck: New York 1966.

Vorläufer: KANNE, Joh. Arnold: Erste Urkunden der Geschichte oder allgem. Mythologie. Bd 1.2. 1808; CREUZER, Friedrich: Symbolik u. Mythologie der alten Völker. Bd 1–4. 1810–1812; MONE, Franz Joseph: Geschichte des Heidentums im nördl. Europa. 1822/23.

Kleinere Schriften Jacob Grimms zur Mythologie:

Gedanken über Mythos, Epos u. Geschichte. Mit altdt. Beispielen. 1813: Kl. Schr. 4, S. 74–85. – Irmenstraße und Irmensäule. Eine mytholog. Abhandlung. 1815: ebda 8, S. 471–504. Dazu: GINSCHEL S. 309 bis 326; eine Gegenschrift ist: Fr. H. v. d. HAGEN: Irmin, seine Säule, seine Straße u. sein Wagen. 1817. – Mythologica. 1836: Kl. Schr. 7, S. 1–12. – Altfriesische Kosmogonie. 1841: ebda 7, S. 50 f. – Zu den Merseburger Gedichten. 1842: ebda 7, S. 96–98. – Schon mehr über Phol. 1842: ebda 7, S. 101–106, auch S. 173–175. – [Rez.:] Wilh. MÜLLER: Geschichte u. System der altdt. Religion. 1844. Rez. 1844: Kl. Schr. 5, S. 336–344; ebda 7, S. 600–602 (vgl. ZfdPh. 34, 1902 S. 556 f.). Dazu die Gegenschrift: Wilhelm MÜLLER: Offenes Sendschreiben an Herrn Jacob Grimm, als Nachtrag zu d. Buche: Geschichte u. System der altdt. Religion. 1845. – Griechischer Volksglaube aus heimischem erwiesen. 1845: Kl. Schr. 5, S. 354–358, mit Nachtrag S. 358 f. (über das zu Abend speisen mit den Göttern). – Wodan und Frea bei den Winilen. 1845: ebda 7, S. 165 f. – Der heilige Hammer. 1845: ebda 7, S. 175–177. – Über das Verbrennen der Leichen. 1849: ebda 2, S. 211–313. – Stellen bei Jornandes, Herodot, Claudian. 1849: ebda 5, S. 371–376 (zum Thema Goten-Geten). – Über den Liebesgott. 1851: ebda 2, S. 314 bis 332. – Über die Namen des Donners. 1853: ebda 2, S. 402–438. – Über das Gebet. 1857: ebda 2, S. 439–462. – Rez. u. a. ebda 2, 5 u. 7.

Über die Göttin Tanfana. 1859: Kl. Schr. 5, S. 418–421 (Althochdt. Schlummerlied). – Ausgangspunkt: Georg Zappert: Über ein ahd. Schlummerlied, in: WSB 29 (1858), S. 302–314. Ein unveröff. Brief Jacob Grimms an Zappert in der MuLB Kassel. – Kontroversliteratur: Virgil Grohmann: Über die Echtheit des ahd. Schlummerliedes, in: SB d. Kgl. böhm. gel. Ges., Prag 1861; Franz Pfeiffer in: Forschungen 2, 1866, S. 43–66; C. Hofmann: Über das Schlummerlied u. den Bienensegen, in: MSB 1866, Bd 2, S. 103–109. – Klärend: Th. Jaffé in: ZfdA 13 (1867), S. 496–501.

Über die Göttin Freia. 1859: Kl. Schr. 5, S. 421–430. – Über die Göttin Bendis. 1859: ebda 5, S. 430–438.

Beispiele der Weiterwirkung:

(a) *in Deutschland:*

MÜLLER, Wilhelm: Geschichte u. System der altdt. Religion. 1844. (s. o.)

WOLF, Joh. Wilh.: Die dt. Götterlehre. Ein Hand- u. Lesebuch f. Schule u. Haus. Nach Jacob Grimm u. a. 1852.

DERS.: Beiträge zur dt. Mythologie. 1. Götter u. Göttinnen. 1852. Jacob Grimm geweiht; 2. Hrsg. v. Wilh. Mannhardt. 1857.

COLSHORN, Theodor: Deutsche Mythologie fürs dt. Volk. 1853. – S. XII–XXII: räsonnierende Bibliographie bis dahin erschienener, für wichtig gehaltener [20] Werke.

SIMROCK, Karl: Handbuch der dt. Mythologie mit Einschluß der nordischen. 1855.

MANNHARDT, Wilh.: Germanische Mythen. 1858. ‚Jacob und Wilhelm Grimm geweiht.'

(b) *in anderen Ländern:*

ŠAFAŘIK, Paul Joseph: Slavische Altertümer. 1837; Dt. v. Mosig von Aehrenfeld, hrsg. v. Heinr. Wuttke. 2 Bde. 1843/44.

BERGH, Laurens Philippe Charles van den: Proeve van een kritisch Woordenbook der nederlandsche Mythologie. Utrecht 1846. (S. VIII f.: Berufung auf Jacob Grimm; »Deutsche Mythologie« und »Deutsche Sagen« oft zitiert.)

KASTORSKIJ, Michael Ivanović: Nacertanije slavjanskoj mifologii. St. Petersburg 1841. (Mythologia slavica. K. war Schüler Šafařiks.)

CASTRÉN, M. Alex.: Vorlesungen über die finnische Mythologie [1851 bis 1852]. Hrsg. v. A. Schiefner. St. Petersburg 1853. (Nicht ohne Grimms Vorgang denkbar.)

IPOLYI, Arnold: Magyar Mythologia. Pest 1854; Neue Ausgabe 1929.

POTEBNJA, Alex. Nikol.: O mifičeskom značenii nekotorych obrjadov i poverij [Über die mytholog. Bedeutung einiger Bräuche u. abergläub. Vorstellungen]. 1865.

Neuere Arbeiten zu Jacob Grimms »Deutscher Mythologie«:

GUGLIA, E.: Ranke u. Jacob Grimm, in: Mitt. d. Inst. f. österr. Geschichtsforschg. 33 (1912), S. 127–129. (Einfluß der »Dt. Mythologie« in einem Vortrag von R. 1859.)

TIHANY, Leslie C.: Note on J. Grimm's Deutsche Mythologie I, 296, Note 1, in: JEGPh. 36 (1937/38), S. 551–553. – Deutung von ungar. *Ladak utja* (via exercituum) aus einer Szekler-Sage.

SIEBER, Friedrich: Die Deutung des ‚Todaustreibens' in Jacob Grimms Deutscher Mythologie u. in der neueren Forschung, in: Festschr. Berlin 1963, S. 71–93.

SCHREYER-MÜHLPFORDT, Brigitta: Wesensdeutung des Mythus in Jacob Grimms »Deutscher Mythologie«, in: Wiss. Zs. d. Univ. Halle 15 (1966), S. 533–539 (Kurzfassung d. 1963 geh. Vortr. z. 100. Todestage ...). – Keine Überbewertung der Mythologie bei J. G.; G. findet das ‚reformatorische Prinzip' (optimistische Gemütswerte und Vernunft) in der frühen mythischen Zeit.

7. Geschichtskundliche Germanistik

In der Rechtswissenschaft wird Jacob Grimm zu den Anverwandten der „historischen Schule" gezählt. Literatur, Sprache und Religion sah er aus dem historischen Aspekt. Um so auffallender ist es, daß er – und ebenso sein Bruder – sich kaum für den damaligen Hauptgegenstand der Geschichtswissenschaft, die Völker- und Staatengeschichte, erwärmt hat. Gleichwohl ist Jacob Grimm zu den Historikern zu rechnen. Es läßt sich eine ganze Reihe von Veröffentlichungen geschichtswissenschaftlichen Inhalts von ihm aufzählen. Bereits in Kassel bewarb er sich 1815 um die Stelle des Hof-Archivars; in Göttingen las er ein hilfswissenschaftliches Kolleg (über Diplomatik); bei der Frankfurter Germanistenversammlung nahm er an den Sitzungen der historischen Abteilung teil und wurde noch 1859 zu den Beratungen der Historischen Kommission nach München eingeladen. Seine engen Beziehungen zu Männern wie Böhmer, Dahlmann, Lappenberg, Pertz und Wigand bestätigen diese Richtung.

Jacob Grimms Interesse an dem Gebiet der Geschichte ist ein zweifaches, und zwar ein zweifach germanistisches. Schon in seinen ersten Aufsätzen bewegte ihn das Verhältnis von Poesie und Geschichte, in der er – wiederum mit dem Bruder – mehr sah als den Ablauf von Ereignissen, den dann die Wissenschaft festzustellen habe.

„... nicht zu sehen, daß es noch eine Wahrheit giebt, außer den Urkunden, Diplomen und Chroniken, das ist höchst unkritisch" (1808; Kl. Schr. 1, S. 402); „Indem zur Wahrheit nicht das Factum hinreicht, sondern auch der Eindruck gehört, den es in das Gemüth der Lebenden macht ..." (1811; W. Kl. Schr. 1, S. 173).

Ihm ging es um die Einheit der Erforschung der äußeren und der inneren Geschehnisse. Deshalb war ihm die Dichtung primär eine Geschichtsquelle – über den Gehalt an historischen Fakten in Sage und Dichtung hinaus, auf den er im übrigen auch mehrfach hingewiesen hat. Aber mehr noch: Die Variationen der geschichtlichen Vorgänge waren ihm vornehmlich wichtig als Spiegelungen oder Abwandlungen des von ihm postulierten Urbildes menschlichen Daseins in der Frühzeit, was ihn – ein seltsames Paradoxon – des öfteren zu deutlich unhistorischen Ergebnissen führte.

Zum anderen waren ihm die Zeugnisse der historischen Überlieferung gleichzeitig Fundgruben für die Sagen- und Märchen-, die Glaubens- und Sprachgeschichte, ganz abgesehen von den Altertümern des Rechts.

Ganz ähnlich wie in der Rechtswissenschaft interessierte ihn in der Geschichtsforschung nicht deren eigentliche Problematik – dort die der Rechtstheorie, hier die der historischen Zusammenhänge –, sondern die Erschließung der Realien für eine allgemeine Geistesgeschichte. Er war auch hier ein Sammler von Monumenten und Dokumenten, durch die hindurch er in das Innere der Sozialgeschichte sehen wollte. Seine Methode war insofern nicht eigentlich „historisch", als er kaum auf die vollständige Erhellung eines Zeitabschnittes oder Ereignisses ausging, sondern im wesentlichen auf eine genetische Reihung von – mit Vorliebe sprachlichen – Belegen. Was er trieb, war eine in allen Stücken gegenwartsbezogene Altertumskunde, nicht akademische Geschichtsforschung. Man möchte ihn einen Historiker des Laienfleißes nennen, und den Laien hat er sich – und diese ihm – besonders zugewandt in den historischen Vereinen, die damals allerorten neben den älteren Sprachgesellschaften aufblühten. In ihnen und in ihren Zeitschriften sah er etwas von dem erfüllt, was ihm seinerzeit bei dem Plan des ›Altdeutschen Sammlers‹ und beim Wiener Circularbrief vorgeschwebt hatte: die Aufspürung und Erhaltung von Zeugnissen zur Volksgeschichte. Nach seinen Äußerungen dazu und nach den vorwiegend sprachlichen oder mythologischen Beiträgen, die er selbst zu Zeitschriften historischer Vereine lieferte, hat er sich diese weniger geschichtskundlich (im Sinne der Staatengeschichte) als volkskundlich gedacht, und das sind sie jedenfalls in der Anlage auch gewesen, wie die Benennungen „für Geschichte und Landeskunde" u. ä. erkennen lassen. Im hessischen Verein plante man z. B. eine Gesamtaufnahme der Trachten des Landes sowie die Erstellung einer Mundartenkarte. Auch die Urgeschichte, die damals noch zur Realienkunde, nicht zur Geschichte gehörte (diese begann grundsätzlich erst mit schriftlichen Dokumenten) wurde bei ihnen einbezogen. Das gilt auch – bis heute – für die vornehmlich literarisch bestimmte ›Zeitschrift für deutsches Altertum‹ (erst später ›... und deutsche Literatur‹).

Ausführliche kritische Stellungnahme zur Tätigkeit der Geschichtsvereine im Brief an Julius Zacher (10. 4. 1851): Gürtler S. 160 f.;

auch ZHG 72 (1961), S. 17 f. (Schoof), nebst (wohl vorausgehendem?) Schreiben von Zacher. Zachers Wunsch nach einem einführenden Beitrag zu seiner Zeitschrift blieb unerfüllt.

Zu der ›Gesellschaft für Geschichte‹ des Freiherrn vom Stein hatte Grimm nur ein loses Verhältnis, das mehr ein persönliches zu Pertz und Lappenberg war. Bemerkenswert ist jedoch seine Stellungnahme zu Savignys Statutenentwurf, die er dem ausführlichen, von Wilhelm an Goethe gesandten Gutachten beifügte (Briefw. Savigny S. 245–249 Schoof; vgl. u. S. 185 f.

Die Verbindung zwischen einer universalen Germanistik und der Geschichtswissenschaft, wie Jacob Grimm sie mit Selbstverständlichkeit geübt hat, ist auch in der Nachfolge stets nützlich, ihre Trennung stets nachteilig gewesen. So wie die Germanistik immer des zeitgeschichtlichen Aspektes bedarf, wird die Geschichtswissenschaft die literarischen Quellen immer einbeziehen und auf die sprach- und sachkundlichen Hilfen der Germanistik nicht ohne Schaden verzichten.

Jacob Grimms Kleinere Schriften zur Geschichte:

Gedanken wie sich die Sagen zur Poesie u. Geschichte verhalten. 1808: Kl. Schr. 1 S. 399–403. – Gedanken über Mythos, Epos u. Geschichte. Mit altdt. Beisp. 1813: ebda 4, S. 74–85; vgl. auch in den Vorreden zu »Dt. Sagen« u. »Dt. Mythologie«: Kl. Schr. 8, S. 11, 20 u. 148. – Zur Freckenhorster Heberolle (1824–1827): Kl. Schr. 4, S. 205 bis 211 u. 270–272; 6, S. 352–360; 5, S. 495; 6, S. 374–380; 5, S. 1–13. Vornehmlich sprachliche, aber auch sachliche Auswertung. – Monumenta Germaniae historica. Darin: Die Straßburger Eide, 1829, u.: Aus einem Capitulare Ludwigs des Frommen, 1835: ebda 6, S. 403 f. u. 420–422. (Germanistische Interpretation.) – Vorlesung über Diplomatik. 1835/36: s. o. S. 1. – Gedichte des Mittelalters auf König Friedrich I. den Staufen u. aus seiner so wie der nächstfolgenden Zeit. 1843: Kl. Schr. 3, S. 1–102. (Vorwiegend Latein., bes. Archipoeta.) – Über Jornandes u. die Geten. 1846: ebda 3, S. 171–235; s. a. oben S. 114. – Verhandlungen der Germanisten zu Frankfurt a. M. 1846. 1847, S. 193–223: Verhandlungen der histor. Abt.; eine Denkschrift an die Dt. Bundesversammlung, betr. die Herausgabe der Reichstagsakten, von J. Gr. mit unterzeichnet: S. 221. – Über die wechselseitigen Beziehungen u. die Verbindung der drei in der Frankf. Germanisten-Versammlung vertretenen Wissenschaften. 1846: ebda, S. 14 f.; Kl. Schr. 7, S. 559 f. – Über eine Urkunde des XII. Jhs. 1851. Nebst Anhang 1852: Kl. Schr. 2, S. 333–365. (Muster einer germanist.-histor. Interpretation, mit Exkursen über Freiheitskämpfe der West- u. Ostfriesen sowie über Personennamen aus der Dichtung.) – Über und zu Heinrichs von Herford Chronik. 1856: Kl. Schr. 7, S. 366–374. (Gutachten zu einer Preisschrift.) – Vorschläge in der Plenarsitzung der Histor. Kommission zu München am 29. Sept. 1859: ebda 8, S. 555–559. (betr. Veröffentlichung literarischer historischer Quellen.) – Ferner mehrere Rez. in Kl. Schr. 4, 5 u. 7.

Beiträge Jacob Grimms findet man in folgenden histor. Zs.: Archiv f. Gesch. u. Altertumskde Westphalens: Kl. Schr. 5, S. 495; W. Kl. Schr. 4, S. 656. – ZHG: Kl. Schr. 5, S. 496. – [Schmidts] Zs. [später Allgem. Zs.] f. Geschichtswiss.: Kl. Schr. 5, S. 499.

Schon 1818 wurde Jacob Grimm „außerordentliches korrespondierendes und Ehrenmitglied" der ›Ges. f. dt. Geschichtskde.‹ Über die Mitgliedschaften der Brüder bei anderen histor. *Vereinen* s. S. 178 f.

Teufel, Eberhard: Jacob Grimm u. die histor. Vereine in Deutschland, in: Blätter f. dt. Landesgesch. 84 (1938), S. 214–220.

Schoof, Wilhelm: Die Stellung der Brüder Grimm zu den histor. Vereinen, in: ZHG 72 (1961), S. 9–20. (Ohne Nennung des Vorgängers.)

Ders.: Die Gesellschaft für ältere Geschichtskunde u. die Brüder Grimm, in: Westf. Forschungen 10 (1957), S. 95–98.

8. »Deutsches Wörterbuch«

Auf dem Titelblatt der »Irischen Elfenmärchen« (1826), jenem Nachkömmling der frühen gemeinsamen Arbeiten des Bruderpaares, findet sich zum letztenmal die berühmte Verfasserangabe „von den Brüdern Grimm". Die weitere Betreuung der KHM überließ Jacob dem Bruder, dagegen trat dieser von der Mitverfasserschaft am »Reinhart Fuchs« (1811–1837) zurück. Die Gemeinsamkeit ihres Wirkens kam fortan nicht mehr auf Titelblättern zum Ausdruck – mit der einen Ausnahme des *»Deutschen Wörterbuchs«*, die in dem Wortlaut „von Jacob Grimm und Wilhelm Grimm" das sich ergänzende Wirken zweier selbständiger Persönlichkeiten und ihrer Anteile an einem gemeinsamen großen Anliegen so schön zum Ausdruck bringt.

„Von gemeinschaftlichem Schicksal gleichzeitig betroffen" haben sich die Brüder im Jahre 1838 – nach der Ausstoßung aus Amt und Arbeit in Göttingen – noch einmal sichtbar zu einer großen Arbeit zusammengefunden, die sie beide bis zu ihrem Tode begleitete. Nach dem Zeugnis Moriz Haupts hatte Karl Reimer, mit Salomon Hirzel gemeinsam Eigentümer der Weidmannschen Verlagsbuchhandlung in Leipzig, schon längere Zeit den Gedanken erwogen, ein großes deutsches Wörterbuch herauszubringen. Reimer nutzte, wie 1829 Benecke in Göttingen – den kritischen Augenblick, um an die Brüder den Vorschlag zu richten, dieses Wörterbuch gemeinsam zu erstellen. Das Angebot war für die beiden, die mit Arbeiten und Plänen ausreichend versehen waren, zunächst überraschend. Noch nie hatten sie bisher ein von außen an sie herangebrachtes Thema akzeptiert.

Die Königsberger Preisschrift (s. o. S. 99) mag kaum als Ausnahme gelten. Ein allgemeines deutsches Wörterbuch hatte schon Cotta 1823, ein mittelhochdeutsches Winter 1836 den Brüdern vergeblich vorgeschlagen. W. Schoof in: Börsenbl. (Frankf.) 13 (1957), S. 1344 u. 1348.

Dieses Angebot aber versprach einen doppelten Vorteil: einmal die Unabhängigkeit von jeglicher staatlichen, d. h. fürstlichen Willkür, die sie in Kassel wie in Göttingen hatten verspüren müssen. Zum anderen aber bot sich hier die Möglichkeit, noch einmal etwas Überragendes, Allgemeingültiges zu schaffen, das die Summe aller bisherigen Bemühungen in einem Thesaurus der Sprache zusammenfassen und zugleich, so wie die »Kinder- und Hausmärchen«, aber auf einer höheren Ebene, ein Werk für a l l e werden sollte. Und diese Gesichtspunkte blieben entscheidend wirksam, auch nach erneuter Anstellung und bei allen späteren Anfechtungen durch die Überlast der Aufgabe und das Drängen anderer Vorhaben.

Der Plan des Ganzen wurde nach einer ersten bedeutsamen Ankündigung durch Jacob (im August 1838) von Wilhelm vor dem Germanistentag in Frankfurt 1846 erläutert, dann von Jacob in seiner Vorrede zum ersten Bande (1854) in 24 Kapiteln grundlegend dargestellt. Es ging darum, in einem praktikabel, d. h. alphabetisch geordneten Nachschlagewerk (anders als Graff, Benecke, Schmeller, Sanders, Stalder) den Wortschatz der neuhochdeutschen Schriftsprache „von Luther bis Goethe" in der ganzen Fülle seiner historischen Gewachsenheit unter Einschluß von Lehn- und eingedeutschten Fremdwörtern sowie unter Berücksichtigung der Mundarten und der Umgangssprache darzustellen und damit in voller Breite sichtbar zu machen, was in den bisherigen großen Sammelwerken der Brüder auf einzelnen Gebieten bereits erarbeitet war: Geschichte einer Sprache als Geistesgeschichte, am Exempel des Wortschatzes.

Die bis dahin vorhandenen Wörterbücher, – das der Académie française, das der Accademia della crusca, in Deutschland die von Adelung und von Campe – verzeichneten nur den jeweils gegenwärtigen Wortbestand, auch da, wo sie mit Belegen gelegentlich weiter zurückgriffen. Das Grimmsche Wörterbuch aber sollte den Baum der Sprache gleichsam mit allen seinen Jahresringen sichtbar machen und das Gewachsene doch wieder als ein Ganzes zeigen und bewußt machen. Das geschah ohne jegliche sprachregelnde Absicht (was Wilhelm Scherer scharf kritisierte), aber mit dem erklärten Wunsch, der Gegenwartssprache neue Zuflüsse an gesunden Säften zu eröffnen.

Der Titel nahm noch einmal die Wortfügung auf, die bei den Sagen, der Grammatik, den Rechtsaltertümern, der Mythologie und der Heldensage angewandt war und in der in dem Worte „deutsch“ noch immer nach Jacobs eigenwilliger Prägung die Bedeutung von *diet,* „Volk“, also „aus dem Volke gekommen“, „von der Art des Volkes“ mitklingt.

Und für eine breite Öffentlichkeit war das Werk bestimmt. Für wissenschaftliche Zwecke wäre die Anordnung nach Wortstämmen naheliegend gewesen. Jacob Grimm wählte bewußt die alphabetische Anordnung. Er wählte fortschrittlich die Antiqua-Schrift und die durchgehende Kleinschreibung, auch hätte er gern die Orthographie von ihrem Kanzleischwulst befreit. Im ganzen war das »Deutsche Wörterbuch« ganz bewußt und eindeutig gegenwartsbezogen und hätte es vielleicht mehr bleiben oder in einer Form des concise dictionary wieder werden sollen.

Die Durchführung des Arbeitsplanes war schon im Beginn ein Meisterwerk in der Organisation der Wissenschaft. Es waren zunächst die zu exzerpierenden Quellen der literarischen, der wissenschaftlichen, der Fach- und Berufssprachen auszuwählen, – eine Art bibliothekarischer Leistung, für die die Brüder, nicht zuletzt durch ihre eigene wertvolle Bibliothek, vorzüglich gerüstet waren. Sodann: Über 80 Mitarbeiter sind in der Vorrede genannt, die angeworben, eingewiesen und deren Ergebnisse – 600 000 Belege! – geordnet und verarbeitet werden mußten. Es erscheinen unter diesen Mitarbeitern die Verleger Reimer und Hirzel, frühere Schüler wie Frommann, Goedeke, v. Raumer, Männer wie Gustav Freytag, Gervinus, Hoffmann v. Fallersleben, aber auch der Sohn und Neffe Herman Grimm und Frauen, wie die alte Freundin Male Hassenpflug und die Schwestern Hedwig und Eleonore Wallot (s. d.). Es zeigte sich jedoch am Ende, daß die Arbeit für nur zwei eigentliche Bearbeiter zu umfangreich war, zumal diese noch eine Fülle anderer Früchte in die Scheuer zu bringen hatten und darüber in das Greisenalter gelangten.

Jacob hatte die Ausarbeitung für die Buchstaben A–C übernommen, Wilhelm das D, dessen Manuskript er kurz vor seinem Tode abschließen konnte. Jacob arbeitete allein weiter bis zum Worte „Frucht“ (s. Anm. Bd. 4, 1, 1, Sp. 259). Danach beginnt eine fast hundertjährige „Historie“ des Werkes (im ganzen dauerte sie von 1838 bis 1960), an der Generationen deutscher Germanisten ihren eigensten Anteil haben.

Organisatorisch blieb das DWb. ein Verlagswerk, ohne eine zentrale wissenschaftliche Redaktion (die es selbst bei den Brüdern nicht gegeben hatte). Daraus ergab sich eine starke Unterschiedlichkeit in der Arbeitsweise der Bearbeiter, etwa von Hildebrand, Heyne, Lexer, Wunderlich oder Meißner. Am entschiedensten hat Moriz Heyne die Arbeit vorangetrieben, wobei er Assistenten und Studenten seiner Seminare zur Mithilfe einsetzte. Nach seinem Tode (1904) aber machte sich das Fehlen einer zentralen Leitung so kraß bemerkbar, daß die Vollendung des Werkes gänzlich in Frage gestellt schien. Um dem einen Grundübel, der Notwendigkeit zur Beschaffung von Belegen abzuhelfen, übernahm Gustav Roethe 1908 das Werk in die Betreuung der Preußischen Akademie der Wissenschaften. In einer in Göttingen ins Leben gerufenen Arbeitsstelle unter Leitung von Edward Schröder wurden in wenigen Jahren über zwei Millionen Belege (allein für die noch unbearbeiteten Teile) zusammengebracht. Aber erst eine neue Reform durch Arthur Hübner im Jahre 1930 brachte die entscheidenden Voraussetzungen für eine gedeihliche Arbeit: die Begründung einer Arbeitsstelle bei der Berliner Akademie, in der junge hauptamtliche Mitarbeiter mit Hilfskräften unter einheitlicher Leitung planmäßig eingesetzt wurden. Nach Hübners zu frühem Tode (1937) übernahm Julius Petersen, dann Julius Schwietering die Leitung. Der zweite Weltkrieg unterbrach noch einmal den Fortgang, bis unter der Leitung von Theodor Frings (seit 1946) endlich im Januar 1961 mit der Ausgabe der 380. Lieferung der Abschluß erreicht wurde.

Das Werk der beiden Brüder, als private Arbeit gedacht und begonnen, ist zu einem Unternehmen geworden, an dem nicht nur Bearbeiter und Verleger wirkten, sondern an dem die Allgemeinheit in vielfältiger Form Anteil genommen hat. Schon Savigny hatte 1839 vorgeschlagen, die Berliner Akademie zu beteiligen, fand jedoch bei den Brüdern dafür keine Gegenliebe. Fürst Bismarck unterschrieb ein Gesuch an den Deutschen Bund um Beihilfe für den Fortgang des Werkes. Leopold von Ranke erwähnte das Vorhaben in seiner »Idee einer Akademie für deutsche Geschichte und Sprache« (1871). Das Reichsamt des Innern gab jahrelang Zuschüsse, und die Deutsche Philologenversammlung brachte die Frage der Vollendung seit 1903 auf das Programm ihrer Tagungen, bis die Preußische Akademie schließlich die entscheidenden Schritte tat. Auf die Arbeit am »Deutschen Wörterbuch« selbst hat das alles keinen Einfluß gehabt. Die Bearbeiter waren stets frei von jedem dirigistischem Druck.

Als Beispiel von Jacobs Arbeit mag ein Artikel wie *Acker* gelten, für seine Eingliederung der Umgangssprache aus persönlicher Kenntnis etwa *abknuspern* (dazu Jost Trier, s. o. S. 101, S. 13–16), *Amtmännin*, *Bursch* und *Freiheiter*. Für Wilhelms kulturgeschichtliche Darstellungsweise mögen Fremdwörter wie *December* und *Doctor* oder das

Pronomen *du* als Beispiele genannt sein. Als Kuriosa werden gern *Blindschleiche* („eine blinde giftige Schlange"!), *Entwickelung*, f. (noch ohne irgendeinen Beleg!) und *ansammeln* (derber Volkshumor in unliterarischem Beleg) genannt. Berühmt ist Rudolf Hildebrands Monographie über *Geist* (118 Spalten) und vorzüglich der von ihm bearbeitete Band *K*, für den er 1859 noch von Jacob Grimm angesetzt wurde. Lexers kursorische Arbeit (*N* – *Q*, *T*) läßt in Material und Ausarbeitung manchen Wunsch offen, während einige andere Bearbeiter wieder in den Stil des Thesaurus verfielen (*Gewalt* von Wunderlich 175, *stehen* von Meyer-Benfey 328 Spalten!).

In der Benutzung hat sich Jacob Grimms Absicht auf ein Volksbuch kaum erfüllt, und zwar besonders deshalb, weil seine Nachfolger dies sozialpublizistische Konzept außer acht ließen. Dagegen ist abgesehen von der Benutzung durch die Germanisten und Historiker aller Sparten die Befragung des Werkes in Rechtsfällen bezeugt sowie die intensive Nutzung bei Schriftstellern wie z. B. bei Rainer Maria Rilke, Rudolf Alexander Schröder und Paul Ernst, die ihren ‚Grimm' so zur Hand hatten wie Schiller seinen ‚Adelung'.

Am Ende steht das Werk vor uns mit einer so unermeßlichen Fülle von Auskünften und Anregungen, daß alle von 1852 (dem Erscheinen der ersten Lieferung) bis zur Gegenwart an ihm geübte Kritik dagegen verblaßt. Fehlende Fremdwörter (von denen ein großer Teil erst im Laufe des 20. Jhs. eine „Geschichte" gewonnen hat) kann ein Fremdwörterbuch verzeichnen. Die schon von Scherer – ganz zu unrecht – vermißte sprachregelnde Funktion ist Sache eines Stilwörterbuchs. Und sollte man sich entschließen, den deutschen Sprachschatz in Einzelwörterbüchern nach Epochen aufzuteilen, so wird „der Grimm" erst recht von unschätzbarem Wert als bindende Klammer sein. Andere Kulturländer jedenfalls haben das Werk ohne Bedenken und mit den Besserungsmöglichkeiten, die jedem Nachfolger sich bieten, zum Vorbild genommen.

In Zusammenarbeit zwischen den Akademien in Berlin (Ost) und in Göttingen ist inzwischen über die deutsche Teilung hinweg die Erneuerung der ersten, von den Brüdern allein bearbeiteten Bände des »Deutschen Wörterbuches« in Angriff genommen worden. Unter Ausnutzung alter Erfahrungen und neuer Überlegungen wurde eine neue Exzerption durchgeführt, und die ersten bereits erschienenen Lieferungen der Neubearbeitung zeigen ein Bild, das allen Wünschen gerecht wird. Völlig zu Recht steht auch diese Arbeit unter den Namen Jacob und Wilhelm Grimm.

Man hat es bedauert, und Jacob Grimm hat sich selbst darüber beklagt, daß das Wörterbuch alle Kräfte verzehrt habe, die für andere größere Arbeiten hätten eingesetzt werden können. Arthur Hübner hat darauf hingewiesen, daß Jacobs Alterspläne zu einem guten Teil in ein Dickicht geführt hätten. Für diesen aber stand die große, überpersönliche Aufgabe, in die er sich gestellt sah, über allem: mit dem Wörterbuch seinen „deutschen geliebten Landsleuten" den gleichen Dienst zu erweisen, den Vuk Karadschitsch den seinen geleistet hatte, – die Zusammenführung im Heiligtum ihrer Sprache. Daher auch der erhöhte, fast priesterliche Ton am Ende der Vorrede des ersten Bandes, der – später leider oft in nationalem Pathos mißbraucht – nur ein Zeugnis der Hingabe eines großen Mannes an eine große Aufgabe ist.

Deutsches Wörterbuch. Von Jacob Grimm und Wilhelm Grimm Bd 1 bis 16. 1852–1960. Gesamtumfang 32 Teilbde mit 67 744 Sp. in Petit. – Quellenverzeichnisse in Bd 1–7; selbständig 1910, erweit. Neudr. 1930. (Die Qu. sind ausgezeichnete bibliograph. Hilfsmittel!) – Manuskr. der Brüder: Göttingen SuUB 8° Ms. philol. 240f. – Neubearbeitung: »Deutsches Wörterbuch. Von Jacob Grimm und Wilhelm Grimm.« 1965 ff.; Quellenverzeichnis. 1966 ff.; dazu H. Fr. Rosenfeld in: AfdA 80 (1969), S. 97–102.
Auflage: anfangs 4000, später 2000, nach 1945 1500.

Vorreden zum DWb., Nachdr. 1961. Ms. zum 3. Bd: Daffis S. 49 a.

Ankündigung des DWb. [anonyme Selbstanzeige] in: Leipziger Allgem. Ztg, 28. 8. 1938 (Faks. bei Schulte Kemminghausen u. Denecke [s. o. S. 33 f.], S. 31) u. [gekürzt!] in: Kasseler Allgem. Ztg. 1. 9. 1838. Abdruck: Kl. Schr. 8, S. 542 f., u. im Briefw. Dahlmann 2, S. 482 f. Einiges daraus auch in Briefen Jacobs an John M. Kemble, 1. 12. 1838 (Gürtler S. 87), u. Gervinus, 5, 1, 1839 (Briefw. 2, S. 9, vgl. ebda 1, S. 251). – Bitte. 1852: Kl. Schr. 7, S. 603 f. (Öffentl. Aufruf im ›Literar. Centralblatt‹ zur Mitarbeit an der Exzerption.)

Äußerungen der Brüder über das DWb. bes. im Briefw. mit Hirzel, mit Dahlmann u. Gervinus (bes. 2, S. 134 f.), an Bettine (im Briefw. Meusebach, bes. S. 285–290) sowie an Adolphe Régnier, 25. 5. 1853, in: Baudry: Les frères Grimm (s. o. S. 34), S. 344 f.; zur Orthographie an die Weidmannsche Buchhdlg: Kl. Schr. 7, S. 218 bis 222. – Ausgew. Stellen bei Stroh, S. 101–105.

Aus Briefen zur Entstehung des DWbs, in: Imprimatur 11 (1952/53), S. 96–106 (Siegfr. Buchenau). (Aus H. Gerstners Biographie [o. S. 33] entnommen.)

Grimm, Wilhelm: Das DWb. Verhandlungen der Germanisten zu Frankfurt am 24., 25. u. 26. Sept. 1846. 1847, S. 114–124. – Auch selbständig: Das DWb. Vortrag in der Germanistenversammlung zu Frankfurt a. M. den 26. Sept. 1846. – Handex.: Grimmschrank Nr. 214; daraus ergänzter Abdruck in: W. Kl. Schr. 1, S. 508 bis 520. (Über Verhältnis von Mundart u. Schriftsprache, über Fremdwörter; über den Beifall, den der Vortrag fand, s. Hannov. Morgenztg 15 (1846), S. 690 v. 7. Okt.)

Zur frühen Kritik:

SANDERS, Daniel: Das DWb. von Jakob Grimm u. Wilhelm Grimm, kritisch beleuchtet. [H. 1] 1852. S. 104: „durchaus verfehlt". – Ein 2. Heft (232 S.) erschien 1853, ohne neue Gesichtspunkte. – Sanders veröffentlichte 1854 ein „Programm eines neuen Wörterbuches der dt. Sprache" und 1860/65 sein »Wörterbuch der dt. Sprache« (Wiederabdruck 1876, Erg.-Wörterbuch 1885).

WURM, Christian Friedr. Ludwig: Zur Beurtheilung des DWbs von Jacob u. Wilhelm Grimm, zugleich ein Beitrag zur dt. Lexikographie. 1852: „... genügt in keiner Hinsicht den Anforderungen"; erweiterter Abdruck aus dem Münchener ›Neuen literar. Anzeiger‹, in dem die Brüder Grimm selbst ihre ersten Schriften veröffentlicht hatten(!). – 1853 folgte die noch schärfere »Beleuchtung der Anzeige der 5. Lieferung des DWbs«. – In der Vorrede seines eigenen »Wörterbuch der dt. Sprache«, Bd 1, 1858 [mehr nicht erschienen] nahm Wurm seine scharfen Angriffe zurück.

HEBBEL, Friedrich: Das DWb. von J. Grimm u. W. Grimm, in: Illustrierte Ztg (Leipzig) 21 (1853), S. 123 (anonym), später in: Sämtl. Werke I, 12, S. 25–28 Werner. (Spricht für Sanders; utopische Anforderungen an ein Wörterbuch.)

RAUMER, Rudolf von: Das DWb. der Gebrüder Grimm u. die Entwicklung der dt. Schriftsprache, in: Zs. f. d. österr. Gymnasien 1858, H. 1; auch in: Raumer's Ges. sprachwiss. Schriften 1863, S. 331–362. (Wünscht Berücksichtigung der neueren Literatur.)

NASSAU, Hendrik Jan: De nederlandsche taal en Grimm's Deutsches Wörterbuch. Aantekeningen en bedenkingen. Groningen 1858.

Zur Geschichte des DWbs:

Wichtig die Vorreden zu den verschiedenen Bänden!

HILDEBRAND, Rudolf: Über Grimms Wörterbuch in seiner wiss. u. nation. Bedeutung. [Antritts-]Vorlesung ... Leipzig 24. 4. 1869. 1869; auch in: R. Hildebrand's Ges. Aufsätze u. Vorträge ... 1890, S. 1–18. (Über die Bedeutung bes. der Mundarten für die dt. Sprache. Sprachforschung u. geschichtl. Erkenntnis, Sprachbewußtsein u. Sprachgefühl. Wiss. Sprachpflege zur ethischen Erneuerung einer Nation. Gedanklich anknüpfend an Wilhelm Grimm [s. o. S. 124.]) – DERS.: Geist. 1926. (Abdruck aus: DWb. Bd 4, 1, 2.)

RANKE Leopold von: Idee einer Akademie für dt. Geschichte u. Sprache. Eingabe an den Fürsten Bismarck. 1871, in: Sämtl. Werke. 2. u. 3. Gesamtausg. Bd 53/54, 1890, S. 696–705.

LUCAE, Karl: Das DWb. der Brüder Grimm, in: Preuß. Jbb. 31 (1873), S. 523–541; auch in: K. L.: Aus dt. Sprache u. Literaturgesch. Ges. Vorträge. 1889, S. 29–53. (Anschauliche Behandlung der Probleme, z. B. Fremdwörter, mit Beispielen.) – Lucae war Lachmann-Schüler, Prof. in Marburg, Mitarbeiter am DWb. für *I* bis *ich*.

MÜHLHAUSEN, August: Geschichte des Grimmschen Wörterbuchs. 1888. (Wiedergabe der Äußerungen von Wilhelm u. Jacob Grimm, von

Sanders, Wurm, Hildebrand, v. Raumer u. a.; kein eigenes Urteil.)

PAUL, Hermann: Die Aufgaben der wissenschaftl. Lexikographie mit bes. Rücksicht auf das DWb., in: MSB, phil.-hist. Kl. 1894, S. 53–91. (Kritisch; Aufstellung neuer Grundsätze.)

THUDICHUM, Friedrich: Die Rechtssprache in Grimms Wörterbuch. 1898. (Berichtigungen u. Ergänzungen zu rechtsgeschichtl. Wörtern.)

GÖTZE, Alfred: Das DWb. der Brüder Grimm, in: Zs. d. Allgem. Dt. Sprachvereins. Wiss. Beihefte, 4. Reihe, H. 23/24 (1903), S. 86–99. (Gute Charakterisierung der unterschiedlichen Arbeit Jacobs u. Wilhelms sowie der ihrer Nachfolger. Vorbem. v. Paul Pietsch.)

Zur Geschichte des DWbs. Bericht. Philologentag Halle 1903, in: Die Grenzboten 62/4, 1903, S. 621–629. (Beschluß zur Förderung des Werkes; Antrag an den Reichskanzler.)

MATTHIAS, Ernst: DWb. der Brüder Grimm, in: ZfdPh. 36 (1904), S. 233–236. (Über die notwendige Förderung „der arg verfahrenen Sache des DWb.".)

STRAUCH, Philipp: Bericht über den Stand des Grimmschen Wörterbuchs, in: Verhandlungen der 48. Versammlung dt. Philologen u. Schulmänner in Hamburg 1905 (1906), S. 99 u. 112–114. (S. 112: Eingabe an die Reichsregierung, u. a. eine Zentralstelle in Göttingen betreffend.)

KLUGE, Friedrich: Das Grimmsche Wörterbuch, in: ZfdW 7 (1905/06), S. 341–347. (Auswertung der Hamburger Philologen-Vers. mit konkreten Vorschlägen.)

HOFMANN, Reinhold: Zur Geschichte des DWbs, in: Preuß. Jbb. 136 (1909), S. 472–491. (Ausführl. Vorgeschichte u. Geschichte des DWbs bis zu Jacob Grimms Tode.)

MEISSNER, Rudolf: Zur Geschichte des Grimmschen Wörterbuches, in: ebda 142 (1910), S. 62–80 u. 526. (Sorgfältige Geschichte seit Jacob Grimms Tode. Meißner war Mitarbeiter am DWb. 1889–1948!)

WUNDERLICH, Herm. und Karl VON BAHDER: Zum Grimmschen Wörterbuch, in: ZfdW 9 (1907), S. 77–86.

WUNDERLICH, Herm.: Zum IV. Bd des Grimmschen Wörterbuchs, in: ZfdW 11 (1909), S. 64–80; 12 (1910), S. 139–144; 13 (1911/12), S. 224–229; 14 (1912/13, S. 307–311. (Fortschrittsberichte.)

EULING, Karl: Zu Bd XI 3 des Grimmschen Wörterbuches, in: ZfdPh. 46 (1915), S. 450–452. (Zu den *un*-Komposita.)

ROETHE, Gustav: Die Dt. Kommission der Kgl. Preuß. Akad. d. Wiss., ihre Vorgeschichte, ihre Arbeiten u. Ziele, in: Neue Jbb. f. d. klass. Altertum, Gesch. u. Lit. 16 (1913), S. 60–64. (Über die Planung der Akademie für das DWb.)

LOCHNER, Johannes: Die Tätigkeit der Zentralsammelstelle des DWbs seit ihrer Gründung, in: ebda, S. 74–81.

HÜBNER, Arthur: Die Lage des DWbs, in: AfdA 49 (1930), S. 73–90 mit Übersichtstabelle. (Das Projekt der neuen Arbeitsstelle in Berlin.) – Aufgrund dieses Berichtes Peter DIEPERS: Die Neuordnung des DbWs der Brüder Grimm, in: Minerva-Zs. 6 (1930), S. 109 bis 113. (Diepers wurde 1930 Leiter der Berliner Arbeitsstelle.)

DERS.: Bericht über das DWb., in: BSB, phil.-hist. Kl. 1933, S. XXVII bis XXXI; auch in: A. H.: Kl. Schriften 1940, S. 37–41.

HERRIGEL, Herm.: Das DWb. der Brüder Grimm, in: Das Innere Reich 1 (1934/35), S. 901–916. (Kurze Geschichte; instruktive Erläuterung der Arbeitsweise am Beispiel *Strom*.)

SCHRÖDER, Edward: Der verheißungsvolle Stand des Grimmschen Wörterbuches, in: Forschungen u. Fortschritte 12 (1936), S. 179 f. (Sachkunde auf engstem Raum; Einzelheiten.)

PRETZEL, Ulrich: Die Vollendung des Grimmschen Wörterbuches, in: Jb. d. Dt. Sprache 1 (1941), S. 51–54. (Übersicht über die Geschichte unter bes. Berücksichtigung der Mitarbeiter u. Bewertung ihrer Anteile.)

BOEHLICH, Walter: Säkularfeier oder Säkulartrauer?, in: Merkur 6 (1952), S. 779–786. („Viele böse Worte" (S. 783) aufgrund von Mißverständnis, daneben lebhafte Anerkennung.)

GERSTNER, Herm.: Hundert Jahre »DWb.« der Brüder Grimm. 1854 bis 1954, in: Imprimatur 12 (1954/55), S. 202–209. (Mit Übersicht u. Literatur.)

SUDHOF, Siegfried: Das DWb., aus: Festschr. z. 50jähr. Bestehen d. Realgymn. Wanne-Eickel 1954. (Ausgezeichnete, aus den Quellen gearbeitete Gesamtdarstellung.)

BIELFELDT, Hans Holm: Niederdeutsch Döns, bairisch Türnitz „heizbarer Raum". Zur Vollendung des DWbs der Brüder Grimm, in: ZfdW 17 (1960), S. 136–148. (Verf. war Mitarbeiter des DWb. seit 1930.)

SCHOOF, Wilhelm: Die letzte Lieferung des Grimmschen Wörterbuches – der Abschluß hundertjähr. Arbeit, in: Wirk. Wort 11 (1960), S. 82–88. (Übersicht mit Quellennachweisen.)

Grimm-Wörterbuch. A-Zypressenzweig, in: Der Spiegel 15 (1961), Nr. 20, S. 65–74. (Gehaltreiche Übersicht, aus besten Quellen. Umschlagbild.)

PFEIFER, Wolfgang: Das DWb., in: Festschr. Berlin 1963, S. 190–213. (Gute Darstellung der Geschichte, mit Quellenbelegen; sachliche Beurteilung.)

TAKAHASHI, Kenji: DWb. von Jacob Grimm u. Wilhelm Grimm, in: Goethe-Jb. (Osaka) 1965, S. 79–150. (In japan. Sprache.)

GENERLICH, Helga: Das DWb. der Brüder Grimm seit der Neuorganisation durch Arthur Hübner, m. bes. Berücks. d. Fremdwortfrage. München 1969 (masch.schr.)

Einzelnes:

HILDEBRANDT, Rudolf: Zur Vorgeschichte von Grimms Wörterbuch im 17. u. 18. Jh. Aus d. Vorw. des DWb. 5, 1873, Sp. II–VIII, in: R. H.: Ges. Aufsätze u. Vorträge ... 1890, S. 19–29. (Später ausführlicher auch bei HOFMANN, s. o.)

SCHOOF, Wilhelm: Zur Entstehungsgeschichte des Grimmschen Wörter-

Buches. (Nach ungedr. Briefen.), in: Wörter u. Sachen 19 (N. F. 1, 1938), S. 141–154. (Vornehmlich Briefw. der Brüder über die finanziellen Bedingungen.)

DERS.: Kritik um das DWb., in: Archiv 174 (1938), S. 145–162.

DERS.: Zur Verlegergeschichte des Grimmschen Wörterbuches, in: Börsenbl. (Frankf.) 16 (1960), S. 1942–1947.

DERS.: Die hess. Mitarbeiter des Grimmschen Wörterbuches, in: ZHG 63 (1952), S. 112–121. (16 Namen, darunter Bach, Bang, Berlit, Diefenbach, Dronke, Hupfeld, Vilmar, Weigand.)

DERS.: Karl Weigand u. das Grimmsche Wörterbuch, in: GRM 26 (1938), S. 220–232. (Nach Briefen).

DERS.: Salomon Hirzel u. das DWb., in: Schweizer Mh. 40 (1960), S. 910–918.

DERS.: Die Akademie u. das Grimmsche Wörterbuch, in: Muttersprache 70 (1960), S. 310–312.

KOCHS, Theodor: Der Anteil Göttingens an der Geschichte des DWbs der Brüder Grimm, in: BGG S. 203–225. (Aus 30jähr. Sachkenntnis des Leiters der Göttinger Arbeitsstelle.)

Neubearbeitung:

BETZ, Werner: Das neue DWb. Konferenz über die 2. Aufl. des Grimm, in: ZfdW 19 (1963), S. 180–186. (Protokoll einer internat. Konferenz; Gegenüberstellung des alten u. des geplanten Verfahrens: die Methode Arthur Hübners soll maßgebend sein.)

BECKMANN, Bernhard: Das DWb. in Gegenwart u. Zukunft, in: Das Institut f. dt. Sprache u. Literatur. Vorträge, gehalten auf der Eröffnungstagung, in: Dt. Akad. d. Wiss. zu Berlin, Veröff. d. Inst. f. Dt. Spr. u. Lit. 1 (1954), S,. 125–136. (Darstellung der „inneren" Geschichte der Wörterbucharbeit; B. berichtet als Mitarbeiter (seit 1930) u. späterer Leiter der Berliner Arbeitsstelle.)

BAHR, Joachim: Zur Neubearbeitung des DWbs. in: ZfdW 18 (1962) S. 141–150. (Über Fotokopie im Dienste der Beleg-Elektion.)

Zur jüngsten Diskussion:

SCHIROKAUER, Arno: Das Grimmsche Wörterbuch als Dokument der Romantik, in: Philobiblon 1 (1957), S. 308–323 (geistreiche Grundlage für eine Diskussion, sachlich mehrfach korrekturbedürftig); Fassung von 1942 in: A. Sch.: Germ. Studien. 1957, S. 200–212.

PFÜTZE, Max: Jacob Grimm, das »DWb.« u. die Nation. Bemergungen zu einer politischen Entwicklung, in: Weimarer Beiträge 8 (1962), S. 264–290: erweiterte Fassung einer Sendung des Deutschlandsenders [Ost] vom 22. 7. 1961. (Das DWb. als „nationale Aufgabe" gesehen, von Grimm bis zur Gegenwart.)

BOEHLICH, Walter: Ein Pyrrhussieg der Germanistik. Die Vollendung des »DWbs« der Brüder Grimm, in: Der Monat H. 154 (1961), S. 38–53. – Dazu Hans NEUMANN u. Theodor KOCHS, in: ebda H. 158 (1961), S. 54–61; weitere Diskussion: ebda H. 159 (1961), S. 80–85 (Boehlich); H. 161 (1962), S. 94–96 (Neumann/Kochs).

KOCHS, Theodor: Nationale Idee u. nationalistisches Denken im Grimmschen Wörterbuch, in: Nationalismus in Germanistik u. Dichtung. Dokumentation des Germanistentages in München ... 1966. 1967, S. 273–284. (Fundierte Abfertigung der gegen den ‚Grimm' vorgebrachten Angriffe.)

Nachfolge des DWb. in anderen Ländern:

DE VRIES/TE WINKEL u. a.: Woordenboek der Nederlandsche taal. 's Gravenhage 1882 ff.

MURRAY, John: New English Dictionary on historical principles. 1–10. Oxford 1884–1928. (Begonnen 1879).

Ordbok öfver Svenska Språket, utgifven af Svenska Akademien. Lund 1898 ff.

WANNER, Hans: Die Beziehungen zwischen den Brüdern Grimm, ihrem Wb. u. der schweizerdt. Dialektlexikographie, in: BGG S. 435–450.

Wilh. Schoof hat auch das tschech. Wörterbuch von Josef JUNGMANN (Slovnik česko-německý. Prag 1835–1839, Nachtr. 1851) als vom DWb. beeinflußt bezeichnet. Es ist aber in seiner nationalen Aufgabenstellung wie in seinem Aufbau eher ein Vorläufer.

9. Kleinere Schriften

Mit Recht hat Louis Hammerich in seiner Gedenkrede 1963 darauf hingewiesen, daß die ‚Kleineren Schriften' Jacob Grimms in der Beachtung hinter den großen Werken unverdient zurückstehen.

‚Kleinere Schriften' sind zunächst schon die *Vorreden*, die jeweils eine sachliche Abhandlung, den darstellenden Teil zu den großen Sammelwerken darstellen und in Gehalt und Darstellungsform wahre Meisterstücke sind. Ihre Lektüre lohnt auch dann, wenn man die Sammlung selbst nicht ausgiebig studieren will.

Die Publikationstätigkeit der Brüder in Form von *Zeitschriftenaufsätzen* begann 1807 mit Beiträgen zu Aretins ›Neuem literar. Anzeiger‹ (Kl. Schr. 5, S. 485; W. Kl. Schr. 4, S. 642). Sie suchten weiterhin in den damaligen – schmalen und kurzlebigen – Zeitschriften solche Veröffentlichungen anzubringen: in Arnim's ›Zeitung für Einsiedler‹ (1808), Kleist's ›Berliner Abendblättern‹ (1810), Büschings ›Pantheon‹ (1810), von der Hagens ›Museum für altdt. Literatur‹ (1811), Friedrich Schlegel's ›Dt. Museum‹ (1812/13), Gräters ›Idunna u. Hermode‹ (1812), in Cotta's ›Morgenblatt für gebildete Stände‹ (1812), – bis sie 1813 ihre eigene Zeitschrift, die *›Altdeutschen Wälder‹* begründeten und bis 1816 fast ausschließlich mit eigenen Beiträgen füllten. Diese Beiträge spiegeln knospenartig bereits die ganze Weite des Grimmschen Arbeitsbereiches: Literatur, Sprache und Volkskunde, Mythologie und Geschichte, auch Latein und Niederländisch kommen vor.

Außer den Brüdern selbst haben nur BENECKE einen, DOCEN zwei Beiträge zu den ›Altdt. Wäldern‹ geliefert. – Aug. Wilh. SCHLEGEL's berühmte scharfe Rezension (vgl. o. S. 56) in: Heidelb. Jbb. 8,2 (1815), S. 721–766; dann auch in seinen Sämtl. Werken 12, 1847, S. 383–426. – Zu allem: GINSCHEL S. 51–57.

Danach erschienen die Publikationen der Brüder wieder an den verschiedensten Orten: in Berlin, Frankfurt, Leipzig, Dessau, Hildesheim, Weimar, Halle und Kassel, bis ab 1841 HAUPT's neubegründete ›Zeitschr. für dt. Altertum‹ die Fülle kleinerer Arbeiten, bes. von Jacob Grimm, aufnahm. Das endete mit dem Jg. 1851 und wurde erst 1856 in PFEIFFER's ›Germania‹ bis 1858 fortgesetzt. Inzwischen aber war es so geworden, daß nicht mehr wie anfangs der Autor nach Veröffentlichungsmöglichkeiten suchen mußte, sondern daß nunmehr jede, bes. jede neue Zeitschrift, auch juristische und historische, den berühmten Namen in ihren Blättern zu sehen wünschte.

Von den *Reden und Vorträgen* wurde Jacob Grimms Göttinger Antrittsrede »De desiderio patriae« oft genannt, aber bisher wohl weniger wirklich gelesen. Den Titel hat Herman GRIMM mit »Über das Heimweh« übersetzt, was ihm immer wieder nachgesprochen worden ist. In Wahrheit ist in dieser Rede die innere Zugehörigkeit zum Heimatlande der Gegenstand der Betrachtung, die in Jacob Grimms Art sich sprachlicher Argumente bediente; frei übersetzt erscheint der Titel »Heimatliebe« angemessener. Gedanken aus der Rede kehren 1846 vor der Frankfurter Germanistenversammlung wieder.

De desiderio patriae. Lat. Text in: Kl. Schr. 6, S. 411–418; dt. Zusammenfassung (aus: GGA 1830): ebda 5, S. 480–482. – Faks.-Ausg., mit e. Übersetzung u. e. Nachw. hrsg. v. Wilhelm EBEL. 1967.

Bemerkenswert wegen seiner dänischen Sprache ist der Vortrag, den Jacob Grimm 1844 bei seinem Besuch in Kopenhagen vor der ›Nordiske Oldskriftsselskab‹ extemporierte: »Om oldnordiske egennavne i en i Reichenau skreven necrolog fra det 9de og 10de aarhundrede« (Kl. Schr. 5, S. 349–354). Außer bei dieser Gelegenheit sowie in der latein. Antrittsrede und in der span. Vorrede zur »Silva de romances viejos« (1815) hat sich Jacob Grimm sonst nur der deutsche Sprache bedient (vgl. HAMMERICH in: BGG, S. 11 f. u. Anm.).

Bildungspolitisch zu nennen sind die von Jacob Grimm als

Vorsitzendem der Frankfurter Germanistenversammlung 1846 gehaltenen Ansprachen:

Über die wechselseitigen Beziehungen und die Verbindung der drei in der Versammlung vertretenen Wissenschaften: Kl. Schr. 7, S. 556 bis 563.

Über den Werth der ungenauen Wissenschaften: ebda, S. 563–566.

Die bekanntesten und gewichtigsten der ‚Kleineren Schriften' stehen in den Abhandlungen und Berichten der Berliner Akademie (1842–1862). Von ihnen erschien eine ganze Reihe auch einzeln im Buchhandel, darunter *»Über den Ursprung der Sprache«* in fünf Auflagen und einer französ. Übersetzung; sie ist damit unter den wissenschaftlichen Schriften Jacob Grimms die mit dem größten Publikumserfolg.

Daneben sind besonders zu nennen:

Über zwei entdeckte Gedichte aus der Zeit des dt. Heidentums [Merseburger Zaubersprüche]. 1842: Kl. Schr. 2, S. 1–29. (Die Entdeckung selbst geschah durch Georg Waitz.)

Über das finnische Epos. 1845: ebda 2, S. 75–113, mit Nachtrag; auch schwed. u. russ., s. S. 163.

Über das Pedantische in der dt. Sprache. 1847: s. o. S. 100.

Über Marcellus Burdigalensis. 1847: ebda 2, S. 114–151; fortges. in: Über die marcellischen Formeln (mit Adolphe Pictet). 1855: ebda 2, S. 152–172; Nachtrag: 1856: ebda 5, S. 410 f. (Pflanzennamen und Zauberformeln bei Marcellus [4. Jh.] werden als keltisch nachgewiesen, diese Deutung wird gegen Kaspar Zeuss verteidigt.)

Über Schule, Universität, Akademie. 1849: ebda 1, S. 211–254; Vorläufer sind die Rez. von 1833: ebda 1, S. 149–159. (Hier ist der eigene Lebenslauf als Grundlage der Meinungsbildung bes. deutlich; inhaltlich höchst aktuell.)

Rede auf Lachmann. 1851: ebda 1, S. 145–162.

Über Frauennamen aus Blumen. 1852: ebda 2, S. 366–401.

Rede auf Schiller. 1859: ebda 1, S. 374–398; vgl. o. S. 61 f.

Über das Alter. 1860: ebda 1, S. 188–210. Dazu: Schneidewin, Max: Cicero und Jacob Grimm über das Alter. 1893.

Rede auf Wilhelm Grimm. 1860: ebda 1, S. 163–187.
Beide Reden zusammen mit ausführl. Nachw. zur letzteren, hrsg. v. Herm. Grimm. 1863, ²1864, ³1865; danach oft in Teilsamml. u. einzeln. Der bis dahin fehlende Schluß der Gedenkrede nur in der Ausg. des ›Berliner Bibliophilen-Abend‹, 1965. (s. S. 30).

Der Traum vom Schatz auf der Brücke. 1860: Kl. Schr. 3, S. 418–428. (Geschichte eines Sagenmotivs.)

Über den Schlaf der Vögel. 1862: ebda 7, S. 485–498.
Ein Beispiel naturwissenschaftl. Verhaltensforschung. Dazu Friedr. Goethe, in: Ornithologie als biologische Wissenschaft. Festschr. … Erwin Stresemann. 1949, S. 289–291. Der „naturforschende Freund" (S. 496) wohl Chr. G. Ehrenberg oder J. Müller (s. o. S. 98).

Einen erheblichen Raum unter den kleineren Schriften nehmen bei beiden Brüdern die *Rezensionen* ein. Sie beginnen bereits 1809 in dichter Folge in den ›Heidelb. Jbb.‹, daneben seit 1812 in der ›Leipziger Literaturztg.‹ (die ›Altdt. Wälder‹ brachten keine Rez.), bis dann ab 1817 die ›Göttinger Gelehrten Nachr.‹ über 100 kritische Beiträge von Jacob und annähernd 50 von Wilhelm Grimm aufnahmen. Ihre Kritik war scharf, oft aggressiv. In einem extremen Fall unbegreiflicher, verletzender Schärfe von seiten Jacob Grimms setzte sich der Angegriffene, Wilhelm MÜLLER, in einer eigenen Schrift mit Recht zur Wehr (s. S. 114). Grundsätzlich aber wurde in den Rez. stets neues Wissen, wurden Besserungsvorschläge und Anregungen vorgebracht. Als berühmtes frühes Beispiel mag die Rez. von Rask's »Vejledning« (1812: Kl. Schr. 4, S. 65–73, u. 7, Seite 515–530) genannt sein, als spätes die von Lachmanns dritter Nibelungen-Ausgabe (1851: Kl. Schr. 5, S. 476–479), als Kuriosum die grantige Äußerung zu den „deutschen Schriftstellerinnen des 19. Jhs." von C. W. O. A. von Schindel (1823: Kl. Schr. 4, S. 171–174). Hervorgehoben seien:

Buch der Liebe. Hrsg. v. Büsching u. von der Hagen. 1809. 1812: Kl. Schr. 6, S. 84–100, u. 7, S. 591. – Dazu Oscar FAMBACH: Ein Jahrhundert dt. Literaturkritik (1750–1850), Bd 5. 1963, S. 509–539. – vgl. o. S. 53.

Berthold des Franziskaners dt. Predigten ... Hrsg. v. Chr. Friedr. Kling. 1824. 1825: Kl. Schr. 4, S. 296–360. – Daran schloß sich ein scharfer Protest J. Gr. bei dem Hrsg. d. ›Wiener Jbb.‹, Franz Bernhard Ritter von Bucholtz (s. d.), gegen Eingriffe der Zensur.

Schließlich bilden die *Vorreden und Beiträge zu Werken anderer Verfasser* eine eigene bemerkenswerte Gruppe. Sie erscheinen naturgemäß erst, nachdem der Name Grimm seinen Klang in der Wissenschaft bekommen hatte, – zum erstenmal 1831, dann in kürzeren Abständen seit 1841.

Wie bei den meisten größeren Werken sind diese Vorreden z. T. Abhandlungen von eigenem Gewicht, z. B. bei Anton Dietrich »Russische Volksmärchen« (1831), Gerhard Thomas »Der Oberhof zu Frankfurt a. M.« (1841), Emil Franz Rößler »Dt. Rechtsdenkmäler aus Böhmen u. Mähren« (1845), Ernst Schulze »Gothisches Glossar« (1847), Johann Merkel »Lex Salica« (1850), in der die berühmte Repatriierung der Malbergischen Glosse enthalten ist. Eine Ablehnung erhielt Hermann Harrys (s. d.) für seine »Volkssagen, Mährchen u. Legenden Niedersachsens« (1840).

Bibliographie s. o. S. 3. – Vorreden: Kl. Schr. 8, S. 3–392. – Kleine Schriften zu bestimmten Themenkreisen s. bei den entsprechenden Kapiteln.

Jacob Grimm war und ist, das darf niemals übersehen werden, eine politische Persönlichkeit. Es wird leicht vergessen, daß er einige Jahre im diplomatischen Dienst gestanden hat. Seine Briefe sind lebenslang durchzogen von recht konkreten Äußerungen und Stellungnahmen zu politischen Dingen. Allerdings gilt auch hier, daß er sich keiner Gruppe, keiner Partei, keinem ideologischen System gefügt hat oder ihm zugeteilt werden kann. Sein politisches Denken und Urteilen wuchs wie seine wissenschaftlichen Erkenntnisse aus der Beobachtung der Dinge, aus persönlichem Leben und Erleben und blieb so sein eigenes Gut.

Den ersten politischen Anschauungsunterricht erhielt Jacob Grimm in seiner hessischen Heimat. Die heile Welt in dem patriarchalischen Gemeinwesen des winzigen Städtchens Steinau wich bald schon dem ständigen Mühen um Behauptung und Geltung in einer durch den frühen Tod des Vaters gefährdeten gesellschaftlichen Situation. Der Schüler aus Steinau wird in Kassel mit ‚Er' angeredet. Die Mutter muß beim Fürsten untertänigst um Studienerlaubnis für die Amtmannssöhne bitten, und diese erhalten keinerlei Stipendium. Im Amt dann die Begegnung mit einer Residenzhierarchie, die in ihrer hochmütigen Selbstgerechtigkeit viel guten Willen verschüttete.

Am 23. 12. 1813 wurde Jacob Grimm *Legationssekretär* im auswärtigen Dienst des Landes Hessen. Er zog als solcher mit dem Großen Hauptquartier nach Paris, nahm am Wiener Kongreß teil und war anschließend bemüht, die hessischen, danach auch die preußischen Kunstschätze aus Paris zurückzuholen, die von den Franzosen dorthin entführt waren. Seine politischen, durchaus kritischen Ansichten wurden laufend in den Briefen an den Bruder, sehr anschaulich auch in denen an Senator Smidt aus Bremen ausgesprochen. Im besonderen aber standen beide Brüder in dieser Zeit in geistiger Nähe und unter dem Einfluß von Joseph Görres und dessen Manifesten im ›Rheinischen Merkur‹, für den Jacob Grimm eine Reihe beachtlicher Korrespondentenberichte lieferte. Aus Wien stammt eine noch kaum beachtete Aufzeichnung zur Gestaltung einer neuen Reichsverfassung. Gleichwohl war es folgerichtig, daß Jacob Grimm sich schon im Okt. 1815 um Entlassung aus dem diplomatischen Dienst und Anstellung als Hofarchivar bemühte. Die Bemühungen endeten mit der Einstellung bei der *Bibliothek* am 16. 4. 1816.

Während der Bibliotheksjahre scheint eine Beteiligung an

politischen Dingen zu fehlen. Die Einstellung Jacob Grimms ist jedoch auch in einer amtlichen Tätigkeit erkennbar: in der Mitwirkung bei der *Kurhessischen Zensurkommission.* Das von ihm federführend verfaßte Gutachten über eine Instruktion für die Tätigkeit des Gremiums verrät Sachkenntnis, liberale Gesinnung und geschickte Argumentation ebenso wie rücksichtslose Offenheit. Es wird auf die weitgehende Nutzlosigkeit einer Zensur hingewiesen und – vergeblich – eine Verlegung des Sitzes der Kommission nach Marburg beantragt. Seine sympathisierenden Urteile über zwei Schriften von Görres sowie über politische Flugschriften von Karl Friedrich (nicht R.) von Dalwigk und Prof. Sartorius in Göttingen standen z. T. im Gegensatz zu denen seiner Mitzensoren Völkel und Generalsuperintendent Rommel bzw. zu der nachfolgenden Entscheidung des Kabinetts. Er wandte sich lediglich gegen echten Schund und gegen politische Gewalt (K. L. Sand, 1821).

Deutlich wird auch seine politische Gesinnung in der Parteinahme für die KURFÜRSTIN AUGUSTE, die nicht nur in ihrem Schlößchen Schönfeld einen kleinen Musenhof um sich sammelte, während der Kurfürst mit der Gräfin Reichenbach auf Wilhelmshöhe residierte. Sie war auch deutlich ein Sammel- und Richtpunkt der Gedanken und Hoffnungen einer freiheitlich gesinnten Bürgerschaft. Bei ihr haben die Grimm-Brüder ständig und demonstrativ verkehrt. So hatte es denn auch – natürlich unausgesprochen – einen gewissen politischen Aspekt, wenn man die Brüder bei der Nachfolge Völkels 1829 überging und sie so scharf darauf reagierten. Der Glaube, daß der Landesfürst der Vollstrecker einer gültigen festen Ordnung sei, erhielt in Kassel die ersten schweren Stöße. Zwar nicht in dem Sinne, daß diese Ordnung selbst angezweifelt wurde, wohl aber die Richtigkeit ihre Handhabung von oben.

Der Brennpunkt in Jacob Grimms politischem Leben war seine und des Bruders Beteiligung am Protest der *Göttinger Sieben* im Jahre 1837. Seine berühmte Verteidigungsschrift mit dem stolzen Titel *»Jacob Grimm über seine Entlassung«* wird gern so ausgelegt, daß der Protest für ihn selbst keine politische, sondern ausschließlich eine Sache des Gewissens und der Ethik gewesen sei. Das ist in dieser Form nicht richtig. Die Protestaktion – in dem Schriftstück selbst wird sie „untertänigste Vorstellung“ bzw. „ehrerbietige Erklärung“ genannt – war keine reine Spontanaktion und kann deshalb nicht allein aus dem Wortlaut der Akten und den Stellungnahmen der Beteiligten interpretiert werden. Sie steht in einer Folge politischer Vorgänge, die nicht erst mit der Thronbesteigung des Königs Ernst August beginnen und nicht mit der Amtsenthebung der Sieben enden. Sie gehört zugleich in den größeren Zusammenhang der Verfassungskämpfe in Deutschland in der ersten Hälfte des 19. Jhs.

Was war der Anlaß zu der Göttinger Erklärung? Was sollte oder konnte mit ihr erreicht werden? Und was konnte die Brüder Grimm veranlassen, sich daran zu beteiligen?

Mit dem Tode des Königs Wilhelm IV. endete die englisch-hannoversche Personalunion. König in Hannover wurde der 66jährige Bruder Wilhelms, Ernst August, bis dahin Herzog von Cumberland. Er löste damit zugleich auch seinen jüngeren Bruder, den volkstümlichen Herzog von Cambridge ab, der bis dahin in Hannover die Regentschaft geführt hatte. Ernst August war seit langem als Ultra-Tory bekannt und hatte sich als solcher auch betätigt. In dem Patent vom Juli 1837, mit dem er seine Herrschaftsübernahme verkündete, ließ er zugleich wissen, daß er die geltende Verfassung aus dem Jahre 1833 weder als für ihn persönlich bindend, noch als sachlich brauchbar betrachte. Schon diese Erklärung löste in ganz Deutschland eine starke politische Erregung aus. In Göttingen versuchten Dahlmann, Albrecht und Jacob Grimm unmittelbar darauf den Senat der Universität zur Einsetzung eines Ausschusses zu veranlassen, der „sich mit der Verfassungsfrage zu beschäftigen" habe. Vergeblich; die bevorstehende Säkularfeier der Georgia Augusta ließ kein freimütiges Wagnis zustandekommen. Bei dem großen Feste selbst (im Sept. 1837) knisterte es allerdings schon spürbar von politischer Spannung, und die Lage wurde in kleinen privaten Zirkeln erörtert. Aus Kassel war auch der Verfassungs-Oberbürgermeister Schomburg dabei, der wie die Grimms zum Kreise der Kurfürstin Auguste gehörte.

Ein neues Patent des Königs vom 1. Nov. übertraf dann allerdings alle Vorstellungen. Die geltende Verfassung von 1833 wurde für ungültig erklärt, alle „königlichen Diener" (bisher „Staatsdiener") ihres Eides entbunden und die Verfassung von 1819 – mit noch zu verfügenden Abänderungen – wieder in Kraft gesetzt. Wieder erhob sich ein allgemeiner Sturm der Entrüstung, stellenweise gedämpft durch Stimmen der Angst und der Fügsamkeit. Aber nirgends geschah ein rechtswirksamer Schritt, bis in Göttingen nach vielerlei Vorbesprechungen schließlich am 18. Nov. die von Dahlmann rasch entworfene „Vorstellung" von ihm und 6 weiteren Professoren unterzeichnet und dem Universitätskuratorium eingereicht wurde.

Die Unterzeichner der Erklärung:

Friedrich Christoph Dahlmann, Historiker u. Staatsrechtler. (Aus Schleswig-Holstein.) – Wilhelm Eduard Albrecht, Privat- u. Staatsrechtler. (Aus Ostpreußen.) – Jacob Grimm. (Aus Kurhessen.) – Wilhelm Grimm. (Aus Kurhessen.) – Georg Gottfried Gervinus, Historiker. (Aus Hessen-Darmstadt.) – Georg Heinrich August Ewald, Orientalist. (Aus Göttingen.) – Wilhelm Eduard Weber, Physiker. (Aus Sachsen.)

Die ‚Nachprotestierenden' (die sich am 17. Dez. in der ›Kasselschen Allgem. Ztg.‹ zu den Unterzeichnern bekannten; s. Kück, S. 99–101):

Karl Otfried Müller, Archäologe. – Wilhelm Theodor Kraut, Jurist. – Heinrich Ritter, Philosoph. – Heinrich Thöl, Jurist. – Ernst von Leutsch, Philologe. – Friedrich Wilhelm Schneidewin, Philologe.

Sympathisierende:

Ernst Bertheau, Theologe. – Gustav Hugo, Jurist. – Friedrich Lücke, Theologe.

Gegner:

Johann Friedrich Herbart, Philosoph. – Konrad Johann Martin Langenbeck, Mediziner. – Christian Friedrich Mühlenbruch, Jurist.

Ausführliche Literaturangaben bei Keiper u. Kück (s. u.); vgl. auch ADB, NDB.

Die Erklärung enthält keine eigentlich politischen, sondern nur staatsrechtliche und ethische Argumente gegen den Erlaß des Königs, allerdings in unmißverständlich ablehnender Sprache. Der Kurator verwies zunächst in einem Gegenbrief auf die Pflicht des Untertanen, „in ruhiger Ergebung zu erwarten, wie ... die öffentlichen Angelegenheiten Unsres Vaterlandes werden geordnet werden", und hoffte mit dem Hinweis auf mögliche schlimme Folgen einen Widerruf des Protestes zu erreichen. Dahlmann antwortete ablehnend; man werde die Folgen auf sich nehmen. Das Universitätsgericht führte daraufhin eine Vernehmung der Sieben durch, um Unterlagen für eine „rechtliche" Verurteilung zu gewinnen.

Schon seit dem Regierungsantritt des Königs war die öffentliche Meinung so stark gegen diesen gerichtet, daß die Sieben glauben konnten, sie würden eine Lawine der Zustimmung auslösen und damit ein Zurückweichen der Königspartei bewirken können, so wie es – ebenfalls im Land Hannover – 1831 bereits mit Erfolg gegen den Grafen Münster geschehen war. Aber gerade die Mobilisierung der öffentlichen Meinung – Tausende von

Abschriften der Protestation waren schon nach wenigen Tagen in ganz Deutschland verbreitet, und selbst die ausländische Presse war schnellstens unterrichtet – veranlaßte den König, härter zuzuschlagen, als es sonst wohl geschehen wäre. Man hatte mit Verhandlungen, im äußersten Falle mit einer zeitweiligen Suspension der Professoren gerechnet. Aber am 11. Dez. erfolgte der durchaus als Terror-Maßnahme zu verstehende Gegenschlag: die Entlassung der Sieben, in schöne Worte gekleidet, wie ‚nach den heiligen von der göttlichen Vorsehung Uns auferlegten Pflichten' u. ä. Dahlmann, Jacob Grimm und Gervinus wurden wegen ‚Verbreitung der Protestationsschrift' aufgegeben, daß sie ‚drei Tage nachher nicht nur die Universität, sondern auch Unser Königreich zu verlassen' hätten, unter Androhung von Verhaftung und Gerichtsverfahren im Weigerungsfalle. Die Ordnung im Lande war auf diese Weise hergestellt, die Ruhe jedoch nicht. Ein Studentenaufstand in Göttingen wurde durch rasche Zusammenziehung von Gendarmerie und berittenem Militär verhindert. Weitere Proteste aus dem Lande und aus dem Ausland wurden ausmanövriert. Aber die öffentliche Meinung nicht nur in Deutschland, sondern in ganz Europa nahm sich der Gemaßregelten an, – in einer Zeit, die der Wissenschaft und dem Wissenschaftler ebensoviel Achtung entgegenbrachte wie dem Freiheitsstolz des politischen Bürgers.

Denkwürdig ist der Abschied der Göttinger Studenten von den exmittierten Professoren. Da die Vermietung von Reitpferden und Wagen vorsorglich verboten wurde, marschierten Hunderte über Nacht nach Witzenhausen, um dort an der Grenze und in dem hessischen Städtchen (es wurde der Rathaussaal zur Verfügung gestellt) ihre Lehrer stürmisch zu feiern. Einige begleiteten die Wagen bis nach Kassel.

Die Zustimmungs- und Hilfsbereitschafts-Erklärungen kamen von allen Seiten. Ein Hilfsverein mit dem Sitz in Leipzig, der ›Göttinger Verein‹, sammelte stattliche Summen für die zunächst tatsächlich brotlosen Sieben, die übrigens unter Führung von Wilhelm Grimm einen vergeblichen Prozeß um ihre Bezüge führten.

Prozeßakten in der SuUB Göttingen: Ms. 4° H. lit. 105d. Dazu E. R. Huber (s. u. S. 146), S. 104.

Die Brüder Grimm erhielten Einladungen aus Hamburg, Rostock und Weimar, aus der Schweiz, Belgien, den Niederlanden und Frankreich, – aber freilich meist nur privater oder zu wenig konkreter Art. Auch für Marburg versuchte man die Brüder zurückzugewinnen, was jedoch am Widerspruch des Kurfürsten scheiterte. Die Dichtung nahm sich ihrer an; am eindrucksvollsten ist der Brief, den Bettina von Arnim den Brüdern sandte und der an poetischer Schönheit und Kraft alles andere übertrifft.

Um was es eigentlich gegangen war, wird durch dieses Echo, das in einem seltsamen Kontrast zu dem faktischen Mißerfolg des Protestes steht, deutlicher als durch den auf formale Einzelheiten und moralische Postulate gerichteten Text der Erklärung. Es ging um das Recht der Erhaltung einer Verfassung als Ausdrucks demokratischer Errungenschaften. Es ging um das Recht und die Freiheit, als Staatsbürger gegen jede Art diktatorischer Ansprüche sich Gehör zu verschaffen und passiven Widerstand zu leisten. Es ging schließlich um die Achtung vor dem gewaltlosen Überzeugungstäter, um Recht und Gewissen in der Politik entgegen einem Mißbrauch der Macht. Jenseits des damaligen Fehlschlags in der Sache ist der Protest der Göttinger Sieben ein mahnendes Symbol geblieben, dessen Aktualität bis in unsere Tage unvermindert wirksam ist.

Die Beteiligung der Brüder Grimm an der Erklärung der Sieben (wobei Jacob der ausgesprochen aktivere war) läßt sich zunächst aus ihren hessischen Erfahrungen erklären. Vor und nach ihrem Abzug aus Kassel hatten sie dort Anschauungsbilder aufgenommen, die sich in Göttingen im Kern zu wiederholen schienen. Erinnerungen an Görres und dessen rückhaltloses Erheben der Stimme mögen daneben gewirkt haben, vordergründig der jahrelange Umgang und die Freundschaft mit Dahlmann (der übrigens an der Verfassung von 1832 mitgewirkt hatte); die ganze, noch immer unter Schlözers Nachwirkung stehende freisinnige Göttinger Atmosphäre, die Souveränität des Amtes kamen hinzu.

Schon 1833 hatte Jacob Grimm sich in zwei Rezensionen geäußert: „Der unvertilgbare Grundzug [der deutschen Universitäten] ist: Die Freyheit der Lehrenden und Lernenden“ (Kl. Schr. 5, S. 151). Und: „So scheinen auch die deutschen Universitäten das kräftigste Mittel, die Rechte des Individuellen und Lebendigen zu wahren und zu schützen“ (ebda, S. 159; hier wird übrigens auch das Institut der Tutoren für jüngere Studenten empfohlen!).

Auch die stete geistige Verbindung mit den Volksbewegungen in anderen Ländern dürfte wirksam gewesen sein. Im innersten Grunde aber war es Jacob Grimms Anschauung, daß Politik – auf allen ihren Ebenen – die praktische Anwendung der Rechtschaffenheit zu sein habe (also nicht etwa den Charakter verderbe oder gar einen mangelhaften Charakter voraussetze). Er fühlte sich, persönlich kaum betroffen, als Sprecher einer Allgemeinheit, die nach seiner Auffassung solche Rechtschaffenheit zu üben und von den Regierenden ebenso zu fordern hat. Insofern also war seine und des Bruders Beteiligung an der Aktion Dahlmanns ein notwendiger Teil ihres politischen Bekenntnisses und eine politische Tat. Daß er sie selbst so verstand und wie er sie wertete, bezeugt sein Wort: „Deutschland ist in uns zugleich verletzt worden ... ihm ist das Gefühl des Gemeinsamen, daß sich bei dieser Gelegenheit entwickelte, zugleich ein Gewinn gewesen" (an Wilhelm Weber, 12. 11. 1840; Schoof U. Br. S. 236).

Für die Brüder Grimm waren die Vorgänge des Jahres 1837 von einschneidender Bedeutung. Ihr Verhalten fand selbst bei Freunden nicht überall volle Zustimmung – z. B. bei Benecke und Lücke in Göttingen, bei Savigny und Lachmann in Berlin –, wodurch die äußeren Belastungen durch innere vermehrt wurden. Die Berufung nach Berlin war auch keine volle Rehabilitierung, sondern muß eher als eine Notlösung bezeichnet werden, die von den Brüdern als sachlich notwendig und annehmbar ergriffen wurde. Sie blieben im Grunde – von Hannover aus – „politisch Verfolgte". Auf der anderen Seite gewannen sie eine neue, politische Publizität, der sie sich nicht mehr entziehen konnten, und die besonders Jacob zu immer erneuter Beteiligung an politischen Vorgängen veranlaßte.

So ist auch die Veranstaltung der *Germanistentage* in Frankfurt 1846 und Lübeck 1847 (geplant war Nürnberg für 1848) sowie die Beteiligung der Brüder an diesen Veranstaltungen zu verstehen. Auf Anregung des Juristen Reyscher kamen die Forscher auf den Gebieten des deutschen Rechts, der deutschen Geschichte und der deutschen Sprache zusammen, um von der Wissenschaft her deutsche Politik zu machen. Nach außen wurde freilich betont, daß man sich nur mit wissenschaftlichen Fragen beschäftige. Aber schon die Wahl der Tagungsorte – der alten Reichsstädte (nicht Residenzen!) – läßt ein Programm erkennen. Und in Frankfurt galt der ganze erste Verhandlungstag der Erörterung der schleswig-holsteinischen Frage!

Jacob Grimm wurde in beiden Versammlungen zum Vorsitzenden gewählt; freilich deshalb, weil er Jurist, Historiker und Sprachforscher in einer Person war; aber den unausgesprochenen Akzent gab ohne Zweifel die Beteiligung an dem Göttinger Protest. In seinen Ansprachen »Über den Wert der ungenauen Wissenschaften« und »Über den Namen der Germanisten« (Wilhelm Grimm sprach in Frankfurt über das Projekt des »Deutschen Wörterbuchs«) versuchte er begrifflich und sprachlich die in der Versammlung vertretenen Geisteswissenschaften unter politischem Aspekt zusammenzufassen, – eben unter dem damals aktuellen Gesichtspunkt der geistigen Zusammengehörigkeit aller Deutschen, für die es zu wirken galt. Es ging um Substanz, nicht um System. Wenn bei den Göttinger Sieben von dem erstmaligen Erscheinen des „politischen Professors" gesprochen wird (besser wäre zu sagen: Staatsbürger auf dem Katheder), so ist das in erhöhtem Maße bei den Germanistenversammlungen angebracht. Es ist bezeichnend, daß die für 1848 vorgesehene Versammlung nicht (und keine spätere mehr!) stattfand, dafür aber eine erhebliche Zahl der Teilnehmer in die Frankfurter Nationalversammlung einzog.

War der Göttinger Protest der innere Wendepunkt in Jacob Grimms politischem Dasein, so wurde die Teilnahme an der *Frankfurter Nationalversammlung* der äußere Höhepunkt. Als ein „Stern erster Größe" wurde er vom Wahlkreis Essen-Mülheim dahin entsandt, nachdem er vorher schon in Berlin als Wahlmann fungiert hatte. Er erhielt den wohl ehrenvollsten Platz der Versammlung – in der ersten Reihe im Mittelgang, gegenüber dem Präsidium und der Rednertribüne. Mit ernstem Eifer erfüllte er seine Aufgabe. Viermal hat er in der Versammlung gesprochen, 23mal an Abstimmungen teilgenommen, bis er nach dem Versagen des Parlaments in der *schleswig-holsteinischen Frage* die Konsequenz eines vorzeitigen Ausscheidens zog.

Bemerkenswert ist, daß seine Äußerungen im Plenum sich sämtlich auf solche aus früheren Jahren zurückführen lassen. Gedanken aus der Görres-Zeit und vom Wiener Kongreß stehen neben solchen aus der Akademie. Sein Widerstand gegen den Waffenstillstand in Schleswig-Holstein erinnert an gleichartige Äußerungen zu den Waffenstillstandsverhandlungen in Châtillon 1814, und für das Elsaß hat er seinerzeit (in einer Entgegnung an Görres) ähnlich plädiert wie in der Paulskirche für Schleswig. Was er über Adel und Orden vorbrachte, ist im Grunde ebenso alt. Es zeigt sich darin die Konsequenz seiner Anschauungen und eine Art von Behagen, diese alten lieben Gedanken nun einmal wie ein Volkstribun, als Stimme des common sense, vortragen zu können. Deutlich wird auch an dieser Stelle wieder, wie persönliche Erfahrungen und Rücksichten bei Jacob Grimm zur Meinungsbildung beitrugen. Schleswig-Holsteiner waren seine Freunde: Beseler, Dahlmann,

Haupt, Müllenhoff und Waitz, deren Anliegen er in erhöhtem Maße zu dem seinen machte. Den Adel hatten die Wilds – die Familie von Wilhelms Dortchen – abgelegt. Geadelt war dagegen sein Widersacher Rommel (1828), und Görres und Schlegel zählten für ihn mit Sicherheit zu den zu Unrecht adlig Titulierten.

Eine klare Stellungnahme über den alten Adel enthält schon ein Brief an August von Haxthausen vom 4. 9. 1815: „Was den Adel betrifft, glaube ich, ist in Norddeutschland wenigstens die Zeit seiner Vorrechte vorbei ... Was jetzt Rechtes und Kräftiges in Deutschland geschehen muß, wird so fortgesetzt werden, wie es anhub, also durch den bürgerlichen und adlichen Geist ohne Unterschied...“ (Freundesbriefe, S. 31).

Wirklich gewichtig war sein Antrag zum Paragraphen 1 der „Grundrechte des deutschen Volkes“: „Das deutsche Volk ist ein Volk von Freien, und deutscher Boden duldet keine Knechtschaft. Fremde Unfreie, die auf ihm verweilen, macht er frei.“ Jacob Grimm hatte, das läßt dieser Satz erkennen, das richtige Gefühl dafür, daß eine Verfassung nicht lediglich eine Rechtssatzung, sondern ein Bekenntniswerk ist. Hätte der von ihm vorgeschlagene Wortlaut seit 1848 an der Spitze einer gültigen deutschen Verfassung und im Vordergrund des Bewußtseins aller Deutschen gestanden, – wir würden vielleicht nicht zu beklagen haben, daß wir von seinem Inhalt so weit entfernt sind.

Man hat Jacob Grimms Mitwirkung im Paulskirchenparlament gern kritisiert. Gerade von konservativer Seite hat man immer wieder betont, der Nur-Wissenschaftler sei in der Versammlung fehl am Platze gewesen und mit Recht vorzeitig und einsichtig an seinen Schreibtisch zurückgekehrt. Aber was in Frankfurt an Politik gemacht wurde, entsprach nicht seinen Vorstellungen von einer zielbewußten und raschen Verwirklichung des Volkswillens. Der „Umfall“ des Hauses in der Malmö-Frage gab den Ausschlag für seinen Entschluß, das Mandat zurückzugeben. Daß er nicht völlig resignierte und etwa seine wissenschaftliche Arbeit der politischen vorzog, beweist ebenso die Teilnahme an der Versammlung der „Gothaer“ unter Heinrich von Gagern (26.–28. Juni 1849; u. a. mit Beseler, Dahlmann, Waitz) wie die Fortsetzung seiner Bemühungen um Schleswig-Holstein und seine scharfe öffentliche Stellungnahme im hessischen Reaktionskonflikt 1850, bei dem es sich wieder wie in Göttingen um Gesinnungstreue oder Meineid gegenüber der Verfassung handelte. Dabei focht es ihn nicht an, daß diesmal auf der Gegenseite sein Schwager Ludwig Hassenpflug stand. So wie seinerzeit der ›Göttinger Verein‹ für die Sieben, so sammelte er öffentlich für die verfassungstreuen hessischen Offiziere, die ihre Entlassung gefordert hatten, und brachte ein an Schubarts Kaplied anknüpfendes Trutzgedicht in die Presse.

Kl. Schr. 8, S. 453 f.; vgl. ebda S. VI: Verf. war Karl Sondershausen in Weimar. Schubarts »Kaplied« für die nach Südafrika ziehenden württemb. Soldaten (1787) s. Kürschners Dt. National-Litt. 81, S. 430–432 m. Anm. u. S. 304. Die Melodie war um 1850 noch geläufig.

Die späteren Jahre waren für Jacob Grimms politische Anschauungen eine Zeit tiefer Depression, die am Ende zu der viel genannten und interpretierten Äußerung in einem Brief an Georg Waitz (1858) geführt hat:

„Wie oft muß einem das traurige Schicksal unsers Vaterlandes in den Sinn kommen und auf das Herz fallen und das Leben verbittern. Es ist an gar keine Rettung zu denken, wenn sie nicht durch große Gefahren und Umwälzungen herbeigeführt wird ... Es kann nur durch rücksichtslose Gewalt geholfen werden. Je älter ich werde, desto demokratischer gesinnt bin ich. Säße ich nochmals in einer Nationalversammlung, ich würde viel mehr mit Uhland, Schoder stimmen, denn die Verfassung in das Geleise der bestehenden Verhältnisse zu zwängen, kann zu keinem Heil führen. Wir hängen an unsern vielen Errungenschaften und fürchten uns vor rohem Ausbruch der Gewalt, doch wie klein ist unser Stolz, wenn ihm keine Größe des Vaterlands im Hintergrund steht. In den Wissenschaften ist etwas Unvertilgbares, sie werden nach jedem Stillstand neu und desto kräftiger ausschlagen".

Die klare Aussage dieser Sätze wird noch gestützt durch das, was Berthold Auerbach aus einem Gespräch mit Jacob Grimm im Juli 1863 berichtet: „Viel sprach er auch von den Zuständen unseres Vaterlandes. Aber ich möchte nichts davon hier kundgeben, theils weil ich den Ausdruck nicht verbürgen kann, theils weil auch seine Empörung derart war, daß sie nicht gedruckt wiedergegeben werden dürfte" (s. o. S. 34).

Jacob Grimm hat eine Entwicklung seiner politischen Ansichten von jugendlicher Anhänglichkeit an den Landesherrn zu ungeduldigem Widerspruch durchgemacht. Der Grund zu dieser Änderung war der Anschauungsunterricht, waren die persönlichen Erfahrungen, die er gemacht, die er erduldet hatte. Für Jacob Grimm ist der Ausgangspunkt aller politischen Wirklichkeit das Gesamtvolk (nicht ein einzelner Stand!) oder das, was man damals „Volksgeist" nannte, – der eigentliche

Träger des politischen Lebens. Es ist das Gesamtvolk, zu dem er sich selber zählte und dem er das beste Verständnis für das Notwendige sowie den besten Willen zu loyaler Mitwirkung zutraute. Voraussetzung dafür war ihm die Achtung von Freiheit und Recht eines jeden. Das Programm der Zeit: die Einheit und Freiheit aller Deutschen unter Achtung eines jeden anderen Volkes. Man möchte glauben, daß das Denken und Wirken des Freiherrn vom Stein am stärksten vorbildlich für Jacob Grimm gewesen ist, – auch wenn das von ihm niemals unmittelbar ausgesprochen wurde. Die von ihm immer wieder geforderte politische Methode darf nicht als „romantisch" abgetan werden; sie war seiner Zeit weit voraus. Sie suchte das, was wir heute mit der Meinungsforschung zu erkennen suchen: die Ansicht der „schweigenden Millionen", die aus deren echten Bedürfnissen organisch erwachsen ist und dadurch als echte politische Autorität gelten darf.

Der *Nationalgedanke* bei Jacob Grimm ist, erneut in jüngster Zeit, manchen Deutungen und Mißdeutungen ausgesetzt gewesen. Er ist, wie alle seine Anschauungen, ein ausgesprochen persönlicher, eigengewachsener, und erlaubt keine Zuordnung zu irgendeinem ideologischen System. Er beginnt als Heimatliebe, als überkommene und treulich gepflegte Anhänglichkeit an das hessische Vaterland. Aber bald erweiterte sich der Horizont auf andere Vaterländer. Die allgemeine Sehnsucht nach einem neuen Reich der Deutschen nach den Freiheitskriegen, – in Wahrheit eine Sehnsucht, aus der Beschränktheit der Fürstenstaaten herauszukommen, – tat auch bei Jacob Grimm ihre Wirkung. Er sah allerdings diese Heimat der Deutschen als Substanz, weniger als Form, und sein Nationalgefühl war nicht militant, nicht aggressiv. Er wehrte sich auch stets auf das entschiedenste gegen die Einordnung in irgendeine Partei. Auf der anderen Seite hat er selbst keine Prinzipien verkündet, sondern im Grunde nur das, was für ihn Erkenntnis wirklicher Sachverhalte war. Er hat für die Freiheit gesprochen, weil er selbst die Unfreiheit, die Willkür erfahren hatte. Er verlangte die Berücksichtigung der Volksmeinung und verstand seine eigene als einen Teil von ihr, nicht als eine Privatmeinung. Er verlangte praktisch soziale Gerechtigkeit und freie Entfaltungsmöglichkeit für sich wie für andere, ebenso wie die völkische Selbstbestimmung, – alles als Staatsbürger, nicht als Ideologe. Seine Äußerungen lassen sich nicht im Chor wiederholen; um so eindringlicher sind sie dem sorgsamen Betrachter.

Auch seine Einstellung gegenüber anderen Völkern war auf

Erkenntnis, auf Achtung gegründet, wobei er bemerkenswerterweise auf dem Wege der Wissenschaft die besten Beziehungen zu freiheitlich gesinnten Männern fand, sei es Rössler in Österreich, Michelet in Frankreich, Vuk Karadžić in Serbien oder Afanas'ev in Rußland. Für die Beziehung zu anderen Völkern gebrauchte er das Wort „geschwisterlich", – ganz in dem Sinne persönlicher Geschwisterschaft, die jedem seine Eigenart läßt und doch der Gemeinsamkeit des Wirkens und des Schicksals sich immer bewußt ist.

Auch ›außenpolitisch‹ haben Jacob Grimms Vorstellungen eine Entwicklung durchgemacht. Sie gingen vom „Vaterland Hessen" zu einer „deutschen Nation", einem Deutschland, das es auf der Landkarte nicht gab, und das später leider mit dem Bismarckreich identifiziert wurde. Sie gingen weiter zu einem bruderschaftlichen Nebeneinander und Miteinander der Völker, für das keine besseren Zeugen und Botschafter denkbar sind als – die Brüder Grimm.

Literatur

ISELER, Johs: Die Entwicklung eines öffentlichen politischen Lebens in Kurhessen in der Zeit von 1815–1848. Phil. Diss. Marburg 1913. (Anschauliche Darstellung unter Verwendung von Zeitungen u. Flugschriften der Zeit.)

FELDMANN, Roland: Jacob Grimm u. die Politik. Phil. Diss. Frankfurt a. M. 1969. (Gehaltvolle, weit ausgreifende, aber nicht in allem abschließende Gesamtdarstellung. Der Conclusio S. 285 f. kann ich nicht zustimmen.)

Briefwechsel Paris-Kassel: Jugendbriefe [2]S. 225–272; dazu Kl. Schr. 8, S. 395–397, u. Briefw. Arnim S. 283 u. 296.

Görres: GÜRTLER, Hans: Jacob Grimms Anteil am Rheinischen Merkur, in: Hist.-polit. Blätter f. d. kath. Deutschland 165 (1920), S. 99–107. (Jacob Grimms Verfasserschaft der Kl. Schr. 8, S. 397–415, abgedruckten 8 Beiträge z. T. – mit Unrecht! – angezweifelt.)
Zum Aufsatz über das Elsaß: BRENDEL, Robert: Die Pläne einer Wiedergewinnung Elsaß-Lothringens in den Jahren 1814 u. 1815. 1914, S. 190 f. – s. a. Stengel 2, S. 123–128 (Zensierung von Görres-Schriften).

Wiener Kongreß: Bemerkungen über eins der Projecte der Pentarchen zu einer dt. Bundesacte. 1815: Kl. Schr. 8, S. 415–421.

Mission in Paris: Stengel 2, S. 13–99 u. 398–407.

Dienstliche Querelen: in Wien: Stengel 2, S. 142 f., ebda 1, S. 5 f.; in Kassel: Stengel 2, S. 103–122 u. 407 (zu 2, 100), sowie ebda 3, S. 397–402.

KNETSCH, Karl: Jacob Grimm u. sein Landesfürst, in: AfdA 60 (1941), S. 143 (Antwort auf Übersendung der Grammatik).

Ausscheiden aus dem diplomat. Dienst: Stengel 2, S. 100, A. 1; ebda 1, S. 6–9; ebda 2, S. 73 u. 143 f.

Zensurkommission: Stengel 2, S. 122–137 u. 407 f. (zu 2, 122). – E. LOHMEYER in: Hessenland 33 (1919), S. 112–115, 129–133, 152 bis 155, 174–178 (ergänzendes Material). – Eckhart G. FRANZ in: ZHG 75/76 (1964/65), S. 455–475. Die Veröff. von Lohmeyer scheint von Franz übersehen. Die Alternative *liberal* oder *konservativ* führt [S. 469] zu Fehlurteil über Jacob Grimms politische Haltung.)

Göttinger Protest

JACOB GRIMM über seine Entlassung. Basel 1838; auch Kl. Schr. 1, S. 25–52, mit Zusätzen S. 52–56 (leider unter dem falschen, danach immer wieder zitierten Titel ‚Über *meine* Entlassung'). – Ergänzend: war die eide? 1842: Kl. Schr. 7, S. 122. – Neudruck 1955. Hrsg. v. Wolfgang KEIPER. Mit reichhaltigen Dokumenten- u. bibliograph. Anhang S. 36–103. – Mit Nachw. v. Werner VORDTRIEDE: Insel-Bücherei Nr 806.

SCHOOF, Wilhelm: Über meine [!] Entlassung. Wie Jacob Grimms Schrift entstand. Ein Gedenkwort zu s. 75. Todestag, in: Hessenland 49 (1938), S. 183–186.

Andere öffentliche Äußerungen Jacob Grimms:

Über den Unterschied zwischen Staatsdienern u. Brotdienern, in: Leipziger Allgem. Ztg 1838: Kl. Schr. 8, S. 423 f.

Zur Beschreibung der Göttinger Säkularfeier. 1838: ebda S. 424–428.

Zum Druck der Entlassungsschrift. 1840: ebda 8, S. 429.

Andere Dokumente:

BESELER, Georg: Erlebtes u. Erstrebtes. 1809–1859. 1884. – Darin S. 141–201 Wiederabdruck seiner Schrift: Zur Beurteilung der sieben Göttinger Professoren u. ihrer Sache. Rostock 1838. (Zur Geschichte dieser Schrift S. 36 f.)

REYSCHER, August Ludwig: Erinnerungen aus alter u. neuer Zeit (1802 bis 1880). 1884. (Gutachten über die Gött. Sieben in Tübingen, S. 96 f.; politische Verstimmung beim Univ.-Jubiläum, Teilnahme von Bürgermeister Schomburg aus Kassel S. 106.)

BERTHEAU, Ernst (jr.): Dahlmanns, Grimms u. Gervinus Abschied von Göttingen. Aus d. hinterlass. Papieren des Geheimrats [Ernst] Bertheau, in: Niedersachsen 6 (1900/01), S. 199 f. (Über den Abschied von den Studenten in Witzenhausen, nach Aufzeichnungen „Göttingen, 18. 11. 1837"; vgl. Stengel 1, 291 u. 2, S. 291; s. a. oben S. 137.)

HEIDELBACH, Paul: Jacob Grimm in Witzenhausen, in: Hessenland 37 (1925), S. 244 f. (Zusammenstellung aus anderen Berichten.)

PISSIN, Raimund: Zwei Miszellen zur Vertreibung der Brüder Grimm aus Göttingen, in: ZfdPh. 61 (1936), S. 314–319.

Poetisches:

Abschieds-Gruß an Dahlmann, Gervinus u. Jacob Grimm am 17. Dec. 1837, in: Katalog d. Ausst. d. Brüder Grimm-Museums 2 (1965), S. 25, Nr 114; Abdruck u. a. bei Kück (s. u.) S. 216.

Gaudy, Franz Frhr von: Die Landesflüchtigen, in: Gaudy's sämmtl. Werke 1. 1844, S. 195 f.; vgl. Jac. Grimms Brief vom 25. 7. 1838, in: ZfdPh. 60 (1935), S. 29; auch 61 (1936), S. 314.

Grün, Anastasius [d. i. Alexander Graf von Auersperg]: An Jacob Grimm, in: Gedichte. ³1841, S. 250–253.

Goedeke, Karl: Der Wirt vom weißen Rosse. Eine aristophanisch-platensche Komödie (Bolte) auf König Ernst August. Ms. von 1838 nicht erhalten. Eine Teilbearbeitung erschien 1839 unter dem Titel: König Kodrus, eine Mißgeburt der Zeit. Von Karl Stahl. Mit Widmungsversen „An die Brüder Grimm". Vgl. Briefw. Goedeke S. 5 f., 16–18, 25, 29 f., 105, u. in Paul Alpers: Karl Goedeke. Sein Leben u. sein Werk. Ein Beitrag zur Geschichte der Revolution von 1848 im Königreich Hannover. 1948, S. 46–51. – Weitere Gedichte von Goedeke auf Jacob Grimm (1839, unveröff.) in: Briefw. Goedeke S. 25 f.

[Goethe, Ottilie von:] Traurige Geschichte der Sieben. (In Weimar auf einer Maskerade ausgetheilt), in: Zs. f. Bücherfreunde N. F. 4, 1. Hälfte, S. 28 (Reinh. Steig). – Dazu auch Kück (s. u.) S. 131.

Stieglitz, Heinrich: Gruß an Berlin, ein Zukunfttraum. 1838, S. 127; auch in: Briefw. Goedeke S. 19.

Bettina von Arnim an Wilhelm Grimm, in: BGG S. 107–109.

Hoffmann von Fallerslebens »Knüppel aus dem Sack« ist zwar von 1837, bezieht sich aber (entgegen anderer Darstellung) nicht auf die Göttinger Sieben, sondern auf Breslauer Verhältnisse.

Darstellungen:

Kück, Hans: Die „Göttinger Sieben". Ihre Protestation u. ihre Entlassung im Jahre 1837. 1934. (Grundlegend. Mit Dokumentenabdruck u. Literatur; mehr bei W. Keiper, s. o.)

Sybel, Heinrich von: Zur Erinnerung an Jacob Grimm. Vortrag ... 1885, in: BSB 1885, S. 27–36; danach in: H. v. S.: Vorträge u. Abhandlungen. 1897, S. 203–215. (Profilierte Darstellung der Göttinger Ereignisse.)

Treitschke, Heinrich von: Der Herzog von Cumberland u. das hannov. Staatsgrundgesetz von 1833. In: Forsch. z. brand.-preuß. Gesch. 1 (1888), S. 301–309. (Zur Vorgeschichte des Staatsstreichs.)

Smend, Rudolf: Die Göttinger Sieben. Rede zur Immatrikulationsfeier ... Göttingen 24. Mai 1950. 1951, ²1958. (Mit Gegenwartsakzenten.)

Huber, Ernst Rudolf: Deutsche Verfassungsgeschichte seit 1789. 2. 1960, S. 91–105 u. weiter bis 115. (Der Staatsstreich in Hannover. Der hann. Verfassungsstreit vor dem Bundestag.)

Schoof, Wilhelm: Der Protest der Göttinger Sieben, in: Geschichte in Wissenschaft u. Unterricht. 1962, S. 333–344 (nach Kück); verkürzt auch in: Neue Sammlung 3 (1963), S. 570–574.

Ders.: Hamburg u. die Göttinger Sieben, in: Zs. d. Vereins f. Hamburg. Gesch. 47 (1961), S. 107–111.

Ders.: Der Göttinger Verein. Ein Ruhmesblatt des dt. Buchhandels, in: Börsenbl. (Frankf.) 11 (1955), S. 313 f.

Ebel, Wilhelm: Jacob Grimm u. die dt. Rechtswissenschaft. 1963 (Göttinger Universitätsreden. 41.) Exkurs S. 30 f. (Zur formaljuristischen Problematik des Protestes. Dazu Röhrbein (s. u.) S. 69 f., Anm. 3.)

Gerkens, Gerhard, u. Waldemar Röhrbein: König Ernst August von Hannover, das Grundgesetz, der Staatsstreich u. die Göttinger Sieben, in: Göttinger Jb. 1963, S. 187–214, bes. S. 204–214. – Gegen das inzwischen widerrufene und nur als Quellenpublikation brauchbare Buch von Geoffry Malden Willis: Ernst August, König von Hannover. 1961 (engl. London 1954).

Röhrbein, Waldemar: Hamburg u. der hannoversche Verfassungskonflikt 1837–1840. 1965, S. 69–83. (Hamburg und die Göttinger Sieben. Wichtig!)

Peschken, Bernd: Jacob Grimms Entlassung, in: Merkur 21 (1967), S. 1180–1186. (Gut akzentuierte Darstellung.)

Germanistentage:

Verhandlungen der Germanisten zu Frankfurt am Main am 24., 25. u. 26. Sept. 1846. 1847. – Stenogr. Verhandlungsbericht. Teilnehmerverz. S. 135–140. 195 Teilnehmer, davon 18 Ausländer aus der Schweiz, den Niederlanden, England, Dänemark, Schweden, Kurland.

Vorläufiger Bericht über die Zusammenkunft durch den Vorsitzenden [Jacob Grimm] in der Augsburger Allg. Ztg: Kl. Schr. 7, S. 573 bis 581.

Bemerkenswert die Berichte in der Hannoverschen Morgenztg 15 (1846), S. 683 f., 686 f., 689–691. (Hier sind, genauer als in dem späteren offiziellen Bericht, die Publikumsäußerungen wiedergegeben.)

Für die Einladung der Teilnehmer (international!) nach Frankfurt aufschlußreich ist der Brief Jacob Grimms an Reyscher (23. 11. 1845), Gürtler S. 120 f.

Verhandlungen der Germanisten zu Lübeck am 27., 28. u. 30. Sept. 1847. 1848. – Teilnehmerverz. S. 243–247. 171 Teilnehmer, davon nur 36 zum zweitenmal; 6 Ausländer.

Jacob Grimms Äußerungen auch in: Kl. Schr. 7, S. 556–572, u. 8, S. 466 f. – Bemerkenswert seine Tätigkeit als Vorsitzender (s. die Verhandlungsberichte).

Feldmann S. 209–233; s. a. Briefw. Mittermaier.

Nationalversammlung in Frankfurt:

Jacob Grimm war Angehöriger des Parlaments vom 24. 5. bis 2. 10. 1848; außer ihm von den Göttinger Sieben: Albrecht, Dahlmann, Gervinus, im Vorparlament Dahlmann, Gervinus, Wilh. Grimm (Otto von Gierke: Die histor. Rechtsschule u. die Germanisten. 1903, S. 54 f., Anm. 91 [recte 92]–94).

Schoof, Wilhelm: Jacob Grimm als Mitglied der Nationalversammlung, in: Dt. Rundschau Jg 57, Bd 228 (1931), S. 126–134. (Überholt. Die in Auszügen abgedr. Briefe inzwischen vollständig in: Schoof U. Br.)

Bech, Helge: Jacob Grimm u. die Frankfurter Nationalversammlung, in: Euph. 61 (1967), S. 349–360.

Feldmann S. 234–257.

Jacob Grimms Äußerungen im Plenum in: Stenographischer Bericht über die Verhandlungen der deutschen constituierenden Nationalversammlung zu Frankfurt am Main. Bd 1.2. 1848. Danach in: Kl. Schr. 8, S. 435–443. – Ein nicht gestellter Antrag (Südtiroler Abgeordnete) bei Feldmann S. 243.

Über Geschäftsordnung: Vgl. Über das Pedantische in der dt. Sprache. 1847: Kl. Schr. 1, S. 328.

Schleswig-Holstein: Châtillon (1814): Jugendbr. ²S. 273, 279. – Die Elsasser (1814): Kl. Schr. 8, S. 397–402. – Adresse an den König [Friedrich Wilhelm IV], gemeinsam mit Encke, Lachmann, Pertz, Ranke, Trendelenburg (25. 8. 1846): ebda 8, S. 430 f. – Eintreten für Beseler (1. 12. 1847): Schoof U. Br. S. 245 f. – Kampagne in der Vossischen Ztg (1848): Kl. Schr. 8, S. 432–434. – Vortrag in der 11. Philologenversammlung (1850; vornehmlich Altphilologen): ebda S. 449–452. – Schlußbekanntmachung (1851): ebda S. 455.

Schon auf dem Wiener Kongreß wurden Maßnahmen gegen Dänemark erwogen: L. Hammerich in: BGG S. 2 f. (mit Lit.).

Verfassung (Grundrechte): Antrag zur Beratung der Grundrechte des deutschen Volkes in der Nationalversammlung zu Frankfurt am Main 1848. [Faksimile]. Begleittext v. Ludwig Denecke. [1964]. – Aufzeichnungen aus Wien (1815): Kl. Schr. 8, S. 404–407. – Brief an E. von Groote (1. 11. 1816): Freundesbriefe S. 206.

Adel: Brief an August von Haxthausen (4. 9. 1815): Freundesbriefe S. 31. – Über Rommel in: Briefw. Meusebach (15. 11. 1829) S. 117. Selbst gegen Savigny: Briefw. S. 293 (1820); Kl. Schr. 1, S. 122 (1850). – Die Äußerung W. Kl. Schr. 4, S. 633 f. stammt von Hupfeld, nicht von Wilh. Grimm.

Orden: Joseph Görres: Rheinischer Merkur. Ausgew. u. eingel. v. Arno Duch. 1921, S. 229 f. „Ordens-Flitter" (aus Nr 106 des ›Rh. M.‹). – Vgl. auch: Kl. Schr. 8, S. 428 (Ein hessischer Orden. 1839/40).

Über die Teilnahme an der Gothaer Versammlung gibt es keinerlei Quellenmaterial. Sollte es aus bestimmten Gründen zu den von Auguste Grimm vernichteten Nachlaßteilen (s. o. S. 1) gehören?

Hessen: Kl. Schr. 8, S. 452–454; dazu auch R. Friderici in: BGG S. 156.

Nationalgedanke:

Franz, Günther: Über Jacob Grimms Nationalgefühl, in: Festgabe, dargebracht Harold Steinacker ... 1955, S. 301–309.

Pfütze, Max: Jacob Grimm, das »DWb.« u. die Nation. Bemerkungen zu einer politischen Entwicklung. 1962; s. o. S. 128.

Ziegler, Klaus: Jacob Grimm u. die Entwicklung des modernen dt. Nationalbewußtseins, in: ZHG 74 (1963), S. 153–181.

Boehlich, Walter: Aus dem Zeughaus der Germanistik. Die Brüder Grimm u. der Nationalismus, in: Der Monat 18 (1966), H. 217, S. 56–68. (Cum ira et studio.)

11. Freunde und Bekannte. Wissenschaftliche Beziehungen

Man wird Jacob Grimm nicht gerecht, wenn man ihn für einen von Natur aus ungeselligen Schreibtischhocker hält. Schon als Schüler hatte er gute Freunde und Kameraden, und als Student war er fröhlichem Umgang durchaus nicht abgeneigt. Zumeist allerdings war ihm die Familie ein geradezu naturnotwendiger Lebenskreis, dessen Zusammenhalt er stets sehr bewußt gepflegt hat. Dortchen Wild hat er schon vor ihrer Eheschließung mit Wilhelm in diesen Kreis einbezogen; seine Schwester hieß für ihn auch nach ihrer Verheiratung mit Ludwig Hassenpflug weiter „Lotte Grimm“, und an dem Ausscheren der Brüder Karl und Ferdinand aus der brüderlichen Gemeinschaft hat er zeitlebens schwer getragen.

Lebenbestimmend war die Begegnung mit Friedrich Karl von Savigny und mit dessen Schwager Clemens Brentano in *Marburg* (1802/03). Brentano vermittelte seinerseits die rasch geschlossene Freundschaft mit Achim von Arnim (1807). Auf die wissenschaftliche Bahn der Brüder hatte Savigny den entscheidenden Einfluß, den zunächst fast stärkeren auf die literarische Richtung hatten Brentano und Arnim. Es ist charakteristisch, daß sich die Bindung an Savigny stärker bei Jacob, die an Arnim stärker bei Wilhelm bestätigte, während Brentanos persönliche Eigenart der der Brüder doch auf die Dauer zu wenig gemäß war. Das Ergebnis war bei Jacob eine Fülle fruchtbarer Auseinandersetzungen, bei Wilhelm eine ständig vertiefte Freundschaft.

Durch den frühen Tod des Vaters und die Übersiedlung nach *Kassel* war der gesellschaftlichen und geselligen Stellung der Familie der traditionelle Boden entzogen worden. Die jungen Leute waren darauf angewiesen, sich einen eigenen Kreis zu schaffen, – und das geschah: Mit den Kindern des benachbarten Apothekers Wild, denen des entfernt verwandten Oberappellationsgerichtsrates Burchardi, mit den Schulkameraden Daniel Engelhard, Eduard Harnier, Werner Henschel und deren Geschwistern, auch mit den Freundinnen der Schwester Lotte, den Schwestern Hassenpflug und deren Bruder Ludwig sowie mit den Töchtern des französisch-reformierten Pfarrers Ramus. Im Winter 1811/12 entstand aus diesem Kreis eine von den Grimms inaugurierte „Lesegesellschaft“ von 25 Personen, die bis Ende 1813 allwöchentlich freitags recht fröhlich beisammen war und neben dem geselligen Treiben an den Interessen und Arbeiten der Brüder, insbesondere an der Märchensammlung, teilnahm.

Einen anderen, ernsthafteren Charakter hatte die – „Kränzchen“ benannte – Gesprächsrunde mit dem Arzt Dr. Harnier, dem Philosophen Suabedissen und dem Mathematiker Dr. Gerling, die Wilhelm 1814 zusammenbrachte, während Jacob in Paris war. Dem musisch interessierten Kreis in der höfischen Gesellschaft, in deren Mittelpunkt zu Anfang der 1820er Jahre die geistvolle Caroline von der Malsburg stand, gehörten die Grimms als Hofbibliothekare an, ohne daß diese Zugehörigkeit bestimmte Züge oder sie selbst eine bestimmende Rolle darin gehabt hätten.

Über die Grenzen der Stadt hinaus dauerten die aus der gemeinsamen Schulzeit stammenden Verbindungen zu Paul Wigand in Höxter, zu Ernst Otto von der Malsburg in Escheberg und zu Fritz von Schwertzell in Willingshausen, auch hier auf die Geschwister beiderseits ausgedehnt. Von beiden Brüdern gepflegt wurde eine lebhafte, ergiebige Korrespondenz mit dem Pfarrer und Pädagogen Bang in Goßfelden bei Marburg; er war ein Vetter von Fr. Creuzer in Heidelberg und befreundet mit Savigny, der die Bekanntschaft mit den Grimms vermittelte.

Besonders fruchtbar wurde die Freundschaft zu der westfälischen Familie von Haxthausen in Bökendorf bei Paderborn, die Wilhelm 1809 in Halle mit Werner von Haxthausen begründete. Hier hat sich ein aufgeschlossener Kreis vornehmlich junger Damen, zu denen auch die Schwestern Jenny und Annette von Droste-Hülshoff gehörten, mit freundschaftlicher Wärme an den volkskundlichen Sammlungen der Brüder beteiligt. Werner und August von Haxthausen gingen später andere Wege.

Doch inzwischen reichten die Beziehungen auch schon weiter. Die in Marburg gewonnenen Freundschaften zu Savigny, Brentano und Arnim hatten sich in Landshut und in *Heidelberg* fortgesetzt. Hier traten nun CREUZER und GÖRRES, BOECKH und MONE als Brieffreunde hinzu. Nachhaltiger aber wurden die Beziehungen zu dem benachbarten *Göttingen*, – seinen Büchern und seinen Menschen. Schon 1807 begann der Briefwechsel mit GEORGE FRIEDRICH BENECKE, bald auch der Gedankenaustausch mit den Juristen KARL FRIEDRICH EICHHORN und GUSTAV HUGO sowie mit dem good-will-Franzosen CHARLES DE VILLERS (dem Freund der Dorothea Schlözer). Diese Beziehungen wurden bald durch gegenseitige Besuche, auch der Familien, erweitert und vertieft. Die Göttinger Bibliothek gab unersetzliche Arbeitshilfen, in den ›Göttingenschen Gelehrten Anzeigen‹ rezensierten die Brüder seit 1818, die DIETERICHsche Buchhandlung verlegte 1811 Jacob Grimms erstes Buch und war seit 1819 beider Verlagsheimat; LUDWIG GRIMM, der Malerbruder, porträtierte 1823–1826 zwölf Göttinger Professoren. Göttingen wurde, viel stärker als es bei der Landesuniversität Marburg möglich gewesen wäre, der akademische Rückhalt der beiden Kasseler Privatgelehrten.

Wertvolle neue Bindungen brachten Jacobs diplomatische Dienstreisen nach *Paris* und *Wien*. Im Hauptquartier der Alliierten begann u. a. die lebenslängliche Freundschaft zu Senator JOHANN SMIDT aus Bremen. Im Getriebe des *Wiener* Kongresses war es wieder eine literarische „Gesellschaft“, die Jacob im ›Gasthaus zum Stroblkopf‹ zusammenbrachte und zu einer intensiven internationalen Tätigkeit anregte. Der „Circularbrief“ ist deren Dokument. In diesen Monaten entstand auch die Freundschaft zu dem Staatsmann, Bibliophilen und Liebhaber-Germanisten JOSEPH VON LASSBERG; von hier aus datieren insbesondere die lebhaften Beziehungen zwischen Jacob Grimm und dem slavischsprechenden Südosteuropa.

Jacobs – man möchte sagen „halbamtliche“ – Tätigkeit als Bibliothekar des Königs Jérôme hat ihm eine besondere Möglichkeit gegeben, selbständig einen weitreichenden wissenschaftlichen Briefverkehr im In- und Ausland zu führen. Das immer intensivere Eindringen in die Beschäftigung mit dem „deutschen Altertum“ brachte die Brüder in Verbindung mit den anderen frühen Suchern, mit DOCEN, GRÄTER und VON DER HAGEN. In den Jahren nach dem Kriege – der Zeit der Tätigkeit beider Brüder in der *Kasseler Bibliothek* – bildeten sich dann festere Linien von jeweils besonderer Farbe und Struktur heraus.

Es begann der Briefwechsel mit GUSTAV SCHWAB, MONE, HOFFMANN VON FALLERSLEBEN, GRAFF, KOBERSTEIN, MASSMANN, FRANZ BOPP; mit den Historikern LAPPENBERG und PERTZ, den Juristen FALLENSTEIN, KLENZE, MITTERMAIER; im besonderen aber mit KARL LACHMANN und HARTWIG GREGOR VON MEUSEBACH. In diesen beiden Namen kommt die Ambivalenz der Grimmschen Lebensbeziehungen sprechend zum Ausdruck: hier der strenge, Schule machende Philologe, dort der heiter-gütige und gelehrte Bücherfreund, beide jahrzehntelang verbunden mit dem Grimm-Brüdern, die eben beides waren.

Aus dem stillen hessischen Kassel gingen die Briefe nach Bremen und Hamburg, nach Berlin, Breslau und Königsberg, nach Heidelberg, Ulm und München; umgekehrt kamen Besuche aus allen Orten der deutschen Lande und gleicherweise aus dem Ausland in die hessische Residenz, – der „Herren Bibliothekare Grimm" wegen. Alles in allem: Es war der Durchbruch und die Aufnahme in die wissenschaftliche Welt, zugleich aber auch die menschliche Anerkennung von der Gegenseite; denn mit der Achtung vor der wissenschaftlichen Leistung kam immer wieder die warme persönliche Wertschätzung für diesen Jacob Grimm und seinen Bruder Wilhelm zum Ausdruck.

Eine Beziehung der Grimms verdient ein besonderes Wort: die zu GOETHE. Goethes Porzellan-Statuette von Rauch schmückte als Geschenk seines Bruders Ludwig seit 1832 Jacobs Arbeitszimmer. Dieser nannte ihn in seinem Göttinger Literaturkolleg „den größten Dichter Europas und einen der größten Geister aller Zeiten". Wilhelm besuchte ihn in Weimar 1809 und 1816 und begegnete ihm 1815 in Frankfurt und in Heidelberg, während Jacob eine persönliche Begegnung nicht gesucht hat. Briefe gingen hin und her. Der Anlaß des ersten Besuches war die Bitte um Erlaubnis zur Benutzung der Meistersingerhandschriften in Jena und der Wunsch, Goethe möge sich für die Arbeiten der Brüder so interessieren und einsetzen wie für Arnims und Brentanos »Wunderhorn«. Das geschah freilich nicht, jedoch gelang es für die Radierungen des Bruders Ludwig und später durch Jacobs Fürsprache für die Arbeiten des serbischen Freundes Vuk Karadžić. Goethes Anerkennung für die Brüder selbst kam auf dem Gebiet der „Organisation der Wissenschaft" zum Ausdruck. Als ihm 1816 der Plan des Freiherrn vom Stein zur Begründung einer ›Deutschen Gesellschaft für Geschichte und Sprache‹ vorgelegt wurde (der Entwurf dazu stammte von Savigny), bat er die Brüder Grimm um eine gutachtliche Äußerung dazu, die er alsbald erhielt und mit voller Zustimmung weiterleitete. Noch 1838 versuchte man in Weimar, die Grimms nach ihrer Göttinger Amtsenthebung für die Musenresidenz zu gewinnen.

Eine deutliche Veränderung in den persönlichen Beziehungen der Brüder brachte die Übersiedlung nach *Göttingen*. Der gesellige Verkehr mit befreundeten Familien und andererseits der schriftliche oder Besuchs-Verkehr mit Wissenschaftlern, – das war nun nicht mehr zweierlei. Die tägliche Begegnung mit Männern der Wissenschaft wie BENECKE, HEEREN, BLUMENBACH, OTFRIED und JULIUS MÜLLER, neu mit DAHLMANN, GERVINUS, BLUME, LÜCKE und FERDINAND RANKE, die Vorlesungen und die Gewinnung von Schülern wie FROMMANN, GOEDEKE, VON RAUMER, RUDORFF, WILHELM MÜLLER; die Erfüllung neuer Aufgaben im Rahmen der akademischen Selbstverwaltung, – das alles waren Elemente eines neuen Lebens, an das sich die Brüder zwar schwer aber doch mit Erfolg und entschiedenem Nutzen gewöhnten. Es waren in diesem Kreise bemerkenswerterweise alle Fakultäten vertreten, ältere und gleichalterige Generation, Einheimische und Nichtlandeskinder, Nord- und Süddeutsche. Das Entscheidende für den Zusammenschluß war nicht allein wissenschaftliche Nachbarschaft (oder Auseinandersetzung!), sondern in zunehmendem Maße auch eine Übereinstimmung der politischen Meinungen, das heißt also eine kollektive Teilnahme an den Problemen der Gegenwart, wie sie vorher in Kassel in dieser Weise noch nicht möglich gewesen war.

Das Jahr 1837 war für alle Freundschaften der Brüder ein harter Prüfstein. Aber sie hatten Bestand, auch da, wo der Protest keine Zustimmung fand, wie bei Benecke, Savigny, Lachmann, Lücke – obwohl besonders Jacob in diesem Punkte auf das äußerste empfindlich war. Es wird jedoch deutlich, daß fortan in den Freundschaften der Grimms das politische Element eine nicht unerhebliche Rolle gespielt hat, freilich ohne daß dabei eine parteimäßige, programmatische Übereinstimmung postuliert worden wäre.

Die Übersiedlung nach *Berlin* war anfangs zum Teil wie eine Rückkehr zu alten Zeiten. SAVIGNY, BETTINA VON ARNIM, MEUSEBACH, LACHMANN, BOECKH und PERTZ waren alte Freunde. Es ist freilich nicht zu übersehen, daß die Anwesenheit von V. D. HAGEN und GRAFF mit ihrer ›Berlinischen Gesellschaft‹, die Gegenwart von FRANZ BOPP und der Hegel-Gruppe in der ›Societät für wissenschaftliche Kritik‹ hinzunehmen waren. Aber auch neue Freunde wurden gewonnen: MÜLLENHOFF (* 1818), PFEIFFER (* 1815), WAITZ (* 1813), WEIGAND (* 1804), HILDE-

BRAND (* 1824) – die neue Generation – traten in den Kreis, und die Arbeiten am »Deutschen Wörterbuch«, an den »Weisthümern«, die Beantwortung von Fragen aus allen Enden erweiterten den Schriftwechsel in's Erstaunliche. Mit unveränderter Aufgeschlossenheit und Wärme hat hier Jacob Grimm, zugleich mit der Würde und Weisheit des Alters immer wieder Rede und Antwort gestanden, sich beteiligt, geraten und geholfen und bis zuletzt das bestätigt, was für ihn stets das Entscheidende in allen persönlichen Beziehungen war: die Gemeinsamkeit eines sachlichen Interesses. Wo sie vorhanden war und Bestand hatte, da gab Jacob Grimm aber auch den ganzen Menschen, wofür die Namen Savigny, Benecke, Lachmann herausragende Symbole sind, etwa neben Dahlmann, Lappenberg, Kemble. Bemerkenswert und wohl charakteristisch für Jacob Grimm sind die langen und engen Freundschaften mit Nicht-Professoren wie Laßberg, Meusebach, Smidt, Thomas oder Wigand. Aber auch sie beruhten auf der Gemeinsamkeit des Wirkens an einer höheren Aufgabe.

Sucht man unter den Freunden Jacob Grimms diejenigen heraus, die für sein Leben und Wirken von besonderer Bedeutung waren, so ergibt sich eine klare Übereinstimmung mit der Liste derjenigen, die er mit Widmungen seiner Bücher bedacht hat. Deutlich war es zuerst ein enger Kreis: die Brüder WILHELM und FERDINAND 1811, Bruder LUDWIG 1816 und noch einmal WILHELM 1831, dazu die „romantischen" Freunde: BETTINA (1812) und GÖRRES (1815).

Mit vollem Recht wurde schon 1812 das Hildebrandlied dem Mentor BENECKE gewidmet. Er war der erste, der an einer deutschen Universität Vorlesungen über das Altdeutsche gehalten hat. Ihm verdankten sie außer reicher persönlicher Belehrung und wohlwollender Förderung in erster Linie die fruchtbare Verbindung mit Göttingen. Auch der zweite Band der »Deutschen Grammatik« (1826) wurde ihm dargebracht. Die enge Freundschaft hielt bis zu seinem Tode, auch über das Jahr 1837 und die damals bestehende akute Meinungsverschiedenheit hinaus. Die Widmungsschrift »Frau Aventiure klopft an Beneckes Tür« (1842) ist dafür ein schöner Beleg. Die Geschichte der beiderseitigen Beziehungen ist leider noch nicht geschrieben.

Die Widmung des »Armen Heinrich« an die „alte" Kurfürstin und die damalige Kurprinzessin AUGUSTE hatte nicht nur einen „patriotischen" Aspekt, denn sonst hätte die Widmung ja besser dem Kurfürsten gegolten. Die Kurfürstin war die Brotherrin der guten „Tante Zimmer“, und durch sie waren die fürstlichen Damen auch zu Betreuerinnen der Grimm-Familie geworden. Ihnen wurde mit dieser – wohl zuerst durch Wilhelm veranlaßten – Widmung zugleich ein Dank abgestattet. – Die Widmung der »Irmenstraße« an das NATIONALINSTITUT IN HOLLAND und die der »Edda« an den Freiherrn VON HAMMERSTEIN in Kopenhagen verdeutlichen den Versuch, im Ausland Boden zu gewinnen und dadurch zugleich auch das Ansehen im Inland zu erhöhen.

Das erste wirklich gewichtige Werk Jacob Grimms, der erste Band der »Deutschen Grammatik« (1819) war SAVIGNY gewidmet, dem Juristen, dem damit in gleicher Weise ein aufrichtiger Dank abgestattet und die Emanzipation des einstmaligen Schülers dokumentiert wurde. Savigny war für die Grimm-Brüder durch Jahrzehnte der aufrichtige und uneigennützige Helfer. Er betreute die Studenten in Marburg, holte Jacob 1805 nach Paris, den Bruder Ludwig 1809 nach Landshut. Er nahm es hin, daß sein „Meisterschüler“ andere Wege ging. Er suchte auch dann zu helfen mit dem Angebot einer Professur in Bonn und der Stelle eines Sekretärs der geplanten Deutschen Gesellschaft. Er erwirkte für Jacob die Ehrendoktorate in Berlin und Breslau. Die Teilnahme der Brüder am Göttinger Protest entsprach zwar nicht seinen ritterlichen Anschauungen; aber er verstand auch dies, bot seine Hilfe für das »Deutsche Wörterbuch« an und hat für die Berufung nach Berlin das Seinige getan. Jacob Grimm hat demgegenüber offenbar eine Art von Sozialkomplex nie überwunden und diesen dadurch auszugleichen versucht, daß er die eigene – germanistische – Leistung derjenigen Savignys an die Seite zu stellen suchte, zuletzt im »Wort des Besitzes«. Die Vorrede dieser Jubiläumsgabe macht das deutlich und ist zudem mit einigen goldenen Rücksichtslosigkeiten gewürzt; beides hat den feinfühligen Savigny ganz offenbar verletzt; er hat auf das Buch und die Widmung mit keiner Silbe geantwortet. Aber von beiden Seiten überwogen Achtung und Zuneigung füreinander; ihr fast 60 Jahre währendes Verhältnis ist das Beispiel einer wahrhaft männlichen Freundschaft, ihr Briefwechsel darf eins der großen Dokumente des 19. Jhs. genannt werden.

War die »Deutsche Grammatik« zuerst dem Juristen Savigny gewidmet, so wurden die »Deutschen Rechtsaltertümer« dem Freiherrn VON MEUSEBACH zugeschrieben, der zwar Jurist, vor allem aber der feinsinnigste Sammler und Kenner der Literatur des 16. Jhs. (Fischart) war. Die Bekanntschaft mit dem skurrilen Privatgelehrten wurde durch Görres vermittelt; sie bestand seit einem Besuch in Kassel 1819. Meusebach hat den Brüdern mit Büchern und Auskünften sowie mit persönlicher Teilnahme viel und gern geholfen, besonders deutlich mit der (freilich anonymen) Schrift »Zur Rezension der Deutschen Grammatik« (1826, s. S. 93). Charakteristisch sind seine „Klebebriefe“, deren Text aus ausgeschnittenen gedruckten Worten in lustigen Formen zusammengesetzt ist (Jacob Grimm hat das einmal nachgeahmt, an Dortchen (1853), s. Briefw. Simrock S. 93 mit Abb.). Das Freundschaftsverhältnis war ausgesprochen herzlich und erfaßte beide Familien – über den wissenschaftlichen Aspekt des Briefwechsels mit Jacob hinaus.

Die Widmung des »Reinhart Fuchs« (1834) ging an Karl Lachmann. Sie mag als Antwort auf dessen Widmung seiner Wolfram-Ausgabe (1833) gelten; zugleich wäre das aber auch die Antwort der Volkspoesie an das Kunstepos! Außer Benecke war Lachmann unter allen engeren Freunden Jacob Grimms der einzige Germanist. Die Verschiedenheit ihrer Naturen ist so augenfällig wie die ihres wissenschaftlichen Weges. Lachmann kam zur Germanistik aus der strengen Schule der Klassischen Philologie. Das Verhältnis wurde 1819 eröffnet durch einen Brief von Jacob Grimm, der es seit langem gewohnt war, sich mit sachlichen Fragen und Wünschen an Unbekannte zu wenden. In jahrelanger brieflicher Gemeinsamkeit der beiden, der die fruchtbare Opposition nicht mangelte, sind von ihnen die Grundlagen für die Deutsche Philologie gelegt worden. Eine Entfremdung in den späteren Jahren beruht nicht auf unterschiedlichen persönlichen, sondern wissenschaftlichen Auffassungen; vielleicht hat auch die persönliche Nähe (in Berlin) sich ungünstig ausgewirkt. Sichtbar wurde das, als Lachmann dem Frankfurter Germanistentag fernblieb (zugunsten der Versammlung der Klassischen Philologen) und Jacob Grimm das öffentlich rügte. Die Meinungsverschiedenheit in der Nibelungenfrage und Lachmanns verständliche, ja notwendige Ablehnung der »Geschichte der deutschen Sprache« mußten sich ähnlich auswirken wie in Jacob Grimms Verhältnis zu Dobrowsky und zu Kopitar. Aber auch hier, wie bei Savigny, war der Wille zur Erhaltung der Freundschaft stärker. Als Jacob Grimm dem Verstorbenen die Gedenkrede hielt (1851), geschah das in würdiger Weise, wenn auch mit einem so sachlich-kritischen Abstand, daß Moriz Haupt, der schon längere Zeit mehr auf seiten Lachmanns stand, sich „empört“ darüber äußern konnte (Grimm an Wackernagel, 1856; s. Briefw. S. 31

Leitzmann); doch kennzeichnet das mehr dessen eigenes damaliges Verhältnis zu Jacob Grimm als Grimms Freundesurteil über Lachmann.

Die »Deutsche Mythologie« (1835) ist Dahlmann gewidmet, dem Historiker, der erst fünf Jahre zuvor in Göttingen mit den Brüdern zusammengekommen, alsbald aber eine enge, auch die Familien umfassende Freundschaft mit ihnen geschlossen hatte. Auch Blume, der Jurist, dem Wilhelm 1838 sein »Rolandslied«, Jacob 1840 die Ausgabe von »Andreas und Elene« widmete, und Gervinus, dem die »Geschichte der deutschen Sprache« zugeschrieben ist, gehörten zu diesem neuen Kreis. Auch hier bewährte sich die Freundschaft in freimütig ausgesprochenen Meinungsverschiedenheiten, noch stärker in gemeinsamem Handeln in Göttingen, Frankfurt und weiter danach bis zum Lebensende. Der politische Akzent dieser Freundschaft kommt auch in der Widmung zum Ausdruck; sie ist datiert: Frankfurt, 11. Juni 1848.

Über Göttingen hinaus weist die Widmung des vierten Bandes der »Deutschen Grammatik«. Sein Erscheinungsjahr 1837 ist der Höhepunkt von Jacob Grimms Universitätstätigkeit, vor deren Abbruch durch die politische Amtsenthebung. Fünf Namen stehen vor diesem Werk, im niemand bevorzugenden Ordo alphabeticus: Haupt, Hoffmann, Massmann, Schmeller, Wackernagel. Bis auf Schmeller waren die Genannten rund 10 bis 20 Jahre jünger als Jacob Grimm. Es waren die Männer der jungen Professorengeneration (Leipzig, Breslau, München, Basel), die hier von dem Vormann als „Mitforschende" bezeichnet wurden.

Haupt, eben in Leipzig habilitiert, hat bald darauf den Vorschlag zur Schaffung des »Deutschen Wörterbuchs« auf den Weg gebracht. Als 48er wurde er 1850 selbst amtsenthoben, 1853 aber mit Hilfe Jacob Grimms auf Lachmanns Lehrstuhl nach Berlin geholt, wo sich das Verhältnis zwischen den beiden Hartköpfen allerdings zum Schlechteren entwickelte. Gleichwohl hielt Haupt für Jacob Grimm die Gedenkrede in der Akademie in der würdigsten Form.

Hoffmann von Fallersleben ist durch Jacob Grimm 1818 in Kassel auf den Weg der Deutschen Philologie gebracht worden und hat das mit Wort und Tat immer entgolten. Der politische Zwischenfall bei Wilhelms Geburtstag in Berlin 1844 hat freilich eine schwere Störung des Verhältnisses gebracht, doch wurde sie zwischen Hoffmann und Jacob Grimm (nicht mit Wilhelm) in zufriedenstellender Weise bereinigt.

Hoffmann hatte eine, Wilhelm Grimm zu seinem Geburtstag dargebrachte Ovation auf sich selbst umfunktioniert. Darüber eine öffentliche Erklärung der Brüder: Kl. Schr. 7, S. 599 f.

Mit ANDREAS SCHMELLER hat Jacob Grimm ein Jahr später die »Lateinischen Gedichte des X. u. XI. Jahrhunderts« herausgebracht. Sein »Bayerisches Wörterbuch« konnte er nie genug loben und hat ihn auch persönlich bis über seinen Tod hinaus hoch geschätzt. 60 Briefe von Schmeller (1821–1851) liegen unausgewertet im Grimmschrank.

Das Verhältnis zu MASSMANN (72 unveröffentlichte Briefe von M. an Jacob Grimm, 1818–1857!) und das besonders lange und innige zu WILHELM WACKERNAGEL sind noch ganz unzureichend untersucht, ebenso das zu von der Hagens Nachfolger KARL MÜLLENHOFF. Bei diesem und Moriz Haupt ist von WILHELM SCHERER hervorgehoben worden, daß hier die „Lachmannianer", die strengeren Philologen, mit Jacob Grimm in einen nicht zu lösenden Widerspruch geraten sind, der sich an der Nibelungenthese und den Fragen der Textedition entzündete. Doch lassen sich diese weiterreichenden und tiefergehenden Gegensätze nicht auf einzelne Personen verengen.

Aus den Flüchtlingsjahren in Kassel stammt die Widmung der »Lateinischen Gedichte des X. u. XI. Jahrhunderts« (1838) an den Freiherrn VON LASSBERG, den Staatsmann und Bücherfreund, den Jacob Grimm in Wien 1815 kennengelernt hatte. Seine Sammelfreude (er besaß die Nibelungenhandschrift C), seine Herausgebertätigkeit (bekannt ist sein »Liedersaal«) und seine Neigung zu fröhlicher Absonderlichkeit (er nannte sich gern „Meister Sepp von Eppishusen") machten ihn zu einem echten Helfer, besonders als Vermittler zu schweizerischen Quellen und Forschern. 1837 setzte er sich für eine Berufung der Brüder nach Zürich ein. Durch deren Übersiedlung nach Berlin wurde die Verbindung lockerer, blieb aber herzlich bis zuletzt.

Neben diesen geschilderten Freundschaften und der Fülle anderer, fruchtbarer Beziehungen gab es aber auch scharfe, ja rücksichtslose Brüche, wie bei LUDWIG HASSENPFLUG, WILHELM HAVEMANN, GRAFF oder WILHELM MÜLLER (zu diesem s. o. S. 113 u. 132). Es gab ungezügelte Angriffe besonders gegen Konkurrenten, etwa VON DER HAGEN, RADLOF, SANDERS und WURM. Jacobs unnachsichtige Herbheit im Sachlichen und seine reizbare Empfindlichkeit gegen Kritik und Konkurrenz waren daran nicht schuldlos; man muß die Maßlosigkeit, die in solchen Fällen auftreten konnte, als Schwäche verbuchen, die zum vollen Bilde eines Menschen gehört wie der Schatten zum Licht.

Jacob Grimms Leben und Arbeit verliefen in einem dichten Geflecht von nahen, teils lebenslänglichen, teils vorübergehenden menschlichen Beziehungen und Begegnungen. Immer ist darin von seiner Seite ein starkes Temperament spürbar, das sich keiner Konvention fügte. Soziale Zurücksetzungen gab es bei ihm nicht (Beispiele sind etwa die Viehmännin und die alten Steinauer Freunde), so wenig wie er selbst sie duldete oder eine sozial „höhere“ Stellung (etwa des Adels) anerkannte. Jacob hatte eine entschiedene Abneigung gegen die üblichen Formen der Geselligkeit: Empfang, Konzert, Theater, soweit sie organisierte Nur-Geselligkeit schienen. Beziehungen zu anderen Menschen, soweit sie nicht familiärer Art waren, wurden stets primär bestimmt durch einen sachlichen Gehalt. Wieviel auf der anderen Seite die Brüder Grimm ihren Freunden zu danken hatten an wirksamer Förderung, Arbeitshilfe und achtungsvollem Verständnis, das kann auch in ihrer Lebensleistung nicht ungewogen bleiben.

Literatur:

Familie: aus der (von Jacob sorgfältig geführten) Familienbibel: Kl. Schr. 8, S. 464.

Hausbüchel für unser Lebenlang. 1820: ebda 8, S. 461–463. – Faks.-Druck 1931. – Das Original (Jacobs Ex.) jetzt in Privatbesitz, ein zweites Ex. im Brüder Grimm-Museum Kassel.

Viele Einzelheiten in: Ludwig Emil GRIMM: Erinnerungen, s. S. 30.

„Kränzchen“:

Lesezirkel 1807: Briefw. Brentano, S. 8 (Steig).

Lesegesellschaft 1811: Jacob an Arnim, Briefw. S. 221 f. – Zu dieser Ges. u. den folgenden s.: SCHOOF, Wilh.: Wilh. Grimm, S. 80; DERS.: Jacob Grimm, S. 127–130, sowie S. 99 f. u. 107–111 („Freitagskränzchen“); die S. 128 (Briefw. Arnim S. 97 f.) geschilderte Weihnachtsfeier gehört nicht zur Lesegesellschaft.

Kränzchen 1814: Wilhelm an Jacob, in: Jugendbriefe ²1963, S. 283; Ders. an Arnim, Briefw. S. 309; Stengel 2, S. 186.

Hofgesellschaft 1821/23 (nicht Kränzchen), s. Schoof.

Leseabend 1827: Zeichn. v. L. E. Grimm, s.: Katalog d. Brüder Grimm-Museums 2, bei S. 24.

Zu den *einzelnen Personen* s. die Nachweise unter „Briefwechsel“ (S. 9 ff.) sowie in den dort genannten allgemeinen Nachschlagewerken.

Die *Mitforscher* der Brüder Grimm, in: Rudolf von Raumer: Geschichte der German. Philologie. 1870, S. 540–606. – STROH S. 138 ff.

Einzelskizzen zu den *Freundschaftsbeziehungen* der Brüder in den beiden Monographien von Wilhelm SCHOOF (s. o. S. 33).

Auf ihren Gehalt sind die persönlichen Beziehungen (s. z. B. oben Benecke, Schmeller, Maßmann u. a.) viel zu wenig untersucht. Solche Untersuchungen, die ja immer zwei Personen und ihren Umkreis erfassen, würden für die Wissenschafts- und Geistesgeschichte erheblich fruchtbar sein; sie dürften sich jedoch nicht auf den Abdruck von Briefen beschränken.

SCHULTE KEMMINGHAUSEN, Karl: Die wissenschaftlichen Beziehungen der Brüder Grimm zu Westfalen, in: Westf. Zs. 113 (1963), S. 179–248. Faßt einen Teilbereich zusammen.

12. Europäische Weite

„Jacob Grimm war ein Hesse", – so begann Wilhelm Scherer seine Grimm-Biographie. Es sollte damit ein „geistiger Ort" gekennzeichnet werden; und es gibt genügend Äußerungen des so Benannten, die dem Vorschub leisten könnten. Jacob Grimm war seiner Heimat zugetan, gewiß. Aber man kann doch kaum sagen, was nun recht eigentlich „Hessisches" an ihm gewesen sei. Das Konservative? oder das Revolutionäre? Doch nicht das Soldatische, das man damals als einen besonderen Vorzug der „braven Hessen" ansah? Etwas bäuerlich-Besinnliches? Doch wohl keins von allem in einem besonderen Übergewicht, es sei denn das, was Jacob Grimm selbst einmal als *„recht hessischen Trieb"*, „Eifer, Energie, kraftvolles Temperament" bezeichnet hat (DWb. 11, 1, 2, Sp. 447, nach Kl. Schr. 1, S. 13). Auf keinen Fall war seine Heimatverbundenheit eine Form von geistiger Enge, ein Ausgangspunkt für beschränkten Nationalismus. Im Gegenteil: Sein Verhältnis zu anderen Ländern und Völkern, Sprachen und Kulturen war so lebhaft und so exemplarisch, daß es in ebensolchem Maße herausgehoben werden muß wie sein politisches Staatsbürgertum.

Die frühste und zugleich nachhaltigste Berührung Jacobs Grimms mit einem anderen Land war die mit *Frankreich*. Seine Reise nach Paris als Assistent Savigny's 1805 galt zwar nur lateinischen Handschriften des Mittelalters in der Bibliothèque Nationale. Aber der Zwanzigjährige ergriff die französische Sprache und Umwelt mit solcher Intensität, daß er daraus erhebliche Voraussetzungen für die spätere Tätigkeit bei König Jérôme und im Auswärtigen Dienst seines Landes gewann. In der „Franzosenzeit" war sein Umgang mit so schätzenswerten Männern wie Bruguière in Kassel und Villers in Göttingen von persönlicher Achtung getragen, und die erste wissenschaftliche Gesellschaft, die ihm ihre Mitgliedschaft verlieh, war die ›Académie Celtique‹ in Paris (1811). Später entstand, gänzlich unbehindert von chauvinistischen Ressentiments, ein fruchtbarer Briefwechsel mit französischen Gelehrten; mit MICHELET über die Rechtsaltertümer, mit MARMIER über die Mythologie, mit dem jungen COSQUIN über das Volksmärchen.

Das Ansehen des Namens Grimm wurde so bedeutend, daß sogar die »Deutschen Sagen«, die in Deutschland selbst nur eine unvollständige Ausgabe erlebten, zweimal in's Französische übersetzt wurden, und auch aus Frankreich kam 1837 eine Einladung, das Königreich Hannover mit Paris zu vertauschen. Es war eine wahrhaft französische, ritterliche Geste von politischem Rang, daß 1841 der Bürgerkönig Louis Philipp den deutschen Gelehrten in den Orden der Ehrenlegion aufnahm, – was, wie Wilhelm Grimm mit Recht ein wenig bitter bemerkte, kein deutscher Fürst sich bis dahin hatte einfallen lassen. Die Auswirkung der Grimmschen Arbeiten in Frankreich war bedeutend (Michelet, Duméril, Dumas, Littré), und der französischen Wissenschaft verdanken umgekehrt die Brüder in den Arbeiten von Tonnelat zwei der wertvollsten Studien zu ihrem volkskundlichen Werk.

Jacob Grimm hat über „das Französische" gegenüber „dem Deutschen" gelegentlich herbe Worte gefunden, und die fremde Herrschaft im eigenen Lande hat er trotz seiner „Kollaboration" als eine bittere Beeinträchtigung der Freiheit empfunden. Aber das alles hat ihn nicht gehindert (wie etwa den ehrenwerten Strieder, der nach dem Einzug der Franzosen in Kassel sein Haus nicht mehr verließ), auch das Fremde freimütig gelten zu lassen, ohne sich ihm (wie die Brüder Murhard) zu unterwerfen. „Ich möchte lange und langsam dort [in Frankreich] reisen und erfragen und sammeln, so wie dann auch Franzosen in Deutschland reisen müßten, damit die Eigentümlichkeit überall nicht einseitig erfaßt werden könnte." So schrieb er am 18. 1. 1837 an Marmier, – was als programmatisch gelten darf.

DU MÉRIL, Edélestand: Les contes des enfants et du foyer des frères Grimm, in: Revue germanique 4 (1858), S. 37–83. (Eine sehr weitsichtige gehaltvolle wiss. Besprechung der KHM.)

Übersetzungen von Grimm-Reden (1859) s. S. 62 u. 99.

BAUDRY, Frédéric: Les frères Grimm, leur vie et leurs travaux, in: Revue germanique et française 28 (1863), S. 307–345; auch einzeln: Paris 1864.

KAEGI, Werner: Michelet u. Deutschland. 1936, S. 43, 46, 72–81.

STEIN-MOREAU, Nicole Odette: Les frères Grimm, conteurs, et la France au 19. siècle, in: BGG S. 545–558. (Teil einer größeren Arbeit.)

Schoof, Wilhelm: Engl. u. französ. Beziehungen der Brüder Grimm, in: Wirk. Wort 16 (1966), S. 394–407.

Früh begannen die Beziehungen der Grimm-Brüder nach *Skandinavien*, das damals in einer Hochblüte seiner deutschen Kulturbeziehungen stand. Für die beiden Kasselaner war es auch nicht ohne Belang, daß die Kurfürstin Wilhelmine Karoline eine dänische Prinzessin war. Ein Briefwechsel Wilhelm Grimms mit Rasmus Nyerup begann 1810, der beider Brüder mit Rask 1811. 1815 wurde über den hessischen Botschafter in Kopenhagen, Hans von Hammerstein, auch der „Circularbrief" nach Dänemark eingeschleust. 1816 erschienen mit Ph. O. Runges beiden plattdeutschen Märchen sowie dem »Tapferen Schneiderlein« und dem »Froschkönig« zum erstenmal Grimmsche Märchen in einer anderen Sprache, – übersetzt durch Adam Oehlenschläger.

Die Beschäftigung der Brüder mit der Edda bedingte naturgemäß einen verstärkten Schriftverkehr nach dem Norden, ebenso dann die Arbeit am Reineke Fuchs und an der Mythologie. Aber obwohl Wilhelm Grimm in stärkerem Maße in seinen Arbeiten skandinavische Themen behandelt hat, hat doch Jacob – durch die im Norden gepflegte Sprachwissenschaft – an dem Briefwechsel mit nordischen Gelehrten den stärkeren, mit den norwegischen und schwedischen Forschern sogar alleinigen Anteil, bis in sein letztes Lebensjahr. Jacob war es auch, der die nordischen Länder (insbes. Kopenhagen und Upsala, 1844) selbst besucht hat. Er hielt dabei in Kopenhagen einen Vortrag in dänischer Sprache (s. S. 130).

Wie im Verhältnis zu Frankreich, so spielten auch in dem zu Dänemark die Vorgänge der großen Politik eine schmerzliche Rolle, – in diesem Falle *die Schleswig-Holsteinische Frage*. Jacob Grimm hat hier seine deutsche Meinung wiederholt deutlich und öffentlich ausgesprochen (z. B. Kl. Schr. 8, S. 437 f., 448–451). Aber er schrieb zur gleichen Zeit an Carl Christian Rafn: „was könnte ich gegen einen mann haben, der sich mir stets freundlich und gefällig erwies, dessen vaterlandsliebe, wie aller Dänen, ich gerecht anerkenne" (15. 12. 1848). Und auf Rafn's ebenso freimütige Darstellung des dänischen Standpunktes antwortete er: „Die gewechselten briefe mögen also nur gegen einander aufstellen, was von beiden seiten das herz bewegt und die gedanken erfüllt, nicht darauf ausgehen zu bekehren" (am 13. 11. 1849).

Schmidt, Ernst, in der Einleitung und den Lebensläufen seines

»Briefwechsel der Gebrüder Grimm mit nordischen Gelehrten« (s. o. S. 7).

Henning, Helmut: Die Wechselbeziehungen zwischen den Brüdern Grimm u. dem Norden, in: BGG, S. 451–467.

Bergsveinsson, Sveinn: Die Brüder Grimm u. der Norden, Wiss. Zs. d. Humb.-Univ. Berlin 14 (1965), S. 515 f.

Hammerich, Louis L., in: BGG S. 1 ff., 11 f. (betr. Dänemark.)

Bö, Olav: Die Brüder Grimm, ihre folkloristische Arbeit u. ihre Verbindung mit nord. Sammlern u. Gelehrten, in: Aus 150 Jahren norw.-dt. Geistesaustausches. Oslo 1965, S. 33–54.

Solheim, Svale: Die Brüder Grimm u. Asbjørnsen u. Moe, in: Wiss. Zs. d. Univ. Greifswald 13 (1963), S. 15–20.

Vorbildlich dargestellt durch E. Kunze ist das besondere Verhältnis zwischen Jacob Grimm und *Finnland*. Die ersten Berührungen mit der finnischen und besonders der estnischen Sprache und Literatur datieren aus der Kasseler Zeit (Rask, Hans Rudolph v. Schröter, A. J. Sjögren u. a.); sie gehören zu den grammatischen wie zu den volkskundlichen Studien. Entscheidend aber wurde Jacob Grimms eigene Initiative, ja Offensive in seiner Akademierede von 1845: »Über das finnische Epos«. Sie ist eine begeisterte Darstellung von Lönnrot's »Kalevala« (aufgrund von M. A. Castréns schwed. Übersetzung 1841), nach Grimms Art die Sachen aus der Sprache interpretierend, nirgends aber philologisch analysierend, im ganzen ein Lobgesang auf die Idee des „Epos", der in einem Volke gegenwärtigen „Sage". Der Vortrag wurde in Helsinki sogleich ins Schwedische, 1846 auch ins Russische übersetzt. Grimms Urteil über Lönnrot's Werk, von den alten Vorstellungen der Ur-Volks-Poesie beseelt, bedarf heute der Korrektur (Roukens Seite 330). Für seine Zeit aber hatte er das Rechte getroffen, und da er selbst brannte, konnte er helfen ein Feuer zu entzünden, das bis heute nicht erloschen ist. Sehr bemerkenswert, daß Lönnrot sich veranlaßt sah, Jacob Grimms Äußerungen in der Berliner Rede bei der zweiten Auflage der »Kalevala« kräftig zu berücksichtigen. Ein verstärkter Brief- und Bücheraustausch sowie verschiedene Besuche bei Grimm – Arwidsson, Kellergren, Ahlqvist, Schiefner – vertieften das gewonnene Zusammenwirken. Für Jacob Grimm selbst lag der Ertrag der finnischen Studien sprachwissenschaftlich bei den Lehnwörtern, ergiebiger aber war er beim Volksglauben (Mythologie) und bei der Volksdichtung. Es ist auch kein Zufall, daß von Salmelainen's Märchensammlung bis zu den FCC ein Schwerpunkt der volkskundlichen Forschung eben in Finnland liegt. Die Grundlagen dafür gab Jacob Grimm.

Sjögren, And. Joh.: Über die finnische Sprache u. ihre Literatur. 1821. Rez. 1822: Kl. Schr. 4, S. 174–176. – Vgl. Kunze S. 90, Anm. 3.

Grimm, Jacob: Über das finnische Epos. 1845: Kl. Schr. 2, S. 57–112. Mit Nachtrag (1847), ebda S. 112 f.

Kunze, Erich: Jacob Grimm u. Finnland. Helsinki 1957 (FFC 165). – Dazu Friedrich Neumann in: ZHG 69 (1958), S. 194–196; Win. Roukens in: Neophil. 43 (1959), S. 326–331; Schmeidler in: Ural-Altaische Jbb. 30 (1958), S. 133–135.

Ders.: Ein finnisches Grimmbildnis aus dem Jahre 1861, in: ZHG 71 (1960), S. 109–117. (August Ahlquist über seinen Besuch bei Jacob Grimm.)

Ders.: Wirkungsgeschichte der finn. Dichtung, in: Aufriß Bd III, ^{2}1960, S. 413 f.

Ders.: Deutsch-finnische Geistesbeziehungen im 19. Jh., in: Finnland gestern u. heute. 1963, S. 35–52. – S. 41–44 über v. Schröter und Grimm. (Die Rez. von v. Schröter's »Finnische Runen«, Upsala 1819, in den GGA 1821, S. 782–784, ist von Benecke!) – Eine Monographie über Rudolph von Schröter ist von E. Kunze zu erwarten.

Kaukonen, Väino: Jacob Grimm u. das Kalevala-Epos, in: Festschr. Berlin 1963, S. 229–239. – In der von Hans u. Lore Fromm 1967 hrsg. kritischen Kalevala-Ausgabe ist Grimm nicht berücksichtigt.

Mit den *Niederlanden* begannen die Verbindungen 1811 durch einen von Savigny ermöglichten Briefwechsel mit Hendrik Willem Tydeman in Franeker (nl. Friesland; später in Leiden), nachdem ein Versuch bei dem greisen Hendrik van Wijn im Jahre zuvor (ein Brief in lateinischer, einer in französischer Sprache) zu keinem Ergebnis geführt hatte. Es waren die Bücherschätze und die Volksüberlieferungen dieses kulturreichen Landes, die Jacob Grimm veranlaßten, sich dorthin zu wenden. Der Widerhall, zunächst bei Tydeman, dann bei Scheltema, Bilderdijk, Halbertsma, Willems und später bei de Vries war so lebhaft und ergiebig, daß hier von einer echten Zusammenarbeit gesprochen werden muß. Bei den Südniederländern, den Flamen, spielte dabei – ähnlich wie in Finnland und in Jugoslawien – die Gewinnung eines Eigenverständnisses und Eigenbewußtseins als Staatsvolk in dem 1830 neu entstandenen Belgien eine gewichtige Rolle. Mit Hilfe von Tydeman erließ Jacob Grimm schon 1811 einen Aufruf zur Sammlung von Volksliteratur im ›Algemene Konst- en Letterbode‹ und bezog ihn und seine Freunde 1815 in die Aktion des „Circularbriefs“ mit ein. Tydeman vermittelte auch den Briefwechsel mit Scheltema und Bilderdijk. Dieser erwog übrigens 1817 wegen politischer Mißstimmung nach Kassel zu den

Grimms überzusiedeln, – wovon Jacob nach seiner Art mit Bedenken gegen das Emigrantendasein abriet. 1820 erschien in Amsterdam unter dem Titel »Sprookjes-Boek voor Kinderen« ein erstes selbständiges Bändchen Grimmscher Märchen in Übersetzung (eins darin aus der Sammlung von Albert Ludwig Grimm), in der Art eines niederländischen Volksbuches. 1834 reiste Jacob Grimm – immer noch auf der Spur der Tiersage – selbst nach Brüssel und entdeckte dort die Handschriften der »ecbasis captivi«. Inzwischen hatten sich zwei besonders intensive neue, mehr auf das Sprachliche gerichtete Brieffreundschaften mit dem Friesen HALBERTSMA und dem Flamen WILLEMS entwickelt. Beide haben für ihr heimisches Volkstum Entscheidendes geleistet. Der zweite zeigt in einfacher Herkunft und selbständiger Leistung eine gewisse Parallelität zu Vuk Karadžić. Vielleicht stand er auch deshalb Jacob Grimm besonders nahe (vgl. Kl. Schr. 7, S. 558). Über solche persönlichen Korrespondenzen hinaus konnte 1837 GEORGE WILLEM VREEDE in Utrecht in einer Druckschrift öffentlich dazu aufrufen, die Brüder Grimm auf einen niederländischen Lehrstuhl zu berufen, während JAN FRANS WILLEMS sie nach Belgien einlud. Mit diesem bestand eine besonders enge Interessengemeinschaft, die durch seinen frühen Tod 1846 allzu vorzeitig beendet wurde. Seine Ausgabe und Übersetzung des niederländischen »Reinaerd de Vos« sind nur e i n äußeres Zeugnis gleicher Arbeitsrichtung. Um so gewichtiger wurden wenig später die »Proeve van een kritisch woordenboek der nederlandsche mythologie« von L. PH. CH. VAN DEN BERGH (1846) und die »Nederduitsche Regtsoudheden« von MICHAEL JAN NOORDEWIER (1853, „naar Grimm's voorbeld") sowie die mit Jacob Grimm intensiv erörterte Planung der großen lexikalischen Arbeiten von MATTHIJS DE VRIES, der der Begründer der wissenschaftlichen Nederlandistik genannt wird.

Neben Jacob Grimm stehen als Deutsche noch zwei seiner Schüler (man darf es so sagen) am Ursprung der niederländischen Sprach-, Literatur- und Volkskunde: AUGUST HEINRICH HOFFMANN VON FALLERSLEBEN und JOHANN WILHELM WOLF, deren Arbeiten Jacob Grimm ständig mit Teilnahme und Zuspruch begleitet hat.

Mit nahezu 30 niederländischen Korrespondenten hat Jacob Grimm zwischen 1810 und 1863 je etwa 120 Briefe gewechselt. Der Austausch von Anregungen, Arbeitshilfen und Forschungsergebnissen war breit und ergiebig und verdient bleibenden Dank und entschiedene Fortsetzung auf beiden Seiten.

JACOB GRIMM charakterisierte 1853 das Land und seine Menschen, zugleich auch seine Stellung zu ihnen, geschlossen und anschaulich in einem Brief an H. F. O. Abel (s. d., S. 22).

PEETERS, Karel C.: Der Einfluß der Brüder Grimm u. ihrer Nachfolger in Flandern, in: BGG S. 405–420.

SINNINGHE, Jacques R. W.: Die Brüder Grimm u. die Anfänge volkskundl. Feldforschung in den Niederlanden, in: ebda, S. 421 bis 434.

NELDE, Peter H.: Flandern in der Sicht Hoffmanns von Fallersleben. Eine Untersuchung im Rahmen deutsch-flämischer Beziehungen im 19. Jh. Wilrijk 1967, S. 28–34 u. ö.

VAN DE ZIJPE, René: Jacob Grimm en de Nederlanden, in: Handelingen van het 26. vlaams filologencongres. 1967, S. 337–347.

DERS.: Noord- en Zuidnederlandse korrespondenten van Jacob Grimm, in: Spieghel Historiael 8 (Gent 1966), S. 26–31.

DERS.: Jacob Grimm u. die Niederlande (Vortrag in Kassel). 1968.

Die Verbindung Jacob Grimms zu *England* kristallisiert sich vornehmlich um drei Namen: WALTER SCOTT, EDGAR TAYLOR und JOHN MITCHELL KEMBLE – Dichter, Übersetzer und Wissenschaftler. Der junge Jacob Grimm hat, wie 1810 in Holland bei Hendrik van Wijn, 1814 das Verfahren mit einer kühnen Anfrage bei der „höchsten Stelle“, eben bei Walter Scott, der damals auf dem Gipfel seines Ruhmes stand, eröffnet und ist dabei auf freundlichstes Verständnis und Entgegenkommen gestoßen. Ein nicht umfangreicher aber gehaltvoller, mit Scotts Sekretär HENRY WEBER bis 1817 fortgesetzter Briefwechsel drehte sich vornehmlich um Märchen, Sagen und Volkslieder.

Eine Überraschung für die Brüder war die Zusendung der Übersetzung ihrer Märchen durch Edgar Taylor im Sommer 1823. Wie in Dänemark und in Holland war diese Übersetzung ohne ihre Kenntnis zustandegekommen, – ein Zeichen gleichlaufender Interessen in den verschiedenen Ländern! Und lebhaft war das Echo dieser „German popular stories“. Der erste Band mußte noch vor Erscheinen des zweiten (1826) zweimal neu aufgelegt werden; weitere Auflagen und neue Übersetzungen (J. E. Taylor 1846 u. a.) folgten ununterbrochen. Wichtig ist zu bemerken, daß Taylor, so wie die Grimms, auch Anmerkungen zu seinen Märchen gab und damit die wissenschaftliche Dynamik dieser Sammlung übernahm. Für die Grimms aber wurde der erste Band zum Anlaß, selbst eine Auswahl ihrer Märchen mit Illustrationen (die Arnim schon für die 1. Aufl. 1812 gefordert hatte) herauszubringen, – die „Kleine Ausgabe“, zuerst 1825, danach die eigentliche Trägerin der Märchen-Ausbreitung in Deutschland. Auch Walter

Scott erhielt von Taylor ein Exemplar seiner Märchenübersetzung, für das der Empfänger mit einem köstlichen Brief voller Märchenerinnerungen dankte.

Anderer Art war die Zusammenarbeit mit John Mitchell Kemble. Hier ist echte Gelehrtenrepublik; Frage und Antwort, Meinungsaustausch, Personalfragen, Kritik und Ansporn, alles menschlich bestätigt und erfüllt durch persönliche Berührung (in Göttingen 1834 und 1836) sowie durch Hilfe von seiten Jacob Grimms (nach Kemble's Scheidung 1850). Ähnlich herzlich war die Aufnahme der englischen Nordisten RICHARD CLEASBY (1833) und GUDBRAND VIGFUSSON bei Jacob Grimm. Das Echo der Grimmschen Arbeiten in England war wie in Frankreich lebhaft genug, doch hat Jacob Grimm die Übersetzung seiner »Deutschen Mythologie« (1880/88) durch JAMES STEVEN STALLYBRASS ebenso wenig erlebt wie die wissenschaftliche Auswirkung seiner Märchenforschung und des »Deutschen Wörterbuches«.

Nach den *Vereinigten Staaten* hatten die Brüder zu ihren Lebzeiten Beziehungen nur durch FRANCIS JAMES CHILD (1825 bis 1896), der in Berlin 1849 ihr Schüler war und als solcher der erste in der Reihe bedeutender US-amerikanischer Folkloristen wurde, von denen auch STITH THOMPSON und ARCHER TAYLOR sich bewußt zu den Grimms bekannten. Die erste englische Ausgabe der Grimmschen Märchen (1823) wurde, was bisher kaum bekannt war, schon 1826 in New York und Boston unmittelbar nachgedruckt (W. D. Hand S. 531 u. 542, Anm. 28). Die weitere Ausbreitung der Märchen in den USA erfaßte das ganz Leand und tut es – unterstützt durch Film (Walt Disney) und Musik – bis heute.

Wenig beachtet ist bisher, daß die Weltausbreitung der Grimmschen Märchen durch Übersetzung in fremde Sprachen weithin auf *englischen* Ausgaben beruht.

BRIGGS, Katharine M.: The Influence of the Brothers Grimm in England, in: BGG S. 511–524.

BRILL, Edvard V. K.: The Correspondence between Jacob Grimm and Walter Scott, in: ebda, S. 489–509.

SCHNEIDER, Heinrich: Aus dem Freundeskreis der Brüder Grimm, in: Taylor Starck. Festschrift 1964. The Hague 1964, S. 263–272. (Betr. Kemble, vgl. dessen Briefe.)

GERMAN LITERATURE in British Magazines 1750–1860. Ed. by Bayard Quincy MORGAN and A. R. HOHLFELD. Madison Wisc. 1949, S. 90 u. Reg. S. 342. (55 Anzeigen aller wichtigen Grimmschen Werke, gegenüber 35 u. 36 bei den Brüdern Schlegel im gleichen Zeitraum.)

HAND, Wayland D.: Die Märchen der Brüder Grimm in den Vereinigten Staaten, in: BGG S. 525–544. (Besonders gehaltreich.)
SCHOOF, Wilhelm: Englische u. französ. Beziehungen der Brüder Grimm, in: Wirk. Wort 16 (1966), S. 394–407.
KOPP, W. Lamarr: German Literature in the United States 1945 bis 1960. Chapel Hill/North Car. 1967, S. 76–82 u. Title List S. 173 bis 175 (nur Märchen).

Was Edgar Taylor in England für die Grimmschen Märchen tat, das taten die Grimms ihrerseits für *Irland* durch die Übersetzung eines Teils von T. C. CROKERS Märchensammlung (1826). Sie ist seitdem in Deutschland immer wieder gedruckt worden. Ob ein ursächlicher Zusammenhang zwischen Croker's um 1812 begonnener Sammeltätigkeit und der der Brüder Grimm bestanden hat, ist ungeklärt. In Crokers's Werk wurde jedenfalls bei einer Neuauflage (1828) auch die Vorrede der Grimmschen Übersetzung abgedruckt.

Bei Jacob Grimm bestand außer dem volkskundlichen ein sprachliches Interesse für Irland, u. a. bezeugt in einem Brief an Christian Adolf Helfferich: „Seit den elfenmärchen zieht mich auch die irische sprache an, ...“ (12. 4. 1858; Gürtler S. 66, s. a. dort S. 61 an Chr. W. v. Gluck, 1863).

HENNIG, John: The Brothers Grimm and T. C. Croker, in: Modern Language Review 41 (1946), S. 44–93.
DERS.: Contes Irlandais, in: ebda, 42 (1947), S. 237–242.
s. a. Briefwechsel O'Donovan.

In *Österreich* war Jacob Grimm 1815 als Teilnehmer am Wiener Kongreß. Böhmen, Steiermark, Tirol kamen in seinen näheren Gesichtskreis, und er nutzte sie als Fundstellen für seine volkskundlichen Sammlungen. Vor allem aber öffneten sich hier die Wege zu den slavischen Forschern und Ländern, auch nach Ungarn und Rumänien, die späterhin fast stärker begangen wurden als die deutsch-österreichischen. 1837 begrüßte ANASTASIUS GRÜN die Brüder als Helden des Göttinger Protestes mit einem panegyrischen Gedicht. 1847 kam Jacob Grimm erneut nach Wien, 1853 von Venedig her durch Österreich und Böhmen; aber die persönlichen Beziehungen waren doch auf wenige Personen, meist in der Wiener Hof-Bibliothek, beschränkt: KOPITAR, STEFAN ENDLICHER, JULIUS FEIFALIK, LEOPOLD KOPLHUBER, FERDINAND JOSEF WOLF, später THEODOR VERNALEKEN. Nicht durch Briefe belegt, aber als besonders eng – auch in der politischen Einstellung – ist die Verbindung zu EMIL FRANZ RÖSZLER zu werten, dem Rechtshistoriker und Angehörigen des

Frankfurter Parlaments, der aus politischen Gründen aus Österreich nach Deutschland übersiedeln mußte.

Vasmer, Max: B. Kopitars Briefwechsel mit Jacob Grimm. 1938. (Abh. d. Preuß. Akad. d. Wiss., phil.-hist. Kl. 1937. 7.) – Dazu: Carl Miklitsch in: Stimmen aus dem Südosten. 1938/39, S. 28–32.

Schmidt, Leopold: Die Brüder Grimm u. der Entwicklungsgang der der österr. Volkskunde, in: BGG S. 309–331.

Die *Schweiz* hat Jacob Grimm mehrfach besucht. Handschriftensuche, besonders für die Weistümer, war das Anliegen auch im Briefwechsel mit Johann Kaspar Bluntschli; bei Stalder und Füglistaller ging es um sprachliche Fragen, bei Joh. Rud. Wyss um Sagen und Märchen, bei Götzinger um das »Deutsche Wörterbuch«. Ein Züricher Kreis um Ferdinand Keller versuchte 1838 – in Verbindung mit Joseph von Lassberg und dem Rektor der Universität, Orelli – Jacob Grimm nach Zürich zu ziehen, während J. C. Zellweger ihm eine Heimstatt in Trogen antrug. Ein langwirkendes Erbe all dieser Beziehungen ist die gegenseitig sich befruchtende Parallelarbeit am Grimmschen und am Schweizerdeutschen Wörterbuch geblieben.

Schoof, Wilhelm: Jacob Grimm u. die Schweiz, in: Schweizer Rundschau 62 (1963), S. 514–519.

Müller, Walter: Über den schweizer. Beitrag zu Jacob Grimms Weistümersammlung, in: Schweizer. Zs. f. Geschichte 13 (1963), S. 372–379. (Mehr als 250 schweizer. Hofrödel = $^1/_6$ d. Gesamtwerkes, S. 378.)

Wanner, Hans: Die Beziehungen zwischen den Brüdern Grimm u. der schweizerdt. Dialektlexikographie, in: BGG S. 435–450.

s. a. Briefwechsel Bluntschli, Schweizer-Sidler, Wyss, Zellweger.

Von seinem Schreibtisch im Schloß Wilhelmshöhe aus suchte der „Königliche Bibliothekar" Jacob Grimm auch Verbindung nach dem *Osten Europas*. Eine 1810 durch Arnim und Brentano vermittelte Gelegenheit nutzte er ein Jahr später zu einem Schreiben an den eine Generation älteren Josef Dobrowsky in Prag, um Auskünfte über slavische Volksbücher und altdeutsche Handschriften zu erbitten; auch sprachliche und mythologische Interessen spielten schon hinein. Die Verbindung blieb einige Jahre lebhaft und fruchtbar, bis sie sich an der wissenschaftlichen Meinungsverschiedenheit über die Bedeutung der serbischen Volkssprache und über die ›pannonische Hypothese‹ abkühlte.

Entscheidend wurde für Grimms osteuropäische Beziehungen der Aufenthalt beim Kongreß in Wien 1814/15, und zwar durch die Freundschaft und Hilfe des ebenso klugen und kenntnisreichen wie gütigen Slovenen BARTHOLOMÄUS KOPITAR. Mit ihm wurden „Adversarien“ zur slavischen Philologie und Volkskunde gewechselt wie mit Benecke zur Germanistik; er veranlaßte als Herausgeber der ›Wiener Jbb.‹ eine Reihe besonders gehaltreicher Beiträge der Brüder zu dieser Rezensions-Zeitschrift; er war es, der die Verbindung herstellte zu dem Serben VUK KARADŽIĆ, dem Tschechen PAVEL JOZEF ŠAFAŘIK und dem Russen PETER VON KÖPPEN. Wien hat sich auch in diesem Punkte als Tor und Brücke zu den slavischsprechenden Völkern bewährt.

Jacob Grimm war schon frühzeitig bemüht, sich auch die Kenntnis der slavischen Sprachen anzueignen, um deren Kulturbereich für sich zu erschließen. Zuerst erwärmte er sich für das Tschechische (an Dobrowsky, 10. 5. 1811), lernte durch die Grammatik von KOPITAR das Slovenische, durch die von JOH. SEVERIN VATER auch das Russische kennen (GINSCHEL, S. 61–64).

VASMER, Max: Bausteine zur Geschichte der deutsch-slavischen geistigen Beziehungen. I. 1939. (Abh. d. Preuß. Akad. d. Wiss. 1938, 6.)

MATL, Josef: Slavische u. deutsche Romantik. Gemeinsamkeiten, Beziehungen, Verschiedenheiten, in: Dtsch-slav. Wechselseitigkeit in 7 Jhten (Festschr. f. Eduard Winter). 1956, S. 367–377. (Überholt.)

HORÁK, Jiři: Jacob Grimm u. die slawische Volkskunde, in: Festschr. Berlin 1963, S. 11–70.

PEUKERT, Herbert: Jacob Grimm u. die Slawen, in: Wiss. Zs. d. Univ. Jena, Ges.- u. sprachwiss. Reihe 13 (1964), S. 211–220.

DERS.: Beiträge zu Jacob Grimms Beziehungen zu den Slawen, in: Zs. f. Slawistik 9 (1964), S. 701–703. (Besprechung d. slavist. Beiträge in den beiden Grimm-Festschriften 1963.)

MATL, Josef: Europa u. die Slaven. 1964, bes. S. 268 ff.

LEITINGER, Doris: Die Wirkung von Jacob Grimm auf die Slaven, insbesondere auf die Russen. Graz, phil. Diss. 1966 (masch.-schr.). (Reiches Material.)

Entscheidend aber wurde die durch KOPITAR vermittelte, zunächst nur mittelbare Begegnung mit dem *Serbokroatischen* und mit VUK KARADŽIĆ, der dieser Sprache, ihrer Volksliteratur und ihrem Volkstum überhaupt zu einer Geltung verholfen hat, wie es selten einem Einzelnen vergönnt ist. Begabung und eiserner Fleiß hatten ihn vom Hirtenjungen zum homo literatus gemacht. Als politischer Flüchtling kam er nach Wien, wo Kopitar sich seiner annahm und seiner Tätigkeit die entscheidende Richtung gab. Eine Sammlung von Volksliedern stand – wie in Deutschland das »Wunderhorn« – am Anfang. Sammlungen anderer „einfacher Formen“ der serbokroatischen Volksliteratur folgten; Jacob Grimms Circularbrief, durch Kopitar vermittelt, gab dazu den vielstrahligen Antrieb. Doch das geschah in ähnlicher Weise auch an anderen Orten. Das überragend Besondere in der Lebensleistung von Karadžić ist sein erfolgreicher Kampf für die Volkssprache als Gemeinsprache – gegen die kirchenslavische „Hoch"- und Schriftsprache. Bibelübersetzung, Grammatik, Wörterbuch waren die Waffen, mit denen er seine Sache durchkämpfte. Das Ergebnis war viel mehr als ein nur sprachliches, es war ein eminent politisches; Kopitar und Grimm (daneben auch Pertz und Ranke) haben ihm entscheidende Hilfe geleistet, hier im Gegensatz zu Dobrowsky. Sie rezensierten und übersetzten seine »Serbischen Volkslieder«. Jacob Grimm empfahl ihn an Goethe, übersetzte seine Grammatik und gab ihr eine wirkungsvolle Einleitung. Die deutschen Akademien wurden eingespannt, um dem Alleinstehenden ein stärkendes Ansehen zu geben. Persönlich lernten sich die beiden erst 1823 kennen, als Karadžić für eine Woche nach Kassel kam. Diese (später mehrfach wiederholte) Begegnung muß eine tiefgreifende Wirkung gehabt haben. Es ist noch nicht ausgesprochen worden, daß Vuk Karadžić für Jacob Grimm offenbar zu einem Bruder im Geiste, ja aus einem Hilfesuchenden zu einer Art geheimen Vorbildes geworden ist. Denn was Karadžić erreicht hat – über die Sprache ein Volk zu einigen und zu sich selbst zu führen –, das hat Jacob Grimm immer bewußter und in immer steigendem Maße, zuletzt mit dem »Deutschen Wörterbuch« versucht. Vuk, der äußerlich unscheinbare, körperbehinderte Feuergeist, der „Mann aus dem Volke", der politische Kämpfer und Verfolgte ist dem helfenden Freunde eine Art Eideshelfer geworden. Man lese einmal unter diesem Blickwinkel die Vorrede zum »Deutschen Wörterbuch«! Mit dem gleichen Recht, mit dem in Jugoslavien der Deutsche Jacob Grimm dem Manne des eigenen Volkes dankbar beigesellt wird, sollte das in einem europäisch denkenden Deutschland umgekehrt mit dem Serben Vuk Karadžić geschehen.

Tonnelat, Ernest: Jacob Grimm et les Slaves du Sud, in: Revue des études slaves 15 (1935), S. 189–209. (Eingehende Zusammenfassung des bis dahin Bekannten, vornehmlich aufgrund der Schriften.)

Schmaus, Alois: Südslavisch-dt. Literaturbeziehungen, in: Aufriß. Bd III, ²1962, Sp. 481–502. (Jac. Grimm: Sp. 492–494.)

Mojašević, Miljan: Jacob Grimm u. die Jugoslaven, in: BGG S. 333 bis 365. (Gültige Darstellung.)

Popović, Miodrag: Vuk Stefan. Karažić. 1787–1864. Beograd 1964.
Mojašević, Miljan: Vuk i Nemci [Vuk u. die Deutschen], in: Letopis Matice Srpske 140 (Novi Sad 1964), S. 549–562.
Ders.: Karadžićeve posete braći Grim [Die Besuche von V. K. bei den Brüdern Grimm], in: Anali Filološkog Fakulteta 3 (Beograd 1963), S. 85–103. (In serbokroat. Sprache, mit dt. Zusfass.)
Vasmer, Max: Vuks Wahl zum Mitglied der Göttinger Ges. d. Wiss., in: ZfslPh. 15 (1938), S. 312–316.
Peukert, Herbert: Vuk Stefanović Karadžić, in: Wiss. Zs. d. Univ. Jena, Ges.- u. sprachwiss. Reihe 13 (1964), S. 201–209.
Mahnken, Irmgard: Vuk, Vuks Gegner u. Göttingen, in: Vukov sbornik. Beograd 1966, S. 543–569.

Jacob Grimm über serbokroatische Literatur:

Rez.: Kl. Schr. 4, S. 427–436; 4, S. 197–205, u. 5, S. 168–172; 4, S. 416–419; 4, S. 419–421. – Kl. Schr. 4, S. 437–455 (ist nicht von J. Gr., sondern von Kopitar, vgl. dessen Kl. Schr. 1, 1857, S. 347 bis 369, u.: Euph. 11, 1904, S. 106–120 Murko), sowie: Festschr. Berlin 1963, S. 228 (Bošković-Stulli).
Übersetzungen: Kl. Schr. 1, S. 410–412; 7, S. 544–555.
Neunzehn serbische Lieder, übers. von den Brüdern Grimm: ebda 4, S. 455–467 (es handelt sich um von J. Gr. überarbeitete Übersetzungen Kopitars aus dem 1. Bdchen der Sammlung Vuk Karadžićs, die Cl. Brentano ohne Wissen der Brüder in Fr. Försters »Die Sängerfahrt«, 1818, S. 206–219, zum Abdruck brachte; darüber unwiderlegt K. Schulte Kemminghausen, s. u.).
Milović, Jevto M.: Goethe, seine Zeitgenossen u. die serbokroat. Volkspoesie. 1941, S. 30–52 (Goethe u. Jacob Grimm).
Schulte Kemminghausen, Karl: Jacob Grimm u. das serbokroat. Volkslied, in: Dt. Jb. f. Vkde 4 (1958), S. 301–326.
Pollok, Karl-Heinz: Jacob Grimm u. Vuk. Eine bisher unbekannte hs. Liedübersetzung, in: Die Welt der Slaven 10 (1965), S. 407 bis 418. (Göttingen Ms. philol. 213a; aus Vuks erster Sammlung, Lied 405; Annahme: Verfasser ist J. Gr. aufgrund einer Wortübersetzung von Vuk, S. 412.)
Mojašević, Miljan: Zu Jacob Grimms Deutung serbokroat. Volkslieder, in: ZfSl. 10 (1965), S. 672–681.
Ders.: Srpska narodna pripovetka u nemačkim prevodima. Od Grima i Vuka do Leskina (1815–1915) [Das serb. Volksmärchen in dt. Übersetzung]. Beograd 1950 [Diss. 1949]; dt. Zus.fass. S. 151–157.
Bošković-Stulli, Maja: Die Beziehungen Jacob Grimms zur serbokroat. Volksliteratur im Urteil südslav. Autoren, in: Festschr. Berlin 1963, S. 214–228. (Als reichhaltige, klug wertende Literaturübersicht unentbehrlich; in den Ergebnissen nicht überall schlüssig.)

Zur Sprachwissenschaft:

Kopitar, B.: Grammatik der slaw. Sprache in Krain, Kärnten u. Steyermark. Laibach 1808. (Von J. Grimm benutzt.)

Rez. der Wörterbücher von KARADŽIĆ (1819) u. DOBROWSKY (1823) in: Kl. Schr. 4, S. 100–106, 186–196. – Ersteres wurde noch 1844 (während der Arbeit am DWb.) von Wilh. Grimm hervorgehoben (an Hugo): Schoof U. Br. S. 335. – Rez. des »Glagolita Clozianus« von KOPITAR (1836), in: Kl. Schr. 5, S. 230–240.

Wuk's Stephanowitsch [Karadžić's] kleine serb. Grammatik, verdeutscht u. mit e. Vorrede von J. Gr. Leipzig: Reimer 1824. Vorr. in: Kl. Schr. 8, S. 96–129. Selbstrez. ebda 4, S. 225–229. – PEUKERT, Herbert: Bemerkungen über Jacob Grimms »Vorrede« zu Vuks »Kleiner serb. Grammatik«, in: Anali filol. Fakulteta 4 (Beograd 1964), S. 349–381. – MOJAŠEVIĆ, Miljan: Grimov prevod i primerak Karadžićeve gramatike [Jacob Grimms Übersetzung u. Handex. der serb. Grammatik von Vuk Karadžić], in: ebda 5 (Beograd 1965), S. 159–171 (in serbokroat. Sprache mit dt. Zus.fass.).

Wie zu Vuk Karadžić, so hat KOPITAR auch die Verbindung zu dem Slovaken PAVEL JOSEF ŠAFAŘIK hergestellt, der Jacob Grimm hoch geschätzt und von ihm reichlich gelernt hat. Deutlich wird das außer in seinen eigenen Werken und Äußerungen in der Art, mit der er in der Wiener Akademie 1848 Jacob Grimms Grammatik und deren historische Methode gegen eine „Recht setzende" Sprachauffassung erfolgreich verteidigte. Seine bedeutenden slavistisch-volkskundlichen Leistungen werden dadurch im Wert nicht geringer, wenn man Jacob Grimm als Anreger und Leitbild gelten läßt; Šafařik hat seinerseits reichen Wissensstoff an Grimm vermittelt. Auf andere Einflüsse aus Polen (Surowiecki und Rakowiecki) hat J. Horák einleuchtend hingewiesen.

Positiv stand Jacob Grimm zu VÁCLAV HANKA und dessen Fälschungen, der Königinhofer und der Grüneberger Handschrift, dem „Gericht der Libussa" sowie den Glossen der Mater verborum, – trotz der Warnungen Kopitars und Feifaliks. Auffallend und zu überprüfen ist das Fehlen jeden Zeugnisses über das Verhältnis zu JOSEF JUNGMANN, dem Schöpfer des *tschechischen* Wörterbuches (vgl. o. S. 129).

Aus *Polen* trat WACLAW ALEKSANDER MACIEJOWSKI in brieflichen und persönlichen Kontakt mit Jacob Grimm. Als Rechtshistoriker war er ein Schüler Savigny's, als Literarhistoriker – soweit es die Volksdichtung angeht – ein Nachfolger Jacob Grimms, jedoch, ähnlich wie Wójcicki, weniger sachlich, mehr „Romantiker" als jene beiden. Der wissenschaftliche Kontakt war nicht sehr eng, aber doch so, daß Maciejowski bei Grimm um seine Beihilfe zur Einführung der polnischen Sprache als Lehrfach an den Breslauer Gymnasien bitten konnte.

In der nachfolgenden Generation haben bei den Tschechen,

Slovaken und Slovenen Karel Jaromir Erben, Ignać Jan Hanuš, Václav Bolemír Nebeský, Ludovít Štúr, Ethbin Heinrich Costa und Davorin Trstenjak, bei den Polen vor allem Kazimierz Wladyslaw Wójcicki sowie Wojciech Cybulski, Ryszard W. Berwinski und Oskar Kolberg Anregungen aus Jacob Grimms Werken aufgenommen.

Brandstätter, Iwan: Briefe von Jacob Grimm nach Böhmen, in: Mitt. d. Nordböhm. Vereins f. Heimatforschg u. Wanderpflege 59 (1936), S. 1–4, 41–48 (Peters, Hanka, Rössler u. a.).

Jireček, Joseph: Paul Josef Šafařik. Ein biograph. Denkmal, in: Österr. Revue 1865, Bd 8, S. 1–73; s. a. Vasmer: Bausteine, S. IX f. u. 62–67; Horák (o. S. 170) S. 18–30. – Šafařiks Auseinandersetzung mit v. Hammer-Purgstall in: WSB 1 (1848), S. 85–97.

Murko, Matthias: Dt. Einflüsse auf die Anfänge der böhm. Romantik. Graz 1897. – Grimm: Reg. S. 368.

Trost, Pavel: Jacob Grimm u. die tschech. Kulturwelt, in: BGG S. 367–373.

Leitinger, Doris: Über die Beziehungen Jacob Grimms zu tschech. Gelehrten, in: Zs. f. Ostforschg 16 (1967), S. 401–417 (reichhaltig; kritisch gegenüber Trost).

s. a. Briefw. Haering.

Ähnlich wie in Irland erschienen in *Ungarn* frühzeitig Sammlungen einheimischer Märchen (1822 Georg von Gael, 1825 János Majlath). Es ist nicht zu beweisen, aber möglich, daß die Anregung dazu durch die Grimmsche Sammlung oder gar den Circularbrief gegeben wurde. Allerdings entsprach die Wiedergabe der Märchen mehr dem schulmeisterlichen, pseudo-„literarischen“ Verfahren Albert Ludwig Grimms und fand deshalb nicht die Zustimmung der Kasseler Brüder. Das gleiche gilt übrigens für die spätere Sammlung von Therese Pulszky (1851), obwohl diese sich nunmehr nachhaltig auf das Grimmsche Vorbild berief. Bemerkenswert ist, daß alle diese Sammlungen in *deutscher* Sprache erschienen; ein eigentlicher Durchbruch zur echten Volksliteratur geschah gleichwohl indirekt durch die Grimms, nämlich durch die Übersetzung der KHM ins Ungarische 1861, wodurch Ungarn zu den Ländern zählt, in denen noch zu Lebzeiten der Brüder die Märchen in der Landessprache erschienen. Mit Arnold Ipolyi's »Ungarischer Mythologie« (1864) rückte Ungarn neben Frankreich und die Niederlande in der Nachfolge der Grimmschen religiösen Volkskunde. Briefe gingen nach Ungarn zu Ludwig Schedius (lat. !), Karl Julius Schröer, Arnold von Ipolyi.

Lebhaft war auch die Beziehung zu den Deutschen in *Sieben-*

bürgen, das damals noch zu Ungarn gehörte. In Briefwechseln mit JOSEF HALTRICH ging es um Ratschläge und Verleger-Hilfen für volkskundliche Sammlungen, aber auch um die Elemente der rumänischen Sprache.

ORTUTAY, Gyula: Jacob Grimm u. die ungar. Folkloristik, in: Festschr. Berlin 1963, S. 169–189.

KOZOCSA, Sandor: Grimmsche Märchen in Ungarn, in: BGG S. 559 bis 574. (Erläuternde Bibliographie.)

Nach *Rußland* gelangten die Keime Grimmscher Auffassungen und Arbeitsweise auf verschiedenen Wegen und trafen einen aufnahmebereiten Boden. Der Kreis um den Grafen RUMJANZOV hatte in enger Verbindung mit Deutschland eine Zelle europäischer Wissenschaft in Rußland aufgebaut. Des Grafen besonderer Schützling oder Sonderbeauftragter, PETER von KÖPPEN, hatte zusammen mit PERTZ bei einer weitreichenden Forschungsreise am 31. 1. 1824 die Brüder in Kassel aufgesucht, deren Arbeiten er bereits gut kannte. Er nannte in seiner wissenschaftlichen Zeitschrift ›Bibliografičeskie Listy‹ (1825/26) die Grimms als Mitarbeiter, ohne freilich von ihnen Beiträge zu bekommen; er vermittelte zu VOSTOKOW, dem großen Grammatiker dieses Kreises (dem „russischen Grimm"; seine russ. Grammatik 1831) und fungierte als ein Makler zwischen Wien (Kopitar), Prag (Dobrowsky), Kassel und St. Petersburg.

Nachhaltiger waren, nach Auflösung des Rumjanzovschen Kreises (1826), die unmittelbaren Wirkungen der Grimmschen Werke auf russische Wissenschaftler. Ähnlich wie ŠAFAŘIK, der seinerseits starke, wirksame Verbindungen zu russischen Forschern hatte, haben sich der Volkskundler IVAN MICHAJLOVIČ SNEGIREV und FEDOR IVANOVIĆ BUSLAEV, der jüngere enzyklopädische Germanoslavist, entschieden zu Jacob Grimm als ihrem Vorbilde bekannt. Besonders Buslaev hat so wie Jacob Grimm Sprache und Volksliteratur als Eigentum und kulturelles Zeugnis des Gesamtvolkes und seiner Geschichte verstanden. Seine »Historische Grammatik der russischen Sprache« (1858 u. ö.) und sein »Historischer Abriß der russischen Volksdichtung und Kunst« wären ohne die vorausgehenden Werke Jacob Grimms kaum so geschrieben worden. Sein Schüler ALEKSANDR KOTLJAREVSKIJ setzte deren Linie fort, vornehmlich deutlich in seiner Nachfolge der Rechtsaltertümer.

Auf dem Gebiet der Märchen wurde ALEKSANDR NIKOLAEVIČ AFANAS'EV der „russische Grimm" (in solcher Bezeichnung freilich das Werk *beider* Brüder vertretend). Seine Sammlung russischer Volksmärchen (etwa 600; 1855–1863) erschließt ganz wie die deutsche Sammlung in meisterhafter Darstellung den Reichtum der russischen Volkserzählung. In seinen »Poetischen [gemeint: religiösen] Anschauungen der Slaven über die Natur« (1866–1869) fußte er auf der »Deutschen Mythologie«, ging aber in seinen mythologischen Deutungen unzulässig weit über die kritischeren Brüder Grimm hinaus.

Das „Grimm-Bild" der sehr zahlreichen russischen Forscher, die ihm gefolgt sind oder sich mit ihm auseinandergesetzt haben, hat selbst eine über hundertjährige, lebendige Geschichte. Von romantischer Bewunderung zu ernsthafter Erkenntnis (Buslaev), unkritischer Überhöhung (Afanas'ev), kritischer Achtung (Černyševskij), kritischer Ablehnung (im Falle des »Reinhart Fuchs«, Kolmačeskij), achtungsvollem Abstand (Russische Akademie, 1913) bis zu einer erstaunlichen Rezeption in praktischer Anwendung der Grimmschen Volkstumskunde hat das Grimmbild jedenfalls seinen Glanz nicht verloren, sondern an Wahrheitsgehalt gewonnen. Auf die lebhafte positive Beurteilung der Grimmschen Arbeiten durch Marx und Engels ist bereits hingewiesen worden (s. u. S. 180).

Vater, Johann Severin: Practische Grammatik der Russischen Sprache in Tabellen u. Regeln. 1808. (Von J. Grimm benutzt.)

Levin, Isidor: Das russische Grimmbild, in: BGG S. 375–403.

Pomeranceva, Erna: A. N. Afanas'ev und die Brüder Grimm, in: Festschr. Berlin 1963, S. 94–103.

Propp, Vladimir: Märchen der Brüder Grimm im russ. Norden, in: ebda, S. 104–112.

Leitinger, Doris: (1966) s. o. S. 170. (Besonders reichhaltige Darstellung über die Rußland-Beziehungen.)

Das Verhältnis Jacob Grimms zu den verschiedenen slavisch sprechenden Völkern hat gemeinsame Züge. Er selbst hat sich früh und auffallend intensiv bemüht, diese Bereiche für seine Arbeiten zu erhellen und sie einzubeziehen. Auf der anderen Seite ergaben die ausgebreitete Kenntnis der deutschen Sprache (Österreich, Polen, Baltikum) und die starken, auch persönlichen Beziehungen zwischen Ost- und dem deutschen Mitteleuropa (Schlözer, Herder, v. Haxthausen, Hegel) günstige Voraussetzungen für ergiebige Kontakte. Entscheidend aber war der ideologisch zu nennende, der antidoktrinär-demokratische Gehalt der Grimmschen Arbeiten, der der historischen Entwicklung gerade in diesen Ländern entgegenkam und sie vielseitig und anhaltend befruchtete.

Insgesamt ist Jacob Grimms Verhältnis zu anderssprachigen

Ländern (auffallend die geringe Beziehung zu *Italien* [Reise 1843!]) bestimmt durch seine Achtung vor deren eigener Art, die er gern zu der deutschen in Vergleich oder Parallele setzte. Deutlich ist, daß die Rezeption seiner Forschungen und der dadurch gegebenen Anregungen zunächst nur in einem kleineren Kreis von Wissenschaftlern gleicher Gedankenrichtung vor sich ging, während der Göttinger Protest und die Märchensammlung den Namen Grimm breiter bekannt machten. Über alle europäischen Grenzen hinweg hat er nicht nur freundschaftliche Verbindungen unterhalten, sondern eine Aufnahmebereitschaft und eine Wirkung gefunden, die weit unterschätzt werden, wenn man sie als nur-wissenschaftlich betrachten wollte. Und ihre Dynamik ist bis heute noch nicht ausgeschöpft.

13. Wirkung und Wertung in Mit- und Nachwelt

Schon zu ihren Lebzeiten haben die Brüder eine reiche, ja zum Teil überreiche Anerkennung gefunden, die sie schrittweise durch ihre Leistung und ihre Persönlichkeit gewannen. Zu Anfang war es noch schwer, in einer wirtschaftlich ungünstigen Zeit mit den noch abseits des allgemeinen Interesses liegenden Themen überhaupt an die Öffentlichkeit zu kommen. Die Verlegergeschichte ihrer ersten Arbeiten ist eine wahre Leidensgeschichte. Auch die Konkurrenz der von der Hagen, Büsching, Gräter, A. L. Grimm stand ihnen nicht unerheblich im Wege.

Bemerkenswert ist, daß mehrere von ihren Schriften wegen mangelnder Wirkung unvollendet geblieben sind. Die »Altdeutschen Wälder« mußten mit dem dritten Jahrgang ihr Erscheinen einstellen; von der »Edda« erschien nur ein Band, von den »Deutschen Sagen« nur zwei statt der geplanten drei oder vier. Der Anmerkungsband der KHM (1822) war bei Erscheinen der Neuauflage (1856) noch nicht verkauft (bis 1960!). Daß die »Deutsche Grammatik« nicht vollendet wurde, die geplanten weiteren Bände zu den »Deutschen Rechtsaltertümern« und zur »Deutschen Mythologie« sowie der Einleitungsband zu den »Weistümern« nicht zustandekamen, hat freilich andere Gründe; auch das »Deutsche Wörterbuch« haben die Brüder ja als Bruchstück hinterlassen.

Ein erster wirklicher Durchbruch in der Öffentlichkeit schien mit den Märchen zu gelingen, von denen nach 7 Jahren eine zweite Auflage möglich wurde. Geltung hatten die Verfasser bis dahin nur bei einem verhältnismäßig kleinen Kreis von Freunden des deutschen Altertums. Der zweite Durchbruch geschah durch die »Deutsche Grammatik«, die ein größeres sprachinteressiertes Publikum aufhorchen ließ. Wieder neue Kreise gewannen die »Deutschen Rechtsaltertümer« und die »Deutsche Mythologie«, während die Märchen inzwischen in zwei Auflagen der ›Kleinen Ausgabe‹ vorrückten. Die Teilnahme am Göttinger Protest brachte dann den Namen Grimm in die breiteste – auch die bücherfremde Öffentlichkeit.

Alles bis dahin Geleistete war Erschließung von Neuland und fand dadurch in zunehmendem Maße die Aufmerksamkeit und den Beifall eines erwachenden Jahrhunderts. Was später folgte – eine Neuauflage der »Deutschen Rechtsaltertümer« (1854), zwei der »Deutschen Mythologie« (1844, 1854), die »Geschichte der deutschen Sprache« (3 Aufl., 1848–1868), die Akademieschrift »Über den Ursprung der Sprache« (5 Aufl., 1852–1862) sowie der Anfangserfolg des »Deutschen Wörterbuchs«, – das alles stand bereits auf dem Sockel eines gefestigten Ansehens, zeigt aber auch, daß das Publikumsinteresse schon eine eigene Richtung genommen hatte.

Einen anschaulichen Gradmesser für diese Erfolge bietet die Betrachtung der Mitgliedschaften der Brüder bei wissenschaftlichen Gesellschaften und Vereinen sowie anderer öffentlicher Ehrungen. In den Kasseler Jahren waren es unmittelbare Freunde, die den Zugang zu den gelehrten Institutionen vermittelten: Senator Thomas in Frankfurt (1813 u. 1818), Benecke in Göttingen (1824), Wigand in Münster (1824), Lachmann in Königsberg (1825). Die Ehrendoktorate gingen auf die Empfehlungen Rommels (Marburg 1819) und Savignys (Breslau und Berlin 1829) zurück. Im Ausland war es schon in der westphälischen Zeit die ›Académie celtique‹ (1811), zu der wohl Villers vermittelt haben dürfte, danach die Gelehrtengesellschaften in Leiden, Amsterdam, Utrecht, Leeuwarden, Reykjavik und Kopenhagen, die die Brüder aufnahmen, veranlaßt durch die Freunde Tydeman und Bilderdijk, Nyerup, Rafn und Magnusson.

1830 erschienen dann die beiden Grimms als Professoren in Göttingen, und 1833 wurde Jacob zum Hofrat ernannt. Die »Deutsche Grammatik«, die »Deutschen Rechtsaltertümer«, die »Deutsche Heldensage« waren erschienen. Da meldeten sich auch die anderen deutschen Akademien, Berlin (1832) und München (1833), und es begann zugleich der Huldigungsreigen der Altertumsvereine in allen deutschen Ländern: Halle, Kiel, Kassel, Dresden, Görlitz, Schwerin (in den Jahren 1832–1835). Aus dem Ausland waren es weiterhin die Niederlande (Groningen 1832) und Skandinavien (Kopenhagen 1833, Upsala 1837), die sich den Brüdern zuwandten.

Ganz auffallend war die Reaktion der wissenschaftlichen Gremien auf den Göttinger Protest. Während das offizielle Deutschland sich ein paar Jahre lang deutlich zurückhielt, kam aus dem fernen Catania eine Ehrenmitgliedschaft für alle Göttinger Sieben; die Maetschappij in Gent und das Institut de France nahmen ostentativ die Brüder in ihre Gemeinschaften auf.

Es bleibt bemerkenswert, daß auch nach der Restitution von 1840 in Berlin – betont durch die Verleihung des Pour le mérite (1842) und des Roten Adlerordens (1844) – die Leipziger Akademie sich schweigend verhielt (die Heidelberger bestand noch nicht); nur die bürgerlichen Vereine setzten ihre Ehrungen fort (10 Diplome von 1841 bis 1860). Vom Ausland her folgten dagegen die Mitgliedschaften in nicht abreißender Kette: Paris (Ehrenlegion 1841), London (1843), Schweiz (1843), Stockholm (Polarstern 1844), Helsinki (1845), Wien (1848!), Prag, Dublin, Belgrad (1849), Dorpat (1850), Amsterdam (1852), St. Petersburg (1854), zum 70. Geburtstag (1855) Dünkirchen und Florenz, Graz (1856), Boston (1857), Laibach (1858), Budapest (1859), Prag (1862), – in dieser Fülle ein stolzes Zeugnis internationaler Gelehrten-Solidarität. – Ein gleiches Bild zeigen die zahlreichen persönlichen Widmungen von Büchern, die den Brüdern Grimm, besonders in ihren späteren Jahren, zuteil wurden. – Und auch die KHM begannen in dieser Zeit ihren Zug durch die Kinderstuben in aller Welt.

Es hat freilich auch nicht an kritischem Widerspruch gefehlt. In der Frühzeit waren Büsching, Gräter, A. W. Schlegel und Boisserée die Kontrahenten. In den späteren Jahren nicht nur Sanders und Wurm, die gegen das »Deutsche Wörterbuch« polemisierten, sondern gelegentlich auch Freund Lachmann, der Jacob Grimms „fahrige Genialität" beanstandete, Gervinus, der den »Reineke Fuchs« kritisierte, auch die jüngere, bereits systematisch geschulte Generation wie Waitz und Müllenhoff, die „dem Alten" seine unmethodischen Liebhabereien nicht abnehmen wollten. Jacob Grimm selbst hat – und das ist höchst bedeutsam – sich trotz allen Lobes oft über einen Mangel an verständnisvoller Nachfolge beklagt, ebenso wie er sich politisch bis zur Verbitterung enttäuscht zeigte (z. B. an Kemble, 26. 4. 1834 [Gürtler S. 79]; an Wackernagel, 21. 3. 1855 [Briefw. Lachmann S. 28]; »Geschichte der dt. Sprache«, S. XVI).

Sehr charakteristisch ist der Nachhall der Gedenkreden. 1863 sprachen noch die Mitforscher, achtungsvoll, aber freimütig und kritisch wertend. 1885, zum 100. Geburtstag, sprach eine andere Generation, in der die patriotische Heldenverehrung der neuen Zeit den Ton der Rede bestimmte. Von hier datiert das Mißverständnis gegenüber den Grimms. Man fühlte sich durch sie bestätigt. Man glaubte, ihre Liebe zu den deutschen Menschen mit dem geld- und waffenklirrenden Stolz des Kaiserreiches identifizieren zu können. Und die Darstellungen Herman Grimms und Wilhelm Scherers, die das Wesen der Brüder von einem stillen, fast resignierten Lebensabend her darstellten, sprachen nicht dagegen.

Ein einzelnes instruktives Beispiel für die Nachwirkung von Jacob Grimms Arbeiten und ihre Wertung bietet der Briefwechsel zwischen KARL MARX und FRIEDRICH ENGELS. Die »Geschichte der deutschen Sprache« wird studiert, die spanischen Romanzen, die serbische Grammatik, die Märchen (nicht als Kindergeschichten), die Tacitusausgabe, die Entlassungsschrift, die Grammatik, die Rechtsaltertümer. Wenn Engels dabei äußerte: „Der alte Kerl ist aber wirklich famos“ (1858), so war Karl Marx 1868 konkreter, als er Jacob Grimms Bemühen, zu den Quellen der sozialen Entwicklung vorzudringen, richtiger beurteilte als spätere Geschichtklitterer.

Im 20. Jh. folgte die „Romantisierung“ der Grimms, d. h. die Erstellung eines Gesamtbildes der Romantik oder des Romantischen, in das man das Denken und Wirken der Brüder einzuordnen sich bemühte. Aber dieser Versuch muß in sich widersprüchig und unschlüssig bleiben. Zu viel verdanken die Brüder dem 18. Jh., zu selbständig stehen sie in ihrem eigenen.

Im ganzen gesehen wurde das Verhältnis zu den Brüdern Grimm vorwiegend durch die Liebe zu den Märchen der Kinderzeit bestimmt, dazu durch die aus zweiter Hand gekommene hochachtende Bewunderung vor den – nicht gelesenen und für die meisten garnicht lesbaren – wissenschaftlichen Schriften. Auch hier liegt ein Versäumnis, das nicht allein durch die zahlreichen Schriften von WILHELM SCHOOF gutgemacht werden konnte.

Das Gedenkjahr 1963 hat eine Besinnung gebracht. Zwar ziehen sich mehrere Gedenkreden auf ein Spezialgebiet zurück; aber Äußerungen wie die von HAMMERICH, MAGON und STERN geben Grundlinien für ein neues, belebtes und belebendes Grimm-Bild, das da wieder anknüpft, wo die Entwicklung den Weg der Brüder tatsächlich verlassen und sich nur noch ihrer Arbeitsergebnisse bedient hat.

Nur so ist es zu erklären, daß die germanistische Wissenschaft ihren Begründern eine umfassende Biographie, eine Ausgabe ihrer Briefe, den Katalog ihrer Bibliothek, eine kritische Ausgabe der Märchen, eine Vervollständigung der Sagen-Ausgabe, eine Ausgabe der Sagen-Konkordanz und manches andere bisher schuldig geblieben ist. Die »Deutsche Grammatik«, die »Deutschen Rechtsaltertümer«, die »Deutsche Mythologie« und Wilhelms »Deutsche Heldensage« erlebten dagegen wenigstens fortführende Neuausgaben, die »Weistümer«-Ausgabe und das »Deutsche Wörterbuch« wurden unter ihrem Namen fortgeführt. Aber wo wurde ihrer in den Studiengängen wirklich gedacht? Wo ihre Arbeitsweise berücksichtigt? Die Pflege ihres Erbes muß leider unvollkommen und einseitig genannt werden. Die Literaturwissenschaft vollends ist weitgehend ganz andere Wege gegangen.

Wenn man die Brüder Grimm bis heute mit vollem Recht die Väter der Germanistik genannt hat und weiter so nennt, andererseits eine grundsätzliche Neuorientierung für diese Wissenschaft wünscht, so wäre der glücklichste und beste Weg dazu eine Besinnung auf das Gesetz, wonach sie angetreten. Es liegt in der Persönlichkeit und der Leistung der Brüder Grimm, ihrer Unabhängigkeit, ihrem bedingungslosen Freiheitsbedürfnis, in ihrer Universalität, ihrer durch und durch soziologischen Anschauungsweise, ihrer Internationalität, die die eigene Nation als eine unter anderen verstand und folgerichtig bejahte.

Literatur zu den Buchhandelsbeziehungen: s. a. bei den Briefwechseln unter: Balz, Basse, Breitkopf & Härtel, Brodhagen, Cotta, Dieterich, Dümmler, Frommann, Hahn, Hornthal, Langewiesche, Max, Nicolai, Perthes, Reimer, Rümpler, Sauerländer, Schlemmer, Schrag, Weidmann, Winter, Zimmer. – Ferner die zahlreichen Arbeiten von

SCHOOF, Wilh.: Verlegersorgen der Brüder Grimm, in: Börsenbl. (Frankf.) 10 (1954), S. 82–85; Cotta u. die Brüder Grimm, in: ebda 10 (1954), S. 234–237; Georg Andreas Reimer u. die Brüder Grimm, in: ebda 10 (1954), S. 498–503; Jacob Grimm als Autor des Dieterichschen Verlages, in: ebda 11 (1955), S. 493–497; Jacob Grimm u. Salomon Hirzel, in: ebda 11 (1955), S. 653–657; Buchhändlerbriefe um die Brüder Grimm, in: ebda 13 (1957), S. 1344 bis 1362; Ferd. Dümmlers Verlagsbhdlg als Grimmverlag, in: ebda 15 (1959), S. 1706–1708; Zur Verlegergeschichte des Grimmschen Wörterbuches, in: ebda 16 (1960), S., 1942–1947; Johann Georg Zimmer u. die Brüder Grimm, in: ebda 17 (1961), S. 199–1002; Zur Verlagsgeschichte der ›Altdt. Wälder‹, in: ebda 17 (1961), S. 517–521. – Ders.: Zur Verlegergeschichte der Grimmschen Märchen, in: ZfVkde 52 (1955), S. 112–143 (mit Briefw. Reimer-Grimm). – Ders.: Salomon Hirzel u. das Grimmsche Wörterbuch, in: Schweizer Mh. 40

(1960), S. 910–918. – Ders.: Die Honorare der Brüder Grimm, in: ZHG 79 (1968), S. 128–134.

Mitgliedschaften bei Akademien, wissenschaftl. Gesellschaften und Vereinen, *Ehrendoktorate* und *Orden*: die bei Schoof U. Br. S. 467 f. u. ZHG 72 (1961) S. 19 f. abgedruckte Liste (aus den Grimmschränken) wird – vielfach berichtigt und wesentlich vermehrt – an anderer Stelle erneut wiedergegeben werden.

Höfer, Albert: Die Dt. Philologie, insbesondere als Mythologie u. als Sprachforschung. Rede zur Geburtstagsfeier des Königs. 1857. – S. 10: „Der weitere Blick über das Ganze und die Beachtung jenes unscheinbarsten aller Hilfsmittel [der Sprache] gebührt vor allen dem großen Manne, der hehr und unbestritten als der Schöpfer dieser ganzen Wissenschaft dasteht, Jacob Grimm."

Neumann, Werner, u. Burkhard Löther: Gedanken zur bevorstehenden Ehrung Jacob Grimms 1963, in: Weimarer Beiträge 9 (1963), S. 469–484. („Aufgabe der marxistischen Germanistik.")

Kolb, Herbert: Karl Marx u. Jacob Grimm, in: Archiv 206 (1969/70), S. 96–114; auch als Sendung im Deutschlandfunk, 13. 3. 1969. (Über das Paradoxon der unterschiedlichen Bewertung J. Gr.s durch Journalisten in der BRD u. Wissenschaftler in der DDR.)

s. a. S. 128 f.: Zur jüngsten Diskussion des DWb.

III. Wilhelm Grimm

1. Persönlichkeit und Bruderschaft

Der Lebenslauf der Brüder war ein gemeinsamer. Es sollte jedoch nicht übersehen werden, daß Wilhelm Grimm gegenüber dem älteren Bruder auch einiges voraus hat. Er allein hatte ein abgeschlossenes Studium aufzuweisen. Ihm gelang es, in Abwesenheit des Bruders (1814) eine Anstellung bei der Kurfürstlichen Bibliothek zu erlangen und damit auch für diesen eine den gemeinsamen Vorhaben dienliche Brotstelle zu gewinnen. Gleichzeitig verschaffte er der Geschwisterfamilie eine angemessene Wohnung außerhalb der engen Altstadt und schließlich durch seine Heirat mit Dortchen Wild (1825) einen Hausstand, der auch dem Bruder die förderliche Nestwärme gab (die übrigens den sich absondernden Brüdern Karl und Ferdinand in schicksalhafter Weise versagt blieb).

Wer hätte es dem gegenüber vermocht, so wie Wilhelm bei der Einstufung sowohl in Kassel wie in Göttingen so stillschweigend zurückzustehen, auch die Herbheiten, ja Rücksichtslosigkeiten des kleineren, doch nur um ein Jahr älteren Bruders nicht nur zu ertragen, sondern immer wieder liebevoll zu begütigen? Jacob Grimm wurde allein in die Paulskirche gewählt, obwohl doch der Bruder ebenso wie er protestiert hatte. Jacob Grimm wurde Träger des Pour le mérite und so vieler anderer Ehrungen, aber niemals hat der Bruder etwas anderes verspüren lassen als herzliche, zustimmende Anteilnahme. Ihm genügten die Zuneigung seiner Freunde, seiner Studenten, die Wärme des Familienkreises und seine Arbeit als ein Bestandteil, nicht Grundlage des Lebens.

Marburger Examen: Stengel 2, S. 394–396. (Dokumente u. Protokolle.)
Wohnungen in Kassel: Stoll (s. o. S. 47), S. 594–597; Schulte Kemminghausen u. Denecke (s. o. S. 33 f.), S. 64–66, 76–78, 80, 90.

Wilhelm Grimm hat schon zu seinen Lebzeiten im Schatten des Bruders gestanden, und er tut es heute noch mehr. Für diejenigen, die den Namen Grimm nur von den Märchen her kennen, ist er eben „einer der Brüder", für den Wissenschaftler ist er der Bruder des großen Jacob, – in beiden Fällen aber ohne ein echtes eigenes Profil.

Insbesondere hat Wilhelm Scherer, für den die »Deutsche Grammatik« völlig im Mittelpunkt des Grimmschen Wirkens stand, die Verschiedenheit der Brüder nicht genügend gewürdigt und dabei Wilhelm zu sehr in den Hintergrund treten lassen.

Es ist richtig: Neben die berühmten Sammelwerke seines Bruders hat Wilhelm Grimm nur die »Deutsche Heldensage« zu stellen, – in ihrer Art zwar gleichwertig, aber doch im Bereich des Themas zu begrenzt, um ein ähnlich großes Wirkungsfeld zu erreichen. Seine übrigen, zu ihrer Zeit bedeutenden Editionsleistungen stehen wiederum zu sehr abseits von den großen klassischen Texten und sind nicht zahlreich genug, um eine weitreichende Geltung zu hinterlassen, desgleichen seine Übersetzungen und kleineren Schriften; auch zum »Deutschen Wörterbuch« hat er nur etwa ein Drittel vom Anteil des Bruders beigetragen. Nur bei den Märchen wird ihm zugestanden, daß er durch deren sprachliche Gestaltung ein größeres – und gegenüber allem anderen bleibenderes – Verdienst erworben habe.
Ein solches Messen an äußeren Arbeitsergebnissen erfaßt aber nicht den Kern der Dinge. Die lebenslängliche Gemeinschaft der Brüder ist oft genug als besonders reizvolles Faktum hingenommen und bewundert worden. Es ist zwar richtig, was Jacob in seiner Gedenkrede auf Wilhelm gesagt hat, daß man vom einen nicht sprechen kann, ohne des anderen zu gedenken. Aber ist nicht auch Jacob Grimm trotz seiner ungeheuren Einzelleistung undenkbar ohne den Bruder Wilhelm? Das wahrhaft Staunenswerte und zugleich so geheimnisvoll Fruchtbare an diesem so eng verbundenen Brüderpaar ist nicht ihre Identität oder Parallelität, sondern ihre absolute Polarität.

Anders als Jacob war Wilhelm eine vorwiegend irenische, aber durchaus nicht labile Natur. Seine Art war es, das Mögliche beharrlich zu erstreben, – nicht das Unabsehbare rücksichtslos anzugehen, wie es Jacob tat. Wilhelm war, wiederum anders als der Bruder, dem Leben, nicht allein der Arbeit zugewandt. Er war auf das glücklichste verheiratet, ein liebevoller Vater seiner Kinder. Er pflegte einen behaglich-besonnenen, musisch verschönten Lebensstil, bezauberte durch seinen Charme, durch die persönliche Art seiner Briefe, erfreute gern in Geselligkeit durch Vorlesen, neigte zum Versemachen, zum Zeichnen und hatte Freude an der Musik. Wie zur mündlichen so neigte er auch zur schriftlichen Äußerung, zur persönlichen Aufzeichnung von Beobachtungen, Stimmungen und Gedanken, zu malerisch erfaßten kleinen Situationsschilderungen. Er hielt Freundschaften über lange Zeit, auch außerhalb des Bereichs seiner Arbeitsinteressen, anders als Jacob auch mit Frauen, wie mit den Damen von Haxthausen, mit Jenny von Droste, Wilhelmine von Schwertzell und der Kurfürstin Auguste, die Patin seiner Tochter wurde; auch Bettine stand ihm näher als Jacob. Bewundernswert ist bei alledem sein vital-geduldiges Durchhalten in häufiger Krankheit, ja fast stetiger Krankheitsgefährdung, und in häufigen Phasen der Depression.

Auch im äußeren Erscheinungsbild war Wilhelm von Jacob charakteristisch unterschieden. Größer als dieser, von stattlicher Figur, mit einem harmonischen, weichflächigen Gesicht, träumerisch wirkenden Augen, gemessenen Bewegungen, in der Jugend „ein feiner, artiger junger Mann“ (Riemer an Knebel, 13. 12. 1809), später, bei der Antrittsvorlesung in Berlin, „mit sanfter Bescheidenheit jedoch feierlich“ geschildert (BGG S. 382); vgl. Bildbiographie (o. S. 33), bes. S. 49, 68, 80, 84, 91, 105, 106, 109, 115.

Verse von Wilhelm Grimm: Freundesbriefe an die Familie von Haxthausen (s. d.) S. 6–8 u. 11 f.; Stengel 1, S. 161 f.; L. E. Grimm: Erinnerungen (s. o. S. 30) S. 593; Katalog des Brüder Grimm-Museums (s. o. S. 38) 2, Nr 44 (ohne Textabdruck) u. 158.

MOJAŠEVIĆ, Miljan: Zu Wilhelm Grimms Tagebüchern, in: Jb. des Wiener Goethe-Vereins 69 (1965), S. 206–217. (Feinsinnige, gut kommentierte Auslese. Kaum etwas vom Werk.)

EBSTEIN, Erich: Ein Beitrag zur Geschichte der Myokarditis postscarlatinosa. (Wilh. Grimm als Patient . . .), in: Zentralbl. f. Herz- u. Gefäßkrankheiten 12 (1920), S. 15–21.

In seiner Arbeit charakterisiert ihn ein dauernder, liebender – nicht wie bei Jacob zäher, zorniger – Fleiß. An den KHM ist er über 50 Jahre mit steter Hingabe tätig gewesen; seine übrigen Arbeitsthemen reihen sich assoziativ aneinander, und zu fast allen seinen größeren Arbeiten erschienen aus weiterschürfender Tätigkeit Nachträge, Weiterführungen, Parerga, Neuauflagen. Sie sind gekennzeichnet durch ein konzentriertes Wissen und methodisch durch das Bestreben, die Überlieferung in ihren antiquarischen Eigenheiten behutsam zu achten, zeitgeschichtliche Zusammenhänge zu sehen und literatursoziologische Gesichtspunkte anzuwenden. Das systematische (d. h. Systeme setzende) Denken lag ihm allerdings noch weniger als dem Bruder; etwa die Göttinger Antrittsrede »Über Geschichte und Poesie« (W. Kl. Schr. 1, S. 497–507) oder die Frankfurter Programmrede über das »Deutsche Wörterbuch« (ebda, S. 508 bis 520) lassen das recht deutlich erkennen bzw. vermissen. Dagegen lag ihm das Organisatorische, wie das an Goethe gesandte Gutachten über eine ›Gesellschaft für altdeutsche Literatur‹ gut erkennen läßt (Steig: Goethe und die Brüder Grimm, S. 146–152. Jacobs Stellungnahme dazu mit Nachschrift von Wilhelm im Briefwechsel Savigny: S. 245–249 Schoof).

Anders als der Bruder hat Wilhelm Grimm gern und mit häufig wechselnden Themen Kolleg gelesen. Auch kennzeichnet ihn, was überraschen mag, ein besonders lebhafter Zug zur Publizistik. Nach dem Abzug der Franzosen 1813 hat er sich zunächst – vergeblich – bemüht, die Redaktion der ›Kasseler Zeitung‹ zu erlangen. – Er hat an verschiedene Zeitungen eine ganze Reihe von Korrespondentenberichten geliefert, deren Inhalt u. a. erkennen läßt, daß auch bei ihm der Göttinger Protest von langer Zeit her innerlich vorbereitet und nicht etwa nur ein Mitläufertum mit dem Bruder gewesen ist (vgl. etwa »Aus Hessen« im ›Rhein. Merkur‹ v. 23.4.1815; W. Kl. Schr. 1, 548).

›Kassel'sche Allgemeine Ztg‹ bezw. ›Kasselsches Wochenblatt‹, ab 1814 wieder ›Casselsche Polizei- u. Commerzien-Ztg‹. Die Schriftleitung blieb nach dem Willen des Kurfürsten bei Dr. Jacob Pinhas, bis 1813 Mitredakteur von Fr. Murhard (Mitt. v. Dr. R. Friderici, Kassel); vgl. Jugendbr. [2]1963, S. 233, 239, 260 vom 9. 1., 18. 1., 9. 2. 1814, dazu S. 503 f.; Stengel 3, S. 163, 339 (zu S. 40), 369 f.

Der ›Preuß. Correspondent‹ wurde damals von Arnim redigiert; vgl. Max von Lettow-Vorbeck: Zur Geschichte d. Preuß. Correspondenten von 1813 u. 1814. 1911, 2, S. 1–77.

Wilhelms Berichte in: W. Kl. Schr. 1, S. 529–570; 4, S. 618–634, dazu ebda, S. V f.

Die politischen Ansichten der Brüder sind durchaus zu differenzieren, auch wenn sie praktisch einen gemeinsamen Weg gingen. Man könnte Wilhelm als freiheitlichen Konservativen bezeichnen, während Jacob eher ein protestierender Liberaler (nicht im Parteisinne) mit revolutionärer Neigung genannt werden kann.

In philologischen Grundsatzfragen, wie der der Übersetzung fremdsprachiger und altdeutscher Dichtungen, der Anerkennung der Kunstpoesie, der Freidank-Walther-Frage und der inneren Gestalt des DWb. hat Wilhelm sich durchaus nicht von der Meinung seines Bruders abhängig gemacht, sondern ist still und unbeirrt seinen eigenen Weg gegangen.

Auch schon die Ansichten über die „Naturpoesie“ sind bei beiden Brüdern merklich und wesentlich differenziert; vgl. Lichtenstein in: DVjs. 6 (1928), S. 519 f., 532–543.

Seine kleineren Schriften veröffentlichte Wilhelm z. T. in anderen Zeitschriften als Jacob. Eine besondere Untersuchung verdient die Abstimmung unter den Brüdern über ihre Themenwahl (bes. bei den Rezensionen!). Man kann nicht sagen, daß Jacobs Übergang zur Grammatik darin allein ausschlaggebend gewesen wäre, denn den zunächst gemeinsam geplanten »Reineke Fuchs« überließ ihm Wilhelm gerade in dieser Zeit ganz. Beispiele von Gemeinsamkeit in der späteren Arbeit sind Jacobs Nachträge zu den Runen (1828, W. Kl. Schr. 3, S. 128 bis 131) sowie seine Änderungsvorschläge zu Wilhelms Antrittsrede in der Berliner Akademie (W. Kl. Schr. 1, Seite 505–507; das anschaulichere Manuscript: Grimmschrank 70), die dieser wieder nach eigenem Urteil abwandelte.

Die Unterschiedlichkeit zwischen den Brüdern in ihrer Berliner Wohngemeinschaft schildert anschaulich Wilhelm Hansen in: BGG, S. 240–256, bes. S. 250. Symbolisch Jacobs Erinnerung: „Wie freute mich innig, im thiergarten auf meinen bruder, wenn er plötzlich von der andern seite herkam, zu stoßen; nickend und schweigend gingen wir nebeneinander vorüber ..." (»Über das Alter«. Kl. Schr. 1, S. 205; vgl. Hansen S. 296 f.).

Jacobs Urteil über den Bruder charakterisiert und betont die Unterschiede zwischen ihnen beiden, zusammengefaßt in der Metapher: „ich glaube, er wäre ein sehr guter arzt geworden, ich ein schlechter, zur noth ein leidlicher botaniker" (gemeint: angewandte und theoretische Wissenschaft; Kl. Schr. 1, S. 176). Aber die Unterschiede standen auf dem Grunde des gegenseitigen Geltenlassens, des Bewußtseins der Gemeinsamkeit. Die Möglichkeit täglicher Aussprache, die man sich nach der Art der anregenden Auseinandersetzungen im Briefwechsel aus der Jugendzeit vorstellen kann, ergibt für ihre gesamte Arbeitsleistung ein Urbild des team-work, das zu dem Schluß berechtigt: keiner der beiden hätte seine Lebensleistung ohne das Mit- und Gegenspiel des anderen so vollbringen können, wie es geschehen ist. Schöpferische Kraft konsolidiert sich in der steten Gegenwart eines anerkannten Gegenpols!

Würde man aber versuchen, Wilhelm Grimm einmal ganz ohne den Bruder zu sehen und zu werten, so würde er auch als Persönlichkeit und Forscher jedenfalls neben Benecke und Lachmann, erheblich aber vor den anderen Früh-Germanisten seinen Platz haben müssen.

Jacob Grimm über den Bruder: Widmung der Grammatik, Bd 3, 1831, S. III. – Gedenkrede (1860, s. o. S. 131). – Vorrede zum 2. Band des DWb, (1860): Kl. Schr. 8, S. 381 f. – An August Stöber (4. 1. 1860): AfdA 12 (1886), S. 114. – An Franz Pfeiffer (19. 2. 1860): Germania 11 (1866), S. 248.

Wilhelm einmal kritisch über Jacob (14. 6. 1822) in: Briefw. Arnim S. 516 (Steig); anders z. B. an Brentano (14. 3. 1815), Briefw. S. 211, an Bettine (11. 6. 1839) in: Briefw. Meusebach S. 289.

Zur Arbeitsteilung mit dem Bruder: einige gute Beobachtungen bei GINSCHEL S. 65, Anm. 2.

Die monographische Literatur über Wilhelm Grimm ist spärlich. Es ist immer die Literatur über Jacob und über die Brüder Grimm (oben S. 1–39, 46–49) heranzuziehen.

GRIMM, Herman: Wilhelm Grimm (Nachruf) s. o. S. 30.

PFEIFFER, Franz: Wilhelm Grimm (Nachruf. Wiener Ztg 1860), in: Freie Forschung 1867, S. 379–396. (Wenig ergiebige Kommentierung der Werkfolge.)

ALTMÜLLER, Karl: Nekrolog auf Wilhelm Grimm, in: Wigand's Telegraph 2 (1860), Nr 1. (Aus persönlicher Kenntnis.)

RICHTER, Albert: 100jähriger Geb. Wilhelm Grimms, in: [Leipziger] Illustr. Ztg 86 (1886), S. 175 f. (Beispiel der Popularität.)

SCHRÖDER, Edward: Zum Gedächtnis Wilhelm Grimms, in: Forschungen u. Fortsch. 12 (1936); auch in: Hessenland 47 (1937), S. 47 f.

NEUMANN, Eduard: Wilhelm Grimm. Akad. Festrede des Rektors der Freien Universität Berlin ... am 4. 11. 1959. 1959; dazu: Germanistik 1 (1959), S. 428. Darstellung der Persönlichkeit, nicht des Werkes. (‚Gegenwartserkenntnis aus Vergangenheitsschau'.)

BECKER, Henrik: Wilhelm Grimms geistiges Gesicht, in: Natur u. Heimat 9 (Dresden 1960), S. 20–22. (Versuch einer unkonventionellen, sozialistischen Sicht.)

GERSTNER, Hermann: Auf der Suche nach dem poetischen Paradies. Zum 100. Todestage von Wilhelm Grimm, in: Imprimatur. N. F. 2 (1958/60), S. 191–200. (Dichterische Verklärung.)

SCHOOF, Wilh.: Wilhelm Grimm. Zu s. 100. Todestag, in: Muttersprache 59 (1959), S. 368–370. (Annalistisch.)

Das einzige Buch über Wilhelm Grimm:

SCHOOF, Wilh.: Wilhelm Grimm. Aus s. Leben. 1960. (Vielseitige Sammlg von Einzelbildern. Knappe Zeittafel.) – Dazu Fr. Neumann in: ZHG 71 (1960), S. 171–175. (Kritisch.) Ergänzungen:

SCHOOF, Wilh.: Beziehungen Wilhelm Grimms zu s. Vaterstadt Hanau, in: Hanauisches Magazin 15 (1936), S. 1–5, u. 17 (1938), S. 44 f.

DERS.: Wilhelm Grimms Reise nach dem Kinzigtal 1841. Nach ungedr. Briefen von Dorothea Grimm, in: ebda 16 (1937), S. 81–96.

s. a. unten S. 198 u. Briefw. von Canitz und Dallwitz.

2. Schriften

Wilhelm Grimms Arbeitsgebiete sind vielfältig und decken sich mit denen des Bruders nur bei ihrem gemeinsamen Ausgangspunkt, nämlich bei dem, was sie „die Sage", „das Epos" nannten, und im Zusammenhang damit bei den ahd. Denkmälern.

Aus dieser gemeinsamen Wurzel entsprang auch Wilhelms erstes selbständiges Buch: *»Altdänische Heldenlieder, Balladen und Märchen«* (1811). In ihm werden zugleich mehrere Aspekte seiner wissenschaftlichen Arbeit sichtbar: Skandinavische Literatur, Heldendichtung, Märchen und Sage, Übersetzung. Ganz von den Arbeitsanliegen des Bruders gelöst hat sich Wilhelm Grimm in seiner vielfältigen und eingehenden Beschäftigung mit Texten der mhd. epischen und lyrischen Dichtung.

Die an. Literatur war bis in die Göttinger Jahre hinein Wilhelm Grimms besonderes Feld. Schon 1808 schrieb er einen programmatischen, für seine Anschauungen grundlegenden Aufsatz *»Über die Entstehung der altdeutschen Poesie und ihr Verhältnis zu der nordischen«*. Man ist versucht, den Aufsatz in Abwandlung seines Titels als »Von der Poesie in der Geschichte« Jacobs Abhandlung »Von der Poesie im Recht« gegenüberzustellen; zugleich steht er in Parallele zu dessen »Gedanken, wie sich die Sagen zu Poesie und Geschichte verhalten« (1808; Kl. Schr. 1, S. 399–403). An ihrem Verhältnis zur Geschichte werden Natur- und Kunstpoesie nach letztlich soziologischen Gesichtspunkten unterschieden (Zus.-fassung S. 121), die nordische Überlieferung in Mythologie, Sage und Lied von der deutschen nach Urverwandtschaft, eigener Entwicklung und Entlehnung klug differenziert.

Die »Altdänischen Heldenlieder« sind das Ergebnis langjähriger Arbeiten. Einiges davon erschien schon (in früherer Fassung) in der ›Zeitung für Einsiedler‹ 1808, auch war der Anschluß als Bd. 4 an »Des Knaben Wunderhorn« ursprünglich vorgesehen. Vorrede und ein umfangreicher Anhang bezeugen die wissenschaftliche Absicht und Leistung, die Übersetzung selbst ist in Einzelheiten berichtigt, in der dichterischen Qualität aber nicht wieder erreicht worden. Auch HEINRICH HEINE hat sie für seine Bearbeitungen nordischer Balladen benutzt. Eine Art Fortsetzung dieser Arbeit bilden die Übersetzungen altschottischer Balladen (1813) und die intensive Beschäftigung mit der Edda-Ausgabe (s. o. S. 56 f.). An der gemeinsamen Ausgabe der *»Edda«* war Wilhelm wieder mit einer Übersetzung beteiligt, von der Julius Hoffory noch 1885 sagen konnte, sie sei „nicht nur die schönste, sondern auch dem Geiste nach die treueste, die es gibt« (s. S. 195, hier S. XII).

Bemerkenswert ist HERDERS Notiz zu seinen Eddaproben in den Volksliedern: „Wers besser kann, mache es besser!“ (Sämtl. Werke 25,

S. 471, ed. Suphan); vgl. dazu W. Grimms Äußerungen über Herder: W. Kl. Schr. 1, S. 214 f. u. 278 f.

Seine breite und wohlgegründete, urteilsfähige Kenntnis auf diesem Gebiet erwies Wilhelm in einem Literaturbericht über die altnordische Literatur (1820), seine Neigung zur Erschöpfung eines Themenkreises und zur intimen Berücksichtigung der antiquarischen Realien in seinem Grundwerk über die deutschen *Runen* (1821), das freilich von der neueren Wissenschaft nicht mehr zitiert wird, obwohl es das, mindestens als historische Grundlage der Forschung, verdient hätte.

Als Hauptwerk Wilhelm Grimms gilt allgemein *»Die deutsche Heldensage«*, eine Sammlung der literarischen und außerliterarischen Zeugnisse für das Leben der Sagen und damit eigentlich eine Art von annalistischem Ersatz für die von den Brüdern geplante „Geschichte der Nationalpoesie". Das Material wurde schon frühzeitig gesammelt und zuerst in den ›Altdeutschen Wäldern‹ veröffentlicht, dann laufend vermehrt, – nach Wilhelms Art bis zu seinem Tode; doch haben erst MÜLLENHOFF, der 1865 selbst eine Zeugnis-Sammlung veröffentlichte, und STEIG das seit 1829 Gesammelte in neuen Auflagen verwerten können. Wichtig ist an diesem Werk der literatursoziologische Gesichtspunkt, der das Publikum der Dichtung zu erfassen und ihr auf diesem Wege näher zu kommen sucht.

Zum Themenkreis „Heldensage" gehören auch die Ausgabe des Hildebrandliedes (1812, s. o. S. 54), der Wilhelm Grimm – charakteristisch für ihn – 1830 eine Faksimileausgabe folgen ließ, die lange Beschäftigung mit der Überlieferung des »Rosengarten«, sowie das Nibelungen- und das Gudrunkolleg (s. o. S. 2).

Die erste in der Reihe der Ausgaben mhd. Dichtungen ist *»Der arme Heinrich«*, von den Brüdern gemeinsam 1815 herausgebracht. Da Jacob in dieser Zeit in Frankreich war, hat Wilhelm einen besonders hohen Anteil an dieser Edition, zu der er eine eindrucksvolle Übersetzung beisteuerte. Der Text folgt, wie in allen späteren Ausgaben, der (1870 verbrannten) Straßburger Handschrift, mit Korrekturen aus Pal. germ. 341 (damals noch im Vatikan).

Es folgen Abdrucke verschiedener Texte in den ›Altdeutschen Wäldern‹, darunter durch Wilhelm *Konrad von Würzburgs* »Goldenes Geschmeide« und »Schwanritter«; das erste der beiden Gedichte erschien 1816 auch als Separatdruck. Bemerkenswert ist Lachmanns Kritik dieser Ausgabe (1818), in der es heißt: „Übrigens ist recht sehr zu wünschen, daß alle Handschriften der Goldenen Schmiede genau verglichen und daraus der ächte Text gewonnen werde", denn es solle „die Aussprache der Dichter dargestellt werden, und nicht die Schreib- oder Sprechart der Abschreiber" (Sp. 450). Eine Neuausgabe von 1840 war daraufhin wesentlich stärker „kritisch", aber die nachfolgende von Konrads »Sylvester« (1841) war wieder ein reiner Abdruck der damals allein bekannten Handschrift.

Wilhelm Grimm bevorzugte weiterhin den Abdruck von Texten, die nur in einer Handschrift überliefert sind, und er zeigt dabei eine eigentümliche Vorliebe für das Fragment, das eben eine besonders intensive Beschäftigung am kleinen Objekt erfordert. 1828 erschien die Ausgabe der Fragmente des *»Graf Rudolf«*, einer Dichtung (hessischen Ursprungs) auf historischer Grundlage, – also einer ‚Sage'. Die Ausgabe ist in der Akribie der Einleitung und in der graphischen Wiedergabe des Textes, die „das Original so genau als es die Mittel gestatten darstellt", ein Meister- und Musterstück. Eine zweite, ebenso sorgfältig gestaltete Ausgabe erschien 1844.

Der Abdruck der »Bruchstücke aus einem Gedicht von Assundin« (1829) vermittelte die erste Bekanntschaft mit Berthold von Holles »Crane«, was die germanistische Bibliographie bisher überging, obwohl in der Einleitung zum »Graf Rudolf« (2. Ausg., S. 47–51) darauf Bezug genommen ist.

Unter Lachmanns Einfluß steht dann allerdings stärker die jahrelange Beschäftigung mit dem *»Freidank«* (Krit. Ausgabe 1834, ²1860, abgelöst durch die von Bezzenberger 1872) mit zahlreichen Parerga. Der von W. Grimm lebhaft verteidigte Gedanke, daß Freidank mit Walther von der Vogelweide identisch sei, gehört zu den liebenswerten autodidaktischen Vorstellungen, in denen der historische Zeit- und Personenkreis enger erschien, als er tatsächlich war. Grimms Arbeiten gehören heute noch zur wichtigsten Literatur über Freidank. Sein handschriftliches Arbeitsexemplar mit den Lesarten (Grimmschrank 202) ist ein bewegendes Denkmal unermüdlichen Gelehrtenfleißes.

Die ebenso gewichtige Ausgabe des *»Rolandsliedes«* (1838) gehörte für Wilhelm Grimm in den Bereich der Heldensage. Er hat den Roland zwar nicht in die »Deutsche Heldensage« aufgenommen, in der Vorrede zur Ausgabe aber eine gleichartige Bestandsaufnahme der Sage gemacht. (S. XXXIV–CXXIII, bes. S. CXVI). Die Ausgabe selbst kehrt, in diesem Fall mit Recht, zum Grundsatz der Wiedergabe einer Handschrift mit Hilfen aus anderen Lesarten zurück. Sie wurde durch Bartschs kritischen Versuch (1874) nicht überholt, vielmehr durch Wesles Handschriftenabdruck (1928) bestätigt. Wilhelm eigentümlich ist wieder die sorgfältige Veranschaulichung der Überlieferung durch Faksimilebeigaben.

In enger Verbindung untereinander stehen die Ausgabe des »Werner vom Niederrhein« (1839, wieder aus einer einzigen Handschrift), die Neuausgabe des »Goldenen Geschmeides« (1840) und anschließend Konrads »Silvester« (1841), sowie die eingehende Untersuchung »Die Sage vom Ursprung der Christusbilder« (1842). Diese geht der Überlieferung der Veronikalegende (hier »Veronikasage« genannt!) nach, erstmalig unter Berücksichtigung der Zusammenhänge von Literatur und bildender Kunst.

Das letzte Denkmal, dem Wilhelm Grimm seine Aufmerksamkeit und Arbeit zuwandte, war wie der »Graf Rudolf« ein fragmentarisch erhaltenes Gedicht hessischen Ursprungs, die Freundschaftssage »Athis und Prophilias« (1844), die er mit der ganzen Fülle seiner Kenntnisse und seiner behutsamen Sorgfalt musterhaft edierte und kommentierte.

Mehr als drei Jahrzehnte nach der Mitarbeit am Hildebrandlied kehrte Wilhelm Grimm auch zu ahd. Texten zurück, die er seit jener Zeit aus einer Kasseler Handschrift kannte. Das Ergebnis waren die Akademieabhandlungen »Exhortatio ad plebem christianam. Glossae Casselanae. Über die Bedeutung der deutschen Fingernamen« (1848). In der ihm eigenen minutiösen Art ging er dem Gehalt dieser Glossen-Handschriften nach, die er nicht nur sprachlich, sondern auch sachlich in ihre Zusammenhänge stellte.

Schließlich ist darauf hinzuweisen, daß Wilhelm Grimm sich – entgegen den Äußerungen moderner Kritiker – auch mit der „*Gegenwartsliteratur*" seiner Zeit befaßt hat. Nicht nur die Rezensionen von Fouqués »Sigurd« (1808) sowie von Arnims Romanen (1810 u. 1818) und die Herausgabe von dessen Werken (1839), sondern auch die ausführliche Auseinandersetzung mit der Literaturgeschichte von Franz Horn (1812), insbesondere aber seine Rezensionen Kleistscher Schriften sind dafür anschauliche Zeugnisse. Übrigens führte auch Jacob Grimms Literaturkolleg von den Anfängen ‚bis zur Gegenwart'.

Über Wilhelm Grimms *Herausgebertätigkeit* ist zusammenfasssend zu sagen, daß er die Überlieferung im wesentlichen so sah und so behandelte wie bei den Märchen. Ein poetisches

Kunstwerk war für ihn in seiner Gestalt niemals abgeschlossen, sondern erneuerte sich bei jeder Begegnung mit seinem Publikum; und in dieser Form war es ihm jeweils gültig; denn auch Wolfram von Eschenbach wirkte auf einen Hörer des 15. oder 16. Jhs. eben in der Form, die diesem Hörer gemäß war. Auf solcher Anschauung beruht das, was wir heute als „Textstufen" in einer Überlieferung wissenschaftlich gelten lassen. Das meist befolgte Prinzip, eine einzige „gute" Handschrift der Veröffentlichung zugrunde zu legen und sie aus anderen nur in Notfällen zu ergänzen, entspricht dem Verfahren bei den Märchen, deren mündliche Überlieferung, sofern sie als „gut" anerkannt wird (wie etwa bei der Viehmännin), unverändert wiedergegeben, sonst aber aus anderen Fassungen ergänzt oder gebessert wurde.

Mehrfach betont wurde schon das Bemühen, die Überlieferung auch anschaulich zu machen. Vom Hildebrandlied und der Edda an sind Wilhelm Grimms Ausgaben mit Faksimile-Reproduktionen versehen, (ein Beispiel der dabei von ihm selbst geübten Genauigkeit im Briefe an Savigny vom 18. 12. 1807; Briefe S. 33 Schoof), ein Verfahren, dem die Germanistik sich auch erst in der Neuzeit entschieden wieder zugewandt hat.

Daß Wilhelm Grimm, im Gegensatz zu seinem Bruder, auch die Übersetzung fremder und alter Texte grundsätzlich befürwortete, liegt auf der gleichen Linie. Die Übersetzung erschien ihm als die allein berechtigte Form der Überlieferung eines Kunstwerkes, sofern sie – wie die Wiedererzählung eines Märchens – aus einer inneren Gemeinschaft mit dem Stoff entstanden ist. Das eben ist die künstlerische Leistung, die der des früheren Schöpfers durchaus adäquat ist. Die Übersetzungen der Kämpeviser, der Edda, des Hildebrandliedes, des Armen Heinrich, der irischen Elfenmärchen, auch einer spanischen Romanze (W. Kl. Schr. 4, S. 354) oder die von Öhlenschlägers Dichtungen (W. Kl. Schr. 1, S. 235–260; vgl. ZfdPh. 34 (1902), Seite 550–552) dürfen deshalb mit der Gestaltung der Kinder- und Hausmärchen als eine Art neuen Gusses aus einem gegebenen Metall auf eine Stufe gestellt werden. Daß Wilhelm Grimm ein Meister dieser Kunst war, hat ihm die Wirkung seiner Arbeiten besser bestätigt, als es ein ästhetisierendes Urteil zu tun vermag.

Unter den Untersuchungen zur Volkspoesie (Märchen, Tierfabel, Mythos, Sage) ist am gewichtigsten die Akademieabhandlung »Die Sage von Polyphem« (1857), die von Homer bis zum zeitgenössischen Märchen das Motiv vom geblendeten

Riesen verfolgt. Daß sie als beispielhaft angesehen wurde, zeigt eine alsbaldige Übersetzung ins Französische.

Eine ungeheure Materialsammlung, die an Jacobs oft beängstigende Belegreihen erinnert, ist die 22 Kapitel starke Akademieschrift *»Zur Geschichte des Reims«*, die nicht nur – wie schon des öfteren – ein philologisches Thema zum erstenmal grundlegend abhandelte. Sie zeigt vielmehr zugleich, daß für Wilhelm Grimm die Beschäftigung mit den altdt. Texten nicht eine unkritisch-bequeme Antiquitäten-Sammelei war, sondern daß er auch ohne Neigung für die Autorität des einzelnen Dichters den äußeren Erscheinungen des Kunstwerks auf den Grund zu gehen bemüht war. Die Arbeit kann auch heute noch nicht beiseitegelegt werden. Bemerkenswert, daß sie mit einem kleinen Kapitel „Gegenwart" endet, das Rückert, Goethe und Platen sinnvoll der ma. Reimkunst gegenüberstellt.

Ein letztes Beispiel gelehrten Sammelfleißes in Jacob Grimms Art und in der Beschränkung des Themas zugleich echt „Wilhelmisch" ist die unvollendet gebliebene Studie *»Deutsche Wörter für Krieg«* (Teilvollendung 1846). Sie zeigt, in welch progressiver Weise Wilhelm Grimm seine Arbeit am »Deutschen Wörterbuch« verstand und wort- und begriffsgeschichtlich auswertete. Man kann sie als einen Vorläufer der Wortfeldforschung bezeichnen; im Artikel »Krieg« des DWb. (Bd 5) blieb sie jedoch – weil bis dahin noch nicht gedruckt – unberücksichtigt.

Zur nordischen Literatur:

Über die Entstehung der altdt. Poesie und ihr Verhältnis zu der nordischen, in: W. Kl. Schr. 1, S. 92–170. – Geschrieben im Anschluß an eine ausführliche Rez. von v. d. Hagens Nibelungen-Modernisierung (1807), erschienen 1809; ebda 1, S. 61–91.

Altdänische Heldenlieder, Balladen und Märchen. Heidelberg: Mohr 1811. Dem Freiherrn Ludwig Achim von Arnim und Clemens Brentano zugeeignet. 545 S. – Titelkupfer nach Dürer-Motiven von L. E. Grimm. Das Format ist das des »Wunderhorns«. – Neuausg. [Auswahl] v. Max Kuckei. 1942.

Vorarbeiten: in der ›Zeitung für Einsiedler‹ (1808), vgl. W. Kl. Schr. 4, S. 642 f.; in den Briefen an Savigny (s. d.), S. 431–436, u. Brief v. 10. 4. 1808, ebda, S. 43. – Zur *Verlegergeschichte:* s. Schoof U. Br. S. 53–58. – *Ankündigung* (1810): W. Kl. Schr. 1, S. 173–175; vgl. dazu Steig in: ZfdPh. 29 (1896), S. 195–200 u. 215–218. – *Vorrede:* W. Kl. Schr. 1, S. 176–203. – *Antikritik* gegen Gräter (Heidelb. Jbb. 6, 1813, S. 161–198): W. Kl. Schr. 2, S. 104–136; gegen die ›Hall. Lit. Ztg‹ (1815): ebda, S. 154–156. – *Rez.* von

Nyerup's »Axel Thordsen og skjön Valborg« (1811), ebda S. 1 bis 13.

Dazu: Roos, Carl: Die dän. Folkevise in der Weltliteratur, in: Forschungsprobleme der Vergl. Literaturgeschichte [1.] 1951, S. 79–99, bes. S. 83; Heines Bearbeitungen (in den »Romanzen«) S. 95 f. – Ders.: Die nord. Literaturen in ihrer Bedeutung für die deutsche, in: Aufriß III, ²1962, Sp. 378 f.

Greverus, Ina-Maria: Wege zu Wilhelm Grimms »Altdän. Heldenliedern«, in: BGG S. 469–488. – Dies.: Skandinav. Balladen des Mittelalters. Ausgew., übertr. u. erläut. 1963. Mit weiterer Literatur.

Als Seitenstück gedacht: Mohnike, Gottlieb: Altschwed. Balladen, Mährchen u. Schwänke sammt einigen dän. Volksliedern. 1836. Den Brüdern Grimm gewidmet.

Drei altschottische Lieder, in Original und Übersetzung aus zwei neuen Sammlungen. Nebst e. Sendschreiben an Herrn Professor F. D. Gräter. Heidelberg: Mohr u. Zimmer 1813: W. Kl. Schr. 1, S. 228 bis 233, u. ebda 2, S. 104–136.

Lieder der alten Edda. Aus der Hs. hrsg. u. erkl. durch die Brüder Grimm. Berlin: Realschulbuchhdlg 1. 1815 [mehr nicht ersch.]. Dem Freiherrn Hans von Hammerstein dankbar zugeeignet. – Die Übersetzungen neu hrsg. v. Julius Hoffory. 1885.

Ankündigungen (1811/12): W. Kl. Schr. 1, S. 203; ebda 2, S. 495 bis 501. – *Voranzeige* mit Proben (1812): ebda 1, S. 212–227. Hinweis auch in der Vorrede zum Hildebrandlied: Kl. Schr. 8, S. 5. – *Selbstanzeige* (1815): ZfdPh. 24 (1892), S. 563–567. – *Verlegergeschichte:* Schoof U. Br. S. 58–65. – *Rez.* der dän. Ausg.: W. Kl. Schr. 2, S. 14–32 (1811); Sämundar-Edda Teil 2: ebda, S. 250–265 (1820), dass. von Jacob: Kl. Schr. 4, S. 116–122; Ältere Edda 1. 2.: W. Kl. Schr. 2, S. 350–353 (1825). Snorra- u. Sämundar-Edda, schwed. Ausg., Rez. von Jacob (1820): Kl. Schr. 4, S. 137–144.

Rez. der Ausg. von Rühs (1812): W. Kl. Schr. 2, S. 80–99 (1812), Epikritik (1813) ebda, S. 100–103, Nachtrag (1814) ebda, S. 137 bis 154; Rez. von Jacob (1812): Kl. Schr. 6, S. 106-116, vgl. ebda 7, S. 592 f. – s. a. oben S. 56 f.

Die altnordische Litteratur in der gegenwärtigen Periode (1820): W. Kl. Schr. 3, S. 1–84.

Über deutsche Runen. Mit elf Kupfertafeln. Göttingen: Dieterich 1821. 327 S.

Dazu: Arntz, Helmut: Wilhelm Grimm u. die deutschen Runen, in: Beiträge z. Runenkunde u. nord. Sprachwiss. Festschr. f. Gust. Neckel. 1938, S. 25–34 („ein nie veraltendes Meisterwerk der Runologie, der Beginn wiss. Runenforschung in Deutschland"; S. 27).

Zur Literatur der Runen. Nebst Mittheilung runischer Alphabete u. gothischer Fragmente aus Hss. 1828. Aus: Wiener Jb. der Literatur 43. W. Kl. Schr. 3, S. 85–131.

Rez. anderer Runenwerke: W. Kl. Schr. 2, S. 278 f. (1821), S. 324 bis 337 (1824), S. 365–370 (1825), S. 401–407 (1829), S. 439 f.

(1832); über Kemble's ags. Runen: ebda, S. 483–490 (1841); Gutachten für die Berliner Akademie: ebda 3, S. 132–134 (1856).
Jacobs kleinere Schriften über Runen: Kl. Schr. 7, S. 191–193 (1848), S. 355–358 (1854), S. 363–365 (1856).

Literatur zur Heldensage:

Die deutsche Heldensage. Göttingen: Dieterich 1829. Herrn Professor Karl Lachmann in Berlin aus Freundschaft. – 2., verm. u. verb. Ausg. v. Karl Müllenhoff. 1867. – 3. Aufl., von Reinhold Steig. 1889; photomech. Neudruck 1957. – Die 2. Ausg. ist eine Bearbeitung, in die Müllenhoff auch eigene Ergänzungen einfügte. Steig stellte die alte Anordnung wieder her und verwies die Zusätze in den Anhang.
Vorarbeiten in: Altdt. Wälder 1 (1813), S. 195–323; 2 (1815), S. 115–134 (mit Jacob Grimm); 3 (1816), S. 253–270. – *Selbstanzeige* (1830): W. Kl. Schr. 2, S. 416–423. – *Behandlung* in A. W. Schlegels Rez. der ›Altdt. Wälder‹ in dessen: Sämtl. Werke 12 (1847), S. 409 bis 426; Wilhelm Grimms Antikritik dazu: W. Kl. Schr. 2, S. 159 bis 161.
Gegenbeispiel: Franz Joseph MONE: Untersuchungen zur Geschichte der teutschen Heldensage. 1836. – Dazu Franz Pfeiffer in: Freie Forschung 1867, S. 387.
Zusätze: Karl MÜLLENHOFF: Zeugnisse und Excurse zur dt. Heldensage, in: ZfdA 12 (1865), S. 253–386, erste Nachlese S. 413–436 u. 15 (1872), S. 541; zweite Nachlese von Oskar Jänicke, ebda 15, S. 310–332.
Nachfolge: August RASSMANN: Die deutsche Heldensage und ihre Heimat. 1. 2. 1857/58. Den Brüdern Jacob u. Wilhelm Grimm gewidmet. – 2., unveränd. Aufl. 1863.
De Hildebrando antiquissimi carminis teutonici fragmentum. Göttingen: Selbstverlag 1830. – Das Faks. ist heute noch für den damaligen Zustand wichtig. – *Selbstanzeige:* W. Kl. Schr. 2, S. 423–426.
Der Rosengarte. Göttingen: Dieterich 1836. – *Selbstanzeige:* W. Kl. Schr. 2, S. 470 f. (1837). – Weitere Bruchstücke ebda 4, S. 468–478, 479–503, 504–523 (alle 1859).

Zur mhd. Literatur:

Der arme Heinrich von Hartmann von der Aue. Aus der Straßburgischen u. Vaticanischen Hs. hrsg. u. erklärt durch die Brüder Grimm. Berlin: Realschulbuchhdlg 1815. I. I. königl. Hoheiten der Kurfürstin u. Kurprinzessin von Hessen in tiefster Ehrerbietung zugeeignet.
Pränumeration zum Besten des Hessischen Freiwilligen (1813): W. Kl. Schr. 2, S. 504 (mit Jacob). Es wurden 194 Thaler eingenommen und abgeführt, das Doppelte von Wilhelms anfänglichem Jahresgehalt. –Anzeige über Verzögerung des Druckes (1814): ZfdPh. 24 (1892), S. 562 f. – Vorrede: W. Kl. Schr. 2, S. 505. – Bessere Erklä-

rung einer Stelle von Jacob (1817) in dessen Kl. Schr. 6, S. 280 f. Die vorausgehende scharfe Rez. (1812) von Büschings Ausgabe (1810): ebda, S. 64–70.

Wilhelms *Übersetzung* neu hrsg. (mit Lithogr. von Richard Seewald) 1920, (mit Holzschn. von Willi Harwerth) 1924; mit mhd. Text, von Fr. Neumann 1968 (Reclams Univ.-Bibl. Nr 456). – Übersetzung von Karl SIMROCK (1830, ²1875) bespr. von Wilhelm Grimm: W. Kl. Schr. 2, S. 426 f.

Kürzende *Bearbeitung* von Adalbert VON CHAMISSO (1837) in seinem Musenalmanach für 1839 (S. 5–26) mit Zueignung an die Brüder Grimm (5 Strophen).

Die goldene Schmiede von Conrad von Würzburg, in: Altdt. Wälder 2 (1815), S. 193–288. – Dass. Aus Gothaischen Hss. hrsg. u. erklärt. Frankfurt a. M.: Körner 1816. – *Rez.:* G. F. Benecke in: GGA 25. 11. 1815, S. 1849–1856; Karl Lachmann in: Jenaische Allg. Lit.-Ztg 15 (1818), Nr 57, Sp. 449–454 (Chiffre C. K.); vgl. Gust. Hinrichs in: AfdA (1880), S. 354 f. – 2. Aufl. (Berlin: Kleemann 1840), nicht als solche gekennzeichnet: s. u.

Grâve Ruodolf. Hrsg. von Wilhelm Grimm. Göttingen: Dieterich 1828. – 2. Ausg.: Graf Rudolf von Wilhelm Grimm. Ebda 1844.

Bruchstücke aus einem Gedicht von Assundin [Berthold von Holle: Crane], in: Archiv f. Gesch. u. Alterthumskde Westphalens 4 (1829), S. 127–136. – Dass. separat 1829.

Vrîdankes Bescheidenheit von Wilhelm Grimm. Göttingen: Dieterich 1834. George Friedrich Benecke seinem verehrten Freunde. – ²1860. – *Selbstanzeige* (1835): W. Kl. Schr. 2, S. 449–468; Freidanks Grabmal (1841): ebda 4, S. 1–4; Über Freidank (1850): ebda, S. 5–9, auch separat; Über Freidank. Nachtrag (1851): ebda, S. 93–97, auch separat; Über Freidank. 2. Nachtrag (1855): ebda, S. 98–116. – Gegen Franz Pfeiffer: Über Bernhard Freidank (1857): ebda 2, S. 508 f., u.: Zurechtweisung (1858): ebda, S. 509 f. – Weiterhin: Zum Freidank (1859): ebda 4, S. 117 f.; Nochmals über Freidank (1859): ebda, S. 119–124. Franz PFEIFFERS Kontroversschriften: Über Freidank, in seinem Buch: Zur dt. Literaturgeschichte 1855, S. 37–87; Über Bernhard Freidank, in: Germania 2 (1857), S. 129–163; beides auch in seinem Buch: Freie Forschung 1867, S. 163–219 u. 220–227; Entgegnung in: Germania 3 (1858), S. 367 f.

Ruolandes liet. Mit e. Facs. u. den Bildern der pfälz. Hs. Göttingen: Dieterich 1838. An Friedrich Blume, Oberappelationsrat in Lübeck. – *Selbstanzeige* (1838): W. Kl. Schr. S. 479–481. – *Rez.* der Ausg. der Chanson de Roland von Michel (1837): ebda, S. 472–479 (1838). – Epilog zum Rolandslied (1843): ebda 3, S. 200–207. – Eine Ausgabe war zunächst von Mone geplant (1818); vgl. W. Kl. Schr. 2, S. 220.

Wernher vom Niederrhein von Wilhelm Grimm. Göttingen: Dieterich 1839. – Enthält auch die Gedichte des Wilden Mannes [Veronica]. – Zu Wernher v. N. (1841) in: ZfdA 1 (1841), S. 423-428.

Konrads von Würzburg Goldene Schmiede von Wilhelm Grimm. Berlin: Kleemann 1840. [2. Aufl.].

Konrads von Würzburg Silvester von Wilhelm Grimm. Göttingen: Dieterich 1841. – Zu Silvester [u. zur Goldenen Schmiede] in: ZfdA 2 (1842), S. 371–380.

Die Sage vom Ursprung der Christusbilder [Veronica]. 1842: W. Kl. Schr. 3, S. 138–199, auch separat; vgl. o. S. 2.

Athis und Prophilias. 1844: W. Kl. Schr. 3, S. 212–336, auch separat. – Weitere Bruchstücke dazu (1852): ebda: S. 337–345, auch separat; Die Sage von Athis und Prophilias (1865): ebda, S. 346–366.

Zur althochdeutschen Literatur (vgl. o. S. 196):

Exhortatio ad plebem christianam, Glossae Casselanae. Über die Bedeutung der deutschen Fingernamen. Mit 9 Facs. in Steindruck. Wilhelm Wackernagel freundschaftlich zugeeignet. 1848: W. Kl. Schr. 3, S. 367–465, auch separat. – Nachtrag dazu (1853): ebda, S. 466–471.

Altdeutsche Gespräche. 1850: ebda, S. 472–494. – Nachtrag dazu (1851): ebda, S. 495–515.

Zur Volkspoesie und zur Sprache:

Die Sage von Polyphem. 1857: W. Kl. Schr. 4, S. 428–462. – Französ. in: Revue germanique 9 (1860), S. 589–618.

Andere Schriften zur Volkspoesie: W. Kl. Schr. 1, S. 315–490 (die Märchenvorreden) u. 4, S. 342–427.

Zur Geschichte des Reims. 1852: W. Kl. Schr. 4, S. 125-341, auch separat. – Inhaltsübersicht S. 329, nachfolgend Namenregister u. Dankschreiben von Raumer, Pfeiffer, Wackernagel, Holland.

Deutsche Wörter für Krieg. 1846 ff.: W. Kl. Schr. 3, S. 516–567.

Zur Gegenwartsliteratur:

Ludwig Achims von Arnim sämmtliche Werke. Hrsg. v. Wilhelm Grimm. Bd 1, 1839, Vorwort: W. Kl. Schr. 1, S. 311–314.

Besprechungen über Bücher von Fouqué, Horn und Arnim: ebda, S. 237–244, 266–288 (vgl. ZfdPh. 34, 1902, S. 557–559) u. 289–310 (vgl. ZfdPh. 31, 1899, S. 168–177, Zusammenarbeit mit Bettine).

Besprechungen der Schriften Heinrich von Kleists s. o. S. 4, der Arbeiten von Ernst Wagner (1810): ZfdPh. 29 (1897), S. 206–215.

Über Wilhelm Grimms Arbeiten (vgl. o. S. 188):

Steig, Reinhold: Wilhelm Grimm und Herder, in: Vjs. f. Litteraturgesch. 3 (1890), S. 573–589.

Bausinger, Hermann: Natur und Geschichte bei Wilhelm Grimm, in: ZfVkde 60 (1964), S. 54–59.

Fründt, Renate: Die Brüder Grimm als Sammler u. Herausgeber altdt. Dichtungen, in: Wiss. Zs. d. Univ. Halle 15 (1966), S. 541–547. (Bezieht sich vorwiegend auf Wilhelms Arbeiten. Der »Arme Heinrich« übergangen. Der S. 544 genannte „mit C. K. zeichnende Rezensent“ war Lachmann!)

Schoof, Wilhelm: Wilhelm Grimms Plan eines Höxterschen Idiotikons, in: Archiv f. vergl. Phonetik 5 (1941), S. 50–52, u. in: Rhein.-Westf. Zs. f. Volkskde 1 (1954), S. 253–256. (Ein bald aufgegebener Vorschlag an Paul Wigand, 1813.)

3. *Freundschaftliche Beziehungen*

Wilhelm Grimms Beziehungen zu anderen Menschen waren wesentlich anders als die Jacobs. Er war das, was wir heute ‚kontaktfreudig' nennen würden, jedoch nicht in dem Sinne, daß er nur im Schwarm, nur in der Gruppe hätte existieren können. Er liebte die Geselligkeit, die Ansprache, die Erwärmung, und er pflegte Freundschaften nicht wie Jacob auf der Grundlage gemeinsamer wissenschaftlicher Interessen, sondern eher umgekehrt. Freundschaftliche Bindungen waren zunächst persönlicher Art und wurden nur teilweise in die Arbeit einbezogen. Wilhelm war es, der alte Freundschaften lange weiter pflegte – in Marburg (Suabedissen) und Goßfelden (Bang), in Willingshausen (v. Schwertzell), in Bökendorf (v. Haxthausen), auch in Göttingen (Blume, Lücke); er war es, der gern Schwierigkeiten überbrückte (Hassenpflug).

Charakteristisch, daß Wilhelm es war, der die Freundschaft mit musischen Naturen vorzugsweise pflegte, mit Arnim, Reichardt und Gustav Schwab, noch stärker ihm eigentümlich der intensive Briefwechsel mit befreundeten Damen – wie Wilhelmine von Schwertzell, Jenny von Droste, den Fräulein von Haxthausen, auch mit Bettina von Arnim. Andererseits war er es, der den geschäftlichen Briefwechsel führte, etwa mit dem Hause Rinald in Kassel. Überraschen muß es, daß er in einem Falle eine persönliche Gekränktheit nicht überwand: bei Hoffmann von Fallersleben, dessen Annäherungsversuch nach dem unglücklichen Geburtstags-Fackelzug 1844 in Berlin er noch 1852 in brüsker Form ablehnte (Brief an die Rümplersche Buchhdlg.), während die gleichzeitige bittere Entfremdung von Bettina (aus gleichem Anlaß, s. Schoof: Wilh. Grimm, Seite 221–223) sich wieder zurechtzog. Wilhelms Verhalten gegen Hoffmann hat allerdings einen Vorgang in dem Bruch mit dem Studiengenossen Neuber, der ihn eben auch als eminent verletzlich kennzeichnet.

W. Schoof: Wilhelm Grimm. 1960, S. 221–223. (Dokumente zu Hoffmann u. Bettine.)

Ders.: Wilhelm Grimm u. Joh. Georg Neuber. Das Ende einer Jugendfreundschaft, in: ZfdPh. 86 (1967), S. 430–434.

Von besonderer Bedeutung für Wilhelm Grimm war die Begegnung mit dem Norweger HENRICH STEFFENS (in Halle 1809), dessen Einfluß nicht nur auf seine Beschäftigung mit nordischer Sprache und Literatur einwirkte; auch Steffens' philosophische und politische Anschauungen sind ohne Zweifel von gewichtigem Einfluß gewesen. Mit ARNIM stand Wilhelm Grimm zusammen gegen den Bruder im „Übersetzungsstreit". Nach seinem Tode betreute er auf Bettinas Bitte anfänglich die Herausgabe seiner Werke.

Unter einer eigentümlichen Spannung stand – wie bei Jacob – die Beziehung zu KARL LACHMANN, dem er gleichwohl 1829 seine »Deutsche Heldensage« widmete. Ihre unterschiedlichen Ansichten in der Nibelungenfrage und in der Frage der Edition mhd. Texte haben nur teilweise einen Ausgleich gefunden, doch hat sich Wilhelm Grimm wenigstens in seinem »Freidank« der Lachmannschen Methode angeschlossen (s. o. S. 191). In der Frage der Entstehung der Sage blieben die Ansichten – in aller Freundschaft – gegensätzlich.

Wilhelm Grimms Rez. (1817) von Lachmanns Nibelungenschrift (1816) in: W. Kl. Schr. 2, S. 176–195.

ZACHER, Julius: Briefwechsel über das Nibelungenlied von Lachmann u. Wilhelm Grimm [1820], in: ZfdPh. 2 (1870), S. 193–215, 343 bis 365, 515–528.

FRANKE, Carl: Die Nibelungenliedfrage im Briefwechsel der Gebrüder Grimm mit Lachmann, in: Zs. f. d. dt. Unterricht 10 (1896), S. 802 bis 808.

Vgl. Jos. Körner (o. S. 53) S. 216–220.

Im Vergleich mit Jacob waren Wilhelm Grimms Beziehungen zu anderen Ländern gering. Ein zunächst lebhafter Briefwechsel mit nordischen Gelehrten fand etwa in Frankreich, in den Niederlanden oder in den slavischen Ländern, die in Jacobs Verbindungen eine so bedeutende Rolle spielten, keine Parallele. Gleichwohl waren es ein Norweger, ein Schweizer, ein Offenbacher und ein Braunschweiger, die 1843 als Deputation der Studenten ihm deren Glückwünsche zu seinem Geburtstag darbrachten (Preuß. Jbb. 234 (1933), S. 76; Pissin). Auch haben die Akademien und Gesellschaften in Wien, in Kopenhagen, in Leiden und in Catania Wilhelm zu ihren Mitgliedern gezählt. Doch war es – mit Ausnahme von Skandinavien – nicht wie bei Jacob ein Zusammenarbeiten mit ausländischen Gelehrten, sondern lediglich das Ausstrahlen seiner Persönlichkeit und Leistung über die Grenzen.

Brieflicher Bericht vom Geburtstag 1843 bei Pissin (s. o. S. 8) S. 76. Die Ansprachen der Brüder Kl. Schr. 8, S. 464 f.

Wilhelm Grimm hatte auch eine besondere Neigung zur organisierten Gemeinschaft der ‚Zirkel'. Schon 1804 in Marburg brachte er ein ‚Leseinstitut' zusammen und versuchte ein gleiches mit Paul Wigand 1805 in Kassel zu gründen. Von den ‚Kränzchen' in Kassel wurde schon berichtet (o. S. 159). So gehörte er auch in Göttingen bereits 1831 zu den Unterzeichnern eines Aufrufs zur Errichtung eines ‚Academischen Leseinstituts', dessen erster Direktor Karl Otfried Müller wurde.

Marburg: Jugendbriefe S. 22 f., 26 ([2]1963. S. 31 f., 37); ZfdPh. 36 (1904), S. 173 (an O. v. d. Malsburg).
Wigand: Stengel 3, S. 41, 43, 340.
Göttingen: Übersicht über den Bestand des Literarischen Museums seit seiner Eröffnung am 2. Januar 1832. Göttingen 1857: Huth; vgl. Wilhelm Ebel: Memorabilia Gottingensia. 1969, S. 160 f., und Kück (o. S. 146), S. 173 f.

Letztlich trugen Wilhelm Grimms Beziehungen zu anderen recht eigentlich einen familiären Charakter. Erhellen mag das etwa aus der Art, wie er die Namengebung für seinen dritten Sohn begründete (in der Selbstbiographie, ed. Schnack, s. o. S. 30, S. 58): „Er heißt Rudolf, nach meinem Schwager, dem Obermedizinalassessor Dr. Wild in Cassel ...; Georg heißt er nach Hofrat Benecke, dessen bewährter Freundschaft wir es verdanken, wenn wir uns bei unserer Ankunft hier in Göttingen nicht fremd fühlten; Ludwig nach dem Bruder, dem Mahler, und dem Obergerichtsrath Hassenpflug in Cassel, mit welchem unsere einzige Schwester verheirathet ist."

4. Wirkung und Wertung

Wilhelm Grimm ist eigentlich immer mit seinem Bruder zusammen gewürdigt und an dessen mehr ins Auge fallenden Leistungen gemessen worden. Die Äußerungen über ihn sind vergleichsweise spärlich und nicht sehr vielsagend. Gewiß, Jacob hat weitere Felder mit leuchtenden Blumen bestellt. Und doch scheint es, als ob die Anerkennung von Wilhelms Leistungen auf längere Sicht noch stärker im Schatten von Lachmann und Scherer gestanden hat, die den Weg der Germanistik von der Volkspoesie und deren gerade von Wilhelm Grimm aufgesuchten ethischen Hintergründen fortgelenkt haben, während man Jacobs Leistungen in die eigene Richtung eingliederte oder aber

– ohne sie übergehen zu können – beiseite liegen ließ. Es geht auch nicht an, Wilhelms Bedeutung vornehmlich in der sprachlichen Gestaltung der Märchen zu sehen und ihm den Glanz zuzuteilen, den diese durch ihre Ausbreitung in der Kinderwelt gewonnen haben, – wie es gerade in neuerer Zeit gern in etwas leichtfertig scheinender Vereinfachung geschieht.

Der großartige Märchenerzähler – Erzählkünstler – und vorbildliche Übersetzer war eben doch ein Philologe von hohen Graden. Solange man vornehmlich seine Schriften aufzählte und jeweils mit einem anerkennenden Prädikat belegte, hat man seine eigentlichen Verdienste weder erfaßt noch ausgewertet. Die gerade von ihm unbeirrbar festgehaltene und vertretene Idee von der Ewigkeit der Volkspoesie in der Menschengeschichte ist ebenso zu wenig beachtet worden wie die damit zusammenhängenden literatursoziologischen Gesichtspunkte bei der Behandlung alter Texte.

Seine Übersetzungen waren über lange Zeit fruchtbar. Von seiner Theorie der Runen-Entstehung konnte Edward Schröder 1935 sagen, daß die neueste Forschung zu ihr zurückkehre. Seine Anmerkungen zu den KHM wurden systematisch weiter ausgebaut zur Wissenschaft von den Märchen, die ihn immer wieder zitieren muß. Seine Art, mit alten Textzeugen umzugehen, Überlieferungen zu verfolgen und auszuwerten, sollten wir wieder lernen. Vor allem aber sollte seine Achtung, ja Ehrfurcht vor der Denkweise des einfachen Menschen und seine Einordnung des Künstlers in die Gemeinschaft deutlicher gesehen und gezeigt werden, als es bisher geschah.

IV. Zeittafel

Die *Zeitereignisse* sind so ausgewählt, daß sie die inneren Zusammenhänge mit dem Lebensgang der Brüder und deren wissenschaftlichen (z. B. Serbien, Belgien, Finnland) sowie ihrem politischen Wirken (z. B. Hessen, Schleswig-Holstein) erkennen lassen.

Zum *Lebenslauf* vgl. auch die Zeittafeln bei Schoof »Jacob Grimm«, S. 430–448, und »Wilhelm Grimm«, S. 366–368.

Die Spalte *Reisen* soll die Beweglichkeit und den äußeren Aktionsradius der Brüder veranschaulichen.

In der Spalte *Arbeiten* sind bei einem Jahr gegebenenfalls zuerst die gemeinsamen, dann die Jacobs, dann Wilhelms Schriften genannt (Trennungszeichen Punkt, bei gleicher Verfasserschaft Semikolon).

Höchst notwendig ist eine aus den Tagebüchern und Briefen zusammenzutragende und kritisch zu bearbeitende Chronographie der *Besuche*. Der Abdruck aus den Tagebüchern bei Schoof »Jacob Grimm«, S. 431–447 ist (von Druckfehlern abgesehen) in dieser Beziehung nicht zureichend.

Jahr	*Zeitereignisse*	*Lebenslauf*
1785		*4. 1. Jacob Grimm
1786		*24. 2. Wilhelm Grimm
1789	Französ. Revolution	
1790		14. 3. Ludwig Emil Grimm*
1791		Übersiedlung nach Steinau
1792	Franzosen in Mainz	
1793		
1796		10. 1. Tod des Vaters
1797		
1798		Jac. u. Wilh. zur Schule nach Kassel
1802		Jac. zum Studium nach Marburg
1803		Wilh. zum Studium nach Marburg
1804	Erster serbischer Aufstand	
1805		Mutter zieht nach Kassel Wilh. zuhaus
1806	1. 11. Franzosen in Kassel	24. 1. Jac. Sekretär beim Kriegskollegium. Wilh. Examen
1807	18. 8. Königreich Westphalen	Jac. aus dem Amt (Jahresende)
1808		27. 5. Tod der Mutter 5. 7. Jac. Bibliothekar bei Jérôme
1809	Finnland von Schweden getrennt	17. 2. Jac. Staatsratsauditor
1810		
1811	Brand des Kasseler Schlosses	Jac. rettet die Schloß-bibliothek

Reisen	*Arbeiten*	*Gleichzeitige Forschung*
		*Lachmann
		*Mone
		*Maßmann
		*Hoffmann von Fallersleben
		Tieck: Minnelieder Savigny: Recht des Besitzes
Jac. in Paris (Savigny), Rückkehr 16. 10.		
	Beginn der Märchensammlung u. der altdt. Studien	Wunderhorn (bis 1808)
	Von Übereinstimmung der alten Sagen	v. d. Hagen: Nibelungen nhd. Docen: Miscellaneen Görres: Volksbücher
	Gedanken, wie sich die Sagen zur Poesie u. Geschichte verhalten	*Haupt v. d. Hagen u. Büsching: Dt. Gedichte d. MA (–1825)
Wilh. nach Halle (Kur), Berlin (Arnim), Weimar (Goethe), Gotha		v. d. Hagen u. Büsching: Buch der Liebe
		v. d. Hagen a. o. Prof. in Berlin, 1811 in Breslau Benecke: Beiträge v. d. Hagen: Nibelungen-Ausg.
	Meistergesang. Altdän. Heldenlieder	Rask: Vejledning

Jahr	*Zeitereignisse*	*Lebenslauf*
1812		
1813	Schlacht b. Leipzig. Russen in Kassel. Schlacht b. Hanau. Rückkehr d. Kurfürsten	23. 12. Jac. Legationssekretär
1814	Friede von Kiel (Norwegen). Wiener Kongreß bis Juni 1815	15. 2. Wilh. Bibliothekar. Wohnung am Wilhelmshöher Tor (bis 1822)
1815	Wiener Kongreß. Zweiter serbischer Aufstand, bis 1817	15. 4. Tod der Tante Zimmer
1816		16. 4. Jac. Bibliothekar
1817		
1818		
1819	Verfassung in Hannover	Jac. u. Wilh. phil. Ehrendoktoren von Marburg
1820	Tod der Kurfürstin	
1821	Tod des Kurfürsten Wilhelm I. Nachf. Wilhelm II. (Gräfin Reichenbach)	
1822		Umzug in Kassel. Lotte Grimm heiratet Ludwig Hassenpflug
1823		Febr. Wilh. krank
1824		

Reisen	Arbeiten	Gleichzeitige Forschung
Juli. Jac. in Göttingen	Hildebrandlied, KHM I	v. d. Hagen u. Büsching: Grundriß v. d. Hagen: Edda Stalder: Idiotikon
30. 12. Jac. nach Paris (bis Juli 1814)	Altdeutsche Wälder I	
Sept. Jac. nach Wien (bis Juni 1815)	KHM II (m. Jahreszahl 1815)	Karadžić: Serb. Grammatik, Serb. Volkslieder I. Savigny: Beruf uns. Zeit
Sept. Jac. nach Paris (bis Dez.). Wilh. u. Ludwig in Frankfurt, Rheinreise (Savigny), Heidelberg (Goethe)	Altdt. Wälder II; Arme Heinrich; Edda I. Irmenstraße; Span. Romanzen; Poesie im Recht	Savigny: Röm. Recht im MA
Wilh. nach Wiepersdorf (Arnim) u. Weimar, Jac. in Göttingen	Altdt. Wälder III; Deutsche Sagen I	Lachmann: Über die urspr. Gestalt des Nl.
Jac. Bibliotheksreise nach Frankfurt u. Heidelberg	Reinhard Fuchs angezeigt	v. d. Hagen: Irmin
	Deutsche Sagen II	Müllenhoff*
Wilh. nach Bökendorf u. Willingshausen	Deutsche Grammatik I	Benecke: Wigalois
Jac. nach Göttingen		Laßberg: Liedersaal (– 1825)
Wilh. nach Frankfurt		v. d. Hagen in Berlin (– 1856)
Jac. zu Fuß nach Göttingen	Deutsche Grammatik I, 2. Aufl.	Mone: Gesch. d. Heidentums Uhland: Walther
Jac. nach Fulda, Steinau, Büdingen, Gießen Wilh. nach Marburg u. Willingshausen	Preisarbeit Königsberg	
Jac. nach Göttingen	Serb. Grammatik	Lachmann in Berlin (– 1851)

Jahr	*Zeitereignisse*	*Lebenslauf*
1825	Dekabristenaufstand in St. Petersburg	Wilh. heiratet Dortchen Wild
1826		Das Jacöbchen (Wilhelms erstes Kind) †
1827		
1828		Jac. iur. Ehrendoktor von Berlin. *Herman Grimm
1829	Russ.-türk. Friede von Adrianopel (Serbien)	Jac. iur. Ehrendoktor von Breslau. Tod Völkels. Ausscheiden aus dem hess. Dienst
1830	Julirevolution. Rev. Bewegungen in Europa. Belgien unabhängig	Bibliothekare u. Professoren in Göttingen. *Rudolf Grimm
1831	Studentenaufstand in Göttingen. Verfassung in Kassel. Der Kurfürst verläßt Kassel, Kurprinz Friedrich Wilhelm ‚Mitregent'	Wilh. sehr krank; wird a. o. Professor
1832	Erstes Ministerium Hassenpflug (bis 1837). Orangisten in England, unter Ernst August von Cumberland	Jac. erhält Erleichterungen im Bibliotheksdienst. *Auguste Grimm
1833		Jac. hannov. Hofrat
1834		Jac. vom Bibliotheksdienst dispensiert. Wilh. lange krank
1835		Wilh. o. Professor

Reisen	*Arbeiten*	*Gleichzeitige Forschung*
	KHM, Kl. Ausgabe	Rask: Frisisk Sproglaere
Jac. u. Wilh. mit Savigny nach Hann.-Münden; Wilh. nach Marburg u. nach Steinau	Deutsche Grammatik II	Graff: Diutiska (– 1829) Bopp: Konjugationssystem Lachmann: Nibelungen
Mai Jac. nach Göttingen, desgl. Nov.	Ausarbeitung der Rechtsaltertümer	Schmeller: Bayr. Wb. (– 1837) Lachmann: Walther
Juni Jac. Fußreise m. Ludwig nach Wolfhagen, Arolsen, Zierenberg, Wilh. in Marburg	Deutsche Rechtsaltertümer. Graf Rudolf	Docen †
	Deutsche Heldensage	Fr. Schlegel † Büsching † Maßmann a. o. in München
Wilh. in Fulda	De desiderio patriae. Hildebrandlied, Faks.	Gräter † Graff in Berlin (– 1841) Hoffmann v. F.: Fundgruben (– 1837)
Jac. nach Süddeutschland u. Schweiz (Laßberg), Wilh. nach Kassel u. Fulda, nach Wiesbaden (Kur), desgl. 1832, 1833, 1834	Deutsche Grammatik III	Graff: Otfried Hoffmann v. F.: Horae Belgicae (– 1862)
Jac. in Heidelberg u. Frankfurt		Mone: Reinardus vulpes Hoffmann v. F.: Kirchenlied
		Lachmann: Wolfram Bopp: Vergl. Gramm. (– 1852)
Jac. in Brüssel u. Gent	Reinhart Fuchs. Freidank	Benecke: Wb. zum Iwein Maßmann: Skeireins Hoffmann v. F.: Reineke Vos
	Deutsche Mythologie; Tacitus	Graff: Ahd. Sprachschatz (– 1846) Gervinus: Nationalliteratur (– 1842)

Jahr	*Zeitereignisse*	*Lebenslauf*
1836		
1837	Ernst August König v. Hannover. 18. 11. Protest der „Göttinger Sieben"	Universitätsjubiläum. 11. 12. Amtsenthebung; Jac. landesverwiesen, nach Kassel
1838		Wilh. übersiedelt nach Kassel
1839		
1840	Neue Verfassung in Hannover	Berufung nach Berlin
1841	Kurfürstin Auguste †	März Übersiedlung nach Berlin, Lennéstr. Jac. Ordre de la légion d'honneur
1842		Wilh. erkrankt. 31. 5. Jac. Pour le mérite
1843	40er Jahre: Die „Fennomanen" in Finnland	Ludwig in Berlin
1844		Vorfall Hoffmann v. Fallersleben. Ferdinand Grimm †
1845		
1846	Germanistentag in Frankfurt	Umzug in die Dorotheenstr. 47
1847	Kurfürst Wilhelm II. † Friedrich Wilhelm Kurfürst Germanistentag in Lübeck	Umzug in die Linkstr. 7

Reisen	*Arbeiten*	*Gleichzeitige Forschung*
	Rosengarten	Mone: Heldensage Lachmann: Zu Nl. u. Klage Hoffmann v. F.: Dt. Philologie
	Deutsche Grammatik IV	Maßmann: Dt. Gedichte Zeuß: Die Deutschen Lachmann: Lessing-Ausg. (– 1840)
Jac. nach Heiligenstadt (DWb); nach Franken u. Sachsen	Über seine Entlassung; Latein. Gedichte. Rolandslied	v. d. Hagen: Minnesinger Mone: Nl. Volksliteratur
	Werner vom Niederrhein	Haupt: Erec
20. 4. Treffen mit Göttingern in Großalmerode	Deutsche Grammatik I, 1 3. Aufl.; Weistümer I. II; Sendschreiben an Lachmann; Andreas u. Elene. Goldene Schmiede	Maßmann: Totentänze
Wilh. nach Steinau u. an den Rhein	Antrittsvorlesungen. Silvester	Graff † Lachmann: U. v. Liechtenstein
	Weistümer III; Merseburger Zaubersprüche; Frau Aventiure	Maßmann in Berlin (– 1874)
Jac. nach Italien		Müllenhoff in Kiel (– 1858) Maßmann: Tristan
Jac. nach Dänemark u. Schweden	Deutsche Mythologie, 2. Aufl. Graf Rudolf, 2. Aufl.	Benecke †
	Über das finnische Epos	A. W. Schlegel † Müllenhoff: Kudrun
Jac. in Tübingen (Uhland)	„Das deutsche Wörterbuch“; Athis und Prophilias	Mone: Schauspiele d. MA
Jac. nach Wien u. Prag	Über das Pedantische in der deutschen Sprache	Meusebach † Schmeller: Carmina Burana

Jahr	*Zeitereignisse*	*Lebenslauf*
1848	Revolutionen in Europa. Nationalversammlung in Frankfurt. 26. 8. Waffenstillstand von Malmö	Straßenkämpfe in Berlin
1849		Wilh. erkrankt
1850	Freiheitskrieg in Schleswig-Holstein (bis 1852); Reaktionskabinett Hassenpflug in Kassel	11. Dt. Philologentag in Berlin
1851		
1852		Karl Grimm †
1853		März Jac. krank
1854		
1855	Hassenpflug in Kassel gestürzt	
1856		
1857		
1858		Febr. Jac. krank. Sept. Wilh. in Ems
1859		16. 12. Wilhelm Grimm †

Reisen	*Arbeiten*	*Gleichzeitige Forschung*
Jac. u. Wilh. zum Vorparlament in Frankfurt. Wilh. in Freienwalde. Jac. in Frankfurt (24. 5.–2. 10.)	Geschichte der deutschen Sprache. Kasseler Glossen	
Jac. in Gotha (v. Gagern)	Über Schule, Universität, Akademie	Maßmann: Kaiserchronik (– 1854)
Wilh. alljährlich an wechselnden Orten (bevorzugt Thüringen) zur Kur	Das Wort des Besitzes. Über Freidank; Altdeutsche Gespräche	v. d. Hagen: Gesamtabenteuer Lachmann: Lucrez
	Über den Ursprung der Sprache (bis 1862 in 5 Aufl.); Rede auf Lachmann. Zur Geschichte des Reims	Lachmann †
	Deutsches Wörterbuch, 1. Lfg.	Miklosich: Vergl. Gramm.
Jac. nach Südfrankreich Wilh. 4 Mon. am Rhein	Geschichte der deutschen Sprache, 2. Aufl.	Haupt in Berlin (– 74) Mone: Lat. Hymnen
	Deutsches Wörterbuch I. Deutsche Rechtsaltertümer, 2. Aufl.; Deutsche Mythologie, 3. Aufl.	Benecke-Müller-Zarncke: Mhd. Wb. (– 1866) Holtzmann: Nibelungen
Aug. Jac. in Celle (Goedeke)		Laßberg † v. d. Hagen: Heldenbuch Müllenhoff: Zur Gesch. d. Nl.
	KHM III, 2. Aufl.	v. d. Hagen † Förstemann: Namenbuch Weigand: Dt. Wb.
		Lachmann u. Haupt: Minnesangs Frühling
		Müllenhoff in Berlin (– 1884) Vernaleken: Alpensagen
3. 12. Jac. in Hamburg (Lappenberg)	Rede auf Schiller	Sanders: Wörterbuch Goedeke: Grundriß I

Jahr	*Zeitereignisse*	*Lebenslauf*
1860		
1862		
1863		4. 3. Ludwig Grimm † 20. 9. Jacob Grimm †

Nachtrag

zu S. 9: Arnim, Bettina von: vgl. W. Schoof in: Zs. d. Ver. f. d. Gesch. Berlins 57 (1940), S. 49, Anm. 2.

zu S. 15: Groth, Klaus: Jb. d. Ver. f. ndd. Sprachforsch. 65/66 (1939), S. 131 f. (Leitzmann), vgl. Korrbl. d. Ver. ... 54 (1941), S. 36 f. (ders.) u. 57 (1950), S. 16–18 (Rickers).

zu S. 18: Humboldt, Alexander von: Schillmann, Fritz: Der Anteil König Friedrich Wilhelms IV. an der Berufung der Brüder Grimm nach Berlin, in: BSB 1914, 1, S. 470–478.

zu S. 20: Lützerode, August von: Sonntagspost zur Kasseler Post, 2. 8. 1931.

zu S. 25: Schelling, Friedrich Wilhelm Joseph: J. Grimm an S., 27. 5. 1821, in: Zum 24. 6. 1890 begrüßen Reinhold Köhler vier Grazer Freunde, S. 5 (H. Schuchardt).

zu S. 26: Stoffel, Jean Georges: Annuaire de la société d'histoire du val et de la ville de Munster 19 (1964), S. 112–117 (Louis Kubler).

zu S. 78/80: *Literatur zu der Ausbreitung der KHM im Ausland* (zur älteren Literatur s. BP 4, 1930, S. 476–480):

Eventyr af forskiellige Digtere, sammendragne og oversatte med Bemaerkninger af Adam Oehlenschläger. [1.] Kiobenhavn 1816, S. 118–140 u. Anm. S. XIX–XXII; 2, ebda 1816, S. 191–198 u. Anm. S. XXIX–XXXIII. (KHM 47. 19. 20. 1. Mit einer Apologie gegen aufklärerische Kritik.)

Folke-Eventyr samlede af Brødrene Grimm. Oversatte af Johan Frederik Lindencrone. Køjbenhavn 1821. (86 Märchen. [2]1823.)

Sprookjes-Boek voor Kinderen. Uit de Nalatenschap van Moeder de Gans, bijeenversameld en uitgegeven door de Gebroeders Grimm. Naar het Hoogduitsch. Met Platen. Amsterdam 1820. – Eine Untersuchung über diese Ausgabe von R. van de Zijpe ist in Vorbereitung.

German Fairy Tales and Popular Stories. As told by Gammer Grethel. Transl. from the Collection of M. M. Grimm, by Edgar Taylor. 1. 2. London 1823–1826; Neudr. London 1904. – Dazu:

Hartwig, Otto: Zur ersten *englischen* Übersetzung der KHM der Brüder Grimm, in: ZfB 15, 1898, S. 1–16.

Reisen	Arbeiten	Gleichzeitige Forschung
	Deutsches Wörterbuch II. Rede über das Alter; Rede auf Wilhelm Grimm	
Okt. Jac. in München	Deutsches Wörterbuch	Pfeiffer: Berthold v. R.
	Weistümer IV	Bartsch: Kolmarer Hs.
Aug. Jac. im Harz (Suderode)	III	

MORGAN, Bayard Qu.: A bibliography of German literature in *English* translation. Madison 1922. (Grimm S. 188–204, Nr 1854–2075.)

HAND, Wayland D. *(Vereinigte Staaten)*, s. S. 168.

Contes d'enfants, recuillis par les frères Grimm. Unterzeichnet N. P., in: Journal des débats 4, 8, 1837. (Über die 2. Ausg. der KHM.)

STEIN-MOREAU, Nicole-Odette *(Frankreich)*, s. S. 161.

FUCKEL, Arthur: Grimmsche Märchen in *spanischem* Gewand, in: Hessenland 32, 1918, S. 92–94.

KARLINGER, Felix: »Schneeweißchen und Rosenrot« in *Sardinien.* Zur Übernahme eines Buchmärchens in die volkstümliche Erzähltradition, in: BGG, S. 585–593. (Paradigmatisch.)

WALKER, Marianne Johanna Charlotte: Die Poesie der Welt in den Grimmschen Märchen. Tese ... da Universidade do Paraná. São Paulo 1964. – S. 114–120 über *portugiesische* Übersetzungen.

KOZOCSA, Sandor *(Ungarn)*, s. S. 175. – Muster einer räsonnierenden Bibliographie, wie sie auch für andere Länder als Grundlage für weitere Studien erstellt werden sollten.

NISCOV, Viorica: Variante Germane din »Kinder- und Hausmärchen« şi variante *Româneşti* la tipurile A. Th. 410, 130 şi 210, in: Revista de Etnografie şi Folklor 14, 1969, S. 295–314; mit franz. Résumé, S. 313 f. (KHM 50. 27. 41. 10.)

Eine vorzügliche kritische Übersicht der wichtigeren, sehr zahlreichen *russischen* Übersetzungen lieferte N. PUSKAREV in seiner Rez. der Übersetzung der KHM von G. Petnikova (o. S. 80) in: Sovetskaja Etnografia 1950, S. 216–221. (V. Propp in: Festschr. Berlin 1963, S. 104, Anm. 1.)

PROPP, Vladimir *(Russischer Norden)*, s. S. 176.

OTRAKUL, Ampha: Grimms Märchen in *thailändischer* Übersetzung. Phil. Diss. Marburg 1968.

IKEDA, Hiroko: The Introduction of foreign Influences on *Japanese* Children's Literature through Grimm's Household Tales, in: BGG, S. 575–583. – Eine Bibliographie der besonders zahlreichen japanischen Ausgaben ist begonnen.

A. Zum Leben und Wirken der Brüder Grimm. Personen, Orte, Sachen, auch Werke der Brüder, soweit im Text behandelt (Titel kursiv). Zusätzlich ist das Verzeichnis der Korrespondenten (S. 9 bis 29) einzusehen. Nicht einbezogen ist die Zeittafel.

B. Zur Sekundärliteratur. Verfasser, Herausgeber, Rezensenten, Illustratoren. Nicht einbezogen sind die Herausgeber von Briefen der Brüder in nicht selbständigen Veröffentlichungen.

SAMMLUNG METZLER

M 35 Taylor *Melodien der weltlichen Lieder des Mittelalters II: Materialien*

M 36 Bumke *Wolfram von Eschenbach*

M 37 Engel *Handlung, Gespräch und Erzählung. Fasimiledruck*

M 38 Brogsitter *Artusepik*

M 39 Blankenburg *Versuch über den Roman. Faksimiledruck*

M 40 Halbach *Walther von der Vogelweide*

M 41 Hermand *Literaturwissenschaft und Kunstwissenschaft*

M 42 Schieb *Heinrich von Veldeke*

M 43 Glinz *Deutsche Syntax*

M 44 Nagel *Hrotsvit von Gandersheim*

M 45 Lipsius *Von der Bestendigkeit. Faksimiledruck*

M 46 Hecht *Christian Reuter*

M 47 Steinmetz *Die Komödie der Aufklärung*

M 48 Stutz *Gotische Literaturdenkmäler*

M 49 Salzmann *Kurze Abhandlung über einige wichtige Gegenstände aus der Religions- und Sittenlehre. Faksimiledruck*

M 50 Koopmann *Friedrich Schiller I: 1759-1794*

M 51 Koopmann *Friedrich Schiller II: 1794-1805*

M 52 Suppan *Volkslied*

M 53 Hain *Rätsel*

M 54 Huet *Traité de l'origine des romans. Faksimiledruck*

M 55 Röhrich *Sage*

M 56 Catholy *Fastnachtspiel*

M 57 Siegrist *Albrecht von Haller*

M 58 Durzak *Hermann Broch*

M 59 Behrmann *Einführung in die Analyse von Prosatexten*

M 60 Fehr *Jeremias Gotthelf*

M 61 Geiger *Reise eines Erdbewohners in den Mars. Faksimiledruck*

M 62 Pütz *Friedrich Nietzsche*

M 63 Böschenstein-Schäfer *Idylle*

M 64 Hoffmann *Altdeutsche Metrik*

M 65 Guthke/Schneider *Gotthold Ephraim Lessing*

M 66 Leibfried *Fabel*

M 67 von See *Germanische Verskunst*

M 68 Kimpel *Der Roman der Aufklärung*

M 69 Moritz *Andreas Hartknopf. Faksimiledruck*
M 70 Schlegel *Gespräch über die Poesie. Faksimiledruck*
M 71 Helmers *Wilhelm Raabe*
M 72 Düwel *Einführung in die Runenkunde*
M 73 Raabe *Einführung in die Quellenkunde zur neueren deutschen Literaturgeschichte* (bisher M 21 a)
M 74 Raabe *Quellenrepertorium zur neueren deutschen Literaturgeschichte* (bisher M 21 b)
M 75 Hoefert *Das Drama des Naturalismus*
M 76 Mannack *Andreas Gryphius*
M 77 Straßner *Schwank*
M 78 Schier *Saga*
M 79 Weber-Kellermann *Deutsche Volkskunde*
M 80 Kully *Johann Peter Hebel*
M 81 Jost *Literarischer Jugendstil*
M 82 Reichmann *Deutsche Wortforschung*
M 83 Haas *Essay*
M 84 Boeschenstein *Gottfried Keller*
M 85 Boerner *Tagebuch*
M 86 Sjölin *Einführung in das Friesische*
M 87 Sandkühler *Schelling*
M 88 Opitz *Jugendschriften. Faksimiledruck*
M 89 Behrmann *Einführung in die Analyse von Verstexten*
M 90 Winkler *Stefan George*
M 91 Schweikert *Jean Paul*
M 92 Hein *Ferdinand Raimund*
M 93 Barth *Literarisches Weimar*
M 94 Könneker *Hans Sachs*
M 95 Sommer *Christoph Martin Wieland*
M 96 van Ingen *Philipp von Zesen*
M 97 Asmuth *David Casper von Lohenstein*
M 98 Schulte-Sasse *Literarische Wertung*
M 99 Weydt *Haur Jacob Christoffel von Grimmelshausen*
M 100 Denecke *Jacob Grimm und sein Bruder Wilhelm*

J. B. METZLER STUTTGART